대한민국 임시정부와 기독교

100주년 기념 논문집

Contents
대한민국임시정부와 기독교

004 　 머리말
　　　　오정현(한중국제우호협력교류재단 대표회장)

007 　 발간에 부쳐

027 　 01 대한민국임시정부 수립 및 통합의 역사와 그 현재적 함의
　　　　 -기독교 민족지도자의 역할을 중심으로-
　　　　오일환(의병정신선양회 회장 / 전 보훈교육연구원장)

099 　 02 기독교문명과 상해 프랑스조계 대한민국임시정부
　　　　김명섭(연세대학교 교수)

141 　 03 대한민국임시정부 수립과정 및 이후 중국 내 기독교
　　　　 독립운동가의 활동
　　　　김명배(숭실대학교 교수)

189 　 04 대한민국임시정부와 만주, 연해주 지역 독립운동
　　　　 -기독교인의 역할을 중심으로-
　　　　박 환(수원대학교 교수)

231 　 05 대한민국임시정부와 국내 독립운동
　　　　 -기독교 독립운동가의 역할을 중심으로, 1919~1920-
　　　　윤정란(서강대학교 교수)

265 　 06 해방직전 이승만과 기독교인친한회(The Christian Friends
　　　　 of Korea)의 대한민국임시정부 승인 운동
　　　　박명수(서울신학대학교 교수 / 현대기독교역사연구소장)

329 　 07 복음통일을 위한 대한민국임시정부사의 기독교적 함의
　　　　허문영((사)평화한국 대표 / 통일선교아카데미 원장)

386 　 3·1 독립선언서

머리말

인간을 구원하여 창조 그 원래의 모습으로 복원, 아니 그때의 상태보다 더 좋은 수준으로 이끌어 주시려는 하나님의 원대한 구속 계획은 언제나 역사의 옷을 입고 나타난다. 구원은 애초부터 성육신적이었다. 하나님이 하늘에서 지상의 도탄을 겪는 인간을 향해 이리 올라오라 하지 않으시고 친히 인간 몸을 입고 강생하심으로 복음이 시작되었다. 그리고 지금까지 복음은 언제나 인간의 핏줄과 땀을 타고 흘러왔다. 복음은 고상한 관념이 아니라 사람들과 삶을 만나 예배가 되고 라이프스타일이 되어 언제나 새로운 문화를 만들고 운동을 촉발시켰다.

이런 점에서 한국 교회와 한국 기독교는 전 세계 교회 역사 앞에 자랑하고 증언할 풍부한 내용을 가지고 있다. 기독교가 한국에 본격적으로 전래된 시기가 마침 서세동점, 국운이 기울고 국력이 쇠하며 민초들이 갈 바를 몰라 우왕좌왕하던 때였다. 이런 시기에 전파된 기독교는 이내 백성들의 소망이 되었고, 발전의 목표가 되었으며, 새로운 가치관과 미덕의 기준이 되었다. 한편 전래된 이 새로운 종교는 민족과 나라의 운명을 바꿀 수 있는 전혀 다른 동인으로 자연스럽게 받아들여졌다. 선교 초기 조선에서 예수를 믿는다는 것은 애민, 애족, 애국의 길이기도 했다.

이 논문집은 당시 미미한 교세의 한국 교회가 삼일만세 운동과 상해 임시정부 수립에 어떤 역할을 했는지 철저하고 엄정한 학문적인 방법-사료 실증과 논증-에 근거한 논문들을 수록한 것이다. 모두 7명의 학자들은 각자 전문분야에서 문헌 비평적인 방법을 통해서 한국 교회와 기독교 신자들이 타민족 식민지배에 들어간 민족의 비극을 어떻게 극복하고, 여기서 나오는 보편적인 에너지를 어떻게 평화와 공존을 위해 활용하려고 했는지를 밝힌다. 사변적인 변화를 겪고 있는 2019년의 한반도 정세를 보면서 가장 필요한 연구가 이루어졌다고 자부한다.

7인의 저자들은 수록 논문을 통해서 또는 번외로, 한국 기독교의 존재와 그 역할을 한국 근현대사에서 지우는 순간 나라의 정통성과 국격이 후퇴하고 무너진다고 주장한다. 저자들이 한결같이 학계의 중진들임을 감안할 때, 종교를 떠나 작금의 반 기독교적 정서에 맞서 들어야 할 충언이라고 믿는다.

아무쪼록 주께서 이 논문집을 사용하셔서 교회가 민족과 나라의 운명을 밝히 열어 이끌어가는 일에 겸허히 쓰임 받을 수 있는 영예를 허락하시길 간절히 바란다.

주 안에서 따듯이,
사랑의교회 오정현 목사

발간에 부쳐

바울의 민족의식, 그리고 2019년의 우리

우리 저자들(오일환, 김명섭, 김명배, 박 환, 윤정란, 박명수, 허문영 - 이상 논문 게재순)은 사학, 사회학, 정치학에 두루 걸쳐 엄정한 학문을 연구하는 학자들이다. 동시에 우리는 성경적 기독교 신앙을 지닌 신앙인들이다. 학문과 신앙이라는 두 지평이 만나는 곳에서 우리의 연구 주제가 싹텄다.

발간에 부쳐

바울의 민족의식, 그리고 2019년의 우리

　신약성경의 '로마서'는 바울이 회심 후 약 20-25년 사이에 로마제국 동쪽에서 전한 복음의 성과를 집약하여 로마의 신자들에게 보냄으로써, 로마제국의 서쪽 끝, 즉 스페인까지 복음화하려는 계획을 담고 있는 일종의 선교계획서이다. 바울은 이 편지를 통해서 동지들을 규합하고 후원도 확보하려는 야심찬 계획을 갖고 있었다. 바울은 이 책의 1-8장에서 하나님이 인류를 위해 일으키신 놀라운 일, 곧 그리스도 안에서의 구원에 관해 매우 조직적으로, 또한 큰 확신을 가지고 설파한다.

　이 편지에는 수많은 성경학자들 사이에서 여전히 논란이 되고 있는 특이점이 있다. 1-8장에서 하나님이 예수 그리스도를 통해 이루신 찬란한 구원에 대해 말하던 바울이, 왜 갑자기 9-11장에서는 동족 이스라엘의 불신과 그들의 궁극적인 신앙 회귀를 안타까운 마음으로 전하는 것일까? 어떤 학자는 이러 측면을 의식하여 '로마서'를 1-8장까지 읽고 9-11장은 괄호에 넣은 후, 건너뛰어

12-16장까지를 읽으면 좋다고 조언을 하기도 한다. 그래야 1-8장의 복음에 관한 진술과 12-16장의 생활 명령(imperative)이 균형을 이룬다는 것이다.

여러 가지 설명이 제시될 수 있으나 가장 설득력 있는 것은, 이렇게 놀라운 하나님의 구원의 능력인 복음을 받아들이기에 가장 유리한 조건에 있는 동족 이스라엘 백성이 복음에 등을 돌리는 모습을 보면서 바울은 이스라엘을 위한 '선교'를 논하지 않을 수 없었다는 것이다. 복음이 하나님의 구원 능력이라면 이 능력으로 심령의 완고함을 깨야할 가장 첫 번째 민족이 바로 이스라엘 백성이라고 바울은 생각했다는 것이다.

기독교·민족·역사

우리 저자들(오일환, 김명섭, 김명배, 박 환, 윤정란, 박명수, 허문영 - 이상 논문 게재순)은 사학, 사회학, 정치학에 두루 걸쳐 엄정한 학문을 연구하는 학자들이다. 동시에 우리는 성경적 기독교 신앙을 지닌 신앙인들이다. 학문과 신앙이라는 두 지평이 만나는 곳에서 우리의 연구 주제가 싹텄다. 학자로서 우리는 3·1독립선언 발표 100주년, 그리고 상해 임시정부 수립 100주년이 되는 2019년을 맞아, 사료와 역사 문제를 다루는 가장 보편적인 학문 방법론에 입각하여 한국의 기독교회와 기독교인들이 타민족의 식민지배, 나아가 요동하는 국제정세를 바라보면서 민족의 자주, 자결, 자치를 위해 어떤 세계관적 자각을 가지고 무슨 선택을 했으며 어떤 구체적인 결정과 활동으로 이어졌는지를 엄정하게 연구했다.

한편 우리 저자들은 신앙인으로서, 지금으로부터 100년 전에 일어난 우리

민족의 반식민주의 국제 운동에 당시에는 아주 미미한 영향력(교세, 성경 보급률, 교회 숫자, 배출된 목회자 숫자 등)밖에 지니지 못했던 기독교가 상당한 역할, 아니 중추적인 역할을 했다는 사실에 놀라고 감사한다. 아울러 이러한 사실(史實)이 당시 사회와 현재의 우리에게 주는 울림을 담아내기 위해 어떤 후속적인 연구와 운동이 일어나야 할지에도 지대한 관심이 있는 바이다.

우리 저자들은 우리의 주장이 기독교라는 특정 종교권에서 나온 일변도의 강변이나, 유사역사학적인 억측으로 취급되지 않기 위해 철저하게 문헌 비판적인 방법을 통해서 우리의 주장을 펼치고 있음을 한 번 더 천명한다. 어디까지나 실증적인 연구로서 우리의 연구논문들을 평가해줄 것을 제현들에게 부탁드린다. 아울러 논문의 발표와 논찬, 그리고 출간의 번거로운 수고를 맡아준 한중국제교류재단의 여러 관계자들에게 깊이 감사한다.

"나의 형제 곧 골육의 친척을 위하여 내 자신이 저주를 받아 그리스도에게서 끊어질지라도 원하는 바로라(롬9:3)"라고 고백한 바울까지는 아니더라도, 우리 저자들은 대격변을 겪고 있는 이 한반도에서 우리 한민족이 다시 한 번 성경적인 원리와 방법으로 하나님의 샬롬을 구현하고, 주변 여러 나라들에게 공익을 나눠주는 선한 이웃으로 떠오르길 간절히 소망한다.

상해임시정부 수립 100주년을 기념하여,
오일환, 김명섭, 김명배, 박 환, 윤정란, 박명수, 허문영 적음.

> **발표 논문 소개**
>
> 저자들은 수록 논문을 통해서 근현대사에 미친 한국 기독교의 존재와 역할을 거듭 강조한다. 저자들이 한결같이 학계의 중진들임을 감안할 때 작금의 반(反) 기독교적 정서에 맞서서 들어야 할 충언이라고 믿는다.

임시정부수립과 통합에서 확인하는 연합정신 - 오일환

"올해는 3·1독립선언이 발표된 지 100년이 되는 기념비적 해다. 일본에 병합돼 10년 간의 고통을 겪으면서도 한민족은 이날 일본인들에게 일본을 위해서라도 조선은 독립해야 한다고 설득하고자 했다."

위의 인용문은 3·1운동 100돌을 맞아 와다 하루키 도쿄대 명예교수, 우쓰미 아이코 게이신여학원대 명예교수, 다나카 히로시 히토쓰바시대 교수 등이 지난 2월 6일 오후 도쿄 중의원회관에서 기자회견을 열어 발표한 '2019년 일본 시민·지식인 성명'의 일부이다. 이 성명서에는 일본 지식인 226명이 서명했다. 이 양심적인 지식인들은 성명을 통해 "식민지 지배에 대한 반성과 사죄야말로 한-일, 북-일 관계를 지속·발전시키는 열쇠"라는 점을 분명히 밝혔다.

오일환(의병정신선양회)은 발표한 논문 「대한민국임시정부 수립 및 통합의 역사와 그 현재적 함의-기독교 민족지도자의 역할을 중심으로」를 통해서, 확실히 3·1운동은 "한민족의 독립을 동양의 평화, 나아가 세계의 평화의 틀 속에서 강조하는 한편 자유와 정의 등 보편적 가치를 내세우고 일제는 공존과 호혜를 요구하는 등 민족주의의 배타성을 극복한 '열린 민족운동'"이었고, 제1차 세계대전 종전 후 '민족자결주의'의 기치에 자극 받았으나 일본을 포함한 전승국 중심의 세계질서로 재편이 되면서 독립의 어려움을 인식하고 이를 타개하기 위하여 도전한 사건임에 틀림없다고 주장한다.

그러나 3·1운동이 처절하리만치 탄압을 당하면서 독립운동가들은 독립운동 지휘부의 해외 이전을 택하지 않을 수 없었다. 국외에는 노령의 대한국민의회와 상해 임시정부가 수립되었고, 국내에는 서울의 한성정부가 세워졌다. 한 국가에 3개의 정부가 존재하는 기형의 1국가 3정부 형태가 돼버린 것이다. 임시정부 지도자들은 이러한 상황을 극복하고자 통합에 힘쓴 결과, 상해 임시정부의 수립일인 4월 11일을 기점으로 5개월 만인 9월 11일, 단일의 대한민국임시정부를 출범하게 된다. 임정 출범과 그 이후의 역사가 불요불굴의 독립정신을 보여주는 것이다.

저자는 일반에 알려진 것과는 달리 "3·1운동의 귀결로서 대한민국임시정부가 수립된 것으로 오해할 여지가 있으리라 생각한다. 그러나 임시정부에 대한 논의는 3·1운동 이전부터 이미 시작되었다."라고 한다. 물론, 대한민국임시정부의 수립이 3·1운동과 밀접한 관계가 있음은 두말할 필요가 없지만, 여러 사료들로 판단할 때 임시정부의 수립 계획이 3·1운동을 준비함에 있어서 동시에 논의되고 기획되었다는 사실을 잘 알 수 있다고 주장한다.

오일환은 대한국민회의, 상해 대한민국임시정부, 그리고 한성정부 등 3개로 나뉜 1국 3정부의 난립상을 독립운동가들이 어떻게 극복했는지 소상하게 보여준다. 13도 대표를 소집하여 수립된 한성정부는 정통성 면에서 상해 임시정부나 대한국민의회에 비해 우위에 있었음에도 불구하고 국회에서 비교적 조직을 잘 갖추었던 상해 임시정부를 중심으로 통합된 데는 이유가 있었다. 대한국민의회 회원의 80%를 임시의정원 의원으로 영입하는 조건으로 임시정부 통일방안을 추진한 것이다. 상해 임시정부를 한성정부의 인선을 그대로 넘겨 받아 한성 정부의 법통을 계승할 수 있었고, 그것은 하나의 임시정부 체제로 통합하고자 하는 노력을 반영한 것이다. 그 결과 9월 11일 상해 임시정부를 중심으로 통합 대한민국임시정부가 출범하게 된 것이다. "마침내 국내외에 난립하고 있던 임시정부들이 통합됨으로써 대한민국임시정부는 온 민족을 대표하는 조직으로서 명실상부한 정통성을 확보하게 되었다."

오일환은 논문의 하이라이트라 할 수 있는 '대한민국임시정부 수립과 통합 과정에서의 기독교의 역할'이라는 소제목 이하의 글을 통해, 통합 임시정부가 성공할 수 있었던 배경에는 기독교인들의 자기희생의 모범이 있었음을 보여준다. 여기에는 안창호, 이동휘의 통 큰 양보와 살신성인의 정신이 있었다. "통합을 주도했던 안창호를 비롯하여 이승만, 이동휘 등 세 지도자를 중심으로 통합 임시정부가 출범했기에 대한민국임시정부는 '삼각정부(三脚政府)'라고도 불렸다. 세 지도자들 모두가 기독교인이었다는 점에서 대한민국임시정부의 역사는 기독교와 불가분의 관계에 있었다는 사실을 알 수 있다. 한편, ... [중략] 현순과 통합 임시정부 협상과정에 적극 참여했던 한성정부의 이규갑도 기독교 목사였다." 기독교 신자였던 임시정부 요인들, 대한애국부인회 기독교인 간부들은 "남보다 더 큰 의무를 지겠다는 '초과의무(supererogation)'"라는 기독교 정신의 한 형태를 실천한 사람들이었다.

저자는 대한민국임시정부 수립과 통합이 현재적 함의를 갖는다고 주장한다. 우선 이 일로 민주공화국 대한민국의 정체성과 정통성이 확립되었고, 이념적 분화를 극복하여 좌우통합정부를 달성하는 데 크게 기여하였는데, 바로 이 점이 우리에게 시사하는 바가 매우 크다고 지적한다. "한국교회는 기독교 지도자들이 대한민국임시정부 수립과 통합 과정에 지대한 공헌을 했다는 사실에 자긍심과 자부심을 가져야 한다. 무엇보다도 한국교회는 기독교 지도자들이 대한민국임시정부 수립과 통합 과정에 지대한 공헌을 했다는 사실에 자긍심과 자부심을 가져야 한다. 나아가 이러한 자긍심과 자부심의 바탕 위에서 민주공화국으로서의 대한민국을 지키는 일에, 그리고 앞으로 '완전한 국민국가'로서의 통일한국을 건설하는 일에 앞장서야 할 것이다."

상해 프랑스조계, 임시정부 수립 최적지 - 김명섭

김명섭은 「대한민국임시정부는 왜 상해 프랑스조계에 수립되었나?」는 제하의 매우 흥미로운 논문을 통해서 대한민국임시정부가 상해에 들어선 이유 6가지를 미시적으로 짚어낸다. 이러한 미시적인 연구를 통해서 민족의 자주성과 국가의 독립이라는 추상적인 개념이 역사 속의 공간으로 구상화하는 것을 본다. 역사는 인간·시간·공간이 빚어내는 것임을 한 번 더 절감한다.

첫째, "상해 조계지(租界地)의 국제성" 때문이다. "서양제국들의 침략과 청제국의 타협 속에서 탄생한 상해의 조계지들의 국제성은 가톨릭 및 개신교 선교사들의 노력을 통해 발전했다. 이러한 국제성은 1919년 대한민국임시정부가 상해 조계지들 중 한 곳인 프랑스조계에서 수립될 수 있었던 배경이 되었다."

둘째, "상해 조계지의 근대적 영향과 한인사회의 기여"를 고려해서였다. "상해 조계지들은 일본의 나가사키 등과 더불어 서구적 근대성을 조선 등에 전파했다.… 상해 조계지들은 제1차 세계대전 이후 윌슨의 민족자결주의가 일제하 한국인들에게 전해진 주요한 통로였다.…… 상해 조계지들의 근대적 영향 속에 성장했던 한인사회는 3·1독립운동의 배후지로 기능했고, 상해 프랑스조계에 대한민국임시정부가 수립되는 것을 도왔다."

셋째, "상해,… 특히, 프랑스조계는 파리평화회의가 개최된 프랑스와의 교통, 그리고 대표단과의 통신이 가장 효율적으로 이루어질 수 있던 장소였다.", "상해 프랑스조계는 통신조건 또한 유리했다.… 당시 상해 프랑스조계는 이러한 구주 언론들의 동향을 파악하기 유리한 위치에 있었다. 상해의 유리한 통신조건은 미국과의 원활한 소통도 가능하게 했다."

넷째, "상해 프랑스조계는 한인(漢人) 거주 지역은 물론 공공조계(영미조계)에 비해서도 안전했다. … 대한민국임시정부의 위치를 일본의 세력이 침입되지 않는 곳에 정할 필요로 인하여 중국 상해 프랑스조계에 정한 것"이었다.

다섯째, "대한민국임시정부가 프랑스조계에서 수립된 것은 대한민국임시정부 수립 당시 외교독립운동노선을 선택할 수밖에 없었던 것과도 연관이 있었다. 평화적 외교독립운동노선은 기독교문명의 영향을 받은 한국 지도자들의 사상에 부합되는 것이기도 했지만 당시로서는 불가피한 선택이었고, 이러한 평화적 외교독립운동노선의 적합지가 상해 프랑스조계였다."

마지막으로 김명섭은 혁명을 경험한 나라 프랑스의 박애정신, 사해동포주의의 영향을 읽어낸다. "프랑스가 자국의 조계 내에서 임시정부를 표방하는 조직의 활동을 허용했던 것은 프랑스혁명정신에 입각한 오랜 전통에 따른 것이었다. 프랑스대혁명 이후인 1793년에 만들어진 헌법 118조는 "프랑스국민은 자유민의 친구이자 자연적 동맹"이라고 규정하면서 "프랑스공화국은 자유(liberté)라는 대의를 위해 모국으로부터 추방당한 외국인들에게 망명처(asile)를 제공한다." 이러한 이유로 임시정부는 프랑스조계를 선택했다.

중국에서 맹약한 기독교 민족주의자들 - 김명배

"한국의 20세기에 나타난 '민족주의' 혹은 '민족주의 운동'은 보편성을 지닌 '종교'와 특수성을 지닌 '민족주의'가 결합되어 더욱더 심화되었다. 일제의 무단통치로 인하여 집회와 결사의 자유가 보장되지 않던 역사적 상황 속에서 기독교회는 민족운동의 유일한 공간이요 은신처였다. … 국권을 상실하여 절망하던 민족지사와 지식인들이 무수히 교회에 들어와 기독교 신앙을 통한 국권의 회복과 나라의 독립을 위한 운동을 전개하였다."

김명배의 논지는 이렇게 시작된다. 한국 기독교가 20세기 초 반식민운동의 본산 노릇을 하였다는 것이다. 이런 전제 아래서 그는 중국 내에서 활약한 "여운형, 현순, 손정도, 안창호, 차리석 등 기독교 민족주의자들"의 행적과 영향을 살핀다.

김명배는 여운형의 노령 방문으로 1919년 2월 25일 니콜라스크에서 전로한인대회가 개최되었고, 이것이 모체가 되어 3·1운동 후 블라디보스토크에서 노령 '대한국민의회'로 발전되었다고 말한다. 여운형의 제의와 권고에 따라 노령 동포들은 윤해와 고창일을 파리강화회의에 노령 한인 대표로 파견하였으며, 그의 활동으로 간도의 '대한국민회'가 김약연과 정재면에 의해 조직되었다. 만주 노령에서 발표된 독립선언서인 〈무오독립선언서〉는 여운형의 당시의 활동과 관련, 1919년 2월에 선언되는 등 여운형이 중국에서 어떻게 3·1운동을 준비했는지 평가한다. 손정도와 현순은 국내 3·1운동 준비참여에 크게 기여한 인물들이다. "손정도는 ....신한청년당에 가입하여 3·1운동을 준비하게 된다. 한편, 현순은 목회에 종사하던 중 우연히 3·1운동을 준비하는 긴박한 상황과 시점에 참여하여 민족대표들로부터 외교통신 업무를 부여받아 상해로 향하게 된다. 이후 현순은 상해 독립운동가들을 모아 독립사무소를 설치하여 임시정부 수립의 주도적 역할을 하게 된다."

저자는 대의와 공익을 존중하여 사사로움을 버린 도산의 독립운동가로서의 면모와 공헌을 이렇게 소개한다. "안창호는 다양한 이념과 독립운동 방략을 가진 세력들을 설득하고 조율하여 그들의 동의를 얻어냄으로써 명실상부한 임시정부의 통합을 이루어냈다. 그는 상해 임시정부 초기에 국무총리 대리 겸 내무총장의 막강한 지위와 영향력을 지녔음에도, 임시정부의 통합을 위해서는 자신의 직함을 내려놓기까지하였다. 그가 내무총장에서 한 단계 직위가 낮은 노동국 총판으로 자리를 옮긴 것은 임시정부통합을 위한 그의 노력의 일환이었다." 이 외에도 도산은 '연통제'와 '교통국'을 설립하여 국내 항일세력들과의 연계를 공고히 하여, 통합과 소통의 리더다운 모습을 보여준다.

김명배는 차리석과 흥사단의 관계를 이렇게 밝힌다. "차리석은 입단과 동시에 잡지 발간 기관인 임시원동편집국의 책임을 맡았다. 단원모집과 재정관리 등 각종 실무적인 일을 맡았다. 짧은 기간이었지만 차리석은 원동위원부의 핵심인물로 부상하였다. 당시 안창호는 '국민대표회의'의 소집에 여념이 없는 관계로 원동위원부의 업무는 차리석이 전담하였다."

손정도에 대해서는 다음과 같이 말한다. "3·1운동을 전후해 중국 상해로 망명한 손정도 목사는 임시정부와 독립운동 관련된 일을 하면서도 '목사'로서 기독교 관련 일을 계속했다. 손정도는 1919년 상해의 기독교 지도자들을 모아 '대한야소교연합진정회'를 조직하였다. 기독교 세력이 국제사회에서 한국의 독립운동을 지원하고 선전하기 위해 결성된 결사조직이었다.… 1923년 3월 상해에 있던 기독교 목사 이원익, 김병조, 김인전, 조상섭, 송병조, 장덕로 등과 함께 미 국회 상원의원 및 세계기독교인들에게 우리 민족의 실상을 알리고 독립운동 지원을 요청하는 〈대한예수교회 진정서〉를 발표하기도 하였다." 또한 손정도는 국내의 기독교 교회와 비밀결사 조직과 임시정부를 연결하고 정부의 국민적 기반을 조성한 인물이었다.

저자는 글을 닫으며 학계를 향한 아쉬움을 쏟는다. "대한민국임시정부의 수립과정과 해외, 그 중에서도 중국 관내에서 활동했던 명망가들에 관한 연구는 그 수를 헤아리기가 어렵다. 그럼에도 불구하고 …. 중고등학교 국사교과서를 비롯하여 대부분의 역사교과서와 교양서적에 한국기독교회가 한국독립운동사에 기여한 내용에 대한 서술은 부족하거나 인색한 것이 사실이다." 저자의 지적처럼 일부 한국사 연구자들이 한국기독교가 한국의 근대화와 문명화에 수행했던 업적을 폄훼한다면 이는 바로잡아야 할 것이다. **역사와 신앙 앞에 부끄럽지 않기 위해서다.**

만주·연해주에서 활약한 기독교 독립세력 - 박 환

　박환은 만주 지역에서 활약한 기독교 여성독립운동가 남자현과, 러시아 지역에서 기독교 독립운동에 헌신한 강우규를 중심으로 논문을 풀어간다. 남자현은 기독교인으로서 의열투쟁뿐만 아니라 만주 지역의 교육운동도 추진한 계몽운동가였다. 박환은 사료들을 통해, 남자현이 신앙생활을 열심히 하였고, 북간도에 교회를 12개소나 설립하였음을 알려준다. 남자현이 독립운동에 투신한 것은 비극적인 가정사와 무관하지 않다. 1907년 남자현은 친정아버지 남정한이 궐기하자 의병전쟁에 앞장서서 참여하였고, 일제에 의해 남편을 잃은 후 유복자를 데리고 간난의 세월을 보내면서 "나라의 원수이며 남편의 원수를 갚는 일"을 절치부심하였을 것이다.
　이후 남자현은 중국 요녕성 류하현 삼원보로 망명하였다. 만주로 망명한 남자현은 안동인들이 중심이 되어 조직한 서로군정서에서 더 자유스러운 분위기 속에 항일운동을 구상한다. 서로군정서에 속하여 항일투쟁을 전개하던 남자현은 일본군의 독립군 대토벌작전으로 인하여 1920년 서로군정서군이 북간도지역으로 퇴각하자 함께 이동하면서 부상병을 간호하는 일을 맡기도 하였다. 남자현은 1933년 1월 20일, 부하 정춘봉을 비롯하여 중국인 동지들과 함께 무기 조달, 폭탄을 운반하러 길을 나섰지만 밀정의 밀고로 계획한 거사 직전 일제 경찰에 검거되고 말았다.
　강우규는 무자비한 일제의 탄압 속에서 자연스럽게 싹튼 일본총독 저격 의지를 실행한 인물이다. 1919년 9월 2일 오후 5시, 삼엄한 경계 속에서 제3대 조선총독으로 부임하는 사이토 마코토(齋藤實)를 저격하기 위하여 폭탄을 투척하였다. 폭탄은 엄청난 위력을 발휘하여 신임총독을 환영 나온 일제 관헌 및 그 추종자들 37명에게 중경상을 입혔다. 이 사건은 당시 65세의 노인에 의하여 이루어졌다는 점에서 큰 주목을 받았다.

박환은 강우규의 의거가, "3·1운동 이후 최초의 의열투쟁으로, 조선총독으로 부임하는 사이토에게 큰 경고가 되었음은 물론 국내외 한인들의 민족의식 고취에 크게 기여하였다. 특히 그는 자신의 의거를 비롯해 재판과정과 수형생활, 처형과정에서도 당당한 모습을 보여줌으로써 재판과정 자체가 운동의 연속선상에서 한인들에게 큰 감동"을 주는 효과를 낳았다고 분석한다. 심지어 사형이 확정된 후에도 흐트러짐 없이 지냈고, 한 간수장에게서는 "그 사람은 독실한 크리스찬으로 요새도 항상 성경읽기로 일을 삼고… 아무 근심하는 빛이 없이 지낸다."는 평을 받는다. 강우규는 당당한 자세로 재판을 받다가 형이 확정되어 1920년 11월 29일 서대문형무소 교수대에서 향년 66세의 일기로 순국하였다.

임시정부를 도운 국내의 기독교인 여성들 - 윤정란

윤정란은 평양의 대한국민회와 대한애국부인회, 경성의 대한민국애국부인회가 기독교인들의 주도로 어떻게 임시정부를 도왔는지 소상히 밝힌다. 1919년 3.1만세운동 이후 대한민국임시정부가 수립되자, "기독교인들은 개인적인 차원에서 임시정부를 지원하는 활동을 하고, 기존의 단체를 임시정부 지원단체로 전환하면서 국내 기반을 확대하는 데 주요한 역할을 담당하였다."

1919년 9월 중순 설립된 대한국민회는 예수교 장로회의 교회를 기반으로, 임원들 대부분이 예수교장로회의 목사, 장로, 그리고 기독교 계통의 학교 교사들로 구성, 설립, 확대되었다. 평안남도, 황해도, 경남, 전남 등지에 지회를 거느리고 기관지 대한민보 발행, 독립자금 모집, 그리고 통곡식 등의 활동을 하였다.

평양 대한애국부인회는 1919년 11월, 예수교장로회 애국부인회와 감리회 애국부인회 여성들이 연합해서 조직하였는데 임시정부와 독립운동단체를 후원하기 위한 독립자금 모금을 주요 활동으로 삼았다. 본부 임원 총 19명 중 감리회 소속이 13명이었고, 장로회는 6명이었다. 교사, 학생, 전도부인 등이 모였고, 20대 11명, 30대 5명, 40대 2명, 60대 1명이었다.

경성의 대한민국애국부인회는 정신여학교 졸업생, 학생들이 중심이 되어 설립한 비밀결사단체로서 1919년 10월에 조직되었다. 전술한 단체와 마찬가지로 임시정부 독립자금을 모금하였다. 총 19개의 지역에 지부를 설치했고 가입 인원이 총 650여 명에 이르렀다. 처음으로 국내와 해외 지역 여성들을 총망라하여 거대한 항일여성단체를 조직했다.

기독교인 여성들은 옥중에서 기독교 신앙으로 어려움을 견뎠다. 그들은 기도 모임을 주관하고, 매일 새벽과 깊은 밤에 정기적으로 기도회를 열어 자신들의 행동이 정당함을 공동체 의식으로 다져나갔다. 그들은 옥중에서 "내 주의 뜻대로", "믿는 아이 보배됨" 등의 찬송가를 부르며 힘을 냈다. 그리스도가 진리를 위해 온갖 핍박과 고난을 받고 십자가에 못 박혀 돌아가셨듯이 자신들도 민족을 위해 희생과 헌신의 삶을 살겠다고 다짐했다. 기독교인 여성들의 항일운동은 이후 우리나라 여성운동의 발전에 모태가 됐다.

이승만과 기독교인친한회 - 박명수

　박명수 교수의 논문 「해방 직전 기독교인친한회(The Christian Friends of Korea)의 대한민국임시정부 승인 운동」은, 대한민국 초대 대통령 이승만과 기독교의 관계를 밝히는 데 역점을 둔다. 먼저 기독교인친한회는 무엇이며 언제 결성되었는가? 기독교인친한회는 한국에서 활동한 (미국)선교사들을 모아 결성한 조직으로서 미국사회 내 한국에 대해 가장 관심이 많은 집단인 기독교를 이승만의 외교에 끌어들이려는 계획의 한 고리였음을 밝히고 있다. "아마도 기독교인 친한회가 공식적으로 활동을 시작한 것은 1942년 10월 초"인 것 같다. 세브란스의 교장을 오래 지낸 "애비슨은 10월 5일 미국 전역의 친한 인사들에게 'Dear Friend'라는 제목으로 약 600여 통의 편지를 보내면서 기독교인친한회의 배경과 목적에 대해서 자세하게 설명하고 있다." 그는 이 편지에서 한국 독립의 기회를 말하고 있다.

　친한회는 워싱턴에 있는 아메리칸 대학교 총장인 더글라스(Paul F. Douglas)를 통해 한층 발전한다. "이승만은 선교사들이 한국인들과 합작하여 임시정부를 도와 독립운동을 해야 한국선교를 재개할 수 있다고 믿었고, 이를 위해 유력한 단체를 형성하여 임시정부의 승인을 위해 노력해야 한다고 생각했다."고 친한회의 성격을 알렸다.

　1944년에 들어서서 이승만과 한미협회는 당시 한국 친우회가 가장 활발하게 움직이던 곳인 오하이오 애슐랜드에서 대규모의 한국정부승인대회를 연다. 이곳의 기독교가 중심이 되어서 한국의 독립운동을 돕는다. 이후로 이승만의 여러 노력에도 미 정부와 교계는 정교분리 원칙 등을 이유로 친한회를 적극 돕지는 않았다. 그럼에도 이승만과 기독교인친한회는 일본의 진주만 기습 전후를 막론하고, "미국 민간인들을 통한 임정승인 외교"라는 점에서 학문적으로 재조명되어야 할 충분한 가치를 갖는다.

이후 한미협회는 한국에 살던 미국인들로부터 수집한 증언을 통해서 "한국인들의 절대 다수가 이승만과 임시정부를 지지하고 있고" 한국에 사는 미국인들로부터 "한국의 독립을 위해서 임시정부 외에 다른 단체에 대해서는 들어본 적이 없다", "임시정부가 한국 독립운동의 중심일 뿐 아니라 대부분의 한국인들은 임시정부가 지향하는 자유민주주의적인 정부 형태를 지지한다", "이승만은 자연스럽게 대한민국의 초대대통령이 되어야 한다"는 등의 주장을 통해 임시정부와 이승만을 연결시켰다.

박명수의 연구를 통해서 근자에 유행처럼 번지고 있는 독립운동가로서의 이승만에 관한 평가절하가 과연 정당한지, 그의 독립운동 방법을 그 시대의 정황에서 보지 않고 현대의 시각과 잣대로 보고 평가하는 것이 일종의 시대착오는 아닌지 반성할 수 있을 것 같다.

새로운 통일패러다임, 임시정부에서 찾는다 - 허문영

허문영(평화한국 대표/통일선교아카데미 원장)은 통일문제 전문가로서 「복음적 평화통일을 위한 대한민국임시정부사의 기독교적 함의」라는 글을 통해 평화통일을 위해 어떤 전제들이 구축되어야 할지 고찰한다. 그의 논문이 눈길을 끄는 것은, 근자에 한반도에서 벌어지고 있는 격변적 사건들을 100년 전 임시정부 건립 정신, 인물, 사상과 연결시키고 있다는 것이다. 그는 통일문제에 있어 통일 패러다임이 매우 중요한데, '대결통일론'과 '대화통일론' 모두 한국정부의 대북정책이 독립변인이고, 북한의 정책변화가 종속변인이라고 보는 똑같은 틀을 사용하지만, 북한의 정책변화는 우리 정책에만 따르는 것이 아니기에 통일 3.0 패러다임을 모색·수립해서 실천해야 할 때라고 주장한다. 아울러 그는 대한민국임시정부에서 그 착상 단계를 찾을 수 있다고 한다.

대한민국임시정부는 어떤 성격을 가지고 있었는가? "상해 임시정부와 임시의정원을 이끌었던 우리의 근대민족지도자들은.... 종교로는 기독교인이 압도적.... 국제주의, 진보주의(대화), 보수주의(무력), 민족주의... 4종류의 독립운동 노선으로 구분"할 수 있다. 그러면 그들은 "어떤 나라를 꿈꾸고 만들기를 원했는가?" 우선 김구는 "자유민주주의국가, 사랑과 평화의 국가, 문화국가, 영성국가, 봉사국가"를, 도산 안창호는 "정직과 공의, 사랑과 공동체, 자유와 평화의 무실(務實)국가, 대공(大公)국가, 자유국가, 평화국가"를 세우려고 했다. 이승만은 "기독교신앙에 기초한 국가, 세계평화공동체에 기여하는 나라"를 세우길 바랐다. 허문영은 이러한 이타적, 상생적 건국 가치관을 이어받아 이제 우리 세대가 산업화세대의 획일화와 민주화세대의 양극화를 넘어 다양성 속에서 통일성을 이루어, 한민족 존재양식과 동아시아 국제질서의 패러다임이 질적 변화를 경험하는 방향으로 물꼬를 터야 함을 주장한다.

이때 우리에게 필요한 정신에 관해 허문영은 7가지를 말한다. "연합의 정신, 평화의 정신, 복음의 정신, 교육의 정신, 섬김의 정신, 젊음의 정신, 기도의 정신"이 그것이다. 이 7대 정신이 활발하게 움직여 "평화대국, 평화한국, 봉사한국"으로 나아가는 것이 통일패러다임 3.0의 총체이다. 그럴 때 "창의 : 한민족형통일 - 선 통합, 후 통일, 변혁 : 공동체통일 - 남북한 상황 주도적 상호협력, 미래상생 : 상생통일 - 상생적 동아시아평화 구축"이 점진적으로 이뤄질 수 있다. 요약하자면 허문영의 통일패러다임 3.0은 평화론이다. 평화를 지키고 만들며 키우고 나아가 나누면서 평화로 섬기는 일에 그 방점이 있기 때문이다.

대한민국임시정부 수립 및 통합의 역사와 그 현재적 함의

―기독교 민족지도자의 역할을 중심으로―

오일환(의병정신선양회 회장 / 전 보훈교육연구원장)

대한민국임시정부 역사를 면밀히 살펴보면, 이승만, 안창호, 이동휘, 현순, 손정도, 김규식, 김구 등 실로 많은 기독교인 임정요인들의 영향력과 활동상을 확인할 수 있다. 특히, 대한민국임시정부 수립과 그 통합 과정의 역사에서 기독교인들의 활동상은 더욱 두드러지게 부각된다.

"

대한민국임시정부 역사를 면밀히 살펴보면, 이승만, 안창호, 이동휘, 현순, 손정도, 김규식, 김구 등 실로 많은 기독교인 임정요인들의 영향력과 활동상을 확인할 수 있다. 특히, 대한민국임시정부 수립과 그 통합 과정의 역사에서 기독교인들의 활동상은 더욱 두드러지게 부각된다.

"

대한민국임시정부 수립 및 통합의 역사와 그 현재적 함의

I. 들어가며

3·1운동은 100년 전 1919년 3월 1일에 일제의 폭압적인 무단통치에 거족적으로 맞서 싸운 대표적인 항일투쟁으로서 독립운동의 분수령이 되었다. 민족의 자주독립을 위해 일제에 맞서 투쟁한 이 운동은 국내에서뿐만 아니라 한민족이 집단으로 거주하고 있던 연해주, 만주, 미주 등 해외에서도 연쇄적으로 일어났다.

3·1운동은 일제에 저항하여 민족의 자주와 자존을 강구하며 민족독립을 쟁취하는 것에만 머물지 않았다. 「3·1 독립선언서」는 한민족의 독립을 동양의 평

화, 나아가 세계의 평화의 틀 속에서 강조하는 한편 자유와 정의 등 보편적 가치를 내세우고 일제에는 공존과 호혜를 요구하는 등 민족주의의 배타성을 극복한 '열린 민족운동'이었다고 해도 과언이 아니다. 또한 3·1운동은 제1차 세계대전 종전 후 '민족자결주의'의 기치에 자극 받았으나 일본을 포함한 전승국 중심의 세계질서로 재편이 되면서 독립의 어려움을 인식하고 이를 타개하기 위하여 도전한 사건이었고, 중국, 인도, 필리핀, 베트남, 이집트 등지의 독립운동에도 직·간접적인 영향을 미쳤다는 점에서 세계사적인 의의를 가지고 있다.

그런데 문제는 3·1운동의 예에서 보듯이 국내에서는 일제의 무자비한 폭압 앞에서 민족운동의 지도부가 형성된다 하더라도 지속적인 독립활동을 전개하기가 어렵다는 사실이었다. 이 때문에 독립운동가들은 상시적으로 독립운동을 지도할 사령탑으로 국외에 임시정부 수립을 고려할 수밖에 없었다. 거족적인 3·1운동으로 민중의 독립의지가 크게 고취된 상황에서 마침내 국외에는 노령의 대한국민의회와 상해 임시정부가 수립되었고, 국내에는 서울의 한성정부가 세워졌다. 이로써 한 국가에 3개의 정부가 존재하는 기형의 1국가 3정부 형태가 돼버린 것이다. 임시정부 지도자들은 이러한 상황을 극복하고자 통합에 힘쓴 결과, 상해 임시정부의 수립일인 4월 11일을 기점으로 5개월만인 9월 11일에 단일의 대한민국임시정부를 출범하게 된다.

이처럼 3·1운동 초기과정에 수립된 임시정부는 수난의 일제 식민

이처럼 3·1운동 초기과정에 수립된 임시정부는 수난의 일제 식민지 시대를 거치면서 국권을 회복하고 나라를 되찾고자 한민족으로 하여금 근대적 민족의식을 각성케 하는 한편, 항일 독립투쟁을 효과적으로 수행하기 위한 독립운동의 전략적 거점으로서 지휘부 역할을 감당했다.

지 시대를 거치면서 국권을 회복하고 나라를 되찾고자 한민족으로 하여금 근대적 민족의식을 각성케 하는 한편, 항일 독립투쟁을 효과적으로 수행하기 위한 독립운동의 전략적 거점으로서 지휘부 역할을 감당했다. 대한민국임시정부사(大韓民國臨時政府史)는 일제의 핍박에 따라 어떠한 고난과 역경이 불어 닥쳐도 결코 굴하지 않는 역사였다. 해방 이후 새로이 탄생한 대한민국이 대한민국임시정부의 법통을 이어받았다는 점에서 대한민국 임시정부사는 오늘날 대한민국의 근간을 세운 역사로, 대한민국의 정체성과 정통성 형성에 중요한 역할을 했음은 두말할 필요가 없다.

일찍이 서구 문물과 제도를 접한 우리의 선각자적 민족지도자들은 대한민국임시정부를 수립하면서 주권재민의 원칙에 입각한 민주공화정(民主共和政)을 기반으로 하는 근대 국민국가(nation state) 건설을 이상으로 삼았고, 기회만 주어지면 이를 구현하고자 하였다. 비록 국권을 상실한 상황이기는 했지만, 이들의 이상은 대한민국임시정부의 정체(政體)로 구현되었으며, 이는 해방 이후 국권을 회복한 대한민국이 명실상부한 민주공화국으로 출범하게 하는 귀중한 원천이 되었다.

1948년 제헌헌법 전문에서는 "유구한 역사와 전통에 빛나는 우리들 대한민국은 기미 3·1운동으로 대한민국을 건립하여 세계에 선포한 위대한 독립정신을 계승하여 이제 민주 독립국가를 재건"한다고 명문화하였다. '대한민국임시정부'라는 용어 대신에 '3·1운동으로 대한민국을 건립하여'라는 표현을 통해 '대한민국'과 '대한민국임시정부'를 굳이 구분하지 않고 대한민국임시정부를 대한민국으로 표기하고 있다. 현행 대한민국 헌법 전문에서는 '3·1운동으로 건립된 대한민국임시정부의 법통'을 계승한다고 명시하여 용어를 구분하고 있다.

한편, 대한민국임시정부 역사를 면밀히 살펴보면, 이승만, 안창호, 이동휘,

현순, 손정도, 김규식, 김구 등 실로 많은 기독교인 임정요인들의 영향력과 활동상을 확인할 수 있다. 특히, 대한민국임시정부 수립과 그 통합 과정의 역사에서 기독교인들의 활동상은 더욱 부각된다. 이는 기독교가 그만큼 대한민국임시정부 역사에서 차지하는 비중이 컸다는 것을 의미한다. 기독교정신이 대한민국의 정체성과 정통성을 형성하는 데 있어서 커다란 영향을 미쳤다는 사실을 짐작할 수 있다.

2019년 대한민국임시정부 수립 100주년을 기념하여 대한민국임시정부 수립의 역사성과 현재적 의의를 살펴보는 것은 미래 대한민국의 발전과 통일한국의 건설에 귀중한 시사점을 제공할 수 있을 것이라는 점에서 매우 중요한 의미를 가진다. 여기서는 1919년 3·1운동의 시작과 함께 국내외 각 지역에 임시정부들이 세워지는 과정을 먼저 살펴본 후 기독교 민족지도자들의 활동에 초점을 맞추어 독립운동의 효율성과 민족의 대표성을 확보하기 위해 단일 임시정부를 추구한 통합 과정을 면밀히 분석하고 그 의의를 논하고자 한다.

II. 3·1운동과 대한민국임시정부 수립의 관계

많은 사람들이 현행 헌법에서 '3·1운동으로 건립된 대한민국임시정부'라고 표기한 사실로 인해 3·1운동의 귀결로서 대한민국임시정부가 수립된 것으로 오해할 여지가 있으리라 생각한다. 그러나 임시정부에 대한 논의는 3·1운동 이전부터 이미 시작되었다.

실제로 1919년 3월 1일을 기점으로 3·1운동이 국내외로 확산되면서 그해 3월, 4월에 걸쳐 국내외 각지에서 임시정부가 수립되었다. 한인 이주민들이 모여 살던 노령(露領)의 블라디보스토크를 중심으로 3월 17일 대한국민의회가, 동아시아의 무역 거점이자 외교 중심지인 상해에서는 4월 11일 대한민국임시정부가, 서울에서는 4월 23일에 13도 대표들이 모인 국민대회 형식을 통해 한성정부가 각각 수립되었던 것이다. 이외에도 수립 주체나 실체가 분명하지 않고 전단으로만 공표된 '전단정부(傳單政府)'도 더러 있었다.[1] 임시정부들이 3·1운동 발발 이후에 국내외 곳곳에 세워지거나 전단으로 알려졌기 때문에 마치 임시정부 수립이 3·1운동의 귀결인양 인식하게 되는 경향이 있다.

물론, 대한민국임시정부의 수립은 3·1운동과 밀접한 관계가 있다는 사실을 부인할 수 없다. 3·1운동 과정에서 한국이 '독립국'이라고 전 세계에 선포되었고, 따라서 독립국을 운영할 정부를 수립하는 것은 당연한 수순이었다.[2] "조선이 독립국임"을 내외에 선포한 만큼 이를 대표할 수 있는 기구, 즉 정부를 수립해야 하는 것은 당연한 일이었다. 뿐만 아니라 3·1운동을 통해 표출된 민족의 독립에 대한 열망과 의지를 한 곳으로 결집시켜야 이를 체계적이고 조직적인 독립운동으로 발전시킬 필요성도 있었다. 이러한 관점에서 보면, 대한민국임시정부가 3·1운동을 계기로 수립되었다고 할 수도 있다.[3]

3·1운동이 대외적으로는 항일운동이었지만, 대내적으로는 공화주의운동의 의미를 가지는 것이다.[4] 이는 공화제 정부를 추구한 대한민국임시정부의 수립이 3·1운동과 밀접한 관계가 있다는 사실을 잘 입증해주고 있다. 또한 3·1운동의 시작과 더불어 2개월 사이에 국내외 곳곳에서 임시정부가 수립되었다는 점도 임시정부 수립이 3·1운동과 불가분의 관계에 있음을 알 수 있다. 3·1운동을 전후해 독립운동가들 사이에는-독립 후의 국가를 준비하고 독립운동을 효과적으로 조직하기 위하여-임시적인 형태의 근대적인 정부를 세우려는 움직임이 활발하게 진행되었다. 더욱이 1919년 1월 21일 고종 황제의 갑작스러운 죽음

은 반일감정을 극도로 고조시키며 3·1운동을 격화시키는 한편, 임시정부 수립을 촉진시키는 요인이 되었다.[5] 따라서 대한민국임시정부가 3·1운동의 귀결로서 수립된 것이라기보다는 3·1운동 이전에 이미 기획되고 준비되었다고 보는 것이 타당하다.

3·1독립선언서에서 독립국임을 대내외에 선포한 것은 곧 임시정부 수립을 암시하는 것이었고, 이는 곧 임시정부 수립을 3·1운동과 함께 이미 준비해왔다는 것을 뜻한다. 3·1운동이 봉기하고 이틀 뒤인 3월 3일자 지하신문 『조선독립신문』(제2호)을 살펴보면, "일간(日間) 국민대회를 개최하고 가정부(假政府)를 조직하며 가대통령(假大統領)을 선거한다더라"고 전하고 있다. 이 기사의 맥락으로 볼 때, 임시정부의 수립 계획이 3·1운동 거사일 이전에 이미 논의되고 기획되었다는 사실을 잘 알 수 있다. 이는 3·1운동의 핵심 목표들 중의 하나가 상시적으로 독립운동을 지도할 수 있는 구심체의 설치, 즉 임시정부의 수립이었음을 쉽게 짐작할 수 있는 대목이다.[6] 실제로 3·1운동을 기획하고 준비한 민족지도자들은 하루 속히 임시정부가 세워져 국내외 독립운동을 주도하는 지도부 역할을 감당하기를 간절히 원했다. 이는 상해에서 탄생한 신한청년당(新韓靑年黨)과 독립임시사무소(獨立臨時事務所)의 역할과 활동을 통해 확인할 수 있다.

신한청년당은, 1918년 여름부터 상해에서 여운형이 장덕수, 김철, 선우혁, 한진교, 조동호 등과 긴밀한 연관을 맺으면서 태동되었다. 파리강화회의에 중국 대표를 초청하기 위해 상해를 방문한 크레인(Charles Crane)에게 '윌슨 대통령

3·1독립선언서에서 독립국임을 대내외에 선포한 것은 곧 임시정부 수립을 암시하는 것이었고, 이는 곧 임시정부 수립을 3·1운동과 함께 이미 준비해왔다는 것을 뜻한다.

에게 보내는 독립청원서'를 제출하게 된 것을 계기로 1918년 11월 28일에 프랑스조계 백이부로에 이들 6명이 모였고, 이때 신한청년당이 조직된 것으로 보인다. 창당 당시에는 조직정비가 제대로 되지 않았다. 다만 여운형이 창당을 주도하고 크레인에게 쓴 청원서에 자신을 총무로 소개하고 있는 것으로 보아 총무 겸 당의 대표로 활약한 것을 확인할 수 있다. 이후 당헌과 함께 1919년 1월 말경에야 조직체계가 정비된 것으로 보인다.[7] 이처럼 정당 형태의 조직을 구상하였다는 사실은 국가를 운영할 정부를 염두에 두었다는 것을 짐작할 수 있는 대목이다. 『신한청년』 창간호(1919.12.1.)에 실린 「본당기사 신한청년당 취지서(本黨記事 新韓靑年黨 趣旨書)」는 신한청년당의 목적이 독립의 완성, 국토와 자유의 완전 회복이며, 이를 위해서 가장 필요한 것이 민족의 개조와 실력의 양성이라고 주장하고 있는데,[8] 신한청년당이 당장의 독립뿐만 아니라 대한민국의 미래까지도 설계하고 있었다는 점에서 임시정부 수립을 준비하고 있었다는 사실을 알 수 있다. 또한 같은 잡지에 게재된 「신한청년당 당헌(新韓靑年黨 黨憲)」에서 신한청년당의 강령(綱領)을 확인할 수 있는데, 다음과 같다. ① 대한민국 독립의 완성을 기도(期圖)함. ② 내외 신구사상(新舊思想)을 취사 융합하여 건전한 국민사상의 기초를 확정하며 학술과 기예(技藝)를 장려하여 세계의 문화에 공헌하며 아울러 사회의 각항 제도를 개량하여 세계 대세에 순응케 함. ③ 세계대동주의의 실현에 노력함.[9] 여기서 미래의 독립국가를 대한민국으로 정해 공화주의 국가 건설을 설정하고 있다는 점, 이 국가의 국민에게 필요한 새로운 국민사상의 기초를 확정하고 사회개혁을 표방하고 있다는 점, 국제평화를 위하여 평등한 세상을 추구하는 세계대동주의를 표방하고 있다는 점 등을 미루어보아 이를 실현할 임시정부 수립을 이미 염두에 두고 있었다고 볼 수 있다.

신한청년당은 파리강화회의에 한국민족대표를 파견했을 뿐만 아니라, 당원들을 국내에 잠입시켜 독립운동 자금 조달과 국내 3·1운동 준비 세력과의 긴밀한 접촉을 한 것은 물론, 국외로 일부 당원들을 파견하여 재일본 유학생 및 만주·노령의 독립운동 세력과의 연결을 도모함으로써 3·1운동의 봉기에 직·간접적으로 중요한 영향을 미쳤다.[10] 신한청년당은 제1차 세계대전 종전 후에 김철을 국내로 보내어 천도교 측으로부터 자금을 지원받아 2월 1일에 프랑스 우편선 포르토스(Porthos) 편으로 천진(天津)에 체류 중이던 김규식을 상해로 초청한 후 여비와 선표를 마련하여 파리강화회의에 파견하는 성과를 거두었다. 이처럼 신한청년당이 파리강화회의에 독립청원서를 제출하고, 이 회의에 김규식을 대표로 파견했다는 점은 3·1운동기 한국인들이 의지할 수 있는 독립운동의 근거와 정당성이 되었다. 신한청년당은 또 핵심당원들을 국내를 비롯하여 일본, 만주, 노령 등지에 파견해 김규식을 후원하기 위한 선전 및 모금 활동을 적극적으로 펼쳤는데, 이는 2·8만세운동과 3·1운동이 연이어 폭발할 수 있는 기폭제가 되었다.[11]

또한 서울의 민족지도자들은 파리강화회의 각국 대표와 미국의 윌슨 대통령에게 보내는 독립청원서를 상해에 전하고자 영어에 능통한 목사 현순(玄楯)을 외교통신원으로 파견하였다. 당시 현순은 천도교로부터 대여 받은 해외활동비 2천원을 지참하고 최창식과 함께 2월 24일에 용산역에서 남만주행 기차를 타고 서울을 떠나 봉천, 천진, 남경을 거쳐 3월 1일에 상해에 도착했다.[12] 그는 최창식 등과 함께 상해에 도착한 후 신규식, 여운형, 서병호, 이광수, 김철, 선우혁 등을 만나 국내의 3·1만세운동 준비 소식과 독립선언서를 전했으며, 3월 하순 경에는 이들과 함께 상해 프랑스조계 보창로에 독립임시사무소를 개설했다.[13] 독립임시사무소는 서울에서 보내온 독립선언서와 각종 문서를 영어로 번역하여 국제사회에 배포하는 한편, 임시정부 조직 업무에 착수했다.[14] 특히 현순은 영어 구사능력이 탁월했기 때문에 독립선언서를 영어로 번역하여 해외에 알리는 일에 큰 역할을 했으며, 독립임시사무소 총무로서 임시정부 조직을 준비하는 일에 몰두했다.[15] 임시정부 수립의 모체가 된 독립임시사무소를 유지한 것은 신한청년당이었으며, 1919년 4월 10일 임시의정원이 출범하고, 다음날 11일 새벽에 대한민국임시정부가 수립되었다.[16]

Ⅲ. 주요 임시정부의 수립 과정

한일합병 이후 국가건설운동은 국내에서 대한제국을 재건하거나 국외에서 고종황제를 옹립하여 망명정부를 세우려는 복벽주의운동, 그리고 민주공화제의 새로운 정부를 세우려는 공화주의운동으로 나타났다. 대표적인 복벽주의운동으로는 1914년에 발각된 비밀결사 조직 독립의군부의 복벽활동을 비롯하여,

> 한일합병 이후 국가건설운동은 국내에서 대한제국을 재건거나 국외에서 고종황제를 옹립하여 망명정부를 세우려는 복벽주의운동, 그리고 민주공화제의 새로운 정부를 세우려는 공화주의운동으로 나타났다.

1915년 연해주에서 상해로 간 이상설이 동제사(同濟社) 인사들과 신한혁명당(新韓革命黨)을 결성하여 고종황제를 당수로 추대한 입헌군주제 망명정부를 중국에 세우려다 실패한 사건, 그리고 이회영이 국내로 들어와 망명정부를 세우려다 실패한 사건, 1918년의 유림사건 등이 있다.[17]

반면 한일합병 전인 1910년 5월 미주에서 결성된 대한인국민회는 근대 국민국가 건설 의지를 가진 단체로 1910년대 공화주의를 적극적으로 구현하고자

하였다. 1910년 8월 일제에 의해 대한제국이 강점당하자, 대한인국민회는 같은 해 9월 21일자 『신한민보』 논설을 통해 "우리는 마땅히 마음을 합하여 대한민족의 단체를 공고히 하며 우리 손으로 자치하는 법률을 제정하며 공법에 상당한 가정부(假政府는 公法之所許)를 설시함이 목하에 급무라"고 선언하였는데, 이는 국민주의에 입각한 임시정부 수립을 촉구하는 것이었다. 국민주권에 기초한 임시정부 건설론을 계기로 대한인국민회는 해외 한인을 총괄할 대한인국민회 중앙총회 설립을 더욱 서두르게 되었다. 이는 사실상 샌프란시스코에 본부를 둔 대한인국민회 중앙총회를 '임시정부'로 조직하고자 하는 의도를 반영한 것이었다.[18] 대한인국민회 중앙총회는 10월 5일자 『신한민보』를 통해 "가정부(假政府)의 자격을 의방하여 입법·행정·사법의 3대 기관을 두어 완전히 자치제도를 행할 것"을 선언하였다.[19]

1910년 10월 5일 대한인국민회는 기관지인 ≪신한민보≫에 <대한인(大韓人)의 자치기관(自治機關)>이란 논설을 통해 임시정부 건설론을 강력히 주창하는 동시에 대한인국민회를 해외 최고기관에서 임시정부로 전환하려는 견해도 피력하였다.[20]

한편, 1917년 7월에 발표된 대동단결선언 역시 공화주의에 입각하여 임시정부를 세우려는 운동의 중요한 계기가 되었다.[21] 선언에서는 7개항의 '제의의 강령'을 제시하였는데, 이 가운데 앞의 3개 항은 임시정부를 수립하고자 하는 구체적인 방안에 해당했다.

1. 해외 각지에 현존한 단체의 대소은현(大小隱顯)을 막론하고 규합 통일하여 유일무이의 최고 기관을 조직할 것.
2. 중앙 총본부를 상당한 지점에 치(置)하여 일체 한족(韓族)을 통치하며

각기 지부로 관할 구역을 명정(明定)할 것.

3. 대헌(大憲)을 제정하여 민정(民情)에 합한 법치를 실행할 것.

4. 독립 평등의 성권(聖權)을 주장하여 동화(同化)의 마력(일인화 정책)과 자치의 열근(劣根, 독립 운동의 분열화 정책)을 방제할 것.

5. 국정을 세계에 공개하여 국민 외교를 실행할 것.

6. 영구히 통일적 유기체(민족 주권 국가)의 존립을 공고키 위하여 동지 간의 애정을 수양할 것.

7. 위의 실행 방법은 기성한 각 단체의 대표와 덕망이 유(有)한 개인의 회의로 결정할 것.

한마디로 대동단결선언은 해외에 소재한 크고 작은 단체의 대표자회의를 열어 독립운동의 최고기관으로서 국민주권론에 입각한 민주공화제와 법치주의를 지향하는 임시정부를 수립하자는 것이었다.[22] 대동단결선언은 한국의 주권이 한국인의 것이지 결코 이민족에게 줄 수는 없는 것이고, 설사 준다 하여도 그것은 근본적 무효라는 '한인주권국가'의 개념을 갖고 이를 구현하고자 했다. 그러므로 일제에게 침해당한 주권을 광복하기 위해서는 대한의 대헌(大憲), 즉 헌법을 제정하고 한민족을 통치할 유일무이의 최고기관(정부)을 조직해야 한다는 것이다.[23]

임시정부의 수립은 3·1운동이 직접적인 계기가 되었지만 한말 계몽운동가들을 중심으로 활발히 논의되었던 근대국가의 정치논쟁과 1910년대 나라 안팎에서 전개된 임시정부 수립운동의 연장선에서 가능했던 것이다.[24]

대한민국임시정부의 수립이 3·1운동과 밀접한 관계가 있음은 두말할 필요가 없다. 1910년대 상해에서 활동하던 독립운동가들은 3·1운동을 일으키는 촉발제 구실을 하였다. 제1차 세계대전이 끝나고 전후 문제 처리를 위하여 프랑스에서 파리강화회의가 열리자, 이를 기회로 삼아 한인들의 주장을 세계에 천명하고자 했다. 3·1운동 과정에서 한국이 '독립국'이라는 사실을 전 세계에 선포하였기에 장차 독립될 국가를 운영할 정부 수립은 지극히 당연한 수순이었다.[25]

3·1운동이 발발하고 두 달 사이에 나라 안팎에 조직된 3개의 임시정부들과 선언에 그친 '전단정부(傳單政府)'들은 모두 8개에 이르는 것으로 파악되고 있다. 전자의 경우는 3월 17일 노령에서 대한국민의회가, 4월 11일 상해에서 대한민국임시정부가, 4월 23일 경성(서울)에서 한성정부가 각각 출범하였고, 후자의 경우는 조선민국임시정부(서울, 1919. 4. 10), 신한민국정부(평안, 1919. 4. 17), 대한민간정부(기호, 1919. 4. 1), 임시대한공화정부(간도, 1919. 3. 29), 고려임시정부(간도, 1919. 4) 등이 전단으로 선포되었다.

1. 대한국민의회 수립

대한국민의회는 3·1운동 발발 이후 국외에서 최초로 선포된 임시정부로, 1917년 5월 러시아 2월 혁명 후 노령의 한인들이 블라디보스토크 신한촌(新韓村)에서 결성했던 전로한족회중앙총회(全露韓族會中央總會)의 후신이다.

이전에 대한광복군정부가 1911년 항일독립운동을 목적으로 조직된 권업회(勸業會)가 한인들이 많이 모여 살던 블라디보스토크를 근거지로 하여 1914년에 시베리아와 만주, 미주에 널리 퍼져 있는 각 독립운동 단체를 모아 독립전쟁

대한국민의회는 3·1운동 발발 이후 국외에서 최초로 선포된 임시정부였다.

을 구현할 대한광복군정부를 수립하였다. 권업회의 중심 회원인 이상설(李相卨), 이동휘(李東輝), 이종호(李鍾浩), 정재관(鄭在寬) 등이 주도하였으며, 이상설과 이동휘가 각각 정·부통령에 피선되었다. 그러나 같은 해 8월 제1차 세계대전이 일어나자 러시아 정부가 일본과 공동방위체제를 확립하게 되었고, 9월에 권업회와 함께 해체되고 말았다.[26] 일종의 망명정부였지만, 당시 국권을 상실한 상황에서 냉혹한 국제질서를 이겨내기란 불가능한 일이었던 것이다.

1917년 '2월 혁명'과 '11월 혁명'으로 러시아에서 볼셰비키혁명정부가 수립되고, 러시아 전역이 적백(赤白)의 싸움에 휘말렸다. 이에 자극을 받은 오영준(오와실리), 유스테판, 김립, 박이반, 채성오, 이한영, 전태국 등 10여 명은 하바로프스크에서 사회주의운동 활동가들이 총망라된 전로한족대표자회를 조직하고 1918년 1월 대표자회의를 소집해 전로한족회중앙총회 조직을 결의하였다. 전로한족대표자회(全露韓族代表者會)는 1918년 6월 니콜리스크(현 우수리스크)에서 열린 제2차 회의에서 전로한족회중앙총회를 발기하였다.[27]

전로한족회중앙총회는 1919년 2월 25일 니콜리스크에서 노령의 각지, 서북간도, 국내 등지에서 온 대표자 약 130여 명이 참석한 가운데 독립운동단체 대표회의인 전로국내조선인회의(全露國內朝鮮人會議)를 개최하여 임시정부와 같은 중앙기관의 성격을 띠는 대한국민의회를 조직하기로 했다.[28] 마침내 3월 17일 노령의 해삼위(海蔘威), 즉 블라디보스토크에 노령, 북간도, 서간도 대표들이 모여 대한국민의회를 조직하였다. 당시 조직을 발기한 주요인물로는 전로한족회중앙총회 회장 문창범을 비롯하여 김치보(金致甫), 김진, 김하석, 장기영 등을 들 수 있다. 전로국내조선인회의는 연해주를 비롯한 노령 각지의 대표를 비롯하여 서간도·북간도 및 국내의 대표들이 참가한 회합이었다는 점에서 그 전신인 전로한족회중앙총회보다 대표성이 훨씬 강화되었다.[29]

대한국민의회는 30명의 상설의원과 40~50명의 통상의원으로 구성되었고, 소비에트 방식의 의회제도를 채택하고 있었기 때문에 입법 기능은 물론 행정·사법 기능까지 겸하였다.[30] 이는 대한국민의회가 입법뿐만 아니라, 행정·사법을 모두 관장하였으며, 행정부를 임시정부로 설정하고 있다는 것을 뜻한다.[31]

또한 대한국민의회는 총회기능을 대행하는 30명으로 구성된 상설의회와 집행부서로서 선전부(군부, 뒤에 군무부로 개칭), 재무부, 외교부를 설치했으며, 주요간부로는 의장, 부의장, 서기를 두었다. 지방조직으로는 노령 각지의 한족회와 간도, 훈춘지역에 지부를 두고 있었으며, 국내의 경성에도 대한국민의회 조직이 있었다.[32] 이처럼 각 지역에 조직을 두었다는 것은 그만큼 대표성을 확보하기 위한 것이었다.

대한국민의회는 1919년 3월 17일 수립과 함께 의장에 문창범, 부의장에 김철훈(金哲勳), 서기에 오창환(吳昌煥)을 선출하였으며, 이들의 명의로 독립선언서를 발표함으로써 그 출범을 대외적으로 선포했다.[33] 3월 21일에는 그 밖의 집행부서 간부진으로 외교부장에 최재형, 선전부장에 이동휘, 재정부장에 한명세가 선임되었다. 이동휘가 맡은 선전부는 주로 장정모집, 군사훈련 등 독립군을 조직하여 무력시위운동에 중점을 두었는데, 그 활동이 눈에 두드러졌다. 이는 대일무력투쟁 노선을 견지한 이동휘의 영향력이 컸던 탓으로 보인다.[34]

그리고 3월 21일에는 독립 선포와 함께 다음과 같은 5개 항의 결의안을 채택하였다.[35]

① 대한국민의회는 조국독립의 달성을 기약하며 세계민족자결주의에 기인하여 한국민족의 정당한 자주독립을 주장함.
② 한일합방조약은 일본의 강압적 수단으로 성립한 것이고 우리 민족의

의사가 아니므로 그 존속을 부인하며 일본의 통치 철폐를 주장함.

③ 프랑스 파리에서 열리는 평화회의에 대표를 보내어 우리의 독립운동과 정부 건설의 승인을 요구하며 국제연맹에의 참가를 주장함.

④ 한국 독립운동의 실정을 세계에 선전하며 정부 건설의 사실을 각국 정부에 통지하여 우리의 주권을 주장함.

⑤ 이상의 목적이 인도와 정의의 공정한 판결을 받지 못하면 일본에 대하여 혈전 포고를 주장함.

한편, 3월 21일 대한국민의회는 별도의 행정부를 조직하여 대통령에 손병희(孫秉熙), 부통령에 박영효(朴泳孝), 국무총리에 이승만(李承晩), 탁지총장(度支總長)에 윤현진(尹顯振), 군무총장에 이동휘(李東輝), 내무총장에 안창호(安昌浩), 산업총장에 남형우(南亨祐), 참모총장에 유동열(柳東說), 강화대사(講和大使)에 김규식(金奎植)을 각각 추대하였다.[36]

2. 상해 대한민국임시정부 수립

상해에서 임시정부 수립은 3·1운동 이전부터 준비되고 있었다. 일제에게 국권을 빼앗긴 뒤 많은 독립운동가들이 중국 본토로 망명하여 손문(孫文)을 비롯한 중국의 혁명 인사들과 교류하면서 민족운동을 전개하였고, 이 과정에서 상해에서 조직된 동제사(同濟社)와 신한청년당을 중심으로 대한민국임시정부 수립 기반을 조성해 나갔다.

동제사는 신규식이 상해에 망명한 독립운동가들과, 일본에서 건너간 한국인 유학생들을 규합하여 1912년 7월 이 단체를 조직했는데, 박은식, 신채호,

조소앙, 문일평, 김규식, 박찬익, 조성환, 신석우, 신건식, 김용호, 신철, 윤보선, 장건상, 여운형, 조동호, 김갑, 민제호, 정환범, 김용준, 민충식, 민병호, 이찬영, 김영무, 이광, 한진산, 기승, 김덕, 변영만, 홍명희 등을 비롯하여 회원 300여 명이 참여했다. 이사장에 신규식, 총재에 박은식(朴殷植)이 선출되었다. 표면적으로는 상해 거류 한인의 상조기관처럼 활동했으나 실제 목적은 독립운동이었다.[37] 1917년 4월 미국이 제1차 세계대전에 참전하여 정세가 크게 변화하자, 신규식, 박은식 등은 군주제를 포기하고 공화주의에 기초한 민주공화국을 세워야 한다는 데 의견을 모았다. 이런 가운데 1918년 11월 11일 제1차 세계대전이 종료되고 파리강화회의와 함께 새로운 국제질서가 도래할 것이라는 전망이 대두되자 한국의 독립에 대한 기대가 상해 독립운동가들 사이에 크게 고조되었다. 이러한 새로운 정세 속에서 임시정부 수립 준비를 위한 단체의 필요성이 제기되었고, 1918년 11월 28일 상해에서 신한청년당이 결성되기에 이르렀다.[38] 신한청년당은 종전(終戰) 이후 미국 중심의 새로운 국제질서 형성에 주목했고, 이 기회를 충분히 살리고자 했다. 당 강령에 "대한민국 독립의 완성을 기도함"을 제시하고 있듯이, 외교에 의한 독립을 이루고자 했던 것이다.

1918년 11월 11일 상해 외교단과 범태평양회가 공동 주최한 연설회에서 미국 윌슨 대통령의 특사 크레인이 "파리 강화회의가 특히 피압박민족에 대하

상해에서 임시정부 수립은 3·1운동 이전부터 준비되고 있었다. 일제에게 국권을 빼앗긴 뒤 많은 독립운동가들이 중국 본토로 망명하여 손문(孫文)을 비롯한 중국의 혁명 인사들과 교류하면서 민족운동을 전개하였고, 이 과정에서 상해에서 조직된 동제사(同濟社)와 신한청년당을 중심으로 대한민국임시정부 수립 기반을 조성해 나갔다.

여는 해방을 강조할 것이므로 약소민족에 있어서는 절호한 기회"[39]가 될 것이라는 연설을 했는데, 이 연설은 장차 신한청년당 당원들의 활동에 큰 전환점이 되었다. 신한청년당은 소속 당원들 가운데 여운형은 장춘, 블라디보스토크로, 장덕수는 일본 동경으로, 선우혁, 김철, 서병로, 김순애 등은 국내로 파견하여 독립운동 자금 거출 협의는 물론, 만세시위를 전개함으로써 파리강화회의에서의 김규식의 외교활동을 지원하는 동시에 대동단결선언에서 확인한 대로 상해에 각지의 대표단으로 구성된 대표자회의를 소집하여 임시정부를 수립하고자 했다. 이후 세계 각지에 파견되었던 신한청년당 대표들과 국내는 물론 노령, 간도, 북경, 일본 등지의 독립운동가들이 상해로 모여들었다. 이처럼 나라 안팎에서 독립운동의 주요 인사들이 상해에 집결한 것은 대동단결선언에서 밝힌 바와 같이 파리강화회의에 맞추어 임시정부를 수립할 목적으로 소집된 민족대동회의에 참여하기 위해서였다.[40]

1919년 3월 말경까지 일본에서 온 신익희, 윤현진, 만주와 러시아에서 온 이동휘, 조성환, 이시영, 조소앙, 김동삼, 국내에서 온 최창식 등과 본래 상해에 머무르고 있던 신규식, 김철, 선우혁 등이 상해에 속속 도착하였다. 이들은 프랑스조계 보창로 329번지 독립임시사무소에 함께 모여 독립운동을 이끌어갈 최고기관의 조직을 만들기 위한 논의를 진행했다.[41] 그러나 동제사와 신한청년당을 중심으로 형성되었던 임시정부 수립운동 주체의 동질성은 계속 유지되기가 어려웠다. 3·1운동 이후 다양한 지역적 기반과 운동 경험을 가진 각지의 대표들이 상해로 모여들었고, 이러한 다양성 가운데서 동질성을 유지하는 것은 여간 힘든 일이 아니었다.[42] 이들 가운데 정당을 설립하자는 의견도 일부 있었으나, 독립의 의지를 확실히 보여줘야 한다는 대다수 의견에 따라 임시정부 수립 쪽으로 의견을 모았다.[43] 실제로 4월 초순경에 여운형, 조동호, 이동녕, 이시영,

조완구, 조성환, 윤진현, 이규홍 등 수십여 명이 모여 독립운동기관의 조직 문제를 의논할 때 '정부조직론'과 '당조직론'이 동시에 제기되는 상황이 벌어졌다. 논쟁 결과, 정부조직으로 결론이 난 것은 한일합병 이후 국내외에서 있었던 임시정부수립론과 파리강화회의에 대비한 대표 파견의 명분 등이 관철된 것이었다.[44] 이처럼 정부조직론이 결정되면서 임시정부 수립에 걸맞는 '헌법' 제정이 필요했다.

4월 8일에는 서울에서 파견된 강대현이 한성정부 각료의 구성을 알렸는데, 그동안 국내에서의 정부수립안을 기다리고 있던 현순을 비롯한 상해 독립운동가들은 독립임시사무소에서 4월 9일부터 정부 수립을 위한 회의를 진행했다. 이를 위해서는 의회 구성이 필수적이라는 데 의견을 같이 하고, 4월 11일 각 지방대표들로 임시의정원을 구성하기로 했다.[45]

4월 10일 저녁, 프랑스조계의 김신부로(金神父路) 22호에 위치한 회의장에 29명의 의정원 의원들이 모여 회의를 개최하였고, 밤을 지새운 끝에 다음날인 4월 11일 새벽, 마침내 대한민국임시정부가 수립되었다.

제1차 임시의정원 회의에는 이동녕, 손정도, 이광수, 백남칠, 현순, 신익희, 조성환, 이광, 최근우, 조소앙, 김대지, 남형우, 이회영, 이시영, 조완구, 신채호, 김철, 선우혁, 한진교, 진희창, 신철, 이영근, 신석우, 조동진, 조동호, 여운형, 여운홍, 현창운, 김동삼 등 29명이 의원의 출석하였다. 당시 회의에서 초대 의장에 이동녕, 부의장에 손정도, 서기 의원에 이광수와 백남칠을 선출하였다. 그러나 4월 13일 이동녕이 의장직을 물러나면서 손정도가 의장으로 선출되었다.

결과적으로 4월 10~11일의 임시의정원회의는 사실상의 '제헌의회'였던 셈이고, 여기서 근대적인 '헌법'에 해당하는 「대한민국 임시헌장」 10개조가 제정되었다. 제1차 임시의정원 회의에서 신익희, 이광수, 조소앙 등 3명의 심사위원이 심사한 것을 다소 개정하여 임시헌장을 확정하였다. 이 임시헌장은 조소앙이 기초한 것이었다.

> 4월 10일 저녁, 프랑스조계의 김신부로(金神父路) 22호에 위치한 회의장에 29명의 의정원 의원들이 모여 회의를 개최하였고, 밤을 지새운 끝에 다음날인 4월 11일 새벽, 마침내 대한민국임시정부가 수립되었다.

「대한민국 임시헌장」 10개조 내용은 다음과 같다.

제1조 대한민국은 민주공화국제로 함.
제2조 대한민국은 임시정부가 임시의정원의 결의에 의해 이를 통치함.
제3조 대한민국의 인민은 남녀, 귀천 및 빈부의 계급이 없고 일체 평등이다.
제4조 대한민국의 인민은 신교, 언론, 저작, 출판, 결사, 집회, 신서, 주소이전, 신체 및 소유의 자유를 향유함.
제5조 대한민국의 인민으로서 공민(公民) 자격이 있는 자는 선거권 및 피선거권이 있음.
제6조 대한민국 인민은 교육, 납세 및 병역의 의무가 있음.
제7조 대한민국의 인민은 신(神)의 의사(意思)에 의하여 건국한 정신을 세계에 발휘하며, 나아가 인류의 문화 및 화평에 공헌하기 위하여 국제연맹에 가입함.
제8조 대한민국은 구황실을 우대함.
제9조 생명형, 신체형 및 공창제를 전폐함.

제10조 임시정부는 국토 회복 후 만 1년 내에 국회를 소집함.

대한민국 임시헌장은 제1조에서 "대한민국은 민주공화제로 함"이라고 규정했는데, 이는 혁명적인 사건에 해당하는 일이었다. 이는 한국역사에 있어서 최초로 수립된 민주공화정이요, 근대시민사회의 성립을 알리는 것이자, 독립운동으로 근대국가를 세웠다는 사실을 말해준다.[46] 원래 조소앙이 기초한 가헌법(假憲法) 제1조에서는 "조선공화국은 북미합중국의 정부를 방(倣)하여 민주정부를 채택함"이라고 명문화했었는데,[47] 대한민국임시정부가 민주공화국을 지향한 것은 미국식 공화국을 선호했던 것으로 짐작할 수 있다.

이처럼 나라를 잃은 상황에서 민주공화제 임시정부가 수립되었다는 사실은 미래 대한민국을 위하여 민주주의의 길을 열어놓았다는 점에서 그 의의가 매우 큰 것이었다. 아울러 제3조부터 제6조에 이르기까지 민주공화국에 필수적인 국민의 권리와 의무를 규정한 것도 당시로서는 괄목할만한 것이었다.

국호와 관련해서는, "대한으로 망했으니 대한으로 회복하자"는 주장을 받아들여 대한제국(大韓帝國)에서 '대한'을 따고, 국민이 주인인 나라라는 관점에서 '민국'을 조합하여 '대한민국'으로 결정하였으며 연호는 '민국'이라고 정했다. 나라 밖에서 '정부'를 만들고 '국가'를 세운 것이다.

한편, 국호 가운데 '대한'으로 하느냐, '조선'으로 하느냐 하는 문제는 역사인식의 차이를 드러내는 것이었다. '대한'으로 하는 것은 '대한제국'에 대한 역사계승 의식이 내재되어 있었고, '조선'으로 할 경우에는-'대동단결선언'에서 주장한 국민주권설, 즉 '융희황제의 주권양도론'에 근거하여, 대한제국과의 역사단절 의식이 내재되어 있었다.[48] 이러한 인식의 차이는 임시헌장 제8조의 "대한민국은 구황실을 우대함"이라는 조항을 둘러싸고도 드러났다. 여운형이 망국의 책임자인 대한제국과의 역사적 단절을 주장하며 '구황실 우대' 조항의 첨가를 완강히 반대하였다면, 이 조항의 첨가를 주장하는 측은 3·1운동 당시 대한문 앞에서 인민의 곡성이 넘쳐난 것은 민심이 아직 황실에 있는 증거라며 민심 수습 차원에서 아직은 황실을 우대할 필요가 있다고 인식하고 있었다.[49] 이 '구황실 우대' 조항은 국민화합을 목표한 과도기의 조치였다고 할 수 있을 것이다.[50]

정부조직은 국내에서 보내온 한성정부 관제안을 기초로 시의에 맞는 관제를 제정하였다. 원래 국내 한성정부안은 집정관총재를 두고 내무·외무·재무·교통의 4부를 둔 것이었으나, 집정관총재를 국무총리로 고치고 군무와 법무를 증설하는 체제로 결정했다.[51]

임시정부의 정부형태는 임시헌장 제2조에 잘 나타나 있다. 이 조항은 "대한민국은 임시정부가 임시의정원의 결의에 의하여 이를 통치함"이라고 규정했는데, 이는 임시정부라는 조직체가 대한민국을 통치·운영한다는 뜻을 담고 있다. 그렇지만 그 이전에 의회인 임시의정원의 결의를 거쳐야 했기 때문에 사실상 의회 우위의 의회중심제로서, 임시의정원이 임시정부를 운영하는 구심체 역할을 하는 정부형태였다고 볼 수 있다. 이는 국가수반을 대통령이 아니라 국무총리로 한 이유이기도 하였다. 정부조직은 입법부인 임시의정원 외에도 행정부서로서 국무원을 두었고 사법부는 복국(復國)을 완성할 때까지 그 구성을 미루어 두기로 하였다. 임시의정원 제1회 회의에서 선출된 국무원 각원은 국무총리 이승만, 내무총장 안창호, 외무총장 김규식, 재무총장 최재형, 법무총장 이시영, 군무총장 이동휘, 교통총장 신석우(다음날 경질되고 문창범이 취임함) 등으로 구성되었다. 특히 국무총리 선출과 관련해서는 이승만을 선거하자는 제의가 있었으나, 신채호가 위임통치 및 자치 문제를 제창한 자라는 이유로 반대하고 나섰다. 이에 따라 다른 후보자 2인을 구두로 추천받은 뒤 투표하기로 하여 안창호, 이동녕, 이승만 등 3파전으로 선거가 치러졌는데, 무기명 단기식 투표를 한 결과 이승만이 당선되었다.[52] 국무원 비서장에는 조소앙이 선임되었다. 이로써 마침내 4월 17일 임시정부 임시정부조직 관제가 선포되었다.

한편, 임시의정원은 4월 25일 임시의정원법을 제정했다. 이에 따르면, 임시의정원은 각 지방 인민의 대표위원으로 조직하고, 위원의 자격은 대한국민으로서 중등교육을 받은 만 23세 이상 남녀에 한정되었다. 의원 수는 인구 30만 명에 각 1인을 선출하는 것으로 했으나, 정밀한 인구조사가 이루어지기 전에는 경기·충청·경상·함경·평안도 각 6인, 전라·강원·황해도 각 3인, 중국령·노령·미국령 각 3인을 각각 선출하도록 했다. 이에 따르면 의원정수는 48인이었고, 임기는 2년이었다.[53]

3. 한성정부 수립

3·1운동의 주체세력들 중에서 일제 관헌의 체포를 모면한 인사들은 3월 초부터 비밀리에 한성정부 수립을 위한 논의를 진행했다. 당시 이교헌(李教憲), 윤이병(尹履炳), 윤용주(尹龍周), 최전구(崔銓九), 이용규(李容珪), 김규(金奎) 등이 목사 이규갑(李奎甲)에게 임시정부의 수립을 제의하였다.[54] 3월 중순경 임시정부 수립 계획을 세우기 위해 현직 검사 한성오(韓聖五)의 집에서 각 방면의 인사들, 즉 한남수, 김사국(金思國), 이민태(李敏台), 민강 등이 모여 13도 대표자회의를 4월 2일 인천의 만국공원에서 열고, 임시정부를 수립하여 이를 공포하기로 했다.

13도 대표자회의는 예정대로 4월 2일 인천의 만국공원 부근 음식점에서 비밀리에 열렸다. 당시 참여자는 기독교계 대표로 장붕(張鵬, 장로교), 이규갑(李奎甲, 감리교), 박용희(朴用熙, 감리교), 불교계 대표로 이종욱(李鍾郁), 유교계 대표로 김규(金奎), 변호사인 홍면희(4월 중에 홍진으로 개명, 이하 홍진으로 표기)와 권혁채(權赫采) 그리고 한남수 등을 포함하여 20여 명에 불과했다. 천도교 대표로 참여하기로 했던 안상덕(安商悳)은 불참했다.[55] 참고로 홍진과 권혁채도 기독교인이었다. 주로 종교계와 서울과 경기 지역 대표들 위주로만 참석했는데, 3·1운동의 여파로 일제의 삼엄한 경계 태세로 인해 지역대표들의 참가가 여의치 않았던 것으로 보인다. 이 때문에 사실상 13도 대표자회의는 유산된 것이나 다를 바 없는 상황이었다.[56]

13도 대표자회의 참석자들은 회의에서 4월 23일에 서울에서 국민대회를 개최하여, 가정부(假政府), 즉 임시정부를 수립하여 국내외에 선포하고 파리강화회의에 임시정부 대표를 파견하기로 결정하였다. 국민대회 준비위원으로는 한남수, 홍진, 이규갑 등이 선출되었다.[57] 그러나 이들 3인 모두 앞서 상해로 망명했기 때문에 김사국이 주도하는 상황이 되었다.[58] 한남수는 상해의 사정을 알아본 뒤 국민대회 개최 여부를 결정한다는 방침에 따라 상해로 파견되었고, 이어서 이규갑과 홍진도 4월 중순경 국민대회 개최, 민족대표자의 옥바라지 등의 일을 김사국, 현석칠에게 인계하고 상해로 떠났다.[59] 서울에 남은 이들은 국민대회를 준비하면서 13도 대표를 물색했다. 이들은 4월 초순부터 「국민대회 취지서」, 「선포문」 등의 문건을 작성하기 시작하여 4월 16일경 확정한 것으로 보인다. 선포문은 임시정부의 조직, 약법, 임시정부 각원과 평정관, 강화회의 출석 위원 명단 등이 포함하였다. 특히 약법에는 제1조 "국체는 민주제를 채용함", 제2조 "정체는 대의제를 채용함", 제3조 "국시는 국민의 자유와 권리를 존중하고 세계평화와 행복을 증진하게 함" 등의 내용을 규정하였다. 이는 대의민

주주의에 기초한 민주공화제 정부를 만들고자 했던 것이다.[60]

임시정부 각원으로는 집정관총재 이승만, 국무총리총재 이동휘, 외무부총장 박용만, 내무부총장 이동녕, 내무부 차장 한남수, 재무부총장 이시영, 군무부총장 노백린, 법무부총장 신규식, 학무부총장 김규식, 교통부총장 문창범, 노동국총판 안창호, 참모부총장 유동열, 참모부 차장 이세영 등이 선임되었고, 평정관으로는 조완구, 박은식, 현상건, 한남수, 손보형, 신채호, 정양필, 현순, 손정도, 정현식, 김진용, 조성환, 이규풍, 박경종, 박찬익, 이범윤, 이규갑, 윤해 등이 평정관으로 선임되었다. 파리평화회담 참가 국민대표로는 이승만, 민찬호, 안창호, 박용만, 이동휘, 김규식, 노백린 등이 선정되었다.

4월 16일 상해에 도착한 한남수는 이미 상해 임시정부가 수립된 사실을 파악하고 4월 21일 서울에 전보를 보내 국민대회를 중지하도록 요청했다. 그러나 4월 23일 김유인, 이춘균, 장채국, 김옥결, 이철 등의 학생들에 의해 준비되었고, 반면 서린동 봉춘관에서 열기로 되었던 13도 대표들의 모임은 무산되었다. 13도 대표자 명단이 급히 작성되어 제대로 연락이 되지 않아 모인 숫자가 적었고, 국민대회 준비에 주도적 활동을 해온 이규갑, 홍진, 한남수 등이 상해로 떠났기 때문인 듯하다. 결국 국민대회는 학생들이 자동차에 "국민대회, 공화만세" 등의 깃발을 달고 종로 일대에 임시정부 수립을 알리는 전단을 살포하는 수준에 그쳤다.[61] 종로 일대에「임시정부선포문」과「국민대회취지서」가 뿌려졌으나 실제 시위 규모는 계획에 비해 작았다. 현장에서 주동자가 붙잡혔으며, 이 사건으로 270여 명이 검거되었다.[62]

국민대회 내용이 연합통신(UP, 현재의 UPI)에 의해 보도되어 한국의 독립운동의 열기가 전 세계로 전해짐으로써 한성정부는 국내외에서 그 인지도가 높은 임시정부가 되었다. 또한 한성정부가 서울에서, 그것도 13도 대표의 이름으로 '국민대회'라는 국민적 절차에 의해 조직되었다는 점에서 대표성을 확보했고, 뒷날 여러 정부의 통합 과정에서 정통성을 가지게 되는 중요한 계기가 되었다.[63]

한성정부는 서울에서 수립되었고, 국민대회라는 국민적 절차에 의해 수립되어, 정통성을 확보했다는 측면에서는 가장 유리한 임시정부였다고 볼 수 있다. 특히 한성정부는 국내 13도 대표들에 의해 구성됐다는 점에서 대내외적인 권위나 법통성에서 우위를 점했다. 한성정부 수립 과정에서 계획했던 국민대회가 출동한 일제 군경에 의해 진압되어 큰 시위로 발전하지 못했으나, 이를 통하여 한국 국민과 일제 관헌이 모두 한성정부의 수립을 알게 되는 효과가 있었다.[64] 비록 한성정부는 일제의 삼엄한 감시 속에서 단명하지만, 국내 유혈 충돌의 산물이라는 점에서 저항적 권위를 갖게 되었다.

> 한성정부는 서울에서 수립되었고, 국민대회라는 국민적 절차에 의해 수립되어, 정통성을 확보했다는 측면에서는 가장 유리한 임시정부였다고 볼 수 있다.

한편, 한성정부는 일제의 탄압으로 인해 국내에서는 장기적으로 유지하기가 어렵다고 보고 국외에 이를 설립하고자 했던 것으로 보인다. 집정관총재 이하 모든 총장급 각료들을 국외에서 활약하던 독립운동가들만으로 선임한 데서 잘 드러나는 사실이다. 나아가 임시정부 통합 과정에서 드러나는 상해 임시정부와의 관계를 통해 확인할 수 있다.

한성 임시정부는 3·1운동과의 법통성이 가장 선명할 뿐 아니라, 3.1운동의 주체세력인 전국 13도 대표의 국민대회에 의하여 수립되었다. 동시에 임시정부 약법에서 민주공화제를 의미하는 민주대의제의 임시정부를 헌장화하면서 행정부 조직은 갖추었으나 의회를 제도화하지 않았다는 한계를 가지고 있었다.

Ⅳ. 대한민국임시정부의 통합 과정

위에서도 언급하고 있듯이 1919년 3월 1일 이후 3·1운동이 국내외로 확산되면서 그해 3월, 4월에 걸쳐 블라디보스토크, 상해, 서울에서 각각 임시정부가 수립되었고, 이외에도 5개의 '전단정부(傳單政府)'가 선포된 것으로 확인된다.

그런데 노령의 블라디보스토크, 중국의 상해, 국내의 서울에서 수립된 각각의 임시정부는 분산된 상태에서 민족을 대표할 수는 없다.[65] 세 임시정부는 상호간 거리가 멀었고, 지도부 가운데는 이승만, 안창호, 이동휘 등 중복이 되는 대표적인 독립운동가들도 있었지만, 지향하는 정치적·이념적 상이성으로 인한 독립운동 방략의 차이를 드러냈고, 때문에 민족역량을 집약시키기에는 큰 한계가 따를 수밖에 없었다. 따라서 정체성 및 정통성은 물론 독립운동의 효율성을 확보하기 위해 1국가 3정부 체제를 1국가 1정부라는 대원칙에 입각한 통합 임시정부를 모색하는 것은 불가피한 일이었다.

현실적으로 1국가 3정부의 국정운영체제, 즉 3개의 정부가 한 나라의 국정운영을 한다는 것은 있을 수 없는 일이다. 극도의 혼란은 물론 내전까지도 초래될 수 있기 때문이다. 일제하 식민지 상황으로도 모자라 임시정부가 3개나 존재한다는 것은 매우 불합리한 일이었다. 대내적으로는 주도권 다툼에 의한 분열로 항일투쟁에 있어 힘의 분산과 혼란을 초래하기 마련이고, 대외적으로는 민족의 정치적 통일을 의심받게 될 가능성이 있기에 정부의 통합이 요청되는 것은 당연한 일이었다.[66] 대내적으로는 국민들의 정체성 혼란과 정통성 논란에 의한 갈등과 분열로 말미암아 항일투쟁의 약화를 초래함으로써 효율적인 독립운동을 수행하기가 어려울 것이고, 대외적으로는 정치역량의 약화와 대표성의 문제로 외교활동을 펼치는 데 있어서 커다란 지장을 초래할 수밖에 없을 것이기 때문이다. 한편, 한 지도자가 여러 임시정부의 내각 명단에 포함돼 있어 그가 어느 임시정부에 취임하느냐의 여부도 혼란을 빚을 소지가 다분했다.[67]

국내외 각지에서 임시정부가 출현한 것은 그 준비에 주도적이었던 인물들의 사상적 배경의 차이에서 연유된 것일 뿐, 처음부터 대립적 혹은 경쟁적 의도의 산물은 아니었다. 다만 지역적으로 산재한 민족운동가들이 상호간에 거리가 멀어 연락과 의사소통이 제대로 이루어지지 않았던 현실적 요인과 3·1운동의 여파로 하루속히 임시정부를 수립하여 우리 민족의 숙원인 국권 회복을 위한 독립운동을 효율적으로 영도하고자 하는 의도가 크게 작용했던 것으로 보인다.[68] 만일 3개의 임시정부가 하나로 통합되지 못하고 분열 양상이 지속될 경우에는 어느 쪽이 법통성을 더 많이 가지는가 하는 기득권 경쟁이 불가피할 것이고, 각각이 임시정부가 아니라 독립운동단체로 격하되기 마련이었다.[69]

한편, 1개의 임시정부로 통합할 경우에는 어디가 주도권을 쥘 것인가의 문제가 있을 수 밖에 없었다. 노령의 임시정부, 즉 대한국민의회는 한국이 인접해 있어 독립전쟁을 수행하기에는 유리한 위치였지만, 막강한 화력을 가진 일제의 공격력을 대응하기에는 역부족이었다. 한성정부의 경우, 국내라는 점에서 정통성 확보라는 큰 이점을 가졌지만, 일제의 삼엄한 감시와 무자비한 탄압을 피할 수가 없었다. 상해 임시정부의 경우는 상해에 거주하는 한인의 수가 극소수여서 한계가 있었지만, 이곳이 동아시아 외교의 중심지이고 프랑스조계에 임시정부 청사가 자리잡아 비교적 독립활동이 자유롭다는 이점이 있었다. 여러 가지 상황을 종합해 볼 때, 상해 임시정부가 주도권을 가지고 세 임시정부의 통합을 모색할 수 있는 유리한 위치에 있었다고 볼 수 있다.

초기에 상해 임시정부가 통합과 관련하여 처음 봉착한 문제는 한성정부와의 관계였다. 4월 중순 서울을 출발하여 상해에 도착한 이규갑과 홍진이 한성정부의 「국민대회취지서」와 각원 명단 등을 전하면서 상해 임시정부가 일시적 혼란에 빠졌다. 국내 13도 대표가 모여 조직한 한성정부를 존중하여 계승하자는 논의가 일어났던 것이다.[70] 그러나 4월 22일의 3회 임시의정원에서 "내지에 있는 국민대회에 대해 임시의정원이 성립된 것을 발표하자"는 결의가 이루어지면서 해결되었다. 임시의정원이 한성정부의 성립 근거인 국민대회를 부인하는 방식으로 사실상 한성정부를 부정했던 것이다.[71] 결국, 임시의정원은 한성정부의 출범을 애써 외면하면서 상해 임시정부 지지를 확인하였다. 상해 임시의정원은 제4회 회기 중인 5월 3일 회의를 열고 한성정부의 「임시정부조직 선포문」 및 각원의 선정을 인정하지 않고, 대신 「대한민국임시정부의 성립」, 「대한민국임시헌장선포문」, 「대한민국임시헌장」, 「선서문」, 「정강」 등 상해 임시정부 성립과 관련한 인쇄물들을 국내에 송부하기 위해 연락원을 파견하기로 결정했다. 그러나 정작 주요 각원들의 취임 유보 사태가 벌어짐에 따라 상해 임시정부가 한동안 정체상태에 빠지는 상황이 초래되고 말았다.

특히 임시의정원 제1회 회의에서 국무총리로 선출된 이승만과 임시정부의 군무총장으로 선임된 이동휘의 취임 거부 사태는 사실상 집행부 최고 직위의 궐위 상태로서 상해 임시정부의 정상적인 출범을 불가능하게 만들었다. 이승만은 이미 미국 워싱턴에 '대한공화국 임시사무소'라는 한성정부 현판을 내걸고 있었고 한성정부의 집정관총재라는 직책을 내세우며 상해 임시정부를 부인하고 나섰다. 그는 한성정부가 13도 대표들이 참석한 가운데 국민대회 절차를 밟아 성립되었다는 명분을 중시하였고, 또한 「약법(約法)」을 통해 장차 독립국가로서 정식 국회가 개원될 때까지 정부수반의 항구적인 독재권을 보장해 준 한성정부를 선호했던 것으로 보인다. 당시 대다수 임시정부나 전단정부는 이승만을 수위의 자리에 올려놓고 있었는데, 이는 그가 독립운동의 최고지도자로 각인되어 있었고, 거의 모든 독립운동세력들로부터 추앙받고 있었기 때문이다. 그에 대한 독립운동세력의 기대는 가히 절대적이었다 해도 과언이 아니었다.[72] 실제로 이승만은 독립협회 사건으로 투옥되어 6년 동안의 복역으로 『황성신문』에 이름이 알려지기 시작했고, 그 뒤 미국의 명문인 조지워싱턴대 학사, 하버드대 석사에 이어 프린스턴대 박사 학위를 차례로 취득하였다. 무엇보다도 독립운동 세력들은 이승만이 한국인 최초의 미국 박사로서 지적 수준이 높아 독립을 위해 초강대국인 미국에 대해 영향력을 발휘할 것이라는 기대를 갖기에 충분했다. 1910년대의 유일한 신문 『매일신문』은 이승만의 이러한 행적을 자주 소개했는데, 이러한 보도는 이승만이 많은 사람의 신뢰를 얻는 데 크게 기여했을 것으로 판단된다.[73]

한편, 노령의 대한국민의회 측도 상해 임시정부와의 통합을 시도하였다. 4월 15일 원세훈은 대한국민의회와 상해의 의정원을 병합하여 정부의 위치를 노령에 정할 것을 제의하였다. 또 대한국민의회는 4월 29일 회의를 열어 상해 임시정부 승인문제를 토의한 결과 가승인을 하고, 상해 임시정부가 노령으로 이전한 뒤에 행동을 통일하기로 결의하였다.[74] 대한국민의회와 상해 임시의정원을 합치고 노령에 행정부를 두자는 의견을 정했던 것이다. 이후 대한국민의회에서는 양측의 통합 논의를 위해 교섭특사로 원세훈을 상해로 파견했다. 5월 7일 상해에 도착한 그는 노령의 대한국민의회와 상해의 임시의정원을 합쳐서 장차 상해와 노령의 임시정부를 통합하여 노령으로 이전하자는 의견을 제시하였다.[75] 이에 따라 상해 임시정부 측에서도 노령의 대한국민의회와의 통합문제를 논의하기 시작했다.[76] 노령과 간도에 기반을 둔 인사들은 내각 전체, 또는 교통부와 외교부를 제외한 부서를 노령이나 간도로 이전할 것을 제안했지만, 다수가 이에 반대했다. 이 과정에서 의정원 의장 이동녕과 법무총장 이시영이 연이어 사임하는 사태가 발생했다. 그리하여 5월 13일에 개최된 제4회 임시의정원회의에 '의회 통일에 관한 건'이 상정되었는데, 논의 결과, 상해의 임시의정원은 임시정부와 밀접한 관계가 있어 이를 분리하기 곤란하다며 국민의회와 임시의정원을 통합하여 의원(議院)으로 조직하기로 했다. 다만 노령에서 의원(議院)을 두기로 고집할 때는 노령 측 의원(議員)을 6명 이내로 하여 허용하자는 방안을 놓고 열띤 공방이 있었다. 임시정부의 위치문제에 대해서는 상해로 할 것을 결정하였다.[77] 당시 통합정부의 위치 문제는 단순한 지리적 문제만이 아니라 임시정부의 항일운동 및 민족운동의 방법론과 연결되어 있었기 때문에 간단히 해결될 문제가 아니었다. 정부를 상해에 두어야 한다는 측은 상해의 프랑스 조계가 외국의 땅이고 일본의 주권이 미치지 않으므로 활동하기가 용이하다는 점을, 그리고 노령에 정부를 둘 것을 주장하는 측은 노령에는 한인이 많고 중국령 및 한국과 가까워 교통 연락이 편리하여 한인의 조종에 이익이 많다는 점을 강조하였다.[78] 이처럼 노령의 대한국민의회, 상해의 임시정부, 서울의 한성정부 등 3개의 임시정부를 하나로 통합한다는 것은 실로 벅찬 일이 아닐 수 없었다. 동시에 사안마다 견해의 차이가 커 통합의 길이 험난할 수밖에 없었다.

   임시정부의 통합 논의는 5월 25일 안창호가 미국을 떠나 상해 임시정부에 합류하면서 활기를 띠기 시작했다. 그는 각지에 난립한 임시정부 문제를 잘 수습해 통합시키지 못하면 3·1운동 때 피 흘린 희생이 무의미해질 것이고 지속적인 항일투쟁이 어려워질 뿐만 아니라, 해외 동포들 간에 분열과 대립의 골이 더욱 깊어질 것이라고 내다보았다.[79]

   안창호는 상해에 도착하기 전에 이미 임시정부의 통합을 위하여 세 임시정부의 각원 명단을 염두에 둔 채, 정부의 형태를 만들기 앞서 각 지방에 흩어져 있는 지도자들을 한 곳에 모아 동포의 대동단결을 실현하는 것을 구상했다. 이를 통해 정부보다 독립당을 먼저 결성하겠다는 것이다. 만약 이것이 어려울 경우 지도자들이 모여 세 정부의 각원 명단을 하나로 통일한 뒤 하나의 정부 형태로 만들겠다는 2안까지 구상하고 있었다. 안창호는 상해에 도착한 이후 통합이 결코 쉽지 않은 일임을 직면했고, 어디서나 통합을 강조하였다. 그는 진정한 통합론자였다. 당장의 독립전쟁에 앞서 장차 다가올 독립운동의 실력을 준비하는 일이 급선무라 여겼다. 이와 관련하여 그는 남북 만주와 시베리아에 거주하는 동포들을 조직 및 훈련하고 경제 상태를 개선하여 실력을 기를 것을 강조하였다. 그는 해외 각지의 동포를 한 기관으로 단결시키면 다음 '기회'에 독립 항쟁을 효과 있게 할 수 있다는 굳은 신념을 가지고 있었기에 안창호는 기회만 있으면 통합을 강조하였다. 상해 도착 다음날인 5월 26일 교민친목회가 상해 조계구역 내의 중국인 예배당에서 주최한 환영식 연설에서는 "무엇보다도 우리는 통일되어야 하겠소. 대한 국민 전체가 단합하여야 하겠소", 6월 4일 두 번째 연설에서는 "우리의 계획이 허다하지마는 우리가 통일을 잃으면 하나도 성취 못하겠으니 심려하여야 하겠소", 6월 25일 민단사무소 연설에서는 "나는 내무총장으로 있는 것보다 한 평민이 되어 어떤 분이 총장이 되든 그 분을 섬겨서 우리의 통일을 위하여 힘쓰고 싶소"라며 매번 '통일'을 강조하였다.[80] 그는 '통일'의 완성이 독립운동을 성공적으로 추진하는 선결조건임을 확신하였기 때문에 기회만 있으면 말과 행동으로 호소하였던 것이다.[81]

안창호는 해외운동의 조직화와 대동단결을 위해 노력하였는데, 그는 이 대동단결을 '통일'로 달리 표현하기도 하였다.[82] 실제로 그는 6월 25일 민단사무소 연설에서 "통일이란 것은 해외 각 지역에 산재한 동포들을 한 개의 조직체로 단합시키자는 것"이라고 설명했다.[83] 3개의 임시정부를 하나로 통합시켜야 한다는 것을 강조한 셈이다.

안창호는 임시정부의 통합을 위하여 한성정부의 이승만, 노령의 이동휘, 상해의 자신을 포함한 '삼두정치(三頭政治)'를 구상했다. '삼두'의 통합과 각지 대표로 구성된 새 임시의정원을 조직하여 민족의 대표성을 갖는 임시정부로 재편하겠다는 의지를 가지고 있었던 것이다.[84]

안창호는 우선 각지에 있는 영수들을 상해에 모으는 일을 추진했다. 이들이 한 자리에 모인 곳에서 차후 통합 임시정부의 최고 지도자 자리에 다른 분을 추대하겠다고 공언했고, 6월 28일 내무총장 및 국무총리 대리 직위에 정식으로 취임하였다.[85] 안창호는 취임 이전부터 2개월 내로 임시정부 통합을 약속한 바 있지만, 결코 만만치 않은 일임을 실감하고 있었다. 특히 상해 임시정부와 한성정부 사이에는 상당한 견해 차이가 드러나 있었기 때문에, 사태 수습을 위하여 한성정부로 통합하는 방안을 모색했다. 이러한 연유로 상해 임시정부는 이승만을 국무총리로 선임하였지만 정작 당사자는 미국에서 대통령 직함을 사용하고 있었고, 이동휘는 상해 임시정부에서는 군무총장으로, 한성정부에서는 국무총리로 각각 선임되어 있었기 때문에 대한국민의회 측을 포섭하여 한성정부로 통일하는 것이 지름길이었다. 이 이면에는 이승만을 대통령으로, 이동휘를 국무총리로 추대함으로써 미주, 하와이, 만주, 시베리아 등지에 분산된 세력을 하나로 통합할 수 있다는 계산도 있었던 것으로 보인다.[86]

> 안창호는 해외운동의 조직화와 대동단결을 위해 노력하였는데, 그는 이 대동단결을 '통일'로 달리 표현하기도 하였다. 실제로 그는 6월 25일 민단사무소 연설에서 "통일이란 것은 해외 각 지역에 산재한 동포들을 한 개의 조직체로 단합시키자는 것"이라고 설명했다. 3개의 임시정부를 하나로 통합시켜야 한다는 것을 강조한 셈이다.

한편, 안창호는 대한국민의회 측의 원세훈과 여러 차례의 협상 끝에 노령에 파견될 전권위원이 가져갈 통합안을 마련하여 6월 17일 임시의정원에 제출했다. 이 통합안은 임시정부를 상해에 두고 임시의정원과 노령의 대한국민의회를 합하여 조직하되 의회의 위치는 노령에 둔다는 내용을 담고 있었다. 그러나 7월 14일 임시의정원에서는 내정통일에 노력하라는 권고와 함께 통합안을 정부로 되돌려 보냈다. 이렇게 부결된 뒤에도 안창호는 정부 관계자와 각 지방 출신 인사들을 모아 대한국민의회에 제시할 새로운 통합안을 모색했다. 이 과정을 통하여 안창호는 상해와 노령에서 설립한 정부를 모두 해체하고 한성정부를 계승한 정부를 상해에 두되 초기 상해 임시정부가 실시한 행정은 그대로 인정하고 정부의 명칭도 대한민국임시정부로 하는 통합안을 마련할 수 있었다.[87]

8월 초에는 러시아, 중국, 미국 등지에서 상해에 파견된 대표들이 '국민대리대회'를 개최해, 내외의 정부들을 모두 해소하고 한성정부를 받들어 상해에 임시정부를 두기로 한다는 통일안을 마련하였다. 이 통일안은 한성정부 각원 명의로 국내외에 선포됐다.[88] 한편, 안창호는 한성정부의 법통성을 중심으로 통합할 것, 통합 임시정부의 위치는 상해에 둘 것, 그리고 상해 임시정부와 노령의 대한국민의회 각원은 모두 사퇴하고 한성정부에서 선출한 각원이 정부의 각원을 맡도록 할 것, 정부의 명칭을 대한민국임시정부로 할 것 등의 합의를 이끌어내는 데 성공했다. 결국 명분상으로는 한성정부를 중심으로 통합하자는 것이었는데, 안창호가 한성정부안을 상해 임시정부와 노령의 대한국민의회 통합안으로 활용한 데서 비롯되었다. 마침내 안창호는 한성정부안으로 내각을 구성한다는 협상안을 만들어 8월 20일경 현순과 김성겸(金聖謙)을 교통특사로 블라디보스토크의 대한국민의회에 파견, 이동휘를 비롯하여 대한국민의회 지도부를 만나 이 협상안을 전하게 했다. 이 협상안은 대한국민의회와 상해 임시정부 임

시의정원을 모두 해산하고, 한성정부를 봉대하여 새로운 국회를 소집한다는 것이었다.[89]

현순과 김성겸은 대한국민의회 당국과 협상안의 절충에 성공하였다. 결국 상해 임시정부와 대한국민의회는 여러 차례에 걸친 어려운 통합 협상 끝에 마침내 국내 한성정부의 법통성을 인정하고 정부의 위치는 상해에 둔다는 원칙에 합의를 이루었던 것이다.[90] 협상안의 내용은 다음과 같다.[91]

① 상해와 아령(俄領, 시베리아)에서 설립한 정부들은 일체 작소하고 오직 국내에서 13도 대표가 창설한 한성정부를 계승할 것이니 국내의 13도 대표가 민족 전체 대표인 것을 인정함이다.
② 정부의 위치는 아직 상해에 둘 것이니 각지에 연락이 비교적 편리한 까닭이다.
③ 상해에서 설립한 정부의 제도와 인선을 작소한 후에 한성정부의 집정관총재 제도와 그 인선을 채용하되 상해에서 정부 설립 이래에 실시한 행정은 그대로 유효로 인정할 것이다.
④ 정부의 명칭은 대한민국임시정부라 할 것이니 독립선언 이후에 각지를 원만히 대표하여 설립된 정부의 역사적 사실을 알리기 위함이다.
⑤ 현임정부 각원(閣員)은 일제히 퇴직하고 한성정부가 택선한 각원들이 정부를 인계할 것이다.

대한국민의회는 이동휘의 주도하에 8월 30일 회의를 소집하여 의원의 4/5가 임시의정원에 들어간다는 조건으로 한성정부를 봉대하는 데에 만장일치로 결의하였다.[92] 노령의 대한국민의회의 경우 소비에트제를 채용하고 있었기 때문에 의회 기능뿐만 아니라 행정·사법 기능을 의회가 통일적으로 담당하고 있었다. 이는 상해 임시정부나 한성정부와 같은 정부체계를 갖추지 못했다는 것을 의미하며, 통합작업을 매우 어렵게 하는 요인으로 작용하는 것이었다. 따라서 대한국민의회의 해산은 임시정부 통합에 있어서 커다란 걸림돌을 제거하는 것이었다.

상해 임시정부와 대한국민의회가 통합을 위해 새로운 임시정부를 조직하지 않고 한성정부의 법통을 물려받는 형식을 택한 것은 통합을 성공적으로 수반하는 데 결정적인 역할을 한 것으로 보인다. 상호간 정부체계의 차이가 있었고 지역적으로도 거리가 멀었지만, 하나로 통합하기로 한 것은 보다 효율적인 독립운동을 수행할 수 있을 것이라는 판단과 함께 한성정부가 모국의 중심에서 13도 대표의 이름으로 국민적 절차에 의하여 수립되었다는 사실이 큰 영향을 미쳤을 것이다.

그런데 또 다른 걸림돌이 발생했다. 이승만은 상해 임시정부와 연락을 취하면서도 국무총리라는 직명을 사용하지 않고 내부적으로는 한성정부의 집정관총재, 외부적으로는 대통령(President)이라는 직명을 사용했다. 이에 안창호가 8월 25일 국무총리대리의 명의로 상해발 전보를 통해 "한성정부는 집정관총재 제도이며 어느 정부에나 대통령 직명이 없으므로 각하가 대통령이 아닙니다. 지금은 각하가 집정관 총재 직명을 가지고 정부를 대표하실 것이오. 헌법을 개정하지 않고 대통령 행사를 하시면 헌법 위반이며 정부를 통일하던 신조를 배반하는 것이니, 대통령 행사를 하지 마시오"라며 이승만의 대통령 행사에 제동을 걸었다. 그렇지만, 이승만은 8월 26일 워싱턴발 전보 회신을 통해 "우리가 정부 승인을 얻으려고 전력을 다하는데 내가 대통령 명의로 각국에 조서를 보냈고, 대통령 명의로 한국 사정을 발표한 까닭에 지금 대통령 명칭을 변경하지 못하겠소. 만일 우리끼리 떠들어서 행동일치를 하지 못한 소문이 세상에 전파되면 독립운동에 큰 방해가 될 것"이라며 분명하게 거부 의사를 밝혔다.[93] 결국 안창호는 이승만의 완강한 고집을 꺾기 힘들다고 판단하여 그의 의사를 수용할 수밖에 없었다. 안창호는 상해 임시정부가 이승만을 대통령으로 인정하지 않을 경우 이승만이 한성정부안을 고수하여 상해 임시정부를 무시할 가능성을 우려했던 것이다.[94]

한편, 한성정부는 그 수립과정에서 13도 대표를 소집하였다는 점에서 정통성 면에서는 상해 임시정부와 대한국민의회에 비해 우위에 있었지만, 국내에서 임시정부를 정상적으로 운영한다는 것은 일제의 철저한 감시와 혹독한 탄압으로 인해 사실상 불가능하다는 한계가 있었다. 또한 한성정부는 집정관총재 이승만을 비롯하여 각원들을 모두 국외 독립운동가들로 내정하고 있었기에 애초부터 국외임시정부 운영을 예정하고 있었다고 짐작할 수 있다. 대한국민의회와 한성정부의 이러한 형편은 자연히 국외에서 조직을 잘 갖춘 상해 임시정부를 중심으로 통합이 가능케 하는 요인으로 작용했다. 상해 임시정부는 대한국민의회 의원의 80%를 임시의정원 의원으로 영입한다는 조건으로 임시정부 통일방안을 추진하여 대한국민의회를 흡수 통합할 수 있었다. 한성정부는 인선을 그대로 상해 임시정부로 넘겨 한성정부의 법통을 계승함으로써 하나의 임시정부 체제로 통합하고자 노력하였다.

결국, 9월 6일 임시헌장에 대한 제1차 개헌 형식으로 한성정부 중심의 대한민국임시정부 개조안이 임시의정원에 제안되었고, 만장일치로 통과하여 9월 11일 임시헌법이 공포되었다.

V. 통합 대한민국임시정부의 출범

1. 통합 대한민국임시정부의 성립

통합 임시정부 출범에 앞서 상해 임시정부 임시의정원 제6회 회의가 1919년 8월 18일부터 9월 17일까지 1개월에 걸쳐 개최되었는데, 이 회의에서는 정부 통합을 위한 임시정부의 조직 개편과 임시헌법의 제정이 이루어졌다.

안창호는 통합 임시정부를 고려하여 8월 28일 임시의정원에 임시정부 개조안과 임시정부 헌법 초안을 제출했다. 개조안의 특징은 한성정부를 전적으로 따르고 계승한 것으로, 정부의 부서도 상해 임시정부 6부를 한성정부의 7부 1국으로 바꾼 것이다. 정부각료 역시 상해 임시정부 각료는 모두 퇴임하고 한성정부의 명단에 따라 새로 임명하며, 한성정부의 집정관총재는 대통령으로 그 명칭을 바꾼 것이었다.[95]

마침내 9월 6일, 임시헌장에 대한 제1차 개헌 형식으로 한성정부 중심의 대한민국임시정부 개조안이 임시의정원에 제안되어 만장일치로 통과되었고, 9월 11일 임시헌법이 공포되었다. 이로써 '1정부 1국가'를 지향하는 임시정부의 통합은 상해 임시정부가 출범한 4월 11일을 기산일로 했을 때 단일 대한민국임시정부로 새로이 탄생한 9월 11일에 이르기까지 만 5개월이 걸린 셈이었다.

> 상해 임시정부는 서울 한성정부의 정통성을 이어받고 노령의 대한국민의회를 흡수하여 새로이 통합된 대한민국임시정부를 구성할 수 있었다.

임시헌법은 통일헌법전으로서 전문과 본문 8장 58조의 근대 헌법의 체제를 갖춘 헌법이었다. 본문의 구성을 살펴보면, 제1장 총강(1~7조), 제2장 인민의 권리의무(8~10조), 제3장 임시대통령(11~17조), 제4장 임시의정원(18~34조), 제5장 국무원(35~41조), 제6장 법원(42~47조), 제7장 재정(48~54조), 제8장 보칙(55~58조) 등으로 구성되었다.

임시헌법의 탄생으로, 일제 식민지하에 있는 대한민국을 명실상부하게 대표하는 단일의 임시정부가 탄생하는 근거가 마련되었다. 결국, 상해 임시정부는 서울 한성정부의 정통성을 이어받고 노령의 대한국민의회를 흡수하여 새로이 통합된 대한민국임시정부를 구성할 수 있었다. 이 점에서 임시헌법은 기존 상해 임시정부 임시헌장의 제1차 개정이라기보다는 대한민국임시정부 임시헌법 제정으로 인식되고 있다. 이 같은 인식은 임시헌법 전문에서 "대한민국(大韓民國)의 인민(人民)을 대표(代表)한 임시의정원(臨時議政院)은 민의(民意)를 체(體)하야 원년(元年)(1919) 4월 11日에 발포(發布)한 10개조(個條)의 임시헌장(臨時憲章)을 기본(基本)삼아 본임시헌법(本臨時憲法)을 제정(制定)"하였다고 표현하고 있는 데서도 확인할 수 있다. 이처럼 전문에서 국민을 대표하는 임시의정원이 상해 임시정부 수립의 근간이 된 10개조의 임시헌장을 기본으로 통합 임시정부의 임시헌법을 제정하였다는 사실을 특별히 강조하고

> 대한민국 임시헌법 전문을 살펴보면, 서두에서 "아대한인민(我大韓人民)은 아국(我國)이 독립국(獨立國)임과 아민족(我民族)이 자유민(自由民)임을 선언(宣言)하도다. 차(此)로써 세계만방(世界萬邦)에 고(告)하여 인류평등(人類平等)의 대의(大義)를 극명(克明)하얏으며 차(此)로써 자손만대(子孫萬代)에 허(許)하야 민족자존(民族自存)의 정권(政權)을 영유(永有)케 하얏도다"라고 3·1운동 독립선언서를 인용하면서 3·1운동과 그 정신사적 의미를 강조하고 있다.

있는 것은 임시헌법이 임시헌장의 개정이 아니라 새로운 헌법의 제정이라는 의미를 부각시키고 있는 것으로, 단순히 상해 임시정부의 연장선상에 있는 것이 아니라 새로이 통합된 대한민국임시정부의 출발에 보다 큰 의미를 두었던 것으로 보인다.

임시정부의 이름을 대한민국임시정부로 정했는데, 이처럼 상해 임시정부의 것으로 정한 것은 다른 두 곳의 경우는 국호의 명시가 없었던 데다 임시정부 통합을 상해 임시정부가 주도했기 때문인 것으로 보인다. 대한민국임시정부가 국호를 '대한민국'으로 정한 것은 대한제국을 역사적으로 계승한다는 의미가 있었다. 더욱이 대한제국의 국기인 태극기를 국기로 정한 것이라든지, 대한제국의 정치 목표인 '민국'이라는 호칭을 수용한 것도 대한제국의 정통성을 이어받고 있다는 의미로 받아들일 수 있을 것이다.[96]

대한민국 임시헌법 전문을 살펴보면, 서두에서 "아대한인민(我大韓人民)은 아국(我國)이 독립국(獨立國)임과 아민족(我民族)이 자유민(自由民)임을 선언(宣言)하도다. 차(此)로써 세계만방(世界萬邦)에 고(告)하여 인류평등(人類平等)의 대의(大義)를 극명(克明)하얏으며 차(此)로써 자손만대(子孫萬代)에 허(許)하야 민족자존(民族自存)의 정권(政權)을 영유(永有)케 하얏도다"라고 3·1운동 독립선언서를 인용하면서 3·1운동과 그 정신사적 의미를 강조하고 있다. 이는 임시정부 수립이 3·1운동과 밀접한 관계가 있음을 확인해주는 바, 대한민국임시정부가 3·1운동의 최대의 성과이며 그 산물이라는 사실을 입증해 주고 있다.[97] 독립 이후 대한민국 헌법 전문에 3·1운동 정신을 계승한다고 명시한 것은 그만큼 3·1운동이 대한민국 정통성의 근간이 되고 있다는 사실을 잘 말해 주고 있다.

임시헌법 제1조에서는 "대한민국은 대한인민으로 조직함", 제2조에서는

"대한민국의 주권은 대한인민 전체에 재함"이라고 규정했는데, 이는 주권재민의 원칙에 따라 국민이 주인임을 천명한 것이며, 민주공화제 정치체제임을 명백히 밝히고 있음을 알 수 있다.

특히 임시헌법이 대한민국임시정부의 구성에 있어서 대통령제를 채택하게 된 근본 이유는 이승만이 선호하는 대통령 칭호를 합법화하기 위한 것이었다. 그러나 실제로는 대통령제보다 의원내각제의 요소가 더 많았다는 점에서 통합과 동시에 정부형태는 대통령제와 의원내각제의 절충식으로 나타났다.[98]

주권 행사는 헌법 범위 내에서 임시대통령에게 전임하되(6조), 행정권은 국무원이 행사하도록 했다(5조). 물론 임시대통령은 국가를 대표하고 정부의 수반으로서(11조) 관제 및 관규(官規)의 제정권·통솔권·관리임면권·계엄선포권 등의 권한을 가지지만(15조), 행정권을 행사하는 국무원과는 유리되었다. 국무원의 임명은 임시대통령이 하지만, 임시의정원의 동의를 얻어야 했고(15조, 21조), 임시의정원은 임시대통령이나 국무원(國務員)을 탄핵할 수 있게 하였다(21조). 이러한 대통령·국무원·임시의정원 관계는 비록 대통령제를 채택했으나, 임시의정원이 의원내각제를 이상으로 삼았고, 현실적으로 권력의 집중보다는 분산 내지 안배를 희망하고 있었다는 점 때문에 절충식의 정부형태로 나타나게 되었다고 볼 수 있다.[99] 여기서 중요한 정치적 의미는 통합 임시정부가 대통령제를 채택했지만, 아울러 의원내각제적인 특성을 가짐에 따라 임시대통령의 독주를 견제할 수 있었다는 점이다.

한편, 행정사무(5장 38조)는 내무, 외무, 군무, 법무, 학무, 재무, 교통 등 7개의 부와 노동국으로 분장했는데, 이는 한성정부의 각부 조직으로 이것을 계승하여 상해 임시정부의 정통성 확보를 꾀한 것으로 보인다.[100]

대한민국임시정부는 임시헌법의 정부조직에 따라 통합정부를 구성하는 절차에 들어갔다. 먼저 대통령 선거를 실시해 이승만을 대통령으로 선출하였고, 이어서 각원 선출을 했는데, 한성정부의 각원 명단을 그대로 계승하는 형식으로 이루어졌다. 국무총리에 이동휘, 내무총장에 이동녕, 외무총장에 박용만, 군무총장에 노백린, 재무총장에 이시영, 법무총장에 신규식, 학무총장에 김규식, 교통총장에 문창범, 노동국 총판에 안창호 등이 선임되었다. 이는 집정관총재로 되어 있는 한성정부의 최고직위를 대통령으로 현실화하되, 그 인선 내용은 바꾸지 않은 채 유지한 것으로서, 한편으로는 한성정부의 법통성을 유지하면서 다른 한편으로는 노령 대한국민의회와의 통합을 완결하고자 한 것이었다.[101]

한편, 임시대통령으로 선출된 이승만이 아직 미국에 체류하고 있는 상태였기에 대리대통령을 선출하는 문제가 대두되기도 했는데, 논의 끝에 선출하지 않기로 했다. 이로써 9월 11일 통합 형태의 대한민국임시정부가 공식적으로 출범하게 되었다.

그렇지만 9월 18일 노령의 이동휘가 김립(金立), 남공선(南公善)과 함께 상해에 도착하고, 이어 박은식, 문창범 등이 차례로 도착하면서 상해 정국은 곧바로 '승인·개조 문제'에 휩싸이게 되었다. 상해에 온 문창범이 상해 임시정부가 통합약속을 어겼다는 이유로 교통총장의 취임을 거부하고 노령으로 돌아간 것이 발단이 되었다.[102]

2. 대한민국임시정부 승인·개조 문제

대한민국임시정부 개조 작업은 노령 대한국민의회 측의 불만을 초래하게 되었다. 국무총리로 선임된 이동휘가 자신을 추종하는 김립, 남공선, 오영선 등 한인사회당 세력과 함께 9월 18일에 상해에 입성했고, 이어서 교통총장으로 선임된 문창범과 최재형, 박은식 등이 상해에 속속 도착했다. 이들은 원래 대한국민의회와 상해 의정원을 해산하고 새로운 국회를 소집하기로 한 약속과는 달리 임시의정원이 존속하고 있을 뿐만 아니라, 통합정부도 한성정부를 승인한 것이 아니라 상해 임시정부를 개조했다는 사실을 확인했다. 이 과정에서 문창범이 상해 임시정부가 통합약속을 어겼다는 이유로 교통총장의 취임을 거부하고 노령으로 돌아간 것이 발단이 되어 대한민국임시정부는 '승인·개조 문제'에 휩싸이게 되었다.[103] 문창범이 상해에 와서 본 현실은 임시의정원이 해산은커녕 그대로 존속하고 있었고, 통합정부도 한성정부를 승인한 것이 아니라 상해 임시정부를 개조한 것이었다.[104]

    8월 28일 당시 안창호의 정부통합 구상은 기본적으로 승인안이었는데 임시의정원에 제출한 것은 정부개조안이었다. 원래 안창호가 말한 한성정부의 '승인'은 상해의 임시의정원은 그대로 두고 내각만을 개조하는 것을 의미했다. 그는 이 같은 협상조건으로는 대한국민의회의 설득이 어렵다는 사실을 잘 알고 있었기 때문에 블라디보스토크에 이동휘와 친분이 있는 현순을 파견하면서 대한국민의회가 해산하지 않더라도 이동휘만은 상해로 데려오도록 지시했다. 안창호가 8월 28일 정부개조안을 임시의정원에 제출하면서 대한국민의회에 대해서는 일체 언급하지 않았는데, 이는 협상 결과와 관계없이 '통합내각'을 출범하겠다는 생각을 굳히고 있었기 때문이었다.[105]

    그런데 승인안이 개조안으로 바뀐 것은 상해 임시정부와 이승만의 사이에 있었던 갈등을 주목할 필요가 있다. 6월 이래 이승만은 한성정부의 집정관총재의 자격으로 대통령(President) 직함을 사용하고 있었다. 이에 안창호는 이승만과 전보를 주고받으면서 대통령 직함 사용의 부당함을 지적하고 상해로 올 것을 요구했다. 안창호는 8월 25일 국무총리대리 명의로 이승만에게 전보를 보내 한성정부나 상해 임시정부 어느 곳에도 대통령 직명이 없기 때문에 대통령 직함을 사용하는 것은 헌법위반이며 특히 정부를 통일하려는 신조를 배반하는 것이기에 중지할 것을 요구했다. 이에 이승만은 다음날 26일 전보로 "대통령 명칭을 변경할 수 없고 우리끼리 떠들면 독립운동에 방해가 되니 떠들지 마라"며 오히려 협박조의 답신을 보냈다. 안창호로서는 이미 대통령 직함을 사용하고 있는 이승만의 독선을 현실로 받아들여 한성정부의 승인안을 정부개조안으로 변경하지 않을 수 없었고, 급기야 한성정부를 승인하는 집정관총재 대신 이승만을 대통령으로 인정하고 국무총리 이하 각원만 한성정부를 따르는 개조안을 취할 수밖에 없었던 것이다.[106] 결국 안창호가 한성정부의 승인안을 정부개조안으로 변경함으로써 임시의정원의 해산도 불가능하게 되었던 것이다.

　대한국민의회 측이 제기한 '승인·개조 문제'의 핵심은 과연 '임시의정원과 대한국민의회의 동시 해산을 약속했는가' 여부였다.[107] 그 와중에 대한국민의회 측은 임시의정원이 해산되지 않은 채, 통합 임시정부 각원을 한성정부 각원 명단대로 개조한 사실을 확인하였던 것이다. 결국, 이동휘와 문창범은 상해 임시정부 측이 대한국민의회 측을 기만하여 한성정부를 승인 또는 봉대하자 하고는 사실상 개조를 한 것이라고 비판하면서 내각 취임 거부 의사를 표명했다. 이동휘는 곧바로 취임하지 않고 위임통치 청원문제를 거론하며 이승만 밑에서 국무총리가 될 수 없다고 주장하였다. 교통총장으로 취임하기로 되어있던 문창범을 비롯하여 최재형 등 대한국민의회 주도인물들은 끝내 노령으로 되돌아가버리고 말았다.[108] 결국, 상해 임시정부와 대한국민의회의 완전통합에 흠결이 생기고 만 것이다. 그러나 이동휘는 마음을 돌이켜 11월 3일 국무총리에 취임하였다. 단일의 임시정부 통합에 대한 민족적 기대에 부응하였던 것이다. 이후 나머지 각원들도 취임함으로써 마침내 통합 임시정부가 제 모습을 갖추게 되었다.

문창범 외에 박용만도 외무총장 취임을 거부하여 한동안 외무부와 교통부는 총장 공석 상황이긴 했지만, 비로소 세 정부가 하나로 통합되어, 민족국가·국민주권국가를 표방한 3·1운동을 직접 계승하고 민족사에 있어 대표성과 법통성을 갖춘 유일한 대한민국임시정부가 출범하게 되었다.[109] 국내외에 흩어져 있던 임시정부들 간 거리의 한계와 이념적 차이에도 불구하고 안창호가 기획한 통합 과정은 성공적으로 이행되었다.

> 대한민국임시정부의 수립과 그 통합 과정은 일제의 강탈에 의해 국권을 상실한 한민족의 민족정통성 및 국권 회복 의지의 표현이었다. 무엇보다도 여전히 복벽주의가 잔존하고 있어 군주제를 유지하려는 관성이 있음에도 불구하고 한국 역사상 최초로 한민족을 대표하는 민주공화제에 입각한 임시정부를 수립했다는 것은 실로 의의가 큰 것이었다.

통합정부의 출범으로 유일정부라는 대한민국임시정부의 위상이 확고해졌다. 상해 임시정부의 성립 초기만 하더라도 그것을 대체할 정부조직은 어디서든 생겨날 수도 있었지만, 상해에 통합 임시정부가 들어선 이후 그것은 한국민을 '대표'하는 정부로서의 위상을 굳히게 되었다.[110]

Ⅵ. 대한민국임시정부 수립과 통합 과정에서의 기독교의 역할

대한민국임시정부의 수립과 그 통합 과정은 일제의 강탈에 의해 국권을 상실한 한민족의 민족정통성 및 국권 회복 의지의 표현이었다. 무엇보다도 여전히 복벽주의가 잔존하고 있어 군주제를 유지하려는 관성이 있음에도 불구하고 한국 역사상 최초로 한민족을 대표하는 민주공화제에 입각한 임시정부를 수립했다는 것은 실로 의의가 큰 것이었다. 그런데 주목할 만한 사실은 당시 이승만이 4월 30일 대한민국임시정부 내각 의장(President of the Cabinet, the Provisional Government of the Republic of Korea)의 명의로 파리강화회의에 참석 중인 미국 대통령 윌슨과 파리강화회의 의장 클레망소(Georges Clemenceau)에게 각각 보낸 공문에서 "한국 국민은 한결같이 자기들이 선택하는 자유롭고 절대로 독립된 정부를 갖기를 열망한다"며 "이러한 정부가 없이는 자기 나라를 자유로운 기독교 민주주의(a free christian democracy)로 발전시킬 수 없다"고 강조했다는 점이다.[111] 당시 기독교인 수가 한국 인구 가운데 1.3%에 불과한 상황임에도 이승만이 임시정부 수반 자격으로 당시 국제정치에 가장 큰 영향력을 행사하고 있던 두 거물정치인에게 공문을 보내어 '기독교 민주주의'에 입각한 국가를 꿈꾸고 있다는 사실을 적시한 것은 실로 놀라운 일이 아닐 수 없다. 이승만은 자신이 경험한 바, 기독교 문화에 입각한 미국 민주주의를 크게 선호했던 것으로 보인다. 같은 맥락에서 임시헌장 제7조에서 "대한민국의 인민은 신(神)의 의사(意思)에 의하여 건국한 정신을 세계에 발휘하며, 나아가 인류의 문화 및 화평에 공헌하기 위하여 국제연맹에 가입함."이라고 규정하고 있는 데서 보듯이 대한민국이 '신(神)의 의사(意思)에 의하여 건국한' 나라라는 사실을 적시한 것도 주목할 만한 부분이다. 이는 상해 임시정부 수립 당시 기독교인들이 임시의정원의 의석수를 가장 많이 차지하고 있었던 데다 영향력이 큰 인물들이 기독교도였던 것과 무관치 않아 보인다. 물론 비기독교인들이라 할지라도 당시 제1차 세계대전 종전 이후 미국 중심의 새로운 국제질서 형성 분위기 속에서 기독교 정신에 대해 호의적이었을 것으로 보인다.

임시정부 수립과 통합과정에 있어서 기독교인들의 역할은 실로 컸다. 단일 대한민국임시정부로의 통합을 주도했던 안창호를 비롯하여 이승만, 이동휘 등 세 지도자를 중심으로 통합 임시정부가 출범했기에 대한민국임시정부는 '삼각정부(三脚政府)'라고도 불렸다.[112] 세 지도자들 모두가 기독교인이었다는 점에서 대한민국임시정부의 역사는 기독교와 불가분의 관계에 있었다는 사실을 알 수 있다. 한편, 통합 이전에 상해 임시정부 수립을 준비하기 위해 상해 독립임시사무실 총무를 맡았고 안창호를 도와 임시정부 통합을 위해 헌신했던 현순과 통합 임시정부 협상과정에 적극 참여했던 한성정부의 이규갑도 기독교 목사였다.

3·1운동과 임시정부수립에 중추적인 역할을 한 신한청년당의 당원들도 대다수가 기독교인이었다. 위에서도 이미 밝혔듯이 신한청년당을 발족한 여운형, 장덕수, 조동호, 김철, 한진교, 선우혁 등 6명은 모두가 기독교인이었다. 정병준이 2019년에 발표한 연구논문[113]에 따르면, 주요 신한청년당원은 46명으로 파악되고 있는데, 종교 분포를 보면, 기독교가 27명,[114] 가톨릭이 1명(안정근), 대종교가 1명(박은식), 육성교가 1명(조용은), 이밖에 종교가 확인되지 않는 인물이 16명[115]으로 나타나고 있다. 신한청년당원 가운데 59%가 기독교인이었으며, 종교를 가진 인사 30명만을 기준으로 할 경우에는 기독교인이 무려 90%에 이른다. 이 같은 사실은 신한청년당의 활동에 있어서 기독교인들이 주도적이었을 것임을 짐작케 한다.

임시의정원의 경우에도 제1회 회의에 참석한 29명의 의원 가운데 기독교인은 손정도, 현순, 김철, 선우혁, 한진교, 남형우, 조동호, 여운형, 여운홍, 이광수, 백남칠 등 11명(38%)으로 파악되고 있다. 이밖에 대종교인이 8명(신석우, 신채호, 이광, 이동녕, 이시영, 이회영, 조성환, 조완구)으로 28%, 종교가 불분명한 사람이 10명(김대지, 김동삼, 신익희, 신철, 이영근, 조동진, 조소앙, 진희창, 최근우, 현창운)으로 34%를 차지했던 것으로 분석된다. 그런데 대종교인들 가운데 신채호, 이동녕, 이시영, 이회영, 조성환 등 5명은 구한말 기독단체인 상동청년회에서 활동했고, 이 중에서 이동녕, 이시영, 이회영은 기독교에 입교하기도 했다. 신석우는 대종교인이었으나 나중에 기독교(침례교)로 개종하였다.

임시의정원 제1회 회의에서 선출된 7명의 국무원 각원들 가운데는 국무총리 이승만, 내무총장 안창호, 외무총장 김규식, 군무총장 이동휘 등 4명(57%)이 기독교인이었다. 통합 이후 대한민국임시정부의 경우에는 행정부 요인 10명 가운데 대통령 이승만, 국무총리 이동휘, 외무총장 박용만, 군무총장 노백린, 학무총장 김규식, 노동국 총판 안창호 등 6명(60%)이 기독교인이었다. 그러나 교통총장 문창범이 취임을 거부한 상황을 고려하면 9명 중 6명이 기독교인으로서 기독인 비율이 67%에 해당하는 것이었다. 이 중에서도 노백린은 상동청년학원 상동교회 목사 전덕기가 기독청년을 대상으로 세운 야간학교 상동청년학원을 드나들었는데 이때 전덕기와의 교분이 계기가 되어 기독교인이 된 것으로 알려지고 있다.

상해에는 1914년경에 설립된 상해선인교회(上海鮮人敎會)라고 불리는 상해한인교회가 있었는데, 한국 독립운동가들에게 큰 도움을 준 미국인 선교사 조지 필드 피치(George Field Fitch)가 예배장소 마련은 물론, 교회의 후견인 역할을 한 것으로 알려지고 있다. 상해한인교회는 기독인 임시정부 요인들이 독립운동과 관련한 중요한 의견교환을 위하여 종종 모이는 중요한 회합장소 역할도 했을 것으로 짐작된다. 상해한인교회는 기독교인이 대다수였던 신한청년당이 결성되면서부터 상해 한인사회의 구심점 역할을 함으로써 임시정부 수립과 통합 과정에 상당한 영향력이 미쳤을 것으로 판단된다. 신한청년당을 발족한 여운형, 장덕수, 조동호, 김철, 한진교, 선우혁 등 6명 모두가 상해한인교회의 교인들이었다. 결국 신한청년당은 상해 한인교회를 중심으로 만들어진 단체였다고 볼 수 있다. 그리고 나머지 상해에 거주하는 신한청년당 소속의 기독교인 인사들 역시 이 교회에 출석하였을 것으로 짐작된다. 정인과, 현순, 장붕 등도 이 교회에 출석하였으며, 이밖에도 이승만, 안창호, 김규식, 이동휘, 유동열, 신익희, 조소앙, 김순애 등도 상해한인교회에 출석하거나 직·간접으로 관련을 맺고 있었다. 때문에 일제는 상해한인교회를 "예수교를 이용하여 독립운동을 선전하는데 그 주의가 있다"며 경계의 대상으로 삼을 정도였다.[116)]

한편, 임시정부 참여 기독교인들로서 평양신학교 출신 목사들인 김병조, 손정도, 송병조, 이원익 등이

대한민국임시정부 수립시기는 기독교계 여성들의 역할도 괄목할 만했다. 상해 대한민국임시정부 수립 무렵 국내의 기독교 지식 여성들은 독립운동에 적극 참여하였고, 실례로 서울을 비롯한 각지에서는 대한애국부인회를 조직하여 상해 임시정부에 부인회 대표를 파견하기도 하였다. 이러한 국내 여성계의 독립운동 지원을 위한 조직적인 움직임은 상해 여성계에도 전파되어 애국부인회를 촉진하는 계기가 되었다.

중심이 되어 조직한 대한야소교연합진정회(大韓耶蘇教聯合陳情會)는 국내 교회와 독립운동을 위해 긴밀한 연계를 도모하였으며, 신자들로 하여금 임시정부를 중심으로 추진되는 독립운동에 참여해 줄 것과 독립자금 모금에 동참해 줄 것을 권유하는 역할을 하였다. 또 각국 정부와 교회 단체에 한국의 실정과 독립을 호소하는 진정서를 발송하여 임시정부의 외교 독립운동 측면에서 지원하는 민간외교의 역할을 했다. 진정회는 5월 23일 신한청년당 대표 여운홍이 파리로

향할 때 일제가 한국교회에 심한 압박을 가하고 있다는 사실을 알리기 위해 만국장로교연합회에 보낼 진정서를 마련하기도 했다. 진정회 회원으로는 김병조, 손정도, 조상섭, 정인과, 이원익, 현순, 장붕, 여운형, 서병호, 배형식, 안승원, 장덕로, 김승만, 김시혁, 조보근 등의 기독인 임정요인들의 이름이 확인되고 있다.

대한민국임시정부 수립시기는 기독교계 여성들의 역할도 괄목할 만했다. 상해 대한민국임시정부 수립 무렵 국내의 기독교 지식 여성들은 독립운동에 적극 참여하였고, 실례로 서울을 비롯한 각지에서는 대한애국부인회를 조직하여 상해 임시정부에 부인회 대표를 파견하기도 하였다. 이러한 국내 여성계의 독립운동 지원을 위한 조직적인 움직임은 상해 여성계에도 전파되어 애국부인회를 촉진하는 계기가 되었다.[117] 상해 대한애국부인회는 임시정부 수립과 같은 날인 1919년 4월 11일에 민족운동의 후원을 위해 조직되었는데, 독실한 기독교인이자 김규식의 부인인 김순애가 초대 회장을 맡았다.[118] 김순애는 임시정부를 지원하기 위한 목적으로 1919년 7월에 이화숙, 이선실, 강천복, 박인선, 오의순 등과 함께 같은 해 10월 13일 프랑스조계 보창로 어양리 2호에서 이 단체를 결성해 여성을 통한 독립운동자금 모집, 독립운동을 위한 선전과 출판물 발행, 여성의 사회 진출 등을 도왔다. 그러나 국내외 부인회를 총괄하지는 못했으며 임시정부 주변에서 이를 지원하는 기능에 머물렀다. 조직으로는 회장, 부회장, 총무, 서기, 회계, 출판부, 교제부, 사찰 등이 있었는데, 초기에 간부로 활약한 사람들로는 회장 이화숙, 부회장 김원경, 총무 이선실 등을 들 수 있다. 1922년 1월 모스크바에서 열린 극동민족대회에는 권애라와 김원경이 파견되었고, 김순애는 1923년 상해에서 열린 국민대표회의에 참석하는 등 임시정부를 적극 지원하였다.[119]

상해 대한애국부인회는 서울과 평양의 대한애국부인회 등 국내외의 대한애국부인회와 긴밀하게 연계하여 협력하면서 독립운동자금을 모집하여 임시정부에 전달하는 한편, 독립운동가들과 그 가족들을 뒷바라지하였다. 한마디로 이 단체는 상해에서 중경에 이르기까지 남성 위주의 임시정부 활동에 커다란 힘이 되었다.

> "나는 내무총장으로 있는 것보다 한 평민이 되어 어떤 분이 총장이 되든 그 분을 섬겨서 우리의 통일을 위하여 힘쓰고 싶소. 그러므로 일전에 취임식을 하려다가도 주저를 하였소. 다른 것 다 잊어버리고 큰 것만 보고 나아갑시다."
> - 도산 안창호

특기할 만한 사실은 통합 임시정부가 성공할 수 있었던 배경에 기독교인들의 자기희생이 있었다는 점이다. 예컨대 안창호는 임시정부의 통합에만 매진하려 했지 임시정부 고위직을 차지하겠다는 욕심이 추호도 없었다. 그는 상해임시정부에서 통합을 주도하며 국무총리직이나 임시대통령도 될 수 있는 매우 유리한 위치에 있었으나, 늘 이승만을 염두에 두고 있었다. 안창호는 상해의 청년들이 내무총장으로 취임할 것을 재촉하던 시기인 6월 25일 상해 민단사무소에서 행한 연설가운데 다음과 같이 심경을 밝힌 바 있다.

> "나는 내무총장으로 있는 것보다 한 평민이 되어 어떤 분이 총장이 되든 그 분을 섬겨서 우리의 통일을 위하여 힘쓰고 싶소. 그러므로 일전에 취임식을 하려다가도 주저를 하였소. 다른 것 다 잊어버리고 큰 것만 보고 나아갑시다."[120]

안창호가 임시정부의 통합이라는 대의명분 앞에 얼마나 겸허했는지를 알 수 있는 부분이다. 그는 자신의 권위를 세워주는 직위보다 임시정부 통합의 사명을 더 중시한 기독교인이었음을 알 수 있다.

안창호는 통합 임시정부 출범과 함께 기존의 내무총장 겸 국무총리 대리에서 물러나 국장급에 해당하는 노동국 총판의 자리로 옮겨가야 하는 상황에서 노동국을 농무부로 승격시켜 자신을 농무부 총장으로 세우려는 움직임이 있자, 9월 3일 의정원 연설에서 거부 의사를 단호히 밝혔다.

> "(…) 노동국 총판을 개정하면 결코 나는 이 정부에서 시무할 수 없노라. 이번 개조안에 대하여 대개 내외에 통일의 신용이 있고 또는 내가 이미 이 뜻을 각처에 성명하였은즉, 이에 다시 노동국을 농무부로 개정함은 신용상 내가 승인하지 못할 바라. 신용 없는 사람으로 정부에서 시무하기 불능하다. 또 노동국을 개정하면 다른 부를 개정하자는 논자가 나와 또 다시 정부를 뜯어 고친다는 비평이 있으리라. 이 안이 개정되면 나는 도저히 정부에서 시무하기 어려우니 여러분은 깊이 생각하라. 이 안의 통과 여부는 여러분의 자유요, 나의 시무 여부도 또한 나의 자유니, 후일 정부에서 나가게 되어도 나는 여러분께 책임을 지지 못하겠노라."[121]

9월 5일의 의정원 연설에서도 정부 개조 자체가 임시정부의 통일을 위한 것이고, 노동국을 고치는 것은 다른 정부 부서들의 연쇄적인 변동을 초래해 통일을 방해할 수 있음을 지적하면서 임시정부의 통일 이외에는 그 어떤 것도 사소한 것임을 다음과 같이 밝히고 있다.

"나의 말을 불가해라 하여 국자를 부자로, 판자를 장자로 고치는 두어 글자의 관계에 불과하거늘, 어찌 진퇴를 운운하느냐 하나, 여러분에게는 심상히 보이나 나에게는 큰 관계가 있으니 (…) 정부의 개조주의는 ① 정부를 개조하여 한성 발표의 정부와 같게 할 것, ② 집정관 총재를 고쳐 대통령으로 할 것이니, 상해 정부가 불완전하다 하여 개량·개선함도 아니요, 오직 통일을 절대로 요구하는 사세의 소치라 (…) 나는 상해에 온 이래로 통일을 위하여 무엇이나 희생할 결심임을 누차 설명하였노라. (…) 일찍 3두 정치를 주장함도 통일을 위함이요, 이번의 개조를 주장함도 또한 통일을 위함이라. (…) 오직 대통령 문제에 이르러서는 이미 이 박사를 대통령으로 열국이 널리 앎을 인함이요, 집정관 총재를 대통령으로 고치는 외에 다시 노동국을 고치면 머리와 끝을 다 고치게 됨이니 이는 극히 불가할지라. 나는 이미 누차 의회에서와 기타 각지 인사에게 나의 주장을 성명한 바니, 나는 결코 주장을 변하는 무신한 사람이 되지 아니 하리라."[122)]

9월 3일과 9월 5일 안창호가 행한 의정원 연설을 살펴볼 때, 그가 임시정부 통합을 위한 정부 개조와 관련하여 자신의 입신(立身)을 위하여 노동국을 농무부로 고쳐 농무부 총장으로 가게 될 경우 통합을 위하여 만들어 놓은 개조안이 흐트러져 오히려 통합을 망치게 될 것이라는 우려가 담겨있음을 알 수 있다. 그는 끝까지 자신의 이익보다는 임시정부의 통합을 위하여 헌신한 지도자였다.

이동휘도 자신과 자파의 이익을 희생하고 통합 임시정부에 합류하였다. 대(大)를 위하여 소(小)를 버릴 줄 아는 지도자였던 것이다.

이동휘는 11월 27일 '간도한족독립운동간부'에게 보낸 편지에서 통합 임시정부에 참여하는 자신의 심경을 다음과 같이 밝히고 있다.

> "이에 대하여 동지계(同志界)에서는 혹 오해하여 말하기를 '이동휘가 개조된 정부에 취임하는 것은 동지계에서 주장하는 승인에 대모순된다'고 하나 나는 2천만을 피아(彼我)의 구분 없이 생각하는 양심에 의거하여 그 양심의 고통을 참으면서까지 동지 간에 편론(偏論)에 설 수 없습니다. 금일 나는 차마 노령 주장을 고집하며 상해 당국 여러분과 정전(政戰)을 벌일 수 없습니다. 광복을 목적으로 하고 독립을 요구하는 데에는 매마찬가지인데, '승인'에 의하여 달리 일의 성공하는 바 없고 '개조에 의해 일의 불성공이 없는 바에는 차라리 우리 동지간의 의견충돌을 양보하는 이동휘는 될지언정 나의 의견을 극단으로까지 주장하여 대국을 파괴하는 이동휘가 되는 것은 일층 불가능한 문제입니다. 동지 여러분, 나의 고충을 헤아리시고 나의 성충(誠忠)을 아신다면 나를 도와 나의 책임으로 전담하고 있는 민국정부를 옹대해 주십시오. 나는 2천만의 부활을 위하여 동지에게 그것을 바라며 나는 우리의 대업 성공을 위해 동지에게 이 말을 올립니다."[123]

이처럼 새로이 통합된 대한민국임시정부의 출범은 임시정부 지도자들의 희생과 헌신, 배려가 있었기에 가능한 일이었다.

기독교인들은 3·1운동에서뿐만 아니라, 대한민국임시정부의 수립과 통합에 있어서도 큰 역할을 했음을 알 수 있다. 이 같은 역할은 기독교정신에서 발원한 남보다 더 큰 의무를 지겠다는 '초과의무(supererogation)'의 행태로 나타났다. 진정한 기독교인은 내가 굳이 나서지 않아도 될 일임에도 공동체가 위기에 처할 때면 그 공동체를 살리기 위하여 자신을 기꺼이 희생할 줄 아는 사람이다. 자신의 희생은 곧 공동체의 생명을 살리는 일인 것이다. 대다수 기독교인 독립운동가들은 "독립운동을 하면 3대가 망한다"는 사실을 알고도 국권을 잃은 조국의 광복을 위해 스스로 자신을 희생시킨 분들이기에 '초과의무'의 삶을 산 사람들이었다.

Ⅶ. 대한민국임시정부 수립과 통합의 현재적 의의

1. 민주공화국 대한민국의 정체성과 정통성 확립

1897년 대한제국 수립 이후 독립협회(1896~1898), 대한자강회(1906~1907) 등은 입헌군주제를 옹호하는 입장을 취했다. 특히 독립협회는 국가란 국민을 위해 존재하며 국가의 자주·자강도 결국 국민의 힘에 의하여 달성되는 것이라 믿고, 인권과 민권이 보장되는 민주적 정치체제를 추구하였다. 이를 위해 전통적인 전제군주체제를 민주권과 군주주권의 절충 형태인 입헌대의군주정체를 구상하였는데, 의회(상원) 설립을 통한 국민 참정을 실현코자 하였던 것이다.[124]

1905년 일제의 강압에 의한 을사늑약 이후 대한제국이 일본의 보호국이 되자, 각성된 계몽운동가들은 입헌군주제, 공화제 등 근대국가 건설의 방향을 두고 활발한 논의가 전개되었다.[125] 1907년에 출범한 비밀결사체 신민회는 「대한신민회 통용장정」 제2장 제1절에서 "궁극적 목적은 국권을 회복하여 자유 독립국을 세우고, 그 정치 체제는 공화정체(共和政體)로 하는 것"이라고 규정하였다. 신민회가 그들이 세우려고 한 자유 독립국의 정치체제를 공화국으로 규정한 것은 사상적으로 큰 진전이었다.[126] 1910년 한일합병 이후부터 공화제가 거의 유일한 대안으로 받아들여졌다. 1915년 7월에 결성된 국내 비밀결사 대한광복회도 한말 국권회복운동을 전개했던 의병계열과 계몽운동계열의 연합으로 이루어진 단체였으나, 복벽주의(復辟主義)를 극복하고 공화주의(共和主義)를 지향하였다. 1917년 7월에 신규식, 박은식, 신채호, 박용만, 윤세복, 조소앙, 신석우, 한진교 등 14명이 발표한 대동단결선언은 국민주권설에 입각하여 종래 군주제의 정체(政體)를 지양하고 주권재민의 공화정을 명백히 표방했다.[127] 마침내 한국민의 민주공화국을 향한 열망은 3·1운동으로 결실을 보게 된다. 4월 11일 대한민국임시정부의 임시헌장에 '민주공화제'가 반영됨으로써 민주공화국의 근대국가관이 굳건히 확립되었기 때문이다. 민주공화국이라는 근대국가관은 3·1운동을 통해서 분출된 민족독립과 근대적 독립민족국가를 건설하고자 하는 지향이 응집된 것이었다. 이처럼 민주공화국이 대한민국임시정부의 국가관으로 정립된 것은 민중의 근대적인 개혁과 주권 의식을 수용하여 그것이 실현될 수 있는 독립민족국가를 건설하겠다는 의지의 표현이었다고 볼 수 있다.[128]

거족적인 3·1운동으로 민족이 독립운동의 주체라는 인식이 확고하게 자리를 잡았고, 이것은 지식인뿐 아니라 대중 차원으로까지 확산되고 정착되는 전환점이 되었다.[129] 이를 통해 민족적 대단결이 가능했고, 독립국가 지향의 결집력을 바탕으로 대한민국임시정부 수립이 가능하게 되었던 것이다. 바로 이 점에서 대한민국임시정부 수립은 3·1운동과 불가분의 관계에 있다고 할 수 있을 것이다.

주지하다시피 대한민국임시정부는 3·1운동에서 표명된 민족사적 염원을 기반으로 한국 최초의 '민국(民國)'을 표방하면서 수립된 독립운동의 총지도기관이었다.[130] 민족의 대표기구인 동시에 독립운동을 지도·통할해 나갈 독립운동의 최고 중추기구였던 것이다.[131] 대한민국임시정부가 민족적 정당성·정통성을 확보하고 있는 근거에 해당한다고 하겠다.

특히 3·1운동 과정을 통하여 '민주공화정'을 정체로 하는 대한민국임시정부가 수립되었다는 사실은 그동안 계몽의 대상으로만 여겨져 온 일반 민중의 민권이 공화정의 국민주권론으로 정립되었다는 점에서 매우 중요한 의미를 갖는다. 그것은 개국 이후 전 사회적인 근대적 변화 속에서 다양하게 전개된 근대 정치와 국가에 대한 지향이 '민주공화국'으로 정립되었음을 의미하는 것이었다.[132] 이처럼 3·1운동이 있었기에 민족적 독립과 근대 국민국가 건설의 의지를 결집할 수 있었고, 비록 임시정부의 형태이기는 했지만 주권재민의 원칙에 입각한 근대적인 '민주공화제'의 정체(政體)를 바탕으로 하는 대한민국임시정부가 수립될 수 있었다. 이러한 전통을 기초로 하여 1948년 7월 12일 대한민국 헌법이 제정되어 같은 달 17일 공포·시행되었고, 그해 8월 15일에는 대한민국정부가 공식 출범한 것이다. 달리 말하면 식민지 시기 한민족 생존의 역사적 맥락에서 확보된 민족적 근대 독립국가 수립 의지가 대한민국 건설의 정당성이 되었고 그 정통성이 거족적으로 인정되었던 것이다.[133] 제헌헌법 전문에서 "유구한 역사와 전통에 빛나는 우리들 대한민국은 기미 3·1운동으로 대한민국을 건립하여 세계에 선포한 위대한 독립정신을 계승"한다고 명문화한 것은 이 같은 사실을 잘 집약하고 있다. 즉, 3·1운동으로 '대한민국(임시정부)'을 세워 세계만방에 독립정신을 선포했던 것을 계승하여 이제 민주, 독립의 국가를 재건하겠다는 의지를 밝히고 있음을 알 수 있다.[134]

주지하다시피 4월 11일 제정된 대한민국 임시헌장은 제1조에서 "대한민국은 민주공화제로 함"이라고 규정하고 있다. 이 규정은 처음으로 새롭게 만들 국가의 호칭이 '대한민국'이며, 그 성격이 군주국이 아닌 공화국이고 주권이 국민에게 있는 민주공화국임을 선포한 것이었다. 이처럼 임시헌장이 왕정복고를 부정하고 권력의 소재를 군주에서 국민으로 옮기는 민주공화제로 선언하고 있는 것은 3·1운동의 필연적 결과라 할 수 있다. 1919년 9월 11일 공포된 대한민국임시헌법 제1조에서 "대한민국은 대한인민으로 조직함", 제2조에서 "대한민국의 주권은 대한인민 전체에 재함"이라고 명문화하고 있듯이 통합된 대한민국임시정부시기에도 주권재민의 원칙에 따라 민주공화제 정치체제임을 명백히 밝히고 있다. 이처럼 대한민국임시정부는 통합 이전·이후 모두 임시정부의 정체(政體)를 '민주공화제'로 채택하고 있음을 알 수 있다. 특히 1919년 9월의 임시헌법의 공포를 통해 한국 역사상 최초로 대통령제를 채택하고 입법(임시의정원), 행정(국무원), 사법(법원)의 3권이 분립된 민주공화제 정부[135]로 출범하게 되었다. 한마디로 대한민국임시정부는 정치체제에 있어서 종래의 군주제를 폐지하고 한국 역사상 최초로 헌법에 기초한 민주공화제의 정부를 수립함으로써 한국 민족사에서 신기원을 이루었다고 볼 수 있다.[136] 비록 망명정부의 잠정적 헌법이기는 했지만 헌법에 기초한 민주공화제의 정부를 수립한 것은 실로 큰 의의를 지니는 것이었다. 미래 대한민국의 국가형태에 대한 하나의 선구적 모델을 의미하는 것이었기 때문이다.[137]

초기 상해 임시정부의 임시헌장 제정 이후 중경정부에 이르기까지 5번이나 개정하는 상황에서도 민주공화제라는 명칭은 계속 유지되었다.[138] 1945년 8월 15일 해방 이후 1948년 7월 17일 제정된 제헌헌법 제1조에서도 "대한민국은 민주공화국이다"라고 명시하고 있다는 점은 오늘날 대한민국의 정체성이 상해임시정부에서 비롯되고 있음을 잘 확인시켜주고 있는 것이다. 대한민국임시정부의 국호가 '대한민국'이며 그 국가형태가 '민주공화국'라는 정체성은 곧 오늘의 대한민국이 존재하는 정통성의 근원이라는 사실은 두말할 필요가 없다.

2. 대한민국임시정부 통합이 민족통일에 주는 시사점

　대한민국임시정부가 한국근현대사에서 차지하는 역사적 의의는 매우 크다. 한국역사상 최초의 민주공화제 정부를 세웠다는 것과 이념적 분화를 극복하여 좌우통합정부를 달성하였다는 것이 그러하다.[139] 이로써 임시정부는 국내외 독립운동을 대표하는 위치를 차지하게 되었다. 무엇보다 '1국가 3정부'의 형태에서 '1국가 1정부'로의 단일 정부로 통합되었다는 사실은 아직 분단 상황에 머물러 있는 우리에게 시사하는 바는 매우 크다. 한국은 임시정부 지도자들이 꿈꾼 민주공화국을 건설했으나, 북한은 3대 세습에 이르는 전체주의 국가로서 민주공화국과는 거리가 멀다. 이념 문제와 관련해서는 다원주의 사회인 한국에서는 남남갈등의 주 원인 중의 하나가 되고 있는 반면에, 북한에서는 유일사상체계와 일사불란한 사상통제를 통해 온 사회를 주체사상으로 일체화시켰다. 더욱이 남북한의 이념의 차이와 그에 따른 체제 경쟁은 분단을 극복하고 통일을 이루기에 아직도 많은 시간을 필요로 할 것처럼 보인다.

　임시정부 지도자들은 민주공화제의 근대 국민국가를 꿈꾸었다. 해방된 국가의 모습은 당연히 독립 국민국가여야 했다. 그러나 유감스럽게도 1945년 8월 15일 해방과 함께 남북이 분단되면서, 임시정부가 추구한 근대 국민국가는 실현되지 못한 채 반쪽의 미완성으로 끝나고 말았다. 남한은 대한민국의 국호로 연결이 되면서 임시정부 지도자들이 꿈꾸었던 자유로운 민주공화국으로 발돋움한 반면, 북한은 조선민주주의인민공화국의 국호를 택했고 전형적인 전체주의국가로 전락하였다. 독립운동가들이 꿈꾸었던 완전한 독립국가의 실현은 수포로 돌아가고 만 것이다. 대한민국임시정부 지도자들이 희구한 독립국가가 국민주권이 온전히 보장되는 민주공화제에 입각한 통일한국이었다는 사실은 두

> 임시정부의 통합 과정은 최종 목표에 이르기 전 내부통합의 과정이었다고 볼 수 있다. 따라서 체제가 전혀 다른 남북한이 통일에 이르기 전에 우리가 우선 해결해야 할 과제는 내부 통합이라는 사실을 잘 알 수 있다.

말할 필요도 없다. 여기서 말하는 통일한국은 완성된 국민국가로서의 대한민국이라는 것은 두말할 나위가 없다.

그러면 민족통일을 완성하는 것이야말로 온전한 국민국가의 수립이요, 독립국가의 완성이라고 볼 때, 어떻게 민족통일이라는 목표를 성취할 것인가 하는 것은 중요한 일일 수밖에 없다. 우리는 대한민국임시정부의 통합을 이루어 낸 과정에서 시사점을 찾아볼 필요가 있다. 통합 대한민국임시정부의 최종 목표는 독립운동의 거점 확보라는 당면 목표도 있었지만, 언젠가는 독립국가의 완성, 즉 근대 국민국가를 확립하겠다는 그 궁극적인 목표가 있었다고 볼 수 있다. 그렇다면 임시정부의 통합 과정은 최종 목표에 이르기 전 내부통합의 과정이었다고 볼 수 있다. 따라서 체제가 전혀 다른 남북한이 통일에 이르기 전에 우리가 우선 해결해야 할 과제는 내부 통합이라는 사실을 잘 알 수 있다.

그러나 우리 사회의 현주소는 여전히 보수세력과 진보세력이 진영논리에 갇혀 있고, 남남갈등은 도무지 해소될 기미를 보이지 않고 있다. 유감스럽게도 우리 사회는 좌우 이념에 사로잡혀 번번이 남남갈등으로 몸살을 앓고 있으며, 계층 간, 지역 간, 세대 간에도 갈등과 분열이 만연해 분쟁이 끊이지 않고 있다. 이러한 양상이 지속되거나 심화된다면 분단 해소는 요원할 것이다. 북한이 남

남갈등을 역이용하며 자신의 체제 유지에 활용할 것이기에 그만큼 남북관계의 진전과 통일의 길은 멀어질 것이기 때문이다.

우리가 간과하지 말아야 할 사실은 사회적 갈등과 분열 현상이 엄청난 갈등비용을 유발함은 물론, 국가안보에도 커다란 위협이 되고 있다는 점이다. 소프트파워 국력의 약화는 곧 내적 안보의 약화를 초래한다.

그렇다면 우리 사회에 만연한 갈등과 분열 그리고 분쟁을 어떻게 치유할 것인가? 진보세력이든 보수세력이든 간에, 사회 구성원은 어떤 사안이나 사태를 바라볼 때, 특정 이념이나 정치적 관점에 매몰되지 않아야 한다. 사회적으로 민감한 문제들을 사사건건 이념적 잣대로 재단하게 되면 곧 진영논리에 갇히게 되고 해결의 실마리는 더욱 꼬이기 마련이다. 사회통합 또는 국민통합을 위해서는 어떤 사안이든 대화하고 타협하여 합의하는 과정을 중시해야 한다. 정치사회가 반드시 유념해야 하는 부분이다. 노령의 대한국민의회와 상해 임시정부의 통합이 가능했던 것은 이념에 집착하기보다는 일사불란한 독립운동을 위해 통합을 더 중시한 데 있었다는 사실은 두말할 필요도 없다.

한편, 우리 사회가 진영논리로 나뉘어 갈등과 분열로 심하게 몸살을 앓고 있는 가운데 통일이 된다면, 엄청난 혼란과 분쟁이 불가피할 것이고, 갈등비용이 점차 증가해 통일비용 역시 천문학적으로 불어날 것이 불 보듯 뻔한 일이다. 이 같은 상황을 염려하는 사람들은 차라리 이런 통일은 하지 않은 것만도 못할 것이라는 생각을 갖게 되는 것이다.

세계사는 아무리 물질적으로 번영하고 군사적으로 강한 나라라고 할지라도 국가전략이 실패하고 그 나라의 국민이 국가에 대한 자긍심이 박약하여 사회가 갈등과 분열로 치달을 경우 망국의 길로 접어들게 된다는 사실을 잘 보여주고 있다. 로마도, 페르시아도, 중국 역대 왕조도 그랬다. 그러므로 진정한 국력을 구비하기 위해서는 내적 안보 능력 강화와 정신력의 강화, 즉 소프트파워 역량 증진이 필수적이다.

레이 클라인(Ray S. Cline)은 한 나라가 눈에 보이는 국토, 인구, 경제력, 군사력 등의 하드파워의 크기가 아무리 크다 할지라도 국가전략, 국민의지 등의 소프트파워가 약할 경우에는 그 나라가 망국으로 치달을 수도 있다는 사실을 간파했다. 그는 국력을 계산함에 있어 하드파워와 소프트파워의 '더하기'가 아니라 상호 '곱하기'로 국력공식을 세웠는데, 소프트파워, 즉 정신력을 '0'에서부터 '1'에 이르는 지수로 표시할 수 있다면, 이 지수가 '0'에 가까울 때 나라가 패망할 수 있다는 사실을 강조하기 위한 것이었다. 클라인의 국력공식은 국력증진에 있어서 물리력의 강화도 중요하지만, 눈에 보이지 않는 정신력을 키우는 것이 얼마나 중요한 일인가를 잘 일깨워 주고 있다.[140]

내부적으로 심한 대립과 갈등을 겪고 있는 나라는 사회적 분열과 분쟁이 불가피하기 때문에 불안정한 공동체일 수밖에 없다. 따라서 공동체의 유지·존속을 위해서는 내부의 결속력, 즉 국민통합의 강화 차원에서 대립과 갈등을 사전에 예방하고 치유하는 노력이 필수적이다.

우리가 대한민국임시정부를 수립한 지도자들이 꿈꾼 민주공화제의 완전한 독립국가로서의 번영된 통일한국을 성취하고자 한다면, 눈에 보이는 통일을 성급하게 추구하기보다는 통일 이전에 국민통합에 보다 큰 노력을 기울여야 한다. 튼튼한 통일한국은 우리 사회의 내적 통합의 정도에 달려있다는 사실을 결코 잊어서는 안 될 일이다.

노령의 대한국민의회, 상해 임시정부, 서울의 한성정부 등 각각의 임시정부는 모든 민족을 대표할 수는 없었다. 상호간 거리가 멀었고, 정치적 이념에도 차이가 있었다. 이 같은 상태로는 효율적인 민족운동을 전개하는 데 근본적인 한계가 있을 수밖에 없었다. 세 임시정부를 하나로 통합하지 않고서는 민족을 대표하는 정통성 확보에서나 일사불란한 항일 독립운동을 수행하기란 애당초 어려운 일이었다. 이 같은 이유로 임시정부를 하나로 통합하고자 하는 움직임이 있을 수밖에 없었고, 마침내 9월 11일 세 개의 임시정부는 하나의 단일 대한민국임시정부로 통합되었다. '1국가 3정부' 형태에서 '1국가 1정부'로의 민주공화제 정부가 탄생한 것이다. 이 점에서 대한민국임시정부 수립일은 한 나라에 존재한 세 개의 정부 가운데 특정 임시정부 하나가 아니라 세 개의 정부가 하나로 재탄생한 날이 되어야 마땅하다고 본다.

> 무엇보다도 한국교회는 기독교 지도자들이 대한민국임시정부 수립과 통합 과정에 지대한 공헌을 했다는 사실에 자긍심과 자부심을 가져야 한다.

대한민국임시정부의 수립과 그 통합 과정은 일제의 강탈에 의해 국권을 상실한 이후 한민족의 민족정통성 및 국권 회복 의지의 표현이었다. 무엇보다도 여전히 복벽주의가 잔존하고 있어 군주제로 회귀하려는 관성이 있음에도 불구하고, 한국 역사상 최초로 한민족을 대표하는 민주공화제에 입각한 임시정부를 수립했다는 사실은, 그것도 일제 치하에 있던 상황에서 이루어냈다는 사실은 실로 큰 의의를 가지는 것이었다.

해방 이후 국권 회복으로 새로이 탄생한 대한민국이 대한민국임시정부의 법통을 이어받았다는 점에서 대한민국임시정부사는 오늘날 대한민국의 근간을 세운 역사로서 대한민국의 정체성과 정통성 형성에 중요한 역할을 했음은 명백한 사실이다. 또한 5개월간의 대한민국임시정부의 통합 과정은 앞으로 남남갈등의 해소와 통일한국을 건설해 가는 데 귀중한 시사점을 제공하고 있다.

무엇보다도 한국교회는 기독교 지도자들이 대한민국임시정부 수립과 통합 과정에 지대한 공헌을 했다는 사실에 자긍심과 자부심을 가져야 한다. 나아가 이러한 자긍심과 자부심의 바탕 위에서 민주공화국으로서의 대한민국을 지키는 일에, 그리고 앞으로 '완전한 국민국가'로서의 통일한국을 건설하는 일에 앞장서야 할 것이다.

참고문헌

고정휴. 『이승만과 한국독립운동』. 서울: 연세대학교 출판부, 2004.
김명구. 『한국기독교사 1』. 서울: 예영커뮤니케이션, 2018.
김 방. 『이동휘 연구』. 서울: 국학자료원, 1999.
김용국. "대한민국임시정부의 성립과 초기활동" 『3·1운동50주년기념사업회(三·一運動50週年紀念論集)』. 동아일보사, 1969.
김희곤. "신한청년당". 국사편찬위원회. 『한민족독립운동사 3』. 1988.
김희곤. 『대한민국임시정부 연구』. 서울: 지식산업사, 2004.
김희곤. 『한국독립운동의 역사: 대한민국임시정부 Ⅰ - 상해시기』. 천안: 독립기념과 한국독립운동사연구소, 2008.
독립운동사편찬위원회. 『독립운동사 4』. 서울 : 독립운동사 편찬위원회, 1969.
박찬승. "대한민국 헌법의 임시정부 계승성". 『한국독립운동사연구』. 제43집(독립기념관 독립운동사연구소, 2012.
박찬승. "대한민국임시정부를 어떻게 볼 것인가". 배항섭 외. 『쟁점 한국사: 근대편』. 파주: 창비, 2017.
반병률. "대한국민의회와 상해임시정부의 통합정부 수립운동". 『한국민족운동사연구』 2. 한국민족운동사연구회, 1998.
반병률. "통합 임시정부를 위한 갈등과 타협". 『조선일보』, 2009년 7월 13일자.
박찬승. 『민족·민족주의』. 서울: 소화, 2010.
박찬승. 『한국독립운동사: 해방과 건국을 위한 투쟁』. 고양: 역사비평사, 2016.
신용하. 『한국근대민족운동사 연구(개정증보판)』. 서울: 일조각, 2017.
신용하. 『한국 항일독립운동사연구』. 서울: 경인문화사, 2006.
오일환. "사회적 분열 갈등 넘어설 힘, 나라사랑교육에서 나온다". 『나라사랑』. 2016년 1월 1일자.
유영렬. "간행사". 『대한민국임시정부자료집 17: 구미위원부』. 국사편찬위원회, 2007.
유영익 외. 『이승만과 대한민국임시정부』. 연세대학교출판부, 2009.
윤대원. 『상해시기 대한민국임시정부 연구』. 서울: 서울대학교출판부, 2006.
윤병석. 『3·1운동사와 대한민국 임시정부 광복선언』. 서울: 국학자료원, 2016.
윤병석. 『국외한인사회와 민족운동』. 서울: 일조각, 1990.
윤선자. "대한민국임시정부와 종교계의 관계". 『독립운동사연구』 제17집(2001.12).
이만규. 『여운형선생투쟁사』. 민주문화사, 1946.
이배용. "통일의 길, 한국 여성독립운동에서 찾다". 『통일의 길, 한국 여성독립운동에서 찾다』. 부산: 도서출판 정언, 2015.
이연복. 『대한민국임시정부 30년사(大韓民國臨時政府 30년史)』. 서울: 국학자료원, 1999.
이태복. 『도산 안창호 평전』. 파주: 도서출판 동녘, 2009.
이현희. 『대한민국 임시정부사』. 파주: 한국학술정보(주), 2003.
전상숙. 『한국인의 근대 국가관, '민주공화국' 재고: 식민지시기 국가의 이중성과 미족문제의 상관관계를 중심으로』. 서울: 도서출판 선인, 2017.
정동제일교회 125년사 편찬위원회. 『정동제일교회 125년사: 제1권 통사편』. 서울:정동삼문출판사, 2011.
정병준. "중국 관내 신한청년당과 3·1운동". 『한국독립운동사연구』. 제65집(독립기념관 한국독립운동사연구소, 2019.
주요한. 『안도산전서 상: 전기편』. 서울: 범양사 출판부, 1990.
추헌수. 『한민족의 독립운동과 임시정부의 위상』. 서울: 연세대학교 출판부, 1995.
한국근현대사학회. 『한국현대사강의』. 파주: 도서출판 한울, 2013.
한국근현대사학회. 『한국독립운동사 강의』. 서울: 한울 아카데미, 2009.
한시준. "대한민국임시정부의 통일전선운동". 『한국민족운동사연구』. 서울: 나남, 2003.
한영우. 『미래를 여는 우리 근현대사』. 파주: 경세원, 2016.
한태연. "한국헌법사 서설" 한국정신문화연구원. 『한국헌법사(상)』. 서울: 고려원, 1988.

〈인터넷 백과사전 자료〉

『우리 역사넷』(http://contents.history.go.kr/front), "국민국가 수립론과 대한인국민회 중앙총회의 설립" 항목 참조.

참고문헌

『한민족문화대백과사전』(http://encykorea.aks.ac.kr/), "독립협회," "신민회", "한성정부", 항목 참조.

미주

이 글의 일부는 『통일전략』 제19권 제1호(2019)에 수록되었음을 밝힙니다.
1) 한시준, "대한민국임시정부의 통일전선운동", 『한국민족운동사연구』(서울: 나남, 2003), p.342.
2) 김희곤, 『대한민국임시정부 연구』(서울: 지식산업사, 2004), p.386.
3) 한국근현대사학회, 『한국독립운동사 강의』(서울: 한울 아카데미, 2009), p.315.
4) 박찬승, 『한국독립운동사: 해방과 건국을 위한 투쟁』(고양: 역사비평사, 2016), p.106.
5) 한영우, 『미래를 여는 우리 근현대사』(파주: 경세원, 2016), p.128.
6) 신용하, 『한국근대민족운동사 연구(개정증보판)』(서울: 일조각, 2017), pp.429-431.
7) 정병준, "중국 관내 신한청년당과 3·1운동", 『한국독립운동사연구』, 제65집(독립기념관 한국독립운동사연구소, 2019), pp.8-10.
8) 정병준(2019), p.19.
9) 김희곤, "신한청년당", 국사편찬위원회, 『한민족독립운동사 3』(1988), p.164.
10) 신용하(2017), p.283.
11) 정병준, "3.1운동의 기폭제: 여운형이 크레인에게 보낸 편지 및 청원서", 『역사비평』, 여름호(2017); 정병준(2019), pp.28-29.
12) 정동제일교회 125년사 편찬위원회, 『정동제일교회 125년사: 제1권 통사편』(서울:정동삼문출판사, 2011), p.259.
13) 박찬승(2016), p.113.
14) 독립운동사편찬위원회, 『독립운동사 4』(서울 : 독립운동사 편찬위원회, 1969), p.113; 김희곤(1988), p.181.
15) 정동제일교회 125년사 편찬위원회, 『정동제일교회 125년사: 제1권 통사편』, pp.259-260.
16) 김희곤(2004), pp.181-182.
17) 윤대원, 『상해시기 대한민국임시정부 연구』(서울: 서울대학교출판부, 2006), p.24.
18) 『우리 역사넷』, "국민국가 수립론과 대한국민회 중앙총회의 설립" 항목 참조.
19) 윤병석, 『국외한인사회와 민족운동』(서울: 일조각, 1990), p.296; 윤대원(2006), p.24.
20) 『우리 역사넷』, "국민국가 수립론과 대한국민회 중앙총회의 설립" 항목 참조.
21) 윤대원(2006), p.24.
22) 윤대원(2006), p.26.
23) 윤병석, 『3·1운동사와 대한민국 임시정부 광복선언』(서울: 국학자료원, 2016), p.25.
24) 윤대원(2006), pp.26-27.
25) 김희곤(2004), p.386.
26) "대한광복군정부", 『한민족문화대백과사전』 (http://100.daum.net/encyclopedia/view/14XXE0014921)[검색일: 2018.10.15].
27) "대한국민의회", 『한민족문화대백과사전』 (http://100.daum.net/encyclopedia/view/14XXE0014939)[검색일: 2018.10.15].
28) 박찬승(2016), pp.111-112.
29) 김방, 『이동휘 연구』(서울: 국학자료원, 1999), pp.159-160.
30) 박찬승(2016), pp.110-112.
31) 신용하(2017), p.432.
32) 김방(1999), p.160.
33) 박찬승(2016), p.112.
34) 김방(1999), pp.160-161.
35) "대한국민의회", 『한민족문화대백과사전』 (http://100.daum.net/encyclopedia/view/14XXE0014939)[검색일: 2018.10.15].
36) "대한국민의회", 『한민족문화대백과사전』 (http://100.daum.net/encyclopedia/view/14XXE0014939)[검색일: 2018.10.15].
37) "동제사", 『한민족문화대백과사전』 (http://100.daum.net/encyclopedia/view/14XXE0016768)[검색일: 2018.10.15].
38) 박찬승(2016), p.113.
39) 이만규, 『여운형선생투쟁사』(민주문화사, 1946), pp.20-21; 윤대원(2006), p.28.
40) 윤대원(2006), pp.27-30.
41) 박찬승(2016), pp.113-114.
42) 윤대원(2006), p.38.
43) 박찬승(2016), p.114.
44) 김용국, "대한민국임시정부의 성립과 초기활동", 『3·1운동50주년기념사업회(三・一運動50週年紀念論集)』(동아일보사, 1969), pp.887-888; 윤대원(2006), pp.35-36.
45) 박찬승(2016), p.114.
46) 한국근현대사학회, 『한국근현대사강의』(파주: 도서출판 한울, 2013), p.166.
47) 윤대원(2006), p.37.
48) 윤대원(2006), pp.36-37.
49) 이만(1946) p.29; 윤대원(2006), p.37.
50) 추헌수, 『한민족의 독립운동과 임시정부의 위상』(서울: 연세대학교 출판부, 1995), p.37.
51) 윤병석(2016), pp.157-158.
52) 박찬승. "대한민국임시정부를 어떻게 볼 것인가", 배항섭 외, 『쟁점 한국사: 근대편』(파주: 창비, 2017), p.115.
53) 박찬승(2017), pp.118-119.
54) 『한국민족문화대백과사전』, "한성정부" 항목 참조.

미주

55) 윤대원(2006), pp30-31.
56) 윤대원(2006), p.31.
57) 신용하(2017), pp.436-437.
58) 김희곤, 『한국독립운동의 역사: 대한민국임시정부 Ⅰ - 상해시기』(천안: 독립기념과 한국독립운동사연구소, 2008), p.42.
59) 윤대원(2006), p.31.
60) 박찬승(2016), p.108.
61) 박찬승(2016), p.109.
62) 김희곤(2008), pp.42-43.
63) 『한국민족문화대백과사전』, "한성정부" 항목 참조.
64) 신용하(2017), p.438.
65) 한국근현대사학회(2009), p.316.
66) 추헌수(1995), p.37.
67) 이연복, 『대한민국임시정부 30년사』(서울: 국학자료원, 1999), p.22.
68) 윤병석(2016), p.155.
69) 신용하, 『한국근대민족운동사 연구(개정증보판)』(서울: 일조각, 2017), p.439.
70) 이만규(1946), p.30; 윤대원(2006), p.41.
71) 윤대원(2006), p.41.
72) 김명구, 『한국기독교사 1』(서울: 예영커뮤니케이션, 2018), p.380.
73) 박찬승(2017), p.121.
74) 이연복(1999), pp.22-23.
75) 윤대원(2006), p.42.
76) 박찬승(2016), pp.119-120.
77) 이태복, 『도산 안창호 평전』(파주: 도서출판 동녘, 2009), pp.246-247.
78) 윤대원(2006), p.42.
79) 이태복(2009), p.251.
80) 주요한(1990), pp.201-202.
81) 주요한(1990), p.211.
82) 주요한(1990), pp.213-214.
83) 주요한(1990), p.208.
84) 윤대원(2006), p.43.
85) 이연복(1999), p.24.
86) 주요한(1990), 215.
87) 윤대원(2006), p.43.
88) 반병률, "통합 임시정부를 위한 갈등과 타협", 『조선일보』, 2009년 7월 13일자.
89) 김방(1999), p.168.
90) 한국근현대사학회(2009), p.316.
91) 이연복(1999), p.24.
92) 이연복(1999), p.25.
93) 주요한(1990), pp.222-223.
94) 이태복(2009), p.257.
95) 신용하(2017), p.443.
96) 한영우(2016), p.129.
97) 이현희, 『대한민국 임시정부사』(파주: 한국학술정보(주), 2003), pp.115-116.
98) 신용하(2017), p.444.
99) 이현희(2003), pp.118-119.
100) 이현희(2003), p.119.
101) 김희곤(2004), p.95; 김희곤(2008), p.72.
102) 윤대원(2006), p.44.
103) 김희곤(2008), p.44.
104) 반병률, "대한국민의회와 상해임시정부의 통합정부 수립운동", 『한국민족사연구』 2(한국민족운동사연구회, 1998); 윤대원(2006), p.44.
105) 고정휴, 『이승만과 한국독립운동』(서울: 연세대학교 출판부, 2004), p.93.
106) 윤대원(2001), pp.45-46.
107) 윤대원(2001), p.45.
108) 김방(1999), pp.168-169.
109) 신용하(2017), pp.443-444.
110) 고정휴(2004), p.97.
111) 유영익 외, 『이승만과 대한민국임시정부』(연세대학교출판부, 2009), p.14.
112) 반병률(2009).
113) 정병준(2019), pp.13-15.
114) 지금까지 파악된 신한청년당원 47명 가운데 강규찬(목사), 김구, 김규식, 김병조(목사), 김순애, 김인전, 김철, 나기호, 도인권, 백남규, 서병호, 선우혁, 손정도(목사), 송병조(목사), 송헌주, 신창희, 여운형(전도사), 여운홍, 이광수, 이원익(목사), 이유필, 장덕수, 장붕, 조동호, 조상섭, 주현칙, 한진교 등 27명이 기독교인이었다.
115) 지금까지 파악된 신한청년당 47명 가운데 어떤 종교를 믿는지 확인되지 않는 인사들로는 김갑수, 김석황, 류자명, 민병덕, 박진, 신국권, 양헌, 유경환, 이규서, 임성업, 임재호, 정광호, 정대호, 주요한, 최일, 한원창 등으로 파악되고 있다.
116) 윤선자, "대한민국임시정부와 종교계의 관계", 『독립운동사연구』 제17집(2001.12), pp.255-256.
117) 이배용, "통일의 길, 한국 여성독립운동에서 찾다", 『통일의 길, 한국 여성독립운동에서 찾다』(부산: 도서출판 정언, 2015), p.18.
118) 김희곤(2008), p.283.
119) 김희곤(2008), p.145.
120) 주요한(1990), p.202.
121) 주요한(1990), p.216.
122) 주요한(1990), pp.216-217.
123) 김방(1999), p.171.

미주

124) 『한국민족문화대백과사전』, "독립협회" 항목 참조.
125) 윤대원(2006), p.23.
126) 『한국민족문화대백과사전』, "신민회" 항목 참조.
127) 윤병석(2016), p.25.
128) 전상숙, 『한국인의 근대 국가관, '민주공화국' 제고: 식민지시기 국가의 이중성과 미족문제의 상관관계를 중심으로』 (서울: 도서출판 선인, 2017), p.234.
129) 박찬승, 『민족·민족주의』(서울: 소화, 2010), pp.91-93; 전상숙(2017), p.222.
130) 유영렬, "간행사", 『대한민국임시정부자료집 17: 구미위원부』(국사편찬위원회, 2007), p.1.
131) 한국근현대사학회(2009), p.317.
132) 전상숙(2017), p.222.
133) 전상숙(2017), p.19.
134) 박찬승, "대한민국 헌법의 임시정부 계승성", 『한국독립운동사연구』, 제43집(독립기념관 독립운동사연구소, 2012), pp.404-405.
135) 제정 당시로서는 별로 필요할 것 같지도 않은 '법원' 조항을 헌법에 규정했다는 것은 임시정부가 삼권의 분립을 명확히 하고자 한 것으로 대한민국이 '민주공화국'이어야 한다는 것을 분명히 한 것으로 볼 수 있는 대목이다. 박찬승, "대한민국임시정부를 어떻게 볼 것인가", 배항섭 외, 『쟁점 한국사: 근대편』(파주: 창비, 2017), p.123.
136) 신용하, 『한국 항일독립운동사연구』(서울: 경인문화사, 2006), p.159.
137) 한태연, "한국헌법사 서설," 한국정신문화연구원, 『한국헌법사(상)』(서울: 고려원, 1988), p.40.
138) 김명구(2018), p.385.
139) 김희곤(2004), p.387.
140) 오일환, "사회적 분열 갈등 넘어설 힘, 나라사랑교육에서 나온다", 『나라사랑』, 2016년 1월 1일자, p.11.

기독교문명과 상해 프랑스조계 대한민국임시정부

김명섭(연세대학교 교수)

서양제국들의 침략과 청제국의 타협 속에서 탄생한 상해 조계지의 국제성은 가톨릭 및 개신교 선교사들의 노력을 통해 발전했다. 이러한 국제성은 1919년 대한민국임시정부가 상해 조계지들 중 한 곳인 프랑스조계에 수립될 수 있었던 배경이 되었다.

> 서양제국들의 침략과 청제국의 타협 속에서 탄생한 상해 조계지의 국제성은 가톨릭 및 개신교 선교사들의 노력을 통해 발전했다. 이러한 국제성은 1919년 대한민국임시정부가 상해 조계지들 중 한 곳인 프랑스조계에 수립될 수 있었던 배경이 되었다.

기독교문명과
상해 프랑스조계
대한민국임시정부[1)]

I. 서론

제1차 세계대전 정전협정이 체결된 다음 해인 1919년 파리평화회의가 열리고 있던 시점에 승전국 일본의 제국주의 통치에 맞서 한국의 독립의지를 공포하는 3·1운동이 일어났다. 다음 달인 1919년 4월, 중화민국의 '국중지국(國中之國)'이라고도 불린 치외법권적 공간이었던 조계지들 가운데 하나인 상해 법조계(法租界, 파주제), 즉 프랑스조계(la concession française de Changhaï)에서 대한민국 임시정부가 수립되었다. 그해 9월, 한성임시정부와 블라디보스토크의 대한국민의회가 상해 프랑스조계 소재 대한민국임시정부로

이 논문은 다음과 같은 질문들에 대한 대답을 구해보고자 한다. 첫째, 기독교문명의 전파는 상해 프랑스조계의 수립에 어떤 영향을 미쳤는가? 둘째, 상하이 모던이라는 개념으로 표현되는 당시 프랑스조계의 특성은 대한민국 임시정부의 수립에 어떻게 기여했는가? 셋째, 기독교문명의 영향을 받았던 한국인들은 이 과정에서 어떤 역할을 했는가?

통합되었다. 1932년 대한민국임시정부는 한인애국단원 윤봉길의 홍구공원(虹口公園)[2] 폭탄투척사건 이후 프랑스정부가 일제의 항의를 받아들여 상해를 떠나기 전까지 대한민국임시정부의 건물은 여러 번 바뀌었지만 [도표1]에서 보이는 프랑스조계지 밖에 위치한 적은 없었다.[3]

　이 논문은 다음과 같은 질문들에 대한 대답을 구해보고자 한다. 첫째, 기독교문명의 전파는 상해 프랑스조계의 수립에 어떤 영향을 미쳤는가? 둘째, 상하이 모던이라는 개념으로 표현되는 당시 프랑스조계의 특성은 대한민국 임시정부의 수립에 어떻게 기여했는가? 셋째, 기독교문명의 영향을 받았던 한국인들은 이 과정에서 어떤 역할을 했는가?

　과거 중화민국의 상해는 현재 중국공산당 일당통치가 이루어지고 있는 중화인민공화국의 영토이다 보니 중화인민공화국의 공식역사에 의해서만 과거를 보는 역사정치가 존재한다.[4] 하지만 이 연구는 학문적 관점에서 기독교문명이 상해 조계지들에 미친 영향이라는 전(前)과거와 그 조계지들 중 하나인 프랑스조계지에 대한민국 임시정부가 수립된 과거를 '있었던 그대로'의 사실에 입각해서 재조명해보고자 한다.

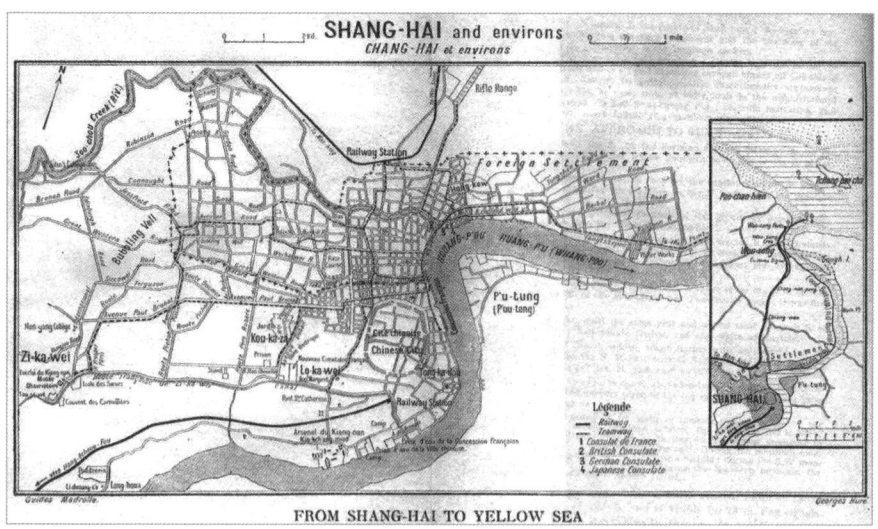

[도표1] 1912년에 출간된 상하이 지도에 표시된 프랑스조계(Concession française).

확장된 조계지의 중앙에 Jardin Kou-ka-za(顧家宅庭園, 法國公園, 프랑스공원, 일제 점령기의 대흥공원, 현재의 부흥[复兴]공원)가 보인다. 왼쪽에 Zi Ka Wei라고 표기된 곳이 선교사 마테오 리치와 교류했던 서광계(徐光啓, 1562-1633)의 연고지이다. 황포강 연안에 Cité chinoise라고 표시된 곳이 과거의 상하이현성(上海縣城)이다. 출처: Claudius Madrolle, *Madrolle's Guide Books: Northern China, The Valley of the Blue River, Korea* (Paris/London: Hachette & Company, 1912), pp.358-359.

II. 본론

1. 기독교문명의 전파와 상하이 조계지(租界地)의 복합성

1517년 마르틴 루터(Martin Luther, 1483-1546)의 교황에 대한 95개조 질의는 종교개혁(the Reformation) 및 개신교(the Protestantism)의 시발점이었다. 루터의 종교개혁은 교황과 신성로마제국의 황제에 대한 항의였다.[5] 개신교는 근대주권국가를 자연스럽고 합당한 질서로 수용하고 이를 통해 민족적 정체성을 재주조하는 관념을 확산시켰다. 특히, 중요한 역할을 수행했던 핵심 원리들 중 하나는 루터의 만인사제(the priesthood of all believers, 萬人司祭)론이었다.

'모든 신자가 성직자의 중재 없이, 하나님과 교통하며 자신의 믿음을 지켜 나갈 수 있다'[6]는 요지의 만인사제론은 개인을 둘러싸고 있는 유럽의 소규모 마을들, 그리고 영주국들이 일정 수준의 정치적 자율성을 획득하는 흐름과 궤를 같이 했다.[7] 루터는 이 이론을 통해 단일질서의 정점이었던 교황과 황제의 수직적 권위에 도전했던 것이다. 1517년 루터의 항의 이후 이루어진 개신교의 확산은 400년 이후인 1917년 러시아 케렌스키정부를 무너뜨리고 유라시아대륙으로 확산되었던 공산주의처럼 빠른 속도로 이루어졌다.

개신교가 표방했던 교황권에 대한 항의(protest)는 근대세계 독립주권 개념과 밀접한 관련이 있었다. 개신교는 1648년 독립주권 개념에 기초한 베스트팔렌 체제(Westphalian system)를 탄생시킨 정신적 기원이자 원동력이었다.[8] 1648년 5월 15일의 뮌스터조약과 10월 24일의 오스나브뤼크조약에 기초해서 수립된 베스트팔렌 체제는 '그 지역의 종교는 주권자의 종교를 따른다(cuius regio, eius religio)', '왕은 그가 지배하는 공간에서는 황제와 같다(rex est imperator in regno suo)' 등의 베스트팔렌적 평화원리를 구현해냈다.[9]

첫 번째 원리에 의해 가톨릭적 관념이 지배하던 동질의 공간에서 개신교적 관념이 존재할 수 있는 이질적 공간이 만들어졌고, 두 번째 원리에 의해 두 공간의 동등성이 공인될 수 있었다. 이것은 일차적으로 개신교의 승리였다.[10] 하지만 다른 한편으로 보면 개신교가 더 이상 확산되는 것에 경계를 획정하고자 했던 가톨릭의 승리이기도 했다. 또한 유럽의 종교전쟁을 예의주시하면서 유럽으로의 팽창을 꾀하고 있던 오스만투르크제국의 야심에 쐐기를 박았다는 점에서 보면 기독교문명 전체의 승리이기도 했다.

베스트팔렌 체제는 잔혹했던 종교전쟁을 통해 발전된 종교적 타협의 결실이었다.[11] 이 평화체제는 독립주권이라는 '서로 넘어서는 안 될' 경계선을 통해, 경계를 뛰어넘는 보편성을 지향하는 종교적 특성이 충돌했던 종교전쟁을 정지시켰다. 이것은 가톨릭과 결합된 제국의 통치에 도전했던 개신교의 이상이 실현된 것이었다. 필포트의 주장처럼 "종교개혁 없이는, 베스트팔렌도 없었다(No Reformation, No Westphalia)."[12]

1648년 베스트팔렌 평화체제를 통해 신성로마제국과 교황권에 맞서 독립주권을 확립하기 시작한 근대유럽국가들은 스스로 제국이 되면서 전 세계로 팽창했다.[13] 더불어 독립주권에 기초한 국제체제도 전 세계로 팽창했다. 비록 군주주권이라는 한계가 있기는 했지만 근대적 국가주권 개념에 입각한 국제질서가 꾸준히 확산되는 국제동학이 공존했던 것이다. 이에 따라 국가들의 숫자는 늘어났고, 국가들의 크기는 작아졌다. 제국주의적 팽창과정은 역으로 유럽 내에서 근대국가들 간의 국제정치를 촉진시켜 서유럽의 국제법이 발달하였다. 또한 반제독립정신의 확산과 국제적으로 인정받는 독립국가들의 숫자가 지속적으로 증대되는 결과를 초래했다.[14]

1689년 러시아제국과 청제국은 서로 대등한 관계에서 네르친스크조약을 체결했다. 그러나 이 조약은 라틴어, 만주어, 그리고 러시아어로만 되어 있었기 때문에 한족 대중을 포함한 한자문화권에는 널리 알려지지 않았다.[15] 제국주의적 팽창과정과 더불어 근대적 국제질서가 본격적으로 소개된 것은 구미제국들을 통해서였다. 구미제국들은 1842년 청영전쟁(아편전쟁)의 결과 체결된 청영강녕조약(淸英江寧條約, 南京條約)을 시작으로 청영오구통상부점선후조관(淸英五口通商附粘善後條款, 虎門條約, 1843), 청영오구통상장정(淸英五口通商章程,

1843), 미국과의 왕샤조약(望廈條約, 1844.7), 프랑스와의 황푸조약(1844.10) 등을 통해 상하이(上海)를 비롯해서 톈진(天津), 한커우(漢口), 광저우(廣州), 그리고 샤먼(廈門) 등에 조계를 설치했다.16)

상하이 조계지들이 대영제국의 팽창과정에서 대청제국의 영토를 침략한 전쟁에 의해 탄생한 것은 사실이다. 이 점에 착목하여 중국공산당의 공식적 역사해석은 난징조약에 의해 개항될 때부터 "상해는 정상발전의 궤도에서 벗어났으며, 외국 침략자들이 직접 식민통치를 하는 약 1세기 동안의 굴욕과 고난의 상해 역사가 시작되었다."17)고 본다.

그런데 상하이 조계지들은 서양 제국주의의 팽창과정에서 탄생한 제국적 공간인 동시에 청제국도 적극적으로 활용했던 국제법에 근거한 국제적 공간이었다. 홍콩이나 마카오가 서양제국의 일방적 식민지였던 것에 비해 청제국의 계산과 타협이 반영된 공간으로서 서양제국들과 청제국 간의 길항(拮抗), 그리고 제국열강들 간의 경쟁이 존재하던 공간이 바로 상해 조계지였다. 상해 조계지들은 서양 선교사들이 적극적으로 소개했던 국제법에 의해 만들어진 공간이었고, 동시에 국제법을 실천, 학습하는 공간이었다. 이처럼

> 상해 조계지들은 서양 선교사들이 적극적으로 소개했던 국제법에 의해 만들어진 공간이었고, 동시에 국제법을 실천, 학습하는 공간이었다. 이처럼 상해 조계지들은 제국과 국제의 이중주를 통해 발전했다. 청제국은 서양선교사들이 번역해준 국제법을 활용하여 제국 열강들의 팽창을 제어할 수 있다고 보았다.

상해 조계지들은 제국과 국제의 이중주를 통해 발전했다. 청제국은 서양선교사들이 번역해준 국제법을 활용하여 제국 열강들의 팽창을 제어할 수 있다고 보았다.18) 아울러 서양으로부터 번역된 『만국공법』이 원래 춘추시대로부터 유래

된 것이므로 이를 학습하는 것은 단순히 서양을 배우는 것이 아니라 중화문명의 전통을 재발견하는 것이라고 합리화했다.[19)]

　아편전쟁 훨씬 이전부터 존재했던 기독교문명의 전파는 상하이 모던으로 표현되는 조계지의 복합성에 기여했다. 아편전쟁 이전부터 상하이는 해양을 통해 들어오는 외래문화에 개방적인 성격을 지니고 있었다. 기독교 선교사들은 마테오 리치와 교류했던 서광계(徐光啓, 1562-1633)의 고향이기도 한 상해를 선교의 거점으로 삼았다. 명제국 시기에 이미 강남에는 약 5만 명의 가톨릭교도가 있었는데, 그 중의 약 4만 명이 상하이에 있었다. 1724년 청제국의 옹정제가 가톨릭금교령을 내린 후 가톨릭 선교사 난화이런(南懷仁)은 상하이 푸둥(浦東)지역에 숨어 살면서 1787년 병사할 때까지 선교활동을 이어갔다.[20)]

　기독교선교사들은 "전쟁과 약탈의 위험 중에 주교와 선교사의 품이 가장 안전하다."라고 주장하며 교인들을 모았다.[21)] 중국공산당 공식사관에서는 이러한 선교사들의 주장을 감언이설에 불과한 것으로 보기도 했지만 'shanghai'라는 단어가 '완력, 술, 마약 등으로 납치하여 강제로 뱃사람을 만들다'[22)]라는 뜻으로 사용될 정도로 잔혹했던 당시 현실에서 주교와 선교사의 품이 상대적으로 안전했던 것은 사실이었다.

　상해가 오늘날과 같은 국제대도시로 성장하는 데는 조계지의 기여가 있었음을 중국학자들도 인정하는 바이다.[23)] 상해의 조계지들은 행정권, 해관(海關)의 관리권, 치외법권 등을 외국이 장악했지만 홍콩이나 마카오와 달리 대청제국의 영토주권은 유지되었다. 조계(租界)와 외국인 거류지(settlement, 居留地)는 모두 독립주권의 일부가 국제조약에 의해 제한된다는 공통점이 있었다. 외국인 거류지는 단일 외국 체약국(締約國)에 의해 주권이 제한되는 조계와 달리 여러 외국 체약국들에 의해 공동으로 주권이 제한되는 공간이라는 차이점이 있었다.[24] 그러나 두 용어는 역사적으로, 그리고 일본과 조선을 포함하여 지역적으로 혼용되는 경향이 있었다.[25]

대청제국에서는 1845년 영국 영사 발푸어(George Balfour, 1809-1894)가 영국정부와 청정부 간 1843년 10월에 체결했던 호문조약(虎門條約, Treaty of the Bogue)에 의거하여 '상해토지장정(上海土地章程)'을 체결해 영국인의 거류지를 확보한 것이 영국조계지의 기원이 되었다. 청제국이 미국인들에게 동일한 공간을 제공한 것은 1848년의 일이었다.[26] 영어를 공용하는 두 공간은 점차 통합되어 영미조계가 되었다. 1899년 영미조계는 독일 등 다른 외국 체약국들도 참여하는 International Settlement가 되었는데, 이 공간을 국제거류지라고 직역하지 않고 공공조계라고 불렀다.[27] 이에 비해 1849년에 만들어진 프랑스 거류지는 전관조계(專管租界)로 남았다. 공공조계는 거주민들의 자치 형식으로 조계를 운영한 반면, 전관조계인 프랑스조계(French Concession)는 본국 정부 및 프랑스총영사가 지휘하는 최고행정당국인 공동국(公董局, Conseil d'Administration Municipale de la Concession)이 통치했다.[28]

외국조계는 처음 서양인들이 청국인들과 분거(華洋分居)하는 공간으로서의 의미가 강했다. 그러나 1851년 태평천국군이 봉기한 이후 1853년 소도회(小刀會)[29]가 호응하면서, 이로 인한 내란상태를 피해 조계로 들어온 청국인들이 조계당국의 지배를 받으며 함께 거주(華洋雜居)하게 되었다.[30] 청국인과 서양인들이 섞여 살게 된 이후에도 조계 내의 재판권은 청국정부와 체결했던 조약들에 의거해서 차지인(借地人)들이 행사했을 뿐만 아니라 차지인회 산하의 집행기관으로 참사회를 설치하여 이를 공부국(工部局)이라 불렀다. 1862년 프랑스조계는 공부국으로부터 분리하여 독자적으로 공동국(公董局)을 설치했다.[31]

당시의 신문은 상해 프랑스조계(法租界)에 관해 '오로지 프랑스가 전적으로 소유하는 조계이며, 이는 6만 명이 거주하는 도시'라고 묘사했다.[32] 프랑스조계도 1854년 7월 11일 새로운 '토지장정'이 조지인(租地人)회의에서 통과되어 영미조계와 통합된 적이 있었다. 그러나 프랑스조계 당국은 영미조계와 분립하고자 노력했다.[33] 징세권을 포함한 행정권, 그리고 사법권 등과 관련한 프랑스조계 당국의 이러한 분립 노력은 영국과 프랑스의 국익 경쟁과 더불어 언어를 포함한 문화적 차이를 반영한 것이었다. 점차 공공조계, 프랑스조계, 그리고 과거의 상해현성(上海縣城) 및 조계지를 둘러싼 중국 관할구역 등으로 나누어진 3분 구도가 형성되어 조계가 폐쇄되는 1942년까지 유지되었다([도표1]참고).[34]

1880년 이홍장은 "(조선이) 러시아와 일본의 숨은 의도를 막고자 한다면 오직 서양 각 국과 일률적으로 통상하게 하여 서로 견제하도록 하는 방법이 있을 뿐"[35]이라고 상주했는데, 이러한 이홍장의 언급은 제국주의적 압박 속에서 체결된 국제조약들이 '이이제이(以夷制夷)'적 효과를 발휘하고 있는 상해 조계지들의 이중적 복합성을 청제국도 인정하고 있었음을 보여준다.

상해의 외국조계들은 일본의 도쿠가와 막부 수립 이전의 기리시단(크리스천) 영주들이 지배했던 공간이나 도쿠가와 막부의 가톨릭 박해 이후 네덜란드인들이 활동했던 나가사키의 데지마(出島)와 흡사한 국제적 공간이었다. 이러한 국제적 성격은 서양 각국으로 이민 갔던 화교들이 돌아와서 더욱 촉진시켰다. 제국주의적 침탈에 의해 탄생했지만 문명적 소통과 융합이 이루어진 국제적 공간이기도 했던 상해 조계지들의 국제성은 상하이의 시쿠멘(Shikumen, 石庫門) 건축양식에 함축되어 있다. 1926년부터 1932년까지 대한민국임시정부가 사용했던 청사(마당로 306통 4호), 1921년 7월 23일 중국공산당 1차 대회가 개최되었던 건물(中国共产党 一大会址纪念馆, 黃陂南路374호, 구 法租界 望志路树德里106호) 등이 모두 시쿠멘 양식의 건축물들이었다. 서양제국들의 침략과 청제국의 타협 속에서 탄생한 상해 조계지의 국제성은 가톨릭 및 개신교 선교사들의 노력을 통해 발전했다. 이러한 국제성은 1919년 대한민국임시정부가 상해 조계지들 중 한 곳인 프랑스조계에서 수립될 수 있었던 배경이 되었다.

2. 기독교문명과 상하이 모던

아편전쟁이 발발하기 이전인 1807년 런던선교회(London Missionary Society) 소속의 개신교 선교사 모리슨(Robert Morrison, 馬禮遜, 1782-1834)은 광주에 도착해서 활동했고, 1823년 말라카에서 중국어 최초의 완역 성경인 『신천성서(神天聖書)』를 출간했다. 또한 미국 공리회(The American Board of Commissioners for Foreign Mission)의 선교사 브리지먼(Coleman Elijah Bridgman, 高理文, 1801-1861)이 편찬한 『아메리카 합성국지략』(싱가포르, 1838)은 위원(魏源, 1794-1857)이 쓴 『해국도지(海國圖志)』(1842)에서 미국 관련 서술의 전거가 되었다.[36]

조선의 통역관이었던 오경석은 『해국도지(海國圖志)』와 『영환지략(瀛環志略)』 등을 국내로 수입하여 조선 지식인들의 개화사상에 영향을 미쳤다. 서양 서적의 한문번역에 있어서 묵해서관(墨海書館, London Missionary Society Press)은 중심적 역할을 수행했고, 이러한 역할은 1862년 북경의 총리각국사무아문 내에 설치된 경사동문관, 1868년 강남제조국에 부설된 번역관 등으로 이어졌다.37) 이렇게 한문으로 번역된 서양서적들은 한자문화권 내의 조선과 일본에도 영향을 미쳤다.

상해 조계지들은 1866년 제너럴 셔먼 호를 타고 조선을 방문했다가 생명을 잃은 토마스(Robert Jermain Thomas, 崔蘭軒) 목사가 조선 선교를 준비했던 곳이기도 했다. 토마스는 런던선교회 상해 지부장 뮤어헤드(William Muirhead) 목사의 훈련을 받았다.38) 당시 영국은 청국에서 경험한 조선 산 담배와 일본에서 경험한 조선 산 황금으로 인해 조선과의 무역에 관심을 보이고 있었다.39)

상해의 미화서관(美華書館)은 윤기진(尹起晉)의 『대동기년(大東紀年)』,40) 『태서신사람요(泰西新史攬要)』 등 당대의 유명 서적들을 출간했다. 1897년(건양 2) 한성의 학부에서 편찬한 대표적 근대 교과서인 『태서신사』(한문본, 언역본)는 『태서신사람요(泰西新史攬要)』를 기초로 한 것이었는데, 이 책은 맥켄지(Robert MacKenzie, 馬懇西, 1811-1873)의 *The 19th Century: A History* (London, Edinburgh, and New York: T. Nelson and Sons, Paternoster Row, 1880)를 리처드(Timothy Richard, 李提摩太)가 채이강의 도움을 받아 번역한 것이다.41) 상하이 광학회(廣學會, The Christian Literature Society for China)는 1887년 영국인 선교사들이 설립했던 동문서회(同文書會)를 계승했는데, 1864년 베이징에서 처음 출판되었던 마틴(William A. Parsons Martin, 1827-1926)의 『만국공법(萬國公法)』을 재출간했고, 알렌(Young John Allen, 林樂知, 1836-1907)이 저술한 『중동전기(中東戰記)』도 출간했다.42) 이 책들은 조선의 지식인들에게 큰 영향을 주었다.43)

1881년 어윤중(魚允中)은 증기선을 타고 일본의 나가사키에서 상해로 직

항한 후 귀국하여 그가 경험했던 '상하이 모던'에 관해 고종에게 보고했다.[44] 1884년 갑신정변 실패 이후 곤경에 처해 있던 윤치호는 자신이 통역관으로 도왔던 푸트 공사가 상해 주재 미국 총영사 스톨(Julius Stahl)에게 써준 추천서 덕분에 1885년 1월부터 상해에 유학할 수 있었다. 스톨은 윤치호를 상해 중서서원(中西書院) 원장 알렌에게 추천했다.[45] 윤치호는 이곳에서 유학하며, 11월에는 갑신정변 당시 치명상을 입었던 민영익과도 만났다.[46] 1894년 3월 28일에는 김옥균이 상해 미국조계 내에 있던 일본 여관 동화양행(東和洋行)에서 프랑스에서 유학했던 홍종우(洪鍾宇)에 의해 저격, 피살되었다.[47]

1905년 일제가 대한제국의 외교권을 강탈한 이후 해외 한국인들은 일제의 감시대상이 되었는데, 1906년 4월 상해에 있던 민영익은 프랑스총영사 라따르(Ratard)를 만나 프랑스주재 공사를 역임했던 종형 민영찬의 신변보호를 요청했다.[48] 민영익은 상해 프랑스조계에 있던 베르토즈(Berthoz, ?-1912) 변호사를 통해 프랑스로의 귀화를 교섭하기도 했다.[49] 민영익은 1884년 갑신정변 당시 김옥균의 적수였는데, 두 사람은 모두 프랑스에 대한 동경심을 갖고 있었다. 김옥균은 서재필 등에게 늘 말하기를 "일본이 동방에 영국 노릇하려 하니 우리는 우리나라를 아세아의 불란서를 만드러야 한다."[50]라고 하였다.

1910년 9월, 상해 주재 일본 총영사관은 상해 거주 한인이 89명에서 49명으로 줄었다고 기록했다. 하지만 1915년 상하이 전차공사가 한인 노동자를 고용했을 때 그들의 근무 성적이 좋아 조선에서 대대적인 모집에 나서면서 상해 거주 한인의 수가 늘어나게 되었다. 1916년 상해 거주 한인의 수는 백 수십 명 내지 수백 명에 이르렀고, 상해 한인교회 설립과 전담 목사 파견 문제 등이 기독교계에서 논의되기에 이르렀다.[51] 1914년 10월, 공공조계로 통합된 미국조계의 홍구 지역에서 우호한인예배회가 발기된 것을 계기로, 그 해 11월 첫 번째 일요일 공공조계 서화덕로(西華德路) 미국항해청년회관의 방 하나를 빌려 한인 30명이 모여 예배드린 데서 상해 한인교회는 시작되었다.[52]

상해 조계지들은 제1차 세계대전 이후 윌슨의 민족자결주의가 일제하 한국인들에게 전해진 주요한 통로였다. 1918년 11월 26일 상해에 도착한 윌슨의 특사 크레인(Charles R. Crane, 1858-1939)이 28일, 약 8백 명의 청중 앞에서 한 추수감사절 특별연설에는 1919년 파리에서 개최될 평화회의와 윌슨의 민족자결주의에 관한 소개가 포함되어 있었다. 이 연설을 들은 여운형(呂運亨, 1886-1947)은 크레인을 면담했다. 여운형이 크레인을 면담할 수 있었던 것은 다음 해 파리평화회의 중화민국 대표단의 일원으로 참가할 정도로 영향력이 있던 왕정정(王正廷)의 추천이 있었기 때문이다.[53] 여운형이 왕정정을 처음 만난 것은 상해 조계에서 활동하던 미국 장로교 선교사 피치(Fitch) 부자를 통해서였다. 여운형은 1917년 상해 한인교회 전도사로 뽑혀 중화기독교청년회에서 활동했고,[54] 피치(George Field Fitch, 한자명 費啓鴻)가 운영하던 YMCA계통의 협화서국(協和書局, The Shanghai Mission Bookstore)에서 일했는데, 아들 피치(George Ashmore Fitch, 한자명 費吾生, 1883-1979)가 주도하던 성경공부 모임에서 왕정정을 만나게 된 것이다.[55]

크레인도 상해에 오기 전 조선을 경유하며 YMCA가 주최한 연회 등을 통해 한국의 역사와 일제의 압제에 대한 이야기를 들었다.[56] 크레인은 1912년 미국 대통령 선거 때 윌슨의 당선에 크게 기여했고, 윌슨의 국제주의를 대외적으로 실천하고자 했다. 크레인은 '아시아 통'[57]이 아니라 '동유럽 통'이었고, 약소민족의 독립문제에 대해 깊은 이해를 갖고 있다는 의미에서 '국제통'이었다. 크레인은 시카고의 사업가였던 아버지 때부터 체코 주재 외교관을 지낸 아들 때에 이르기까지 3대에 걸쳐서 체코의 독립운동가이자 훗날 대통령이 된 토마스 마사리크(Thomáš Garrigue Masaryk, 1850-1937), 그리고 체코정부의 외무장관을 역임하고 체코좌우합작 정부가 공산주의자들의 정변에 의해 전복된 후 공산주의자들에 의해 자살했다고 발표된 아들 마사리크(Jan Garrigue Masaryk, 1886-1948)와 오랜 친교를 맺었다.[58]

상해에서 이루어진 크레인과 여운형의 만남을 통해 파리평화회의에서 윌슨의 민족자결주의가 주요한 지침이 될 것임을 알게 된 동제사 및 신한청년당은 김규식을 파리에 파견하는 한편, 장덕수, 선우혁, 서병호, 김순애, 백남규 등 신한청년당 당원들을 국내와 일본으로 파견하여 도쿄 2·8독립선언에 이은 3·1독립선언의 진앙을 형성하게 되었다.[59] 상해 한인교회와 상해 YMCA를 통하이 상해 조계지들은 3.1독립운동의 배후지가 되었다.

3. 상해 프랑스조계의 근대성과 대한민국 임시정부의 입지조건

상해는 국제적 통신과 교통의 요지였다. 특히, 프랑스조계는 파리평화회의가 개최된 프랑스와의 교통, 그리고 대표단과의 통신이 가장 효율적으로 이루어질 수 있던 장소였다. 영국의 P&O(Penninsula & Oriental Steam Navigation Co.)는 런던-홍콩항로에 이어서 상해로 이어졌고, 1859년 상해-

나가사키, 1864년 상해-요코하마를 연결했다. 프랑스제국우선(郵船, Services Maritimes des Messageries Imperiale)은 1861년 사이공-상해 항로를 열었고, 1863년 마르세유-상해 항로, 1865년 상해-요코하마 항로를 개설했다. 미국의 태평양우선(郵船, Pacific Mail Steamship Co.)은 1867년 샌프란시스코-홍콩 항로를 개설하면서 요코하마와 상해를 중간기착지로 삼았다.[60]

    1919년 6월 25일, 독일의 융커스 회사가 메르체데스 엔진을 사용한 민간용 여객기의 첫 비행에 성공하기는 했지만, 아직 항공운송이 발달하지 못한 상황에서 상해 항구는 여객선을 통해 유럽과 미주를 오갈 수 있는 곳이었다. 당시 상해의 유리한 교통조건은 일제 자료에서도 확인되고 있다. "북미와 하와이 방면에 왕래하고자 하는 조선인으로서 이 지역을 경유하지 않는 자가 없을 뿐만 아니라 하와이에서 발행되는 여러 불온 인쇄물 등도 역시 이 지역을 경유하여 조선 안으로 수입된다."[61] 상해를 거쳐서 유럽으로 간 대표적 인물들로 윤보선(尹潽善, 1897-1990), 이극로(李克魯, 1893-1978), 정석해(鄭錫海, 1899-1996), 안호상(安浩相, 1902-1999), 그리고 손원일(孫元一, 1909-1980) 등이 있었다. 안창호는 상해로 연결되는 항로를 이용해서 미국 하와이를 거쳐 홍콩, 상해로 이동하여 대한민국 임시정부 수립에 현지에서 참여할 수 있었다. 여운형은 이와 같은 상해의 좋은 교통조건이 대한민국 임시정부의 근거지가 된 이유라고 회고했다.

> 서간도(西間島) 일대로 말하면 토지가 광막하고 한편으로 노서아(露西亞-러시아)를 끼고 잇서서 무슨 큰 일이든지 이르킬 무대로는 조치만은 교통이 심히 불편하다. 그러기에 세계 대세를 따저볼 때에는 장차 시국에 관심을 가진 자(者)일진대 문화가 압서고 인문이 개발되엇고 또 교통이

편하야 책원지(策源地)로써 가장 갑이 잇는 상해(上海) 남경(南京) 등지(等地)가 조흐리라고 단정하엿든 것이다.[62)]

상해 프랑스조계는 통신조건 또한 유리했다. 대한민국 임시정부 파리 통신부가 발간한 보고서에 의하면 3·1운동 이후 20개월간 구주대륙 각국에서는 94개, 파리와 프랑스 내 각 지방에서는 432개의 한국관련 기사가 게재되었다.[63)] 당시 상해 프랑스조계는 이러한 구주 언론들의 동향을 파악하기 유리한 위치에 있었다. 상해의 유리한 통신 조건은 미국과의 원활한 소통도 가능하게 했다.[64)] 미국에서 활동하고 있던 이승만은 프랑스조계에 임시정부를 수립하는 것을 다음과 같이 지지했다.

> 타인(他人)의 조계(租界) 내(內)에서 행호시령(行號施令)하려는 것이 그다지 영광(榮光)이 아니오.... 고(故)로 유형무적(有形無跡)한 정부기관(政府機關)을 상해(上海)에 치(置)하여 동서(東西)와 내외(內外)에 연락통섭(聯絡通涉)하는데 전력(專力)하여 중앙점(中央点)을 삼고 모든 부분(部分)의 일을 피차(彼此) 소개(紹介)하여 신(身)이 비(臂)를 사(使)함과 비(臂)가 지(指)를 사(使)함과 여(如)히 하면 차(此)가 즉 정부(政府)요 차(此)가 즉 민국사회(民國社會) 아니오리까.[65)]

1919년 4월 14일부터 16일(미국 동부 시간)까지 3일간 서재필 등과 함께 필라델피아 대한인총대표회의를 주도하고, 미국에서 후속활동을 전개하던 이승만도 상해의 항로를 이용하여 1920년 말에는 상해 프랑스조계로 가서 대한민국 임시정부 초대 대통령으로서의 업무를 수행했다. 이후 그는 상해를 중심으로 발달한 항로를 다음과 같이 이용했다.

상해(1920.12.5) → 난징(1921.3.5) → 상해(3.10) → 류허(3.25) → 상해 (3.27) → 소주(5.14) → 상해(5.15-28) → 마닐라(6.2).[66]

아울러 상해의 근대적 금융제도는 미국 거주 한인들로부터의 송금을 원활하게 해줌으로써 대한민국임시정부의 재정운영에도 큰 도움이 되었다. 이러한 사정은 기독교문명의 영향을 받으며 성장했고, 미국에서 상해로 이주하여 활동하고 있던 안창호, 이승만 등의 상해 대한민국임시정부 내에서의 발언권을 강화시켜주었다.

4. 대한민국임시정부의 외교독립운동노선과 프랑스조계

대한민국임시정부가 프랑스조계에서 수립된 것은 대한민국임시정부 수립 당시 외교독립운동노선을 선택할 수밖에 없었던 것과도 연관이 있었다. 평화적 외교독립운동노선은 기독교문명의 영향을 받은 한국 지도자들의 사상에 부합되는 것이기도 했지만 당시로서는 불가피한 선택이었고, 이러한 평화적 외교독립운동노선의 적합지가 상해 프랑스조계였다.

> 대한민국임시정부가 프랑스조계에서 수립된 것은 대한민국임시정부 수립 당시 외교독립운동노선을 선택할 수밖에 없었던 것과도 연관이 있었다. 평화적 독립운동노선은 기독교문명의 영향을 받은 한국 지도자들의 사상에 부합되는 것이기도 했지만 당시로서는 불가피한 선택이었고, 이러한 평화적 외교독립운동노선의 적합지가 상해 프랑스조계였다.

대한민국임시정부 초창기부터 활동했던 김구의 『백범일지』에 의하면 유학생, 상인 등을 포함해서 "당시 상해에 거주하던 한인은 5백여 명 가량 되었다."[67] 1920년 프랑스조계 문서에는 약 8백 명으로 추산하고 있다.[68] 1920년 당시 하와이 거주 한인 4,950명에 비해 5분의 1도 안 되는 규모였다.[69] 러시아 연해주의 고려인(까레이스키)들은 1923년 약 10만 명에 이르렀다.[70] 일본의 지배에 맞선 임시정부에게 자금[71]과 병력을 제공할 수 있는 인구의 측면에서는 상해 프랑스조계보다 하와이나 연해주가 대한민국임시정부 수립에 더 적합한 공간이었다.

이미 1917년 러시아 짜르 체제가 무너진 상황에서 러시아 영내의 한인들은 블라디보스토크의 신한촌(新韓村)에서 전로한족회중앙총회(全露韓族會中央總會)를 조직했고, 기관지 『한인시보』를 발행했다. 이 조직은 3·1운동 기간 중이던 1919년 3월 17일, 대한국민의회로 개편되었다. 의장에 문창범(文昌範), 부의장에 김철훈(金哲勳)을 선출하고 별도의 행정부를 조직하여 대통령 손병희(孫秉熙), 부통령 박영효(朴泳孝), 국무총리 이승만, 탁지총장 윤현진(尹顯振), 군무총장 이동휘, 내무총장 안창호, 산업총장 남형우(南亨祐), 참모총장 유동열(柳東說) 등을 추대했고, 뤄쯔거우(羅子溝)에는 군사훈련소를 설치하기도 했다.

그러나 1920년 2월 25일, 문창범 등은 대한국민의회의 재건을 선언하고 러시아의 고려인들을 결집해나가는 등 대한민국임시정부와는 다른 길을 갔다. 베이징에서 만들어진 북경고려기독교청년회도 설립 직후 대한민국임시정부와 대립적인 입장을 취했다. 1921년 9월 21일 회의에서 대한민국임시정부가 초기에 선택했던 외교독립운동노선에 비판적 입장을 견지한 군사통일회, 보합단 등의 활동을 지원하기로 결정한 것이다.[72] 이들은 하와이를 떠나 북경군사통일회의를 이끌고 있던 박용만과도 소통했다.[73]

1920년 4월, 일본군이 블라디보스토크에 상륙하여 적군(赤軍)을 공격하면서 고려인들을 탄압하는 상황이 전개되자 그해 5월, 대한국민의회 계승 세력은 극동공화국 헤이룽주(黑龍州)의 헤이허시(黑河市)로 근거지를 옮겼다. 적군이 러시아내전에서 승리하고, 1922년 소련공산당 일당독재의 소비에트연방공화국이 수립됨에 따라 고려인들의 활동은 그 통제 하에 놓이게 되었다.

제1차 세계대전 중에 한국독립군이 참전하여 승전국의 일원이 되었다면 전후에 개최된 파리평화회의에서도 발언권을 가질 수 있었을 것이다. 현실적으로 군대를 조직할 수 있는 지역들 중의 하나는 연해주였다. 그러나 1917년에 조직된 전로한족회중앙총회(全露韓族會中央總會)의 회원 총수는 약 2천 명 정도에 불과했다. 이에 비해 제1차 세계대전 중 러시아의 총 참전인원은 약 1,200만 명이었다. 러시아 내 소수의 고려인들이 러시아군의 일부로 참전했다가 폴란드 지역의 탄넨베르크 전투에서 독일군의 포로가 되기도 했지만, 독립군으로 참전한 것은 아니었다.[74] 하와이에는 박용만이 육성했던 대조선국민군단이 있었으나 그 규모는 103명 내지 300명 정도에 불과했다.[75] 연해주의 고려인들이나 하와이의 대조선국민군단은 제1차 세계대전 당시 러시아와 미국의 영토 안에 있었다는 점에서 연합국 진영에 속해 있던 일본에 대해 선전포고를 하기에는 한계가 있었다.

제1차 세계대전 참전국들 중 가장 작은 규모의 참전병력을 보유했던 국가는 1914년 기준 약 4만의 병력을 갖고 있던 포르투갈이었다. 전사자들의 수는 참전의 정도를 가늠하는 잣대가 되기도 하는데, 러시아군의 전사자 수는 약 170만 명 내지 220만 명이었고, 일본군의 전사자 수도 약 4,600명 정도였다. 이에 비해 한국은 참전국이 아니었고, 전사자 수는 국제적으로 전혀 공인받지 못했다([도표2] 참고).

주요 참전국	1914년 8월 시점의 (예비군 포함) 참전인원	전쟁 기간(1914-18) 총동원 인원	전사자
러시아	5,971,000	12,000,000	1,700,000~2,254,369
프랑스	4,017,000	8,410,000	1,397,800
영국	975,000	8,905,000	887,858
이탈리아	1,251,000	5,615,000	460,000~651,000
미국	200,000	4,355,000	116,708
일본	800,000	800,000	4,661
독일	4,500,000	11,000,000	2,037,000
오스트리아-헝가리	3,000,000	7,800,000	1,200,000~1,494,200

[도표2] 제1차 세계대전 주요 참전국들의 참전병력과 전사자 수

출처: 다음 자료들에 기초해서 작성. John Ellis, *The World War I Databook* (Aurum Press, 2001); John Simkin, *First World War Encyclopedia* (Spartacus Educational, 2012); International Labour Office, *Enquéte sur la production. Rapport général* (Paris: Berger-Levrault, 1923-25), T. 4, II *Les tués et les disparus*; Michel Huber(1931), *World War I: People, Politics, and Power* (Britannica Educational Publishing, 2010); Commonwealth War Graves Commission, *Commonwealth War Graves Commission Annual Report 2014-2015; Great Britain* (War Office 2018); Congressional Research Service, "American War and Military Operations Casualties: Lists and Statistics."

　　상해 프랑스조계에 수립된 대한민국임시정부와 러시아령에 수립된 대한국민의회 간의 통합협상 당시 통합임정의 입지와 관련하여 양측은 각각 다음과 같이 주장했다. 통합임정을 러시아령에 두어야 한다는 측은 ①러시아령에 고려인들의 수가 많다, ② 중국령 및 조선과 가까워 교통 연락이 편리하다 등의 이유를 들었다.[76] 대한국민의회 측에서는 외교부와 교통부만 상해에 두고 나머지 임시정부의 본부는 길림이나 노령에 둘 것을 제의하기도 했다.[77] 이러한 제의에 맞서 상해 프랑스조계가 적합지로 주장된 근거들은 다음과 같다. ①상해 프랑스조계는 외국의 땅이고 일본의 주권이 미치지 않는다, ②러시아는 일본의 원조에 의해 유지되고 있어서 시베리아에 정부를 설립하는 것은 부적당하다, ③러시아령으로 이주한 한인(고려인)들은 대개 함경남북도인으로 조선 전도를 지배하기에 불가하다.[78] 결국 양측은 다음과 같은 합의에 도달했다.

1. 상해와 아령[러시아령]에서 설립한 정부들을 일체 작소하고 오직 국내에서 13도 대표가 창설한 한성정부를 계승할 것이니 국내의 13도 대표가 민족 전체의 대표인 것을 인정함이다.

2. 정부의 위치는 아직 상해에 둘 것이니 각지에 연락이 비교적 편리한 까닭이다.

3. 상해에서 설립한 정부의 제도와 인선을 작소한 후에 한성정부의 집정관 총재제도와 그 인선을 채용하되 상해에서 정부 설립 이래에 실시한 행정은 그대로 유효를 인정할 것이다.

4. 정부의 명칭은 대한민국 임시정부라 할 것이니 독립선언 이후에 각지를 원만히 대표하여 설립된 정부의 역사적 사실을 살리기 위함이다.

5. 현임 각원은 일제히 퇴직하고 한성정부가 택선한 각 원들이 정부를 인계할 것이다.[79]

이처럼 대한민국임시정부가 러시아 연해주나 베이징 등지가 아니라 상해 프랑스조계에 세워진 이유는 대한민국 임시정부가 선택했던 외교독립운동노선과 밀접한 관련이 있었다. 1919년 당시 국제적으로 인정되는 군대를 보유하지 못하고 있던 상황에서 외교독립운동노선은 단기적으로 불가피한 선택이었고, 그 적합지로 선택된 장소가 상해 프랑스조계였다.

또한 제1차 세계대전 종전 이후 전후질서를 수립하기 위한 평화회의가 1919년 1월부터 파리에서 열리고 있던 시대

> 1919년 당시 국제적으로 인정되는 군대를 보유하지 못하고 있던 상황에서 외교독립운동노선은 단기적으로 불가피한 선택이었고, 그 적합지로 선택된 장소가 상해 프랑스조계였다.

적 배경과도 잘 조응했다. 상해 프랑스조계는 파리평화회의에 파견된 대표단과의 연락이 가장 효율적으로 이루어질 수 있던 장소였다. 그러나 이승만이 기대했던 바와 같이 상해 프랑스조계를 '중앙점(中央点)'[80]으로 하여 파리평화회의 대표단을 파견하여 한국문제를 상정하고자 했던 목표는 달성되지 못했다. 대한민국임시정부가 국제사회의 승인을 받아낼 수 있으리라는 희망은 제2차 세계대전 기간 중 드골의 프랑스 망명정부가 대한민국임시정부를 승인했다는 신화(myth)로까지 이어졌다. 그러나 그것은 대한민국임시정부의 입장만을 일방적으로 반영한 UP통신의 허보(canard)였음이 당시 프랑스 외교부 문서를 통해 밝혀졌다.[81]

프랑스는 독일에 맞서 함께 싸웠던 일본에 우호적일 수 밖에 없었지만 대한민국 임시정부가 평화적 외교독립노선을 견지하는 한 그 자유를 보장했다. 여기에는 프랑스당국의 복잡한 외교적 고려도 존재했다. 상해의 프랑스조계는 영국과 미국이 주도하는 공공조계와는 협력적 경쟁관계에 있었다. 프랑스는 1919년 파리평화회의 주최국으로서 국제적 여론을 고려하지 않을 수 없는 입장이었고, 패전국 독일이나 오스트리아-헝가리와 같은 전제주의와 구별되는 자유주의적 노선을 선도한다는 입장이었다. 프랑스조계 당국은 언론의 자유 원칙에 입각해서 "공무국의 통지가 있을 때에는 신문 편집국과 기타 기구를 24시간 내로 타처로 이전하여 일본관헌에 발견되지 않게 할 것"[82] 등을 조건으로 대한민국 임시정부의 기관지 역할을 했던 『독립신문』의 발간을 허용했다.

상해 프랑스조계는 한인(漢人) 거주 지역은 물론 공공조계(영미조계)에 비해서도 안전했다. "대한민국임시정부의 위치를 일본의 세력이 침입되지 않는 곳에 정할 필요로 인하여 중국 상해 프랑스조계에 정한 것"[83]이었다. 1902년 1월 런던에서 일본과 동맹조약을 체결하고 1905년과 1911년 영·일 동맹을 갱신하여 1923년까지 유지했던 영국과 일본의 외교관계를 고려할때, 영국인들의 영향력이 강했던 공공조계는 한국 독립운동가들에게 덜 안전한 공간일 수밖에 없었다. 1915년 기준으로 일본인은 공공조계 거주민들 중 숫자가 가장 많은 외국 교민이었다. 일본인들이 많이 거주하는 홍구는 '리틀 도쿄', 또는 '小東京'이라고 불릴 정도였다. 1916년 공공조계 공부국 경찰서는 일본인 경찰 30명을 채용했다.[84] 이러한 사정이 한국인들로 하여금 공공조계보다 프랑스조계에 더 많은 관심을 갖게 했던 것으로 보인다.

1919년 대한민국임시정부가 프랑스조계에 수립되면서 상해 한인사회의 중심이 공공조계에서 프랑스조계로 이동했다. 대한민국임시정부 수립 후 2년이 지난 1921년의 상해 거주 한인 통계에 따르면 프랑스조계가 458인, 공공조계가 69인이었다.[85] 대한민국임시정부가 상해 프랑스조계에 수립되었기 때문에 "독립운동을 목표로 둔 사람들은 프랑스조계에 근거지를 마련했고, 그렇지 않은 인물들은 공공조계를 선택했다."[86]라고까지 평가하기도 한다.

당시에는 공공조계와 프랑스조계를 나누는 경계선인 북사천로를 '사선(死線)'이라고 부르며, "이 사선을 맘대로 넘나드는 사람은 친일파요, 아니면 스파이에 속하였다."[87]라는 인식도 존재했다.

조봉암도 다음과 같이 회고했다.

> 상해에는 두 개의 조계(租界)가 있어서 중국을 무시한 딴 나라 정치를 하고 있었으니 그 하나는 '공동조계지'라 해서 영국인이 중심이 되어 통치했고, 다른 하나는 '불란서 조계지'라 하는데 명칭대로 불란서(프랑스)의 통치구역이다. 우리 임시정부를 비롯해서 모든 반일본적인 인사들은 전부 '불란서 조계지' 안에 거주했고, 또 사실상으로 불란서 당국의 보호

하에 있었다 해도 과언이 아니었다.[88]

　물론 안창호나 김구가 프랑스조계를 거점으로 삼으면서도 공공조계를 출입했던 사실에 비추어 보면 공공조계=친일적 공간, 프랑스조계=반일적 공간이라는 이분법은 과도하다.[89] 그렇지만 프랑스조계가 영미 공공조계보다 대한민국임시정부 요인들에게 상대적으로 안전한 공간이었던 것은 분명했다.
　상해 조계지는 대청제국(이어서 중화민국)의 주권에 속하나(외국 당국은 토지세를 지불), 경찰력 및 행정력이 국제적으로 위임된 이중성을 지닌 치외법권적 공간이었다.[90] 특히, 프랑스조계지에서는 외국판사나 재판소가 자국민에 대한 영장을 이행하고자 할 때, 긴급한 상황을 제외하고는 프랑스 총영사나 경찰 책임자에게 사전에 통보해야 했다.[91] 프랑스조계 당국은 사전통보된 정보를 직·간접적으로 한인 독립운동자들에게 제공하여 피신이 가능하도록 했다. 1919년 5·4운동의 일환으로 파공(罷工), 파시(罷市), 파과(罷課) 등이 합쳐진 3파(三罷)운동이 일어났을 때, 파과를 주도하던 한인(漢人)들의 학생회도 안전상의 이유로 사무소를 프랑스조계지로 옮긴 바 있다.[92]
　대한민국임시정부 수립에 크게 기여했던 신규식(申圭植, 1879-1922)이 1912년 상해로 활동거점을 옮기게 된 계기도 안전상의 이유였다. 1912년, 텐진 주재 일본영사의 요청을 받은 베이징 경찰청은 러시아를 방문하고 돌아가던 가쓰라 타로(桂太郎) 일본 수상의 암살을 기도했다는 이유로 조성환 등 8인의 한국인들을 체포했다. 당시 베이징에 있던 신규식은 이들의 석방을 위해 노력했지만 뜻을 이루지 못했고, 이들은 일본당국에게 넘겨져 조선으로 압송되었다.[93] 중국과 일본 간에 이루어지던 사법공조를 경험한 신규식은 베이징 대신 상해의 조계지를 활동지로 선택했다. 나중에 신규식 등을 면담한 프랑스조계

당국은 한인운동가들이 '일본당국에 지나치게 순종적인' 중국의 경찰과 관료들은 자신들을 언제든지 일본에 넘길 수 있다는 인식이 있었다고 기록했다.[94)]

1912년 2월 초, 신규식은 난징을 거쳐 상해로 이주해서 박은식, 김규식, 신채호, 문일평, 박찬익, 신건식 등과 함께 재상해한인공제회라고도 불린 동제사(同濟社, 동제는 同舟共濟에서 유래)를 만들었다.[95)] 그러다 1913년 11월 중순, 신규식은 프랑스조계 내의 명덕리(明德里)로 이주하여 일종의 한국인 학교였던 박달학원(博達學院)도 자신의 집에서 문을 열었다.[96)]

1914년 4월, 프랑스조계의 독자적 경찰권은 위안스카이정부와 프랑스 공사 간에 체결된 프랑스조계외마로경권협정 등을 통해 더욱 강화되었다.[97)] 1917년 8월 일본 총영사관이 블라디보스토크에서 활동하다 상해로 이동한 한인들을 체포하는 사건이 발발했다. 이 사건 이후 많은 한인들이 프랑스조계지로 이주했다.[98)] 1911년 49명에 불과했던 상해 한인의 수는 1920년 567명으로 증가했다고 추정된다.[99)]

상해 프랑스조계의 상대적 안전성에 관해서는 김구도 다음과 같이 회고한 바 있다.

> ... 당시 불란서 조계 당국은 우리 독립운동에 대해 특별히 동정적이었다. 그런 까닭으로 일본 영사가 우리 독립운동자의 체포를 요구할 때, 불란서 당국은 미리 우리 기관에 통지하였고, 마침내 체포할 때는 일본 경관을 대동하고 빈 집을 수색하고 갈 뿐이었다."[100)]

그러나 1920년 6월, 안창호가 이동녕을 방문하여 임시정부를 필리핀으로 옮기는 문제를 논의했던 것으로 미루어 볼 때 대한민국 임시정부 요인들이 프

랑스조계를 안정된 공간으로만 보았던 것은 아니었다.[101]

1932년 상해 홍구공원에서 윤봉길 의거가 일어나자 프랑스조계도 더 이상 대한민국 임시정부에 대한 안전을 보장해줄 수 없는 장소가 되었다. 그러나 그 때에도 프랑스조계에 거주하고 있던 피치(G. A. Fitch) 목사가 김구, 박찬익, 엄항섭(David Um), 안공근(Theodore Ahn) 등을 숨겨 주었고, 수사망이 좁혀오자 이들을 자신의 차에 태워서 프랑스조계의 패탱 거리(Avenue Petain)를 지나 인도교를 건너도록 도와주었다.[102]

프랑스는 "베트남 독립운동가들과 한국 독립운동가들을 교환하자는 일본의 제안이 들어오더라도 그에 응해서는 안 된다."라는 입장을 갖고 있었다. 프랑스가 일본의 그러한 제안을 수용함으로써 얻는 이익은 그로 인해 프랑스가 국제적으로 받게 될 도덕적 비난보다 클 수 없다는 것이 프랑스의 외교적 판단이었다.

그러나 프랑스당국은 한인 독립운동가들이 프랑스조계지를 떠날 것을 요구하기도 했다.[103] 프랑스조계의 웰덴 영사는 조계지에 거주하는 한인들이 법적으로 일본 국민이기 때문에 일본 영사관에서 보통법 위반 혐의로 체포영장(mandat d'arrêt)을 발부해 오면 거부할 수 없다고 보았다.[104] 신임 조선총독 사이토 마코토(齋藤 實, 1858-1936)는 1919년 10월 초, 주일 프랑스 대사 밥스트(Edmond Bapst, 1858-1934)를 만나 상해 프랑스조계 내 한인들을 체포하거나 추방할 것을 요구하기도 했다.[105]

프랑스 외무장관 삐숑(Stephen Pichon, 1857-1933)은 주중 프랑스 전권대표 보쁘(Boppe)에게 보낸 전문에서 일본의 요구에 관해 언급했다. 보쁘는 일본의 요구에 응해서『독립신문』을 발행하는 사무실을 검색했고, 사무실에 대한 폐쇄조치를 단행했다고 보고했다. 그러나 그 이상의 조치를 하는 것은 어렵다는 의견을 외무부로 발송했다. 만일 일본 측이 이들의 추방을 요구한다면 한인들을 프랑스로 보내는 것이 그들을 일본에 넘겨주는 것보다는 나을 것이라는 의견도 개진했다. 보쁘 전권대표는 일본의 요구가 있기 전에 상해 주재 프랑스 영사 웰덴으로 하여금 1919년 10월 31일 마르세이유로 떠나는 폴 르까(Paul Lecat) 호에 한인들을 태워 프랑스로 보내는 방안도 제시했다.[106]

보쁘 대사는 청년교류가 상호이해에 도움이 된다는 소신에 입각해서 1919년부터 1921년 사이 '일하며 배우기 운동(le Mouvement Travail-Études, 勤工助學)'을 주도하여 중국 청년들의 프랑스유학을 알선했고, 1921년 리옹에 중법대학(里昂中法大学, l'Institut franco-chinois de Lyon)을 설립하기도 했다. 덩샤오핑과 저우언라이가 프랑스에 유학한 것도 이러한 근공조학 프로젝트와 궤를 같이 하는 것이었다. 이러한 보쁘 대사의 활동은 영국과 미국이 주도하는 공공조계와의 경쟁관계에서 볼 때, 영어권의 확대에 맞서 프랑스어권을 확대시키는 문화외교적 의미도 있었다.

프랑스도 인도차이나를 떠나 일본에서 활동하고 있던 쿠옹 데 왕자(Prince Cuong Dé)를 비롯한 베트남인들의 활동에 대해 일본이 상해 프랑스조계 내 한인 독립운동가들에 대해 가진 것과 유사한 관심을 갖고 있었다.[107] 식민제국이라는 공통점을 갖고 있던 프랑스를 향한 일본제국의 외교적 접근이 있

> 자유민을 수호하는 것은 프랑스외교관들이 국가이성(raison d'Etat)적 관점에서 최우선으로 삼았던 국가이익(intérêt national)보다도 우선하는 공화국의 정체성(identité nationale)과 관련된 것이었다.

었고, "프랑스 정부로부터 보호를 기대하고 조계에 자리잡은 독립운동가들은 언제든 프랑스 정부의 입장에 따라 일본당국에 넘어갈 수 있는 '볼모'의 처지

가 되었던 것이다."[108] 그러나 프랑스는 "베트남 독립운동가들과 한국 독립운동가들을 교환하자는 일본의 제안이 들어오더라도 그에 응해서는 안 된다."[109]라는 입장을 갖고 있었다. 프랑스가 일본의 그러한 제안을 수용함으로써 얻는 이익은 그로 인해 프랑스가 국제적으로 받게 될 도덕적 비난보다 클 수 없다[110]는 것이 프랑스의 외교적 판단이었다.

프랑스가 자국의 조계 내에서 임시정부를 표방하는 조직의 활동을 허용했던 것은 프랑스혁명정신에 입각한 오랜 전통에 따른 것이었다. 프랑스대혁명 이후인 1793년에 만들어진 헌법 118조는 "프랑스국민은 자유민의 친구이자 자연적 동맹"이라고 규정하면서 "프랑스공화국은 자유(liberté)라는 대의를 위해 모국으로부터 추방당한 외국인들에게 망명처(asile)를 제공한다. 단, 전제군주에게는 거부한다(120조)."라고도 규정했다.[111] 근대 외교관의 필수덕목이 된 국가이성(raison d'Etat) 개념을 만들어낸 프랑스외교에서 철저하게 국익을 우선하는 것은 외교관들의 의무이자 미덕이었다. 일본의 요구에 순응하는 것이 프랑스의 단기적 국가이익에는 더 부합하는 것이었다. 그러나 자유·평등·박애라는 공화국적 가치를 국제적으로 수호하는 것은 보다 장기적인 국가이익이 될 수 있었다.

III. 결론

1517년 개신교가 표방했던 교황권에 대한 항의(protest)는 근대세계 독립주권 개념과 밀접한 관련이 있었다. 근대를 열었던 국제법학자들이 대부분 개신교인들이었던 것은 이와 무관하지 않다. 개신교는 1648년 독립주권 개념에 기초한 베스트팔렌 체제(Westphalian system)가 탄생할 수 있도록 해준 정신적 기원이자 원동력이었다. 베스트팔렌 체제는 잔혹했던 종교전쟁을 통해 발전된 종교적 타협의 결실이었다. 독립주권이라는 '서로 넘어서는 안 될' 경계선을 통해, 경계를 뛰어넘는 보편성을 지향하는 종교적 특성이 충돌했던 종교전쟁을 정지시켰다.

1648년 베스트팔렌 체제를 통해 신성로마제국과 교황권에 맞서 독립주권을 확립하기 시작한 근대유럽국가들은 스스로 제국이 되면서 전 세계를 향해 팽창했다. 이러한 서유럽 제국들의 전 세계적 팽창과 더불어 독립주권에 기초한 국제체제도 전 세계로 팽창했다. 비록 군주주권이라는 한계가 있기는 했지만 근대적 국가주권 개념에 입각한 국제질서가 꾸준히 확산되는 국제동학이 공존했던 것이다. 이러한 국제동학에 따라 국가들의 숫자는 늘어났고, 국가들의 크기는 작아졌다.

상해 조계지들은 서양 제국주의의 팽창과정에서 탄생한 제국적 공간이었던 동시에 청제국의 타협에 의해 체결된 조약에 근거한 국제적 공간이었다. 홍콩이나 마카오가 서양제국의 일방적 식민지였던 것에 비해 청제국의 계산과 타협이 반영된 공간으로서 서양제국들과 청제국 간의 길항(拮抗), 그리고 제국열강들 간의 경쟁이 존재하던 공간이었다. 특히, 상해 조계지들은 서양 제국주의 열강이 침탈했던 공간인 동시에 서양 선교사들이 적극적으로 소개했던 국제법에 의해 만들어진 공간이자 국제법을 실천, 학습하는 공간이었다. 청제국은 서양 선교사들이 번역한 『만국공법』이 원래 중화 춘추시대로부터 유래된 것이므로 이를 학습하는 것은 단순히 서양을 배우는 것이 아니라 중화문명의 전통을 재발견하는 것이라고 합리화했다. 이와 같은 상해 조계지의 복합성은 기독교문명의 전파과정 속에서 탄생했다.

그러한 상해 조계지들의 근대성은 대한민국임시정부의 수립에 유리하게 작용했으며, 상해에서 활동하던 한국인들에게 상하이 한인교회 및 YMCA 등은 주요한 활동거점을 제공해주었다. 상하이 모던으로 표현되는 상해 조계지들의 근대성은 독립운동에 유리한 근대적 교통, 통신, 금융조건을 갖추고 있었다. 특히, 제1차 세계대전 이후 세계질서를 논의하는 파리평화회의가 열린 프랑스와의 교통 및 통신 연결성이 탁월했던 공간이었다. 1919년 3.1운동 이전까지 미국에서 활동하고 있던 안창호, 이승만 등 기독교계 정치지도자들이 대한민국임시정부 수립 때 주도적 역할을 할 수 있었던 배경에도 이러한 상해의 근대적 조건이 있었다. 특히, 상해의 근대적 금융기관을 활용한 미주 한인들의 상해 송금은 안창호, 이승만 등 기독교계 지도자들의 상하이에서의 발언권을 강화시켜 주었다.

상해 프랑스조계가 선교사 등을 통해 청제국에 소개되어 받아들여진 국제조약으로 보유하고 있던 치외법권은 대한민국임시정부 요인들을 보호해주는 도구가 되었다. 똑같이 치외법권을 갖고 있던 공공조계(公共租界; The International Settlement)에 비해서도 프랑스조계는 더 안전했다. 공공조계에서는 일본의 동맹국이었던 영국의 영향력이 강했고, 일본인들도 많이 거주하고 있었다. 이러한 조건을 갖춘 상해 프랑스조계는 대한민국임시정부가 선택할 수밖에 없었던 평화적 외교독립운동노선에 적합했던 공간이었다.

만일 연해주의 고려인들이나 하와이의 대조선국민군단이 제1차 세계대전에 참전했다면 대한민국임시정부의 본거지는 연해주나 하와이가 될 수도 있었을 것이다. 제1차 세계대전에 참전하지 못했던 한인들의 입장에서 외교독립운동노선은 당시의 불가피한 선택이었고, 상해 프랑스조계는 그에 적합한 국제적 공간이었다.

    대한민국임시정부가 평화적 외교독립운동노선을 견지하는 한 프랑스외교관들은 대한민국임시정부를 보호하고자 했다. 당시 프랑스 외교관들은 '프랑스 국민은 자유민의 친구이자 자연적 동맹'이라는 프랑스대혁명 정신에 입각한 공화국적 가치를 외교관들이 지켜야 할 국가이익의 일부로 보았기 때문이다. 이러한 견지에서 일본제국에 거주하고 있던 베트남 독립운동가들과 상해 프랑스조계에 있는 한인 독립운동가들을 교환하자는 일본당국의 제안은 거부한다는 입장을 갖고 있었다. 자유민을 수호하는 것은 프랑스외교관들이 국가이성(raison d'Etat)적 관점에서 최우선으로 삼았던 국가이익(intérêt national)보다도 우선하는 공화국의 정체성(identité nationale)과 관련된 것이었다.

참고문헌

〈1차 자료〉
姜德相.『現代史資料』26. 東京: みすず書房, 1967.
국사편찬위원회.『사료 고종시대사』10. 한국사데이타베이스.
金正明.『朝鮮獨立運動』II. 東京: 原書房, 1967.
대한민국임시정부자료집 편찬위원회,『대한민국임시정부자료집2: 임시의정원I』(과천: 국사편찬위원회, 2005).
대한민국임시정부자료집 편찬위원회,『대한민국임시정부자료집23: 대유럽외교I』(과천: 국사편찬위원회, 2008).
대한민국임시정부자료집 편찬위원회,『대한민국임시정부자료집24: 대유럽외교II』(과천: 국사편찬위원회, 2010).
우남이승만문서편찬위원회 편. 1998.『梨花莊 所藏 雩南 李承晩 文書: 東文篇』(서울: 延世大學校 現代韓國學硏究所).
秋憲樹 편.『資料 韓國獨立運動』, 1, 2, 3, 4(상), 4(하) (서울: 연세대학교 출판부, 1971/1975).
1793년 프랑스헌법.
『獨立』. 1919년 제1호 - 제21호.
『獨立新聞』. 1919년 제22호 - 1923년 168호.
『독립신문』. 1923년 제169호 - 1926년 198호.

〈신문, 방송 자료〉
『한국일보』.
KBS 1TV, "KBS 파노라마: 카레이스키 150", 고려인 이주 150주년 기념 특별기획 3부작. 2014년 8월.

〈한국어 단행본과 논문〉
강덕상 저. 김광열 역.『여운형과 上海 임시정부』. 서울: 선인, 2017.
강미정, 김경남. "근대 계몽기 한국에서의 중국 번역 서학서 수용 양상과 의의",『동악어문학』71 (2017).
강상규.『19세기 동아시아의 패러다임 변환과 제국 일본』. 서울: 논형, 2007.
고정휴.『이승만과 한국독립운동』. 서울: 연세대학교 출판부, 2004.
고정휴. "상해임시정부의 초기 재정운영과 차관교섭: 임시대통령 이승만의 역할을 중심으로."『한국사학보』. 29호 (2007).
권기돈.『조지 피치와 대한민국: 피치 회고록과 문서 속 한국과 김구』. 서울: 하우, 2018.
김광재.『근현대 상해 한인사 연구』. 서울: 경인문화사, 2018.
김구 저, 도진순 주해.『백범일지』. 서울: 돌베개, 2002.
김덕영.『루터와 종교개혁: 근대와 그 시원에 대한 신학과 사회학』. 서울: 길, 2017.
김명섭. "네르친스크조약의 국제정치학: 1689년 러-청 국제조약에 관한 연구",『국제정치논총』제57집 4호 (2017).
김명섭·김정민. "워싱턴회의 시기 이승만의 외교활동과 신문 스크랩, 1921-1922",『한국정치학회보』제51집 제2호 (2017).
김승욱. "근대 상하이 도시 공간과 기억의 굴절",『중국근현대사연구』제41집 (2009).
金承學. "亡命客行蹟錄: 제가 적은 옛 자취",『한국독립운동사연구』12, (1998.12).
金榮秀. "大韓民國臨時府憲法論: 憲法制定의 背景 및 改憲過程을 中心으로』. 서울: 三英社, 1980.
김영작. "金玉均 暗殺事件과 韓·淸·日 三國",『韓國政治外交史論叢』. 11집 (1994).
김용구.『세계외교사』. 서울: 서울대학교 출판부, 2006.
김용구.『러시아의 만주 한반도 정책사, 17~19세기』. 서울: 푸른역사, 2018.
김원용 지음. 손보기 엮음.『재미한인 50년사』. 서울: 혜안, 2004.
김준석.『국제정치의 탄생: 근세 초 유럽 국제정치사의 탐색, 1494-1763』. 서울: 북코리아, 2018.
김희곤. "3.1운동과 대한민국 임시정부의 세계사적 의의", 동북아역사재단 편.『3.1운동과 1919년의 세계사적 의의』. 서울: 동북아역사재단, 2010.
김희곤.『대한민국임시정부 연구』. 서울: 지식산업사, 2004.
김희곤.『임시정부 시기의 대한민국 연구』. 서울: 지식산업사, 2015.

참고문헌

나가타 아키후미 저, 박환무 역. 『일본의 조선통치와 국제관계: 조선독립운동과 미국 1910-1922』. 서울: 일조각, 2008.
나미키 요리히사, 이노우에 히로마사 저, 김명수 역. 『아편전쟁과 중화제국의 위기』. 서울: 논형, 2017.
呂運亨. "自?傳 第二: 나의 上海時代", 『三千里』 제4권 제10호 (1932년 10월).
류후이우(劉惠吾). 『상해현대사』. 서울: 경인문화사, 2018.
李圭甲. "漢城臨時政府 수립의 전말", 『新東亞』 1969년 4월호.
리우후이우(劉惠吾). 『上海近代史』. 서울: 경인문화사, 2016.
반병률. "한국의 독립운동과 소련", 단국대학교 동양학연구원 편. 『한국독립운동의 세계사적 성격』. 서울: 단국대학교출판부, 2017.
方善柱. 『在美韓人의 獨立運動』. 춘천: 한림대학교 아시아문화연구소, 1989.
배경한. 『쑨원과 한국: 중화주의와 사대주의의 교차』. 서울: 한울아카데미, 2007.
베인톤, 롤란드(Bainton, Roland) 저. 홍치모, 이훈영 역. 1993. 『16세기 종교개혁』. 서울: 크리스찬 다이제스트.
서광덕, 이국봉. "19세기 중엽 '상하이 지식네트워크'에 대한 고찰", 『中國學』 제63집 (2018).
서재필. "A Few Recollection of the 1898 Revolution", 변영노 역, "回顧 甲申政變", 『東亞日報』, 1935년 1월 1일.
孫科志. "대한민국임시정부와 프랑스조계", 한국근현대사학회 편. 『대한민국임시정부 수립 80주년 기념논문집』. 서울: 국가보훈처, 1999.
孫科志. 『上海韓人社會史(1910-1945)』. 서울: 한울, 2001.
손세일. "이승만과 김구』. 전7권. 서울: 조선뉴스프레스, 2015.
신용하. "대한민국 임시정부의 수립과 활동의 역사적 의의", 고정휴 외. 『대한민국 임시정부의 현대사적 성찰』. 서울: 나남, 2010.
申載洪. "대한민국임시정부외교사 연구", 경희대학교 박사학위논문. 1988.
양일모. "근대 중국의 서양학문 수용과 번역", 『시대와 철학』 15권 2호 (2004).
위앤진. "상하이는 어떻게 중국 근대의 문화중심이 될 수 있었는가", 『한국학연구』 20 (2009).
유영익 외. 『이승만과 대한민국임시정부』. 서울: 연세대학교 출판부, 2009.
윤대원. 『상해시기 대한민국임시정부 연구』. 서울: 서울대학교 출판부, 2006.
윤상원. "러시아지역 한인의 항일무장투쟁 연구, 1918-1922", 고려대학교 대학원 박사학위논문 (2009).
윤종문. "한국의 독립운동과 프랑스", 단국대학교 동양학연구원 편. 『한국독립운동의 세계사적 성격』. 서울: 단국대학교출판부, 2017.
이덕희. 『하와이 대한인국민회 100년사』. 서울: 연세대학교 대학출판문화원, 2013.
李延馥. 『大韓民國臨時政府 30年史』. 서울: 국학자료원, 1999.
이현희. 『大韓民國臨時政府史』. 서울: 한국학술정보, 2003.
정상천. "일제강점기(1914-1945) 동안의 한국독립운동에 대한 프랑스정부의 정책", 『한국정치외교사논총』 제26집 (2005).
鄭用大. 『대한민국임시정부외교사』. 서울: 한국정신문화연구원, 1992.
조규태. "1920년대 북경고려기독교청년회의 종교활동과 민족운동", 『한국기독교와 역사』. 31(2009).
조봉암. "내가 걸어온 길", 정태연. 『조봉암과 진보당』. 서울: 한길사, 1991.
조봉암. "내가 걸어온 길", 『희망』 2, 3, 5월호. (1957).
조세현. 『천하의 바다에서 국가의 바다로: 해양의 시각으로 본 근대중국의 형성』. 서울: 일조각, 2016.
최기영. "해제", 대한민국임시정부자료집 편찬위원회, 『대한민국임시정부자료집 23: 대유럽외교I』. 과천: 국사편찬위원회, 2008.
최낙민. 『해항도시 마카오와 상해의 문화교섭』. 서울: 선인, 2014.
秋憲樹. 『한민족의 독립운동과 임시정부의 위상』. 서울: 연세대학교 출판부, 1995.
추헌수. 『대한민국임시정부사』. 천안: 독립기념관 한국독립운동사 연구소, 1989.
한시준. "대한민국 임시정부와 프랑스", 단국대학교 동양학연구원 편. 『한국독립운동의 세계사적 성격』. 서울: 단국대학교출판부, 2017.
한홍ುగూ. "임시정부 빠리위원부 통신국이 발행한 월간지 La Corée Libre(1920~21)에 대하여", 『한불연구』 제8집. 1990.
허재영 주해. 『태서신사 언역본 주해』. 서울: 도서출판 경진, 2015.

참고문헌

홍순호. "독립운동과 한불관계: 1906년에서 1945년까지", 『한국독립운동과 열강관계: 한국정치외교사학회 논총』 제2집. 서울: 평민사, 1985.

〈외국어 단행본과 논문〉

Cady, J. F. "The Beginnings of French Imperialism in the Pacific Orient", *Journal of Modern History.* 14 (1942).
Crawford, James R. *The Creation of States in International Law*, 2nd ed. Oxford: Oxford University Press, 2006.
Ferguson, Nial. 2006. *The War of the World: History's Age of Hatred.* London: Penguin.
Goh, Moo Song. "Western and Asian Portrayals of Robert Jermain Thomas (1839-1866), Pioneer Protestant Missionary to Korea: A Historical Study of an East-West Encounter through His Mission", (Ph. D. Dissertation, The University of Birmingham, 1995).
Gross, Leo, "The Peace of Westphalia, 1648-1948", *American Journal of International Law*, Vol. 42, No. 1 (1948).
Johnstone, William C. "International Relations: The Status of Foreign Concessions and Settlements in the Treaty Ports of China", *The American Political Science Review*, Vol. 31 No. 5 (October 1937).
Laffey, John F. "Racism and Imperialism: French Views of the 'Yellow Peril' 1894-1914", *Third Republic/Troisième République.* I (Spring, 1977).
Leclair, Zacharie. *Charles R. Crane and Wilsonian Progressivism.* New York: Peter Lang, 2017.
Madrolle, Claudius. *Guide Books: Northern China, The Valley of the Blue River, Korea.* Paris/London: Hachette & Company, 1912.
McGrath, Alister. *Christianity's Dangerous Idea: The Protestant Revolution - A History from the Sixteenth Century to the Twenty-First.* New York: Harper One, 2007.
Nussbaum, Arthur. *A Concise History of the Law of Nations.* New York: The Macmillan Company, 1961.
Philpott, Daniel. 2000. "The Religious Roots of Modern International Relations", *World Politics* Vol. 52.
Saul, Norman E. *The Life and Times of Charles R. Crane, 1858-1939: American Businessman, Philanthropist, and a Founder of Russian Studies in America.* Lanham, MD: Lexington Books, 2013.
Tracy, James D. 1999. *Europe's Reformations 1450-1650.* Lanham: Rowman & Littlefield.
Young, Allen. "On Korea", *Proceedings of the Royal Geographical Society of London*, Vol. 9, No. 6 (1864-1865).

미주

1) 이 논문은 2018년 9월 5일 국립고궁박물관에서 개최된 "대한민국 임시정부와 기독교" 학술회의에서 발표된 "대한민국 임시정부는 왜 상해 프랑스조계에 수립되었나?: 기독교문명사적 고찰", 그리고 『국제정치논총』 제58집 4호(2018)에 게재된 "대한민국 임시정부는 왜 상해 프랑스조계에 수립되었나?"라는 논문을 기초로 수정, 보완한 것이다. 학술회의에서 귀중한 논평을 해주신 김광재(국사편찬위원회) 박사, 그리고 학술지 게재과정에서 귀중한 심사평을 해준 익명의 심사위원들에게 감사한다.
2) 당시 공공조계에서 관리했던 공원으로 현재의 노신공원(鲁迅公园).
3) 1919년 3월 17일 러시아령 블라디보스토크에서는 대한국민의회가 조직되었고, 4월 11일 상해 프랑스조계에서는 임시의정원이 임시헌장 10개조를 의결, 반포했고, 4월 13일 임시정부 수립을 대외에 선포했다. 4월 23일에는 서린동의 봉춘관에 모인 국민대표들에 의해 한성 임시정부가 선포되었다. 이후 통합과정에서 임시정부 및 임시의회의 소재지에 대해서는 논란이 있었지만 더 많은 한인이 거주하고 있던 연해주를 기반으로 수립된 국민의회 의원의 5분의 4가 임시의정원의 의원이 되는 조건으로 정부와 의회를 모두 "각지에 연락이 비교적 편리한" 상해 프랑스조계에 두기로 합의했다. 秋憲樹, 「한민족의 독립운동과 임시정부의 위상」 (서울: 연세대학교 출판부, 1995), pp.29-33; 李圭甲, "漢城臨時政府 수립의 전말", 『新東亞』(1969년 4월호), pp.175-187; 김원용 지음, 손보기 엮음, 『재미한인 50년사』 (서울: 혜안, 2004), p.338. 1919년 9월 6일, 정부 원안대로 임시헌법개정안이 만장일치로 통과되었고, 아직 미국에 있던 이승만을 대통령으로 선임했다. 9월 11일에는 신헌법과 신내각의 성립이 공포되었다. 신(통합) 임시정부의 시정일(始政日)은 공보 호외를 통해 9월 15일로 발포되었다. 한성정부의 수립에 관해서는 李圭甲(1969). 여러 임시정부들의 통합과정에 관해서는 『獨立』 제4호(1919년 9월 2일), 『獨立』 제7호(1919년 9월 9일), 『獨立』 제10호(1919년 9월 18일). 그리고 金榮秀, 『大韓民國臨時政府憲法論: 憲法制定의 背景 및 改憲過程을 中心으로』 (서울: 三英社, 1980), pp.97-108; 李庭馥, 『大韓民國臨時政府 30년사』 (서울: 국학자료원, 1999), pp.25-26; 이현희, 『大韓民國臨時政府史』 (서울: 한국학술정보, 2003), pp.105-119; 고정휴, 『이승만과 한국독립운동』 (서울: 연세대학교 출판부, 2004), pp.13-100; 윤대원, 『상해시기 대한민국임시정부 연구』 (서울: 서울대학교 출판부, 2006), pp.41-48; 유영익 외, 『이승만과 대한민국임시정부』 (서울: 연세대학교 출판부, 2009), 1-39; 신용하, "대한민국 임시정부의 수립과 활동의 역사적 의의," 고정휴 외. 『대한민국임시정부의 현대사적 성찰』 (서울: 나남, 2010), pp.27-28.
4) 2015년 상해에서 재개관한 대한민국임시정부 청사 3층 전시실 입구에는 다음과 같은 문구가 전시되었다. "우리는 대한민국임시정부의 역사를 회고할 때 생명의 위험을 감수하면서까지 적극적 지원을 아끼지 않았던 중국인들을 잊어서는 안 될 것이다. 이것이 오늘 상하이(上海)의 대한민국임시정부 청사를 복원하고 전시하는 취지이다. … 27년에 걸친 세월 동안 한국 독립운동가들은 중국 국민의 큰 지원을 받았다." 박일근, [특파원 칼럼] 중국이 임정 청사를 재개관한 이유", 『한국일보』, 2015년 9월 19일. http://hankookilbo.com/v/a8127e3fb4204a358c7bf1144fd3addd (검색일: 2018년 8월 16일). 2019년 2월 25일 시점에서 "27년에 걸친 세월 동안 한국 독립운동가들은 중국 국민의 큰 지원을 받았으며"라는 전시문구는 여전히 존재하고 있었다. 대한민국임시정부가 1926년부터 사용했던 이 건물이 주변의 개발열풍에도 불구하고 문화재로 보전될 수 있었던 것에 대해 한국인들은 중화인민공화국과 중화인민공화국 국민들에게 감사해야 한다. 그러나 당시 이 공간이 프랑스조계의 통치를 받고 있었고, 대한민국 임시정부의 활동이 프랑스에 의해 제한적으로 보장받고 있었던 사실을 '27년간의 중국 국민의 지원'으로만 서술하는 것은 자국중심적 역사정치다.
5) 김덕영, 『루터와 종교개혁: 근대와 그 시원에 대한 신학과 사회학』 (서울: 길, 2017), p.153.
6) 필포트는 종교개혁의 교리 그 자체가 베스트팔렌 체제 형성에 영향을 미친 내용을 담고 있다고 주장한다. Daniel Philpott, "The Religious Roots of Modern International Relations", *World Politics* Vol. 52, pp.222-23. 눈에 보이는 지상의 세력이 교회와 세속의 권력을 전횡하는 것에 반대했던 루터는 신자 개개인에 의해 이루어지는 눈에 보이지 않는 교회, 즉, 불가견적(不可見的) 교회를 옹호했다. 이런 관점에서 그는 교황에 의한 '신정정치'와 '혁명'을 동일하게 반대했다(벤톤 1993, 53-6). 맥그레스는 이런 특징을 "믿음의 민주화(democratization of faith)"라고 보았다(McGrath 2007, 52, 57-8).
7) James D. Tracy, *Europe's Reformations 1450-1650* (Lanham: Rowman & Littlefield, 1999), p.19.
8) Philpott(2000), pp.214-16.
9) 라틴어로 쓰여진 뮌스터조약(Instrumentum Pacis Monasteriensis)과 오스나브뤽조약(Instrumentum Pacis Osnabrugensis)는 1648년 10월 24일 뮌스터의 수도원과 오스나브뤽 시청에서 체결되었다. Myongsob Kim, "Why No Westphalia-like Peace Order after the Toyotomi Hideyoshi War in Korea (1592-98)?" *Korea Observer* (2014), p.120.
10) 그로티우스 이후 저명한 국제법 학자들은 모두 개신교도들이었다. 이 때문에 최초의 국제법역사 편찬자였던 폰 칼텐본(von Kaltenborn)은 국제법이 '신교도의 과학'이라고 선언하기도 했다. 이 분야의 기본교재였던 그로티우스의 저서를

미주

가톨릭 교황은 금서로 지정하기도 했다.
11) 이러한 타협들이 발전된 결과로 교회와 세속의 관계에 대한 유럽의 전통적 가정들이 중대한 변화를 겪기 시작했다. Tracy(1999), pp.166-67.
12) Philpott(2000), p.206.
13) 중부유럽에서의 30년 전쟁을 마감했던 1648년의 베스트팔렌 체제를 근대국제체제로 들어가는 "마법의 문(majestic portal)"으로 보았던 고전적 해석(Gross 1948: 28)은 최근의 연구들에 의해 도전받고 있다. 김준석, 『국제정치의 탄생: 근세 초 유럽 국제정치사의 탐색, 1494-1763』 (서울: 북코리아, 2018), pp.195~228. 그러나 이러한 비판적 연구에서도 "30년 전쟁과 베스트팔렌 조약을 전후한 시기에 유럽의 국제정치체제는 의미심장한 변화를 경험했다"는 점은 인정되고 있다. 김준석, 『국제정치의 탄생』, p.211.
14) 크로포드에 따르면 "20세기 초에는 약 50개 정도가 국가로 인정되었다. 2차 세계 대전 직후에는 75개로 늘어났다. 2005년 시점에서 약 2백 개(엄밀하게 말하면 타이완과 팔레스타인을 제외하고, 191개 유엔회원국과 바티칸을 합한 192개)의 국가가 있다." James R. Crawford, *The Creation of States in International Law*, 2nd ed. (Oxford: Oxford University Press, 2006), p.4.
15) 김명섭, "네르친스크조약의 국제정치학: 1689년 러-청 국제조약에 관한 연구", 『국제정치논총』 제57집 4호 (2017), pp.8-11; 김용구, 『러시아의 만주 한반도 정책사, 17~19세기』(서울: 푸른역사, 2018), pp.57-68.
16) 김용구, 『세계외교사』 (서울: 서울대학교 출판부, 2016), pp.286-306; 조세현, 『천하의 바다에서 국가의 바다로: 해양의 시각으로 본 근대중국의 형성』(서울: 일조각, 2016), pp.51-52.
17) 리우후이우(劉惠吾), 『上海近代史』, p.103.
18) 강상규, "19세기 동아시아의 패러다임 변환과 제국 일본』(서울: 논형, 2007), p.33.
19) "張斯桂之序," "萬國公法』, 강상규, "19세기 동아시아의 패러다임 변환과 제국 일본』, pp.37-38에서 재인용.
20) 위앤진, "상하이는 어떻게 중국 근대의 문화중심이 될 수 있었는가", 『한국학연구』 20 (2009), pp.8-9, p.13.
21) 리우후이우(劉惠吾), 『上海近代史』, pp.364-366.
22) https://www.dictionary.com/browse/shanghai?q=shanghai%3f (검색일: 2018년 7월 27일).
23) 위앤진, "상하이는 어떻게 중국 근대의 문화중심이 될 수 있었는가", p.9.
24) William C. Johnstone, "International Relations: The Status of Foreign Concessions and Settlements in the Treaty Ports of China," *The American Political Science Review*, Vol. 31 No. 5 (October 1937), p.942.
25) 1876년 청영연대조약(淸英烟臺條約)에서는 조계라는 용어가 사용되었다. 리우후이우(劉惠吾), 『上海近代史』(서울: 경인문화사, 2016), p.113. 조선의 경우 1877년 1월 30일, 부산항조계조약(釜山港租界條約)에 의해 조계가 설치되었다.
26) 吳圳義 編, "上海租界的歷史", 『上海租界問題』, (台北: 正中書局, 1980), p.10, 孫科志, "대한민국임시정부와 프랑스조계", 한국근현대사학회 편. 『대한민국임시정부 수립 80주년 기념논문집』(서울: 국가보훈처, 1999), p.341에서 재인용.
27) 리우후이우(劉惠吾), 『上海近代史』, p.423.
28) 김승욱, "근대 상하이 도시 공간과 기억의 굴절", 『중국근현대사연구』 제41집 (2009), p.121.
29) 반청복명(反淸復明)을 주장하며 작은 칼을 차고 다녔던 비밀결사.
30) 孫科志, "대한민국임시정부와 프랑스조계", p.344; 나미키 요리히사, 이노우에 히로마사 저, 김명수 역. 『아편전쟁과 중화제국의 위기』(서울: 논형, 2017), pp.123-125. 태평천국을 주도했던 홍수전(洪秀全)은 도만흥한(倒滿興漢)을 내세우는 한편, 기독교를 변용하여 스스로를 예수의 친동생이라고 주장했다. 孫科志는 화양잡거의 직접적 계기를 태평천국군의 봉기로 보고 있지만, 요리히사와 히로마사는 소도회의 봉기로 보고 있으며, 소도회와 태평천국군 사이의 직접적 연계는 없었다고 본다. 요리히사, 히로마사, 『아편전쟁과 중화제국의 위기』, p.123.
31) 요리히사, 히로마사, 『아편전쟁과 중화제국의 위기』, p.125.
32) 『중법신회보(中法新?報)』, 1899년 3월 15일, 리우후이우(劉惠吾), 『上海近代史』, p.422에서 재인용.
33) 리우후이우(劉惠吾), 『上海近代史』, p.237, p.242.
34) 孫科志, "대한민국임시정부와 프랑스조계", p.342.
35) 李鴻章, "조선이 서양과 통상하는 일에 대한 편주(片奏)", 광서 6년(1880) 9월 27일, 『李鴻章全集』 9, 奏議 9, 국사편찬위원회, "사료 고종시대사』 10. 한국사데이타베이스.
36) 양일모, "근대 중국의 서양학문 수용과 번역", 『시대와 철학』 15권 2호(2004), pp.124-125.
37) 양일모, "근대 중국의 서양학문 수용과 번역", pp.128-129, p.132.
38) 토마스 목사에 관해서는 Moo Song Goh, "Western and Asian Portrayals of Robert Jermain Thomas (1839-1866), Pioneer Protestant Missionary to Korea: A Historical Study of an East-West Encounter through His Mission," (Ph. D. Dissertation, The University of Birmingham, 1995).
39) Allen Young(1827-1915), "On Korea", *Proceedings of the Royal Geographical Society of London*, Vol. 9, No. 6 (1864-1865), pp.296-300.
40) 1392년(태조 1)부터 1895년(고종 32)까지의 조선사를

미주

편년체로 편찬한 책. 이 책의 출간에는 1886년 육영공원(育英公院)의 교사로 내한한 미국감리교 선교사 헐버트(Homer Bezaleel Hulbert, 1863-1949년)의 알선이 있었다. 한국학중앙연구원, 「한국민족문화대백과」.

41) 허재영 주해, 『태서신사 언역본 주해』(서울: 도서출판 경진, 2015), p.5.

42) 『독립신문』, 1899년 2월 6일.

43) 이에 관한 보다 자세한 연구로는 강미정, 김경남, "근대 계몽기 한국에서의 중국 번역 서학서 수용 양상과 의의", 『동악어문학』 71 (2017).

44) 어윤중(魚允中), 『종정연표(從政年表)』 1881년 12월 24일. 강미정, 김경남, "근대 계몽기 한국에서의 중국 번역 서학서 수용 양상과 의의", pp.269-272.

45) 『윤치호일기』, 1885년 1월 27일. 서중서원은 미국 남감리회가 1881년 상해에서 설립하여 1882년 정식 개교했다. 이 서원은 두 개의 분원을 갖고 있었는데, 하나는 프랑스조계의 팔선교(八仙橋)에 있었고, 다른 하나는 공공조계의 홍구(虹口)에 있었다. 이 학교의 하루 일과는 중국학을 공부하는 반나절과 서양 학문을 공부하는 반나절로 구성되었다.

46) 『윤치호일기』, 1885년 11월 15일.

47) 김옥균 암살에 관한 선행 연구로는 김영작, "金玉均 暗殺事件과 韓·淸·日 三國", 『韓國政治外史史論叢』, 11집 (1994), pp.243-318.

48) 라타르가 프랑스 외무장관 부르주아(Emile Bourgeois)에게, 1906년 4월 24일. 홍순호, "독립운동과 한불관계: 1906년에서 1945년까지", 『한국독립운동과 열강관계: 한국정치외교사학회 논총』 제2집. (평민사 1985), p.257에서 재인용.

49) 홍순호, "독립운동과 한불관계", p.258.

50) 서재필, "A Few Recollection of The 1898 Revolution", 변영노 역, "回顧 甲申政變", 『東亞日報』, 1935년 1월 1일.

51) 강덕상 저, 김광열 역, 『여운형과 上海 임시정부』(서울: 선인, 2017), pp.19-20.

52) "上海 鮮人敎會史", 『基督申報』, 1922년 6월 28일.

53) 나가타 아키후미 저, 박환무 역, 『일본의 조선통치와 국제관계: 조선독립운동과 미국 1910-1922』(서울: 일조각, 2008), p.101.

54) 강덕상, 『여운형과 上海 임시정부』, p.22.

55) 대한민국 국가보훈처 공훈전자사료관, "조지 애쉬모어 피치." 여운형이 일했던 협화서국은 책을 판매하는 서점이었던 동시에 "여행권 업시 米國으로 가려는 사람이나 또는 사진결혼으로 米國을 건너가려하는 사람들을 米國汽船會社와 관계 당국에 교섭하여주는 일종 周旋 기관이엇는데 매년 수백명식 지원자가 잇서 일이 몹시 분주하엿다." 呂運亨, "自叙傳 第二: 나의 上海時代", 『三千里』 제4권 제10호 (1932년 10월), pp.20-21.

56) Charles R. Crane Papers, Box. 3 Columbia University, 아키후미, 『일본의 조선통치와 국제관계』, p.405에서 재인용.

57) 아키후미, 『일본의 조선통치와 국제관계』, p.101.

58) Norman E. Saul, *The Life and Times of Charles R. Crane, 1858-1939: American Businessman, Philanthropist, and a Founder of Russian Studies in America* (Lanham, MD: Lexington Books, 2013); Zacharie Leclair, Charles R. Crane and Wilsonian Progressivism (New York: Peter Lang, 2017).

59) 아키후미, 『일본의 조선통치와 국제관계』, p.103. 여운형은 신석우와 함께 상해고려교민친목회(上海高麗僑民親睦會)를 만든 바 있다. "上海獨立運動者의 動向에 關む 調査報告の件", 大正十年 四月 二十九日, 高警 13706號, 金正明, 『朝鮮獨立運動』 II (東京: 原書房, 1967), p.435. 대한민국 임시정부에서는 중추적 역할을 맡지 않았으나 1919년 9월 23일 상해 교민회가 상해 대한인민단(上海大韓人民團)으로 명칭을 바꾸자 그 단장이 되었다. 1920년 1월 9일 상해 대한인민단이 상해 대한인거류민단(上海大韓人居留民團)으로 재출발했을 때 다시 단장을 맡았다. 일제 관헌자료에 의하면 민단에 소속된 단원의 수는 약 4백 명에서 7백 명으로 추정되었다. 강덕상 저, 『여운형과 上海 임시정부』, pp.17-18, p.26.

60) 서광덕, 이국봉, "19세기 중엽 '상하이 지식네트워크'에 대한 고찰", 『中國學』 제63집 (2018), p.209.

61) "上海獨立運動者의 動向에 關む 調査報告の件", 大正十年 四月 二十九日, 高警 13706號, 金正明, 『朝鮮獨立運動』 II (東京: 原書房, 1967), p.435.

62) 呂運亨, "自叙傳 第二: 나의 上海時代", 『三千里』 제4권 제10호 (1932년 10월), 20-21.

63) 고정휴, "이승만과 한국독립운동", p.384. 미국에서는 친일적 기술은 50개를 포함해서 9천개 이상의 한국관련 기사와 논설이 신문과 잡지에 게재되었다. "돌프 각하 주년보고서", 『신한민보』 1921.10.21

64) 이승만이 상해의 요인들과 주고받은 다양한 서한들은 다음 자료집의 제16, 17, 19권 등에서 볼 수 있다. 우남이승만문서편찬위원회 편, 『梨花莊 所藏 雩南 李承晩 文書: 東文篇』 (서울: 延世大學校 現代韓國學硏究所, 1998).

65) 李承晩이 金秉祚에게 보낸 서한(1920년 3월 6일). 우남이승만문서편찬위원회 편, 『梨花莊 所藏 雩南 李承晩 文書: 東文篇』 제16권, pp.17-18.

66) 『獨立新聞』, 1921년 5월 31일; "Syngman Rhee→Earl K. Whang"(1921.5.27) *The Syngman Rhee Correspondence in English* v.1, 402); 김명섭·김정민, "워싱턴회의 시기 이승만의 외교활동과 신문 스크랩, 1921-1922", 『한국정치학회보』 제51집 제2호, p.179, p.182.

미주

67) 김구, 『백범일지』, 도진순 주해 (서울: 돌베개, 2002), p.300.
68) Rapport, Shanghai, 29 Mai 1920, 국사편찬위원회, 『대한민국 임시정부 자료집』 23, p.245.
69) 1920년 미국인구조사. 이덕희, 『하와이 대한인국민회 100년사』(서울: 연세대학교 대학출판문화원, 2013), p.124.
70) 십월혁명십주년 원동기념준비위원회 편찬, 『십월혁명 십주년과 쏘베트고려민족』, 해삼위도서주식회사, 1927, 80쪽에 따르면 1923년 연해주 거주 고려인들은 약 106,193명이었다. 윤상원, "러시아지역 한인의 항일무장투쟁 연구, 1918-1922", 고려대학교 대학원 박사학위논문 (2009), p.22에서 재인용.
71) 1919년 의정원회의에서 조완구는 세금징수와 애국금을 모집할 방침이라고 했다. 대한민국임시정부자료집 편찬위원회, 『대한민국임시정부자료집2: 임시의정원』(과천: 국사편찬위원회, 2005), p.29; 고정휴, "상해임시정부의 초기 재정운영과 차관교섭: 임시대통령 이승만의 역할을 중심으로", 『한국사학보』 29호 (2007), pp.212-218.
72) 關東廳警察局, "중한협회조직/北京의 不逞鮮人 會合(1921. 10. 19.)", 조규태, "1920년대 북경고려기독교청년회의 종교활동과 민족운동", 『한국기독교와 역사』 31 (2009), p.187에서 재인용.
73) 조규태, "1920년대 북경고려기독교청년회의 종교활동과 민족운동", p.187. 박용만의 생애와 이구연(이해명, 1896-1950)에 의한 피살에 관해서는 方善柱, "朴容萬 評傳", 『在美韓人의 獨立運動』 (춘천: 한림대학교 아시아문화연구소, 1989), pp.11-187.
74) 독일군의 포로가 된 이들의 음성아카이브는 훔볼트대학에 보존 중이다. KBS 1TV, "KBS 파노라마: 카레이스키 150", 고려인 이주 150주년 기념 특별기획 3부작. 2014년 8월.
75) 이덕희, 『하와이 대한인국민회 100년사』, pp.90-92.
76) 姜德相, 『現代史資料』 26 (東京: みすず書房, 1967), pp.235-236.
77) "大韓民國臨時政府ニ關する上海情報報告の件", 大正八年 五月 二十一日, 騷密 제2730號, 金正明, 『朝鮮獨立運動』 II (東京: 原書房, 1967), p.37.
78) 姜德相, 『現代史資料』 26 (東京: みすず書房, 1967), pp.235-236.
79) 김원용 지음, 손보기 엮음, 『재미한인 50년사』 (서울: 혜안, 2004), p.338.
80) 李承晚이 金秉祚에게 보낸 서한(1920년 3월 6일). 우남이승만문서편찬위원회 편, 『梨花莊 所藏 雩南 李承晚 文書: 東文篇』 제16권, pp.17-18.
81) Gilbert, Directeur d'ASIE-OCEANIE, MAE (Paris) -〉 Burin des ROZIERS (SECRETAIRE D'AMBASSADE ATTACHE AU CABINET DU GENERAL DE GAULLE), 29 Mars 1945, 『대한민국 임시정부 자료집』 23, p.401.
82) 金承學, "亡命客行蹟錄: 제가 적은 옛 자취", 『한국독립운동사연구』, 12, (1998.12), p.430.
83) 김원용 지음, 손보기 엮음, 『재미한인 50년사』 (서울: 혜안, 2004), p.345에서 재인용.
84) 김광재, 『근현대 상해 한인사 연구』, p.45.
85) 孫科志, 『上海韓人社會史(1910-1945)』 (서울: 한울, 2001), p.63; 김광재, 『근현대 상해 한인사 연구』, p.49에서 재인용.
86) 김희곤, 「임시정부 시기의 대한민국 연구」, p.87.
87) 金孝淑, 『상해 대한민국임시정부와 나』, p.3. 김광재, 『근현대 상해 한인사 연구』, p.71에서 재인용.
88) 조봉암, "내가 걸어온 길」, 『희망』, (1957).
89) 김광재, 『근현대 상해 한인사 연구』, pp.50-72.
90) Memo. 3 Octobre 1932. 대한민국임시정부자료집 편찬위원회, 『대한민국임시정부자료집24: 대유럽외교II』 (과천: 국사편찬위원회, 2010), p.127.
91) REGLEMENT D'ORGANISATION DE LA CONCESSION FRANCAISE EN CHANGHAI(1927), J. Meyrier (CONSUL GENERAL DE FRANCE A CHANGHAI)가 Hoppenot(CHARGE D'AFFAIRES DE LA REPUBLIQUE FRANCAISE EN CHINE)에게 보낸 서한에 첨부. 대한민국임시정부자료집 편찬위원회, 『대한민국임시정부자료집24: 대유럽외교II』 (과천: 국사편찬위원회, 2010), p.258.
92) 류후이우(劉惠吾), 『상해현대사』 (서울: 경인문화사, 2018), p.103.
93) 배경한, 『쑨원과 한국: 중화주의와 사대주의의 교차』 (서울: 한울아카데미, 2007), pp.56-57.
94) 주중 프랑스대사 보쁘가 프랑스 외무장관에게, 상해 프랑스조계의 웰덴(Henri Auguste Wilden)영사가 북경 주재 프랑스 공사에게. "상해에서 체포된 한국인 혁명가들에 관하여", (1919. 5. 21), "상해 한국인들 관련 보고" (1919.10.20.), 『대한민국임시정부자료집』 vol. 23, p.160, p.169.
95) 배경한, 『쑨원과 한국』, p.61.
96) 배경한, 『쑨원과 한국』, p.63.
97) 류후이우, 『상해현대사』, p.29.
98) 김희곤, 「임시정부 시기의 대한민국 연구」, p.118.
99) 孫科志, 『上海韓人社會史(1910-1945)』, pp.62-63.
100) 김구, 『백범일지』, 도진순 주해, pp.302-303.
101) 도산안창호선생전집편찬위원회, 『도산안창호전집』 4, 2000, p.941; 한시준, "대한민국 임시정부와 프랑스", 단국대학교 동양학연구원 편, 『한국독립운동의 세계사적 성격』 (서울: 단국대학교출판부, 2017), p.463.

미주

102) George A. and Geraldine T. Fitch, *My Eighty Years in China* (Mei Ya International, Taipei, [1967] 1974), 75-77. 이 책은 YMCA국제위원회의 요청에 의해 집필된 것이다. 1974년 재판의 한국 관련 부분과 부록, 그리고 하바드-옌칭연구소 소장 피치부처 문서(Papers of George A. and Geraldine Fitch)를 일부 추가한 한국어 번역본으로는 다음 책이 나와 있다. 권기돈, 『조지 피치와 대한민국: 피치 회고록과 문서 속 한국과 김구』 (서울: 하우, 2018). 이들에 대한 김구의 감사의 뜻은 매우 깊었다. 피치부처가 YMCA의 요청에 따라 1947년 다시 한국에 온다는 소식을 배민수로부터 전해 들은 김구는 매우 흥분해서 "[피치 부부가] 비행기로 온다면 공항으로, 기차로 온다면 역으로, 배를 타고 인천으로 온다면 인천으로 나가서" 환영하겠다는 뜻을 전했다. 1947년 피치 부처가 김구에게 알리지 않고 조용히 한국에 도착하자 김구는 포드에서 생산된 7인용 캐딜락을 보내 자신이 살고 있던 "한 금광업자가 지은 큰 유럽식 건물" (죽첨장, 이후의 경교장)에서 만찬을 대접하며 사의를 표하고 사진사를 불러 두 판의 사진을 찍었다. 이 날의 행사에는 안미생(수잔 안), 조완구, 프란체스카 도너, 엄항섭, 이기붕, 안우생(Theodore Ahn), 선우진, 서영해(Sur Ing-hai) 등이 동참했다. 피치 부인(Geraldine T. Fitch)의 회고. 권기돈, 『조지 피치와 대한민국』, pp.164-172.

103) CONSUL A CHANGHAI -> MINISTRE PLENIPOTENTIAIRE DE LA REPUBLIQUE FRANCAISE EN CHINE A PEKIN, 15 MAI 1919, 『대한민국 임시정부 자료집』 23, p.168.

104) 위와 같음.

105) TELEGRAMME, 17 Octobre 1919, PEKIN, 『대한민국 임시정부 자료집』 23, p.185.

106) TELEGRAMME par Boppe, 21 Octobre 1919, 『대한민국 임시정부 자료집』 23, pp.195-96.

107) 판 보이 쩌우(Phan Boi Chau, 潘佩珠, 1867-1940)로 대표되는 동유운동(Dong Du Movement, 東遊運動, 1905-1909) 등으로 일본은 프랑스제국주의에 반대하는 베트남독립운동가들의 주요한 활동공간이 되었다.

108) 윤종문, "한국의 독립운동과 프랑스", 단국대학교 동양학연구원 편. 『한국독립운동의 세계사적 성격』 (서울: 단국대학교출판부, 2017), p.452.

109) DU CONSUL DE FRANCE A CHANG-HAI au MINISTRE DES AFFAIRES ETRANGERS, 20 OCT 1919, 『대한민국 임시정부 자료집』 23, p.332.

110) 위와 같음.

111) https://www.conseil-constitutionnel.fr/les-constitutions-dans-l-histoire/constitution-du-24-juin-1793

대한민국임시정부 수립과정 및 이후 중국 내 기독교 독립운동가의 활동

김명배(숭실대학교 교수)

한국의 20세기에 나타난 '민족주의' 혹은 '민족주의 운동'은 보편성을 지닌 '종교'와 특수성을 지닌 '민족주의'가 결합되어 더욱더 심화되었다. 일제의 무단통치로 인하여 집회와 결사의 자유가 보장되지 않던 역사적 상황 속에서 기독교회는 민족운동의 유일한 공간이요 은신처였다.

"

한국의 20세기에 나타난 '민족주의' 혹은 '민족주의 운동'은 보편성을 지닌 '종교'
와 특수성을 지닌 '민족주의'가 결합되어 더욱더 심화되었다. 일제의 무단통치로
인하여 집회와 결사의 자유가 보장되지 않던 역사적 상황 속에서 기독교회는 민족
운동의 유일한 공간이요 은신처였다.

"

대한민국임시정부 수립과정 및 이후 중국 내 기독교 독립운동가의 활동

I. 서론

　'민족주의'(Nationalism)란 18-19세기 유럽에서 전파되어 20세기에는 전 세계적으로 전개된 하나의 운동이었다. 이는 원래 근대의 소산으로, 저항과 변혁의 논리를 포괄하는 사회과학적 개념이었다.[1] 그러나 역사학에서 '민족주의'는 개인적인 애국심이나 감정에서부터 대중적인 정치현상에 이르기까지 매우 폭넓게 사용되어 왔다. 로빈슨에 의하면, 일반적으로 민족주의는 세 가지 의미로 사용된다. 첫째, 민족주의를 '감정'에 초점을 맞춘 개념으로 이해하는 것이다. 즉, 감정에 기초해 정치적 행위를 하고자 하는 의지, 곧 외세에 대한 감정적

반작용, 진보주의 정당 운동, 반식민주의 운동 등이 이런 형태의 민족주의라는 것이다. 둘째, 민족주의를 정치 사회적 발전에 관심을 둔 광범위한 학술연구의 배경이 되는 중심개념으로 이해하는 것이다. 즉, 민족주의를 민족국가 출현과의 상관관계 혹은 근대화 확산과의 밀접한 상관성을 통해 검증하는 것이다. 셋째, 민족주의를 이데올로기와 관련하여 사용되는 것으로 이해하는 것이다. 즉, 민족주의는 민족을 국민의 탁월한 집합체로 고양시키거나 강조하기 위한 이데올로기의 창출을 의미한다.[2] 그동안 한국의 역사학자들은 대체로 '민족주의'를 일제강점기라는 한국의 특수성으로 인해 국가의 자주와 독립을 유지하거나 확보하기 위한 강령을 창출하여 민족의 주체성을 추구하거나 표현하는 하나의 이데올로기 운동으로 이해하고 연구해왔다.

그런데 한국의 20세기에 나타난 '민족주의' 혹은 '민족주의 운동'은 보편성을 지닌 '종교'와 특수성을 지닌 '민족주의'가 결합되어 더욱더 심화되었다. 일제의 무단통치로 인하여 집회와 결사의 자유가 보장되지 않던 역사적 상황 속에서 기독교회는 민족운동의 유일한 공간이요 은신처였다. 국권을 상실하여 절망하던 민족지사와 지식인들은 무수히 교회에 들어와 기독교 신앙을 통한 국권의 회복과 나라의 독립을 위한 운동을 전개하였다. 이른바 '기독교 민족주의' 운동이 한국의 민족운동사에 전개되었다. 유동식에 따르면, 기독교계에서 나타난 '기독교 민족주의' 운동은 다섯 가지 유형으로 나눌 수 있다. 첫째, 1900년대 선교사들의 입장으로 민족문제를 무시하지는 않지만, 민족운동이 교회의 책임이 아니라는 주장이다. 이들은 교회와 정치를 엄격히 분리한다. 둘째, 안창호나 김규식, 차리석처럼 기독교 정신을 중요시하지만 교회와 관계없이 민족의 독립과 구국운동을 전개하는 유형이다. 셋째, 이승만처럼 기독교를 민중운동의 기초로 삼되 국가의 갱신이나 민족의 계몽 등 당면과제 수행의 한 방편이

자 변혁을 위한 이데올로기로 보아, 기독교를 통한 서구제국과의 교류나 교회나 학교조직의 힘을 민족독립운동의 중요한 수단으로 보는 입장이다. 넷째, 윤치호처럼 민족운동과 교회운동을 하나로 합친 입장이거나 그 중간에 선 입장이다, 그는 신학을 전공한 교회 지도자였으나 성직자가 아닌 정치가와 교육자로 시종했다. 다섯째, 손정도, 현순, 이필주 등처럼 교회운동 안에서의 민족운동을 중시하는 입장이다. 전인적인 인간구원을 향한 선교의 일환으로 민족의 위기를 극복하고 독립을 이루려는 민족운동이다. 따라서 민족운동은 언제나 교회운동으로 귀착하게 되는 것이다.[3] 이 밖에도 초기에는 기독교인으로 활동하다가 사회주의자로 전향한 인물로 여운형과 이동휘를, 대종교로 전향한 이동녕, 이시영, 이회영 등을 들 수 있다.

한국의 민족주의와 관련하여 그동안 한국 근대사 학계는 일제 식민지 시대 민족주의 운동의 성격을 분석하고 실체를 파악하기 위해 다음과 같이 여러 시도들을 해왔다. 첫째, 한국근대사 학계는 그동안 항일 독립운동을 주도해온 '이데올로기'나 '사회계층의 변화과정'에 관한 연구를 통하여 한국 민족주의 발전의 실체를 파악하고자 하였다. 둘째, 항일 독립운동의 각종 방법론을 중심으로 이 시기의 민족운동의 성격을 규명하고자 시도하였다. 셋째, 민족운동을 전개했던 수많은 민족 운동가들이 국권 회복 후 어떠한 국가를 건설하고자 했는가 하는 국가건설론에 대한 많은 연구들을 해왔다.[4] 이와 같은 주제들에 대한 무수히 많은 선행연구들에도 불구하고, 기독교회가 민족운동과 독립운동에 참여한 역사적 사실에 대하여 한국의 역사학자들은 소홀히 다루어 왔다. 기독교회가 한국의 근대화와 독립운동에 지대한 기여를 하였음에도 불구하고, 의도적으로 폄하하기까지 하였다.

따라서 본 논문은 1919년 3·1운동과 대한민국임시정부 탄생 100주년을 맞이하여 3.1운동과 임시정부 탄생에 기독교 민족주의자들이 어떻게 활동하였고, 민족운동과 독립운동에 얼마나 기여했는지 '기독교 민족주의' 시각에서 밝히고자 한다. 이를 위해 이

> 본 논문은 1919년 3·1운동과 대한민국임시정부 탄생 100주년을 맞이하여 3·1운동과 임시정부 탄생에 기독교 민족주의자들이 어떻게 활동하였고, 민족운동과 독립운동에 얼마나 기여했는지 '기독교 민족주의' 시각에서 밝히고자 한다.

논문의 범위는 대한민국임시정부 수립과정과 그 이후 만주를 제외한 중국관내에서의 기독교 민족주의자들의 활동을 중점적으로 다루고자 한다. 시기적으로는 1919년 3·1운동 직전부터 상해 임시정부가 수립되고 1925년 이승만 대통령이 탄핵된 시기까지를 다룰 것이다. 이 때는 임시정부를 조직했던 대표적인 민족 운동가들이 대부분 상해 임시정부를 떠난 시점이기도 하고, 1925년 이후 임시정부의 성격이 바뀌었기 때문이다.

본 논문은 기독교 민족주의자들 가운데서도 중국 상해 대한민국임시정부를 수립하는 과정 가운데 가장 대표성을 띠는 인물들을 중심으로 다루었다. 초기에는 기독교인이었으나 나중에 기독교를 떠난 인물들은 제외하였으며, 임시정부의 대통령으로 잠깐 상해에 거주했던 이승만도 제외하였다. 그러다 보니 자연스럽게 여운형, 현순, 손정도, 안창호, 차리석 등 기독교 민족주의자들을 중심으로 전개하였다. 또한 이들의 방대한 활동을 세세히 정리하기에도 지면관계상 어려움이 많아 중요한 내용들을 중심으로 개괄적으로 정리하였음도 밝힌다.

II. 3.1운동과 기독교 민족주의자들의 활동

1. 중국에서 3.1운동 준비과정: 신한청년당과 여운형

신한청년당은 1918년 8월 20일 중국 상해에서 조직되었다. 이 청년단체는 1918년 7월 초 장덕수가 일본 와세다 대학을 졸업하고 상해에 있던 여운형[5]을 방문하여 독립방략을 논의하는 가운데 김철, 선우혁, 한진교, 조동우 등이 가담하면서 조직되었다.[6] 신한청년당의 대표를 맡은 여운형은 창당 직후 선천에서 열리는 9월 정기노회에 출석한다는 이유로 국내에 들어왔다. 그는 평양과 서울에서 각각 이승훈과 이상재를 만나 신한청년당의 창당사실을 알리고, 제1차 세계대전의 종전 후 세계정세와 한국독립문제를 논의한 후 상해로 돌아왔다.[7]

제1차 세계대전이 끝나자, 미국 대통령 윌슨은 찰스 크레인을 중국에 특사로 파견하여 1919년 1월 열리는 파리강화회의에 임하는 미국 정부의 입장을 설명하고, 중국대표의 파견을 요청하였다. 이 때 크레인을 위한 상해지역 범태평양회의 환영행사에 신한청년당 대표로 여운형이 참석하였다. 이 자리에서 크레인은 파리강화회의에서 피압박민족의 의견이 크게 존중되어 처리될 것이며, 중국도 대표를 파견하여 산동문제의 해결을 도모함이 좋을 것이라는 요지의 연설을 하였다. 강연을 들은 여운형은 파리강화회의가 한국독립의 절호의 기회라 여겨 크레인에게 한국민족의 대표파견 가능성을 타진하고 긍정적인 반응을 얻어냈다.[8] 이에 여운형은 곧바로 신한청년당 회의를 소집하여 파리강화회의에 한국대표를 파견하고 독립청원서를 발송할 것, 그리고 국내외 민족운동가들에게 밀사를 파견하여 이 사실들을 알릴 것을 합의하였다.[9] 여운형은 장덕수와 함께 크레인을 통해 미국 윌슨 대통령에게, 상해 〈밀라드 리뷰〉지의 사장 밀라드

를 통해 파리강화회의 의장에게 보낼 독립청원서 2통을 작성하여 각각 전달해 달라고 부탁했다.[10]

신한청년당과 여운형은 언더우드 학당 출신으로 미국유학을 다녀와 영어에 능통한 김규식을 파리강화회의 한국대표로 선발하였다. 여운형은 중국대표 수행원의 배표 하나를 양보 받아, 김규식이 1919년 2월 1일 상해를 떠나 파리로 출발하도록 하였다. 신한청년당이 한국 민족대표로 김규식을 파리강화회의에 파견했다는 사실은 그후 3·1운동에 중대한 영향과 의미를 갖는 사건이었다. 이 사실은 국내의 애국자, 국민들과 재일유학생들에게 밀사를 통해서 통보되었고, 한국인들은 김규식의 주장이 바로 한국 민족 전체의 의사임을 전 세계에 천명하였다. 이를 계기로 3·1운동을 일으킬 수 있었다.[11]

신한청년당은 거족적인 3·1운동을 위해 국내에 당원인 선우혁, 김철, 서병호, 김순애, 백남규를 파견하였다. 선우혁은 서북지역에 잠입하여 기독교 측 인사인 이승훈 장로, 길선주와 양전백 목사를 만나 파리강화회의에 김규식을 파견한 사실을 알리고, 국내에서 독립만세 운동을 일으킬 것을 합의한 후 상해로 돌아왔다. 또한 김철은 서울에 잠입하여 천도교 측 손병희 등과 접촉하여 김규식 일행이 파리에서 사용할 자금의 송달과 독립만세운동을 협의한 후 돌아갔다. 서병호는 서울과 대구, 김순애는 대구, 백남규는 호남지방에서 동일한 활동을 하고 상해로 돌아갔다. 한편 신한청년당은 일본에도 밀사를 파견하였다. 조용운이 1차로 동경에 파견되어 유학생들에게 김규식의 파리강화회의 파견을 알리고, 1919년 2월 초순에 독립선언을 하기로 합의하고 상해로 돌아왔다. 2차로 장덕수가 일본으로 가 독립운동을 고취시키고, 이광수는 3차로 동경에 파견되어 2.8독립선언서를 기초하였다.[12] 이처럼 신한청년당과 대표 여운형은 동경유학생들의 2.8독립선언과 국내 3·1만세운동에 직접적이고 지대한 영향을

미쳤다.[13)]

　국내외에 밀사를 파견한 여운형은 자신이 직접 당시 독립운동의 중심지인 만주와 노령을 방문하여 독립운동을 고취시켰다.[14)] 1919년 1월 20일, 여운형은 상해를 출발하여 길림의 장춘현에 도착하여 독립운동가 여조현, 여준 그리고 노령의 니콜리스크에 박은식, 이동녕, 문창범, 조완구, 원세훈, 이승복 형제를 만나 파리강화회의에 김규식을 파견한 것과 독립운동을 봉기할 절호의 기회가 왔음을 알렸다. 블라디보스토크에서는 채성하, 강우규, 이발(이동휘 부친), 김치보, 정재관, 강한택, 오영선, 김구하, 이강 등을 만나서 독립운동 전반에 대해 협의하였다. 이 때 북간도 지역 전 간민회 회장 김약연과 총무 정재면이 블라디보스토크로 와서 여운형을 만났다. 이들과의 만남으로 2월 25일 노령지역의 니콜라스크에서 독립선언대회를 열기로 합의하였다.[15)]

　여운형의 이러한 활동은 해당 지역의 독립운동에 커다란 성과를 내었다. 첫째, 여운형의 노령방문으로 1919년 2월 25일 니콜라스크에서 전로한인대회가 개최되었고, 이것이 모체가 되어 3·1운동 후 블라디보스토크에서 노령 '대한국민의회'로 발전되었다. 둘째, 여운형의 제의와 권고에 따라 노령동포들은 윤해와 고창일을 파리강화회의의 노령 한인 대표로 파견하였다. 셋째, 여운형의 활동으로 간도의 '대한국민회'가 김약연과 정재면에 의해 조직되었다. 넷째, 만주 노령에서 발표된 독립선언서인 〈무오독립선언서〉는 여운형의 당시의 활동과 관련하여 1919년 2월에 선포되었다. 여운형은 이처럼 만주와 노령 지역에서 눈부신 활약을 하고 블라디보스토크를 출발하여 상해로 돌아오던 중 1919년 3월 6일 하얼빈 여관에서 국내의 3·1운동 소식을 들었다. 그는 3월 15일 봉천에서 3·1운동이 전국적으로 봉기가 확산되고 있다는 소식을 듣고 급히 상해로 돌아왔다. 신한청년당과 여운형의 활동[16)]은 3·1운동 봉기의 진원지였으며, 결정

적으로 중요한 공헌을 하였다.[17]

2. 국내 3·1운동 준비참여: 손정도와 현순

중국 상해에서 조직된 신한청년당과 그 대표인 여운형이 3·1운동 봉기의 진원지였다면, 상해 임시정부 탄생에 주도적인 역할을 한 인물들은 손정도와 현순이었다. 손정도[18]는 1901년 숭실중학에 입학하여 1907년 졸업하였다. 이어 숭실대학에 입학하여 2학년까지 다녔으나 평양 남산현 교회에서 새벽기도 중 '민족의 운명을 양 어깨에 메고 가는 종교적 신비체험'[19]을 한 후 목회에 뜻을 두고 협성신학교에 입학하였다. 그 후 상동교회에 출석하여 전덕기 목사의 신앙지도를 받았는데, 이곳에서 이승만, 이동녕, 이시영, 장지영, 이준, 노백린, 조승한, 이갑, 최남선, 이필주 등과 친교를 맺게 되었다.[20] 상동교회에서는 전덕기 목사가 상동청년회와 그 부속기관으로 상동청년학원을 운영하고 있었는데, 이곳에 모이는 애국지사들을 〈상동파〉라 불렀다. 손정도는 전덕기 목사가 주도하는 〈상동파〉의 영향으로 일찍이 구국운동에 눈을 떴다. 이 〈상동파〉는 1907년 귀국한 도산 안창호와 연계되면서 이승훈 등 서북파 애국인사들을 포함하는 비밀결사조직 〈신민회〉로 발전하였다.[21] 손정도는 1910년 5월 서울 정동교회에서 개최된 연회에서 중국 선교사로 파송 받아 북경에서 활동하면서 안창호와 서신왕래를 통해 국내와의 독립운동 계획을 주고받은 것으로 보아 아마도 그 이전에 안창호를 만나 의기투합하여 〈신민회〉

의 일원이 된 것으로 추정된다.[22]

　손정도가 본격적으로 민족운동에 뛰어든 것은 1919년 초였다. 1918년 말 갑자기 정동교회 목사직을 사임한 손정도는 서울을 떠나 평양의 보통강변에서 은거하였다. 그가 갑작스럽게 정동교회를 떠난 것은 1918년 8월 20일 상해에서 조직된 신한청년당과 관련이 있었다. 1919년 1월 하순 상해에서 신한청년당의 밀사로 온 선우혁이 선천에 와서 이승훈을 만나 독립운동을 일으킬 것과 민족대표를 파리에 파견할 경비마련을 부탁하였다. 이 때 손정도는 평양 보통강변의 은거지에서 독립운동을 위해 분주히 사람들을 만나고 다녔다.[23] 김창수와 김승일에 의하면, 서북지역의 민족지도자 이승훈을 자주 만나 독립운동과 그 경비문제에 대해 의논했다고 한다.[24]

　그런 가운데 이화학당 통역교사 하란사가 평양 기홀병원 선교사 그레이스 하우스를 통하여 조선왕실이 의친왕 이강과 자신을 파리강화회의에 밀사로 파견할 것을 결정하였고, 손정도가 도우라는 밀명을 보내왔다.[25] 손정도는 기홀병원에 입원해 있던 이승훈 선생에게 이 사실을 알리고 친구인 평양 남산현교회 신흥식 목사에게 3·1 독립만세운동의 준비작업을 인계한 후, 급히 중국행 열차로 출발하였다.[26] 김창수와 김승일에 따르면, 당시 손정도는 파리강화회의에 참가하려는 의친왕 이강과 하란사를 파리로 밀항시키기 위해 먼저 상해로 망명해 갔던 것이다.[27] 손정도가 중국으로 떠난 후 신흥식 목사는 그 길로 서울에 올라가 YMCA 간사인 박희도를 만나 독립운동에 대하여 의견을 나누었다. 그 후 박희도는 신흥식, 오화영, 정춘수, 이승훈을 자신의 집으로 불러 이들과 회합을 가졌고, 2월 19일에는 남대문 제중병원 내 이갑성의 집에서 감리교 측과 장로교 측 인사들이 모임을 개최하였다.[28]

　한편, 현순[29]은 민족운동과 일정한 거리를 유지하며 복음전파에 헌신하였다. 그러던 어느 날 우연히 3.1운동을 준비하는 인사들의 모임에 참석한 뒤 망명과 더불어 힘난한 독립운동의 길로 들어섰다. 현순은 일본유학 중이던 1910년 심의성이라는 친구의 전도로 YMCA 성경반에 참석하면서 회심하고 기독교인이 되었다. 귀국 후 감리교 선교사 존스과 최병헌의 배려로 정동교회에서 설교하였고, 1911년 상동교회 목사가 되었다. 1914년부터는 정동교회 목사가 되어 부흥사로 이름을 날리며 목회사역에 전념하였다.[30]

1919년 1월 중순 평안북도 의주 장로교회의 초청을 받아 부흥사경회, 새벽기도회 등을 인도하고 2월 초 서울로 올라왔다. 그뒤 어느날 〈기독신보사〉 사장 김필수 목사가 제중원 약방주임 이갑성의 집에 그를 데려갔다. 그 집에는 이승훈, 함태영, 안세환, 이갑성, 오기선, 박희도 등 장로교와 감리교 측 인사들이 함께 모여 있었다. 2월 19일의 일이었다.[31] 그들은 일본 한인 유학생들의 2·8독립선언, 미주 대한인국민회와 중국 상해 신한청년당이 각각 추진하던 파리강화회의의 대표 파견 계획 등에 대하여 의견을 나누었다. 그리고 '국내에서도 거국적인 운동을 일으켜야 한다'는 결정을 하였다. 참석자들은 밤새도록 토의한 후, 천도교 측과 합동운동으로 전개하는 방안을 결의하였다.[32] 또한 국내에서의 운동을 해외 동포들에게 알리며 한국독립에 대한 세계여론을 일으키기 위해 현순에게 외교통신 업무를 부여하고 그를 상해에 파견하기로 결정했다.[33]

다음날인 2월 20일 밤, 이승훈과 현순은 천도교 측의 최린을 찾아가 손병희의 거사참여 의사를 확인하고, 독립선언서에 서명할 인사들을 물색하기 시작하였다. 22일 밤 이승훈과 현순은 다시 최린을 만나 거사진행을 협의하고, 천도교 측으로부터 거사경비 2,000원을 받기로 하였다.[34] 2월 23일 이승훈은 천도교 측으로부터 2,000원을 받아, 1,000원은 국내 거사자금으로 쓰고, 나머지 1,000원은 현순의 상해행 경비로 지급했다. 현순은 2월 24일에 외교통신 업무를 띠고 중국 상해로 떠났다. 이어 2월 26일, 기독교 측 인사들이 정동 이필주 목사 사무실에 모여 기독교 측과 민족대표 16명을 확정하고 최남선이 작성한 독립선언서 초안을 보고 동의하였다.[35] 그후 3월 1일 평양과 서울에서 거족적인 3.1만세운동이 일어났고, 전국적으로 확산되어갔다.

이상의 사실들을 종합해 보면, 손정도는 협성신학교 신학생 시절 상동교회에 출석하면서 신민회 인사들을 알게 되었고, 이들이 주축이 되어 조직한 신한청년당에 가입하여 3·1운동을 준비하게 된다. 이후 손정도는 정동교회 목사직을 갑자기 사직하고 평양의 보통강변에 은거하며 3·1운동을 준비하였다. 이 과정에서 손정도는 의친왕 이강의 파리강화회의 파견을 도우라는 조선왕실의 밀명을 받고, 이를 실행하기 위해 급히 중국으로 떠나게 된다. 한편, 현순은 목회에 종사하던 중 우연히 3·1운동을 준비하는 긴박한 상황과 시점에 참여하여 민족대표들로부터 외교통신 업무를 부여받아 상해로 향하게 된다. 이후 현순은 상해 독립운동가들을 모아 독립사무소를 설치하여 임시정부 수립의 주도적 역할을 하게 된다.[36]

Ⅲ. 대한민국임시의정원과 임시정부의 수립과정

1. 현순의 〈상해 독립임시사무소〉 설치와 활동

정동교회에서 목회를 하던 현순이 민족대표로 파송 받아 상해에 도착한 것은 중국대륙에서 망명정부를 수립하려는 계획의 일환이었다. 이러한 중대한 일이 성공리에 끝날 수 있도록 밀명을 받은 사람들이 바로 현순과 최창식[37]이었다. 기독계 민족대표 일부가 3·1독립운동 선언식에 참석하지 않고 별도로 독자적인 운동을 하게 된 것은 이러한 계획을 성사시키기 위해서였다. 손정도는 파리강화회의에 밀사 파견 계획을 실현시키기 위해, 현순은 〈상해독립사무소〉의 설립을 추진하려던 목적 때문에 3·1독립운동 선언식에 참여하지 않았던 것이다. 이러한 사실은 기독교계가 3·1운동뿐만 아니라 그 후에 전개될 독립운동까지도 체계적으로 계획하고 준비했다는 사실을 보여 준다.[38]

> **〈독립임시사무소〉의 활동목표 세 가지**
> 첫째, 3·1운동 소식을 세계에 알리는 것
> 둘째, 국내외 주요 독립운동단체 대표자들을 상해로 모아 향후의 진로와 방향을 모색할 수 있도록 주선하는 것
> 셋째, 독립운동의 최고기관을 조직하는 것

현순은 상해에 도착한 후 장로교 선교사 피치를 찾아갔다. 현순은 그의 안내로 선우혁을 만났고, 현순과 최창식은 3월 2일 밤 선우혁을 통해 신규식, 이광수, 신헌민, 김철 등과 만났다. 현순은 이 자리에서 자신이 국내 민족대표의 파송 받아 상해에서 외교·통신활동을 하기 위해 왔음을 알렸다.[39] 3월 4일 상해에 3·1운동 봉기 소식이 전해지자, 현순은 상해 독립운동가들을 소집하여 의논한 후 최린이 준 돈으로 프랑스 조계 보창로 329호에 〈독립임시사무소〉를 설치하였다. 현순은 이 사무소의 대표격인 총무를 맡고 이광수, 여운홍이 통신과 서기, 신규식과 신헌민이 서무, 김철과 선우혁이 재무업무를 맡았다.

〈독립임시사무소〉의 활동목표는 세 가지였다. 첫째, 3·1운동 소식을 세계에 알리고 둘째, 국내외 주요 독립운동단체 대표자들을 상해로 모아 향후의 진로와 방향을 모색할 수 있도록 주선하며 셋째, 독립운동의 최고기관을 조직하는 것이었다.[40] 현순은 3월 4일 최창식을 통해 입수한 〈3·1독립선언서〉를 이광

수와 함께 영문으로 번역하여 프랑스, 미국, 영국, 이탈리아, 벨기에, 중국 대표들에게 전보로 발송하였고 3월 9일에는 미국 샌프란시스코에 본부를 둔 '대한인국민회' 중앙총회에 알렸다. 현순의 전보를 받은 미국 '대한인국민회'는 4월 14일부터 16일까지 3일간 필라델피아에서 집회를 개최하였고, 안창호는 중국 상해로 출발하였다.[41]

한편, 현순은 중국 내에서의 선전활동을 위해 3월 8일 최창식과 함께 북경으로 갔다. 이곳에서 현순과 최창식은 하란사와 손정도를 만났다. 하란사는 이화 학당에서 가르치던 중 고종의 밀지를 받고 의친왕 이강을 파리강화회의에 파견하려는 계획을 추진하고 있었다. 아마도 손정도는 하란사를 돕기 위하여 모종의 임무를 띠고 북경에 왔던 것으로 추측된다. 그러나 고종의 급사로 포기했다는 소문이 돌고 있었다.[42] 여기에 현순과 최창식이 합류한 것이다. 그러나 하란사가 유행성 감염으로 갑자기 사망하는 바람에 현순과 손정도는 다시 상해로 돌아갔고, 최창식은 자금을 모금하기 위해 국내로 돌아갔다.[43]

1919년 3월 25일 현순은 손정도와 함께 상해로 돌아온 후 김신부로에 있는 프랑스인의 집에서 유숙하였다.[44] 다음날 현순과 손정도는 각지에서 모여든 인사들과 함께 보창로에서 독립운동의 최고기관은 수립하는 문제에 대해 논의하였다.[45] 〈상해독립임시사무소〉에서 활동하던 이동녕, 이회영과 이시영, 이광, 조성환, 조소앙 등이 함께했다. 이 날의 모임은 손정도가 현순을 지원하는 형태로 전개되었다. 〈현순자사〉에 의하면, 현순이 회의를 주도했고, 조소앙이 열변을 토하며 신속히 최고기관을 수립할 것을 주장했는데, 현순은 국내로부터의 명령을 기다려야 한다고 하면서 이들의 주장을 물리쳤다.[46] 이런 기록은 현순과 손정도가 다른 인사들과는 달리 언제나 국내 독립운동계와 연계하며 활동하고 있었던 사실을 보여준다.[47]

이날 의제는 독립운동의 최고기관을 건립하는 안이었다. 임시의장 현순은 국내의 운동을 지원하는 재외기관 설치안을 통과시키고, 현순, 이동녕, 이시영, 조소앙, 이광, 조성환, 신한민, 이광수 등 8명을 연구위원으로 선출하였다. 그러나 독립운동의 최고기관인 〈임시정부〉를 조직하는 과정은 각지에서 온 독립운동가들 사이에 의견이 대립하여 합의가 잘 이루어지지 않았다.[48] 이런 상황 속에서 〈독립임시사무소〉를 이끌던 현순과 이광수는 민족대표 33인의 의사를 확인한 후 정부를 조직하자고 주장하였다. 더 나아가 이들은 천도교 교주 손병희를 대통령으로 추대하는 독자적인 '임시정부안'을 만들고, 국내로 이봉수를 보내 천도교 측과 민족대표들에게 의사를 타진하였다. 미주에 있던 이승만에게는 현순이 전보로 의사를 타진하였다. 그들이 민족대표들의 의사를 반영하고자 했던 것은 그 정통성을 인정받음으로 국내외 독립운동 세력들 사이에 임시정부 수립을 둘러싼 갈등과 대립을 해소하고자 함이었다.

그러나 3월 말까지 오기로 한 이봉수가 도착을 못하고 있는 사이 4월 8일 '경성독립본부'(신한민국정부)의 강대현이 이동휘를 집정관으로 추대하는 각원 명단과 임시정부 헌법을 가지고 상해에 나타났다. 뒤이어 4월 10일에 이봉수가 상해로 돌아왔다. 그리하여 4월 10일 오전 〈독립임시사무소〉에서 활동하던 29명의 독립운동가들이 임시정부의 정청으로 쓰기 위해 마련해 둔 프랑스조계의 한 양식주택에서 모였다. 이 자리에서 이광수는 그동안 임시정부 조직이 지연

되었던 이유를 설명하고, 정부조직에 관한 모든 일들을 모임에 참여한 모든 분들께 맡기겠다고 말했다. 현순은 3·1운동 직전 민족대표의 파송을 받아 상해에 〈독립임시사무소〉를 설치하고 임시정부를 조직하기 위하여 백방으로 노력했으나, 노령과 상해, 만주 지역 등에서 온 독립운동 세력들 간의 입장 차이로 인하여 현순 주도의 임시정부 수립은 어려워졌다.

2. 〈임시의정원〉과 〈임시정부〉의 수립

이광수의 설명과 더불어 〈독립임시사무소〉의 역할은 끝나고 그날 저녁 10시부터 회의가 진행되었다. 손정도와 이광수의 제의에 따라 각 지방 대표회를 먼저 구성하기로 하고 29명의 인물들을 선출하였다. 밤을 새워가며 제1

> **〈임시의정원〉 제1회 회의 다섯 가지 의제**
> 첫째, '대한민국 임시의정원'으로 회의체 이름 제정
> 둘째, '대한민국'으로 국호 제정
> 셋째, 정부조직 구성과 내각 구성원 선발
> 넷째, 〈임시헌장〉 제정
> 다섯째, 대한민국 임시정부 명의의 〈선서문〉과 〈정간〉 채택

회 회의가 개최되었다. 다섯 가지 중요한 의제가 논의되었다. 먼저 조소앙이 동의하고 신석우가 제청하여 회의체의 이름을 '대한민국 임시의정원'으로 정했다. 이는 대한민국이라는 국가를 세우며 최초의 입법기관으로 '임시의정원'을 출범시킨 것이다. 이들의 명단을 살펴보면 다음과 같다.

⟨표 1-1⟩ 제1회 임시의정원 의원 일람[49]

성명	출생지	학력	종교	국내 활동	망명 후 활동
김대지	경남			3.1운동	임정 교통처장
김동삼	경북	한 학		계몽운동, 신민회	
김 철	전남	경성사립대동학교	기독교		신한청년당
남형우	경북	보성전문	기독교	대동청년당,신민회	임정 법무총장
백남칠	경북	미국 로녹대학			임정 외무위원
선우혁	평북	숭실중,금릉신학교	기독교	신민회,105인사건	동제사,신한청년당
손정도	평남	숭실전문,협성신학교	기독교	3.1운동	임시의정원의장
신석우	서울	와세다대학			동제사
신익희	경기	와세다대학		보성전문강사	임정 내무총장
신채호	충북	한 학	대종교	신민회	동제사
신 철					
여운형	경기	금릉대학	기독교	계몽운동	신한청년당
여운홍	경기	미국 워스터대학	기독교		신한청년당
이 광	충북	남경 국민대학	대종교	신민회	신흥학교,동제사
이광수	평북	와세다대학	기독교	2.8독립선언서	신한청년당
이동녕	충남	한 학	대종교	신민회	임시의정원의장
이시영	서울	한 학	대종교	신민회	경학사,신흥학교
이영근	경남				상해대한적십자회
이회영	서울	한 학	대종교	신민회	임정 재무총장
조동진	경상				
조동호	충북	금릉대학	기독교		동제사,신한청년당
조성환	서울	육군무관학교	대종교	무관, 신민회	동제사, 임정
조소앙	경기	메이지대학		대동법률전문교원	신한청년당,임정
조완구	서울	한성법학전수학교	대종교	한말내부주사	임시정부 참여
진희창	서울				
최근우	경기	동경고등사범학교		2.8독립선언	
한진교	평남	양정의숙	기독교		신한청년당
현 순	경기	일본 순천구합사	기독교	3.1 운동	임시정부 참여
현장운					

이상의 임시의정원 29명의 명단을 살펴보면, 각 지방대표라고 불리었지만 대부분 서울과 경기, 충청지역 출신이었다. 종교적으로 분석하면 기독교가 11

명, 대종교가 7명, 확인되지 않은 사람이 11명이다. 대종교인 가운데 이동녕, 이시영, 이회영 등 은 한말 기독단체 인 상동청년회에 서 활동하면서 기 독교에 입교하였 던 인물들이고, 신

> 임시정부 초대 각료 총 14명 가운데 5명이 기독교이었다. 특히 임시정부의 수반인 국무총리 이승만, 내무총장 안창호, 외무총장 김규식은 국외독립운동의 대표적 인물들로 일찍이 기독교에 입교하여 기독교신앙으로 민족의 독립운동을 해오던 지도자들이었다.

석우와 신익희는 나중에 기독교인이 되었다. 전체적으로 보면 기독교인이 주류를 이루고 있는 것으로 보인다. 이들은 무기명 투표를 통해 초대 임시의정원 의장에 이동녕, 부의장에 손정도, 서기에 이광수와 백남칠을 선출하였다.[49] 이 후 손정도는 임시의정원 부의장(4.11)으로 시작하여 임시의정원 의장(4.13), 임시정부 평정관(4.16), 임시정부 의정원법 기초위원(4.25), 1921년에는 임시정부의 교통총장을 역임하면서 임시정부와 의정원의 조직체계를 잡는 데 깊이 참여하였다.[51]

두 번째 결정사항은 국호와 연호를 제정하는 것이었다. 신석우의 동의와 이영근의 제청으로 '대한민국'이 결정되었다. 세 번째로 정부조직 구성과 내각 구성원을 선발하였다. 이 회의에서는 국무총리를 수반으로 하여 국무원에 내무, 외무, 재무, 교통, 군무, 법무의 6부를 두도록 하였다. 상해 임시정부는 각부의 대표자들을 총장으로 하였다. 그러나 총장 선출결과 대부분 상해에 있지 않아 업무를 진행시킬 차장제를 두기로 결정하였다. 그 결과 다음과 같은 정부의 편재와 인물로 임시정부가 출범 되었다.[52]

〈표 1-2〉 임시정부 초대 각료 명단

직 책	성 명	직 책	성 명
국무총리	이승만	국무원 비서장	조소앙
내무총장	안창호	차 장	신익희
외무총장	김규식	차 장	현 순
재무총장	최재형	차 장	이춘숙
군무총장	이동휘	차 장	조성환
법무총장	이시영	차 장	남형우
교통총장	문창범	차 장	선우혁

이상의 임시정부 초대 각료 총 14명 가운데 5명이 기독교이었다. 특히 임시정부의 수반인 국무총리 이승만, 내무총장 안창호, 외무총장 김규식[53]은 국외 독립운동의 대표적 인물들로 일찍이 기독교에 입교하여 기독교신앙으로 민족의 독립운동을 해오던 지도자들이었다. 또한 외무차장 현순은 정동교회 목사로 임시정부 탄생의 산파역을 하였고, 교통차장 선우혁은 신한청년당의 일원으로 국내에 파송되어 평안도 지역의 3·1운동을 이끌어 낸 기독교인이었다. 이외에도 군무총장 이동휘는 사회주의자로 전향하기 전 기독교에 입문하여 상동교회의 전도사로 시무하였고, 법무총장 이시영도 상동청년회의 일원으로 활동하였다. 이렇게 볼 때 상해 임시정부의 초대 각료 14명 가운데 많게는 7명의 인사가 기독교와 관련이 있는 인사들이었다. 대한민국 임시정부 수립을 기독교 인사들이 주도했다고 해도 과언이 아니었다.

네 번째, 〈임시헌장〉을 제정하였다. 이시영, 조소앙, 남형우, 신익희 등 법조계 출신이나 법률을 전공한 인물들이 나서서 〈임시헌장〉을 마련하였다. 대한민국임시정부의 〈임시헌장〉은 전문과 국체, 정체 및 기본권 등 10개 조항으로 구성되었다. 〈임시헌장〉은 제1조에서 '대한민국은 민주공화제'라 규정하였다. 이것은 대한민국임시정부가 역사적으로는 전제군주제인 '대한제국'의 법통을 이어받았으나, 정부형태에 있어서는 대한제국의 전제 군주제를 청산하고 서구식 민주공화제를 수용했음을 보여준다. 다섯 번째 결정사항은 대한민국임시정부 명의의 〈선서문〉과 〈정강〉을 채택한 것이다. 이 회의는 1919년 4월 10일부터 개회하여 이튿날 오전 10시에 폐회되었다. 불과 12시간 만에 대한민국 임시정부의 조직이 완료되었던 것이다.[54]

3. 안창호와 현순의 임시정부 통합운동

3·1운동이 일어난 후 민족을 대표한다는 임시정부가 여러 지역에서 수립되었다. 1919년 3월 2일 노령의 '대한국민의회', 4월 11일 상해의 '대한민국임시정부', 그리고 4월 23일 서울의 '한성정부'가 각각 수립되었다. 이 밖에도 '조선민국임시정부'나 '신한민국정부'와 같이 실체가 없는 일종의 전단정부들이 등장하였다. 그런 가운데 1919년 4월 하순 한남수, 이규갑 등이 서울에서 '국민대회'를 개최하고 조직을 선포했다는 한성정부의 각료명단을 가지고 상해에 나타나 각지에 있는 임시정부의 통합문제가 대두되었다. 한성정부의 조직은 집정관총재 이승만, 국무총리 이동휘 등 국외 인사들로 구성된 망명정부의 형태였으나, 이 정부를 누가 어디에 어떻게 수립할 것인가에 대한 계획이 없는 '조선민국임시정부'나 '신한민국정부'와 같은 일종의 전단정부와 다름이 없었다. 따라서 상해임시정부는 처음부터 한성정부의 존재를 인정하지 않았다.[55]

그러나 상해 임시정부의 국무총리로 추대된 이승만이 미국에서 자신을 대내적으로는 한성정부의 집정관총재, 대외적으로는 대통령으로 사용하면서 한성정부의 정통성을 주장하여 상해 임시정부의 대표성 문제가 제기되었다. 이 문제가 발생하자, 상해임시정부의 내무총장으로 선임된 안창호[56]가 각지에 있는 임시정부들의 통합문제를 떠맡게 되었다. 안창호는 미주 대한인국민회 중앙총회장이었으나 임시정부의 내무총장으로 선임되자, 미국을 떠나 5월 25일 상해에 도착하였고, 6월 28일 내무총장에 취임하였다. 그는 그 자리에서 공석으로 있는 상해임시정부의 국무총리 대리를 겸하게 되면서 독립운동세력의 단합의 필요성을 역설하였다.

안창호는 제1차 각의를 열어 상해임시정부를 한성정부에 맞추어 개조하고, 노령 '대한국민의회'와 상해 '임시의정원'을 통합하여 의회를 구성하기로 결의하였다. 그는 한성정부 집정관 총재로 추대된 이승만과 국무총리 총재로 추대된 이동휘를 상해로 불러들여 파행적으로 운영되어 오던 임시정부를 정상화시키고자 하였다. 이를 위해 안창호는 현순과 김성겸을 블라디보스토크로 파견하여 이동휘를 설득하고, 이승만에게 전보를 띄워 임시정부를 한성정부 조직으로 개조하여 대통령에 추대하겠다고 약속하였다. 현순은 8월 말 블라디보스토크에 도착하여 이동휘에게 임시정부 통합안을 설명하였다. 이에 동의한 이동휘는 현순과 함께 블라디보스토크에서 출항하여 9월 18일 상해에 도착하였다.[57]

그래서 안창호는 상해임시정부의 승인 개조작업에 착수하였다. 그는 정부 수반을 국무총리제에서 대통령제로 바꾸고 내각책임제를 가미한 일종의 절충형 정부를 제안하였다. 행정조직도 6부에서 7부 1국으로 확장하였다.[58] 이러한 내용은 '한성정부'의 조직과 노령 '대한국민의회'의 각원을 수용한 것으로, 안창호가 미국 이승만 세력과 노령 이동휘 세력을 상해임시정부 조직으로 통합하고자 한 것이었다. 이 개조안에 대한 적지 않은 논의가 있었지만, 1919년 9월 11일, 상해 임시의정원에서 통과됨으로 〈대한민국임시정부〉가 탄생하였다.[59]

이 과정에서 상해임시정부는 '한성정부'의 법통성과 조직을 노령의 '대한국민의회' 정부안에서는 각료를 선별적으로 채택하였고, 상해임시정부의 〈의정원 헌법〉, 〈포고문〉 등을 수용하였다. 이로써 상해임시정부는 마침내 단일통합 정부로서의 법통성을 확립하였다.[60] 대한민국 임시정부는 중국 관내, 만주, 연해주, 미주지역과 국내의 독립운동 세력의 지지 속에 출범하였다. 이념적으로는 민족주의 세력뿐만 아니라, 사회주의 세력도 일부 참여하였다. 독립운동 노선 면에서는 무장투쟁론자, 실력양성론자, 외교론자 등 서로 다른 견해를 가진 인물들이 함께 참여하였다. 그 결과 상해임시정부 초대 대통령에는 외교론자인 이승만이, 국무총리에는 한인 사회당 세력인 이동휘가 선임되었고, 내무총장에는 이동녕, 외무총장에 박용만, 군무총장에 노백린, 학무총장에 김규식, 법무총장에 신규식, 재무총장에 이시영, 노동국 총판에는 안창호가 선임되었다.[61] 그러나 이 내각의 사실상 중심인물들은 이승만, 이동휘, 안창호로 이른바 '삼두체제'였다.

통합정부의 출범식은 11월 3일에 거행되었다. 이날 국무총리 이동휘, 내무총장 이동녕, 법무총장 신규식, 재무총장 이시영, 노동총판 안창호만 정식으로 취임하였다. 북경에 있던 이동녕과 이시영은 현순의 설득으로 합동취임식에 참석했다. 3·1독립선언 후 8개월이 지나서야 비로소 한국 독립운동의 최고지도부의 기능과 역할을 맡게 될 임시정부가 출범한 것이었다.[62]

이렇게 되기까지는 안창호와 현순의 역할이 컸다. 특히 안창호는 다양한 이념과 독립운동 방략을 가진 세력들을 설득하고 조율하여 그들의 동의를 얻어냄으로써 명실상부한 임시정부의 통합을 이루어냈다. 그는 상해 임시정부 초기에 국무총리 대리 겸 내무총장의 막강한 지위와 영향력을 지녔음에도, 임시정부의 통합을 위해서는 자신의 직함을 내려놓기까지하였다. 그가 내무총장에서 한 단계 직위가 낮은 노동국 총판으로 자리를 옮긴 것은 임시정부통합을 위한 그의 노력의 일환이었다.

한편, 현순은 임시정부통합을 위하여 각고의 노력을 기울였음에도 불구하고, 상해임시정부와 노령의 대한국민의회 측 사이에 발생한 승인, 개조 분쟁으로 임시정부 내무차장 직에서 물러나게 되었다. 안창호가 현순과 김성겸을 블라디보스토크에 파송했을 때, 노령의 '대한국민의회' 측은 신정부의 각 원은 한성정부의 내각을 그대로 승인하되 상해의 '임시의정원'과 '대한국민의회'는 해체하고 새로운 의회를 구성하여 노령에 두기로 현순이 약속했다는 것이다. 그러나 노령의 '대한국민의회' 측은 통합임시정부가 출범하면서 임시정부 수반으로 집정관 총재 대신 대통령을 사용한 것과 의정원을 그대로 상해에 둔 것을 두고 반발하였다. 이 문제로 교통부 총장에 내정된 노령 출신의 문창범이 취임을 거부하였다.[63] 이 사태를 수습하기 위해 안창호가 사직하겠다는 의사를 밝혔으나, 현순은 이 사태에 대한 책임을 자신이 지고 물러났다. 이처럼 현순은 비록 상해임시정부에서 지도자의 반열에 오르지는 못하였으나 정부의 수립과 통합을 위하여 그에게 주어진 역할과 임무를 충실히 수행하였고, 자신의 책임을 다하였다.[64]

4. 안창호의 〈연통제〉와 〈교통국〉 설치와 차리석의 〈지방선전부〉 활동

임시정부가 수립되자, 안창호는 상해 임시정부의 내무부 내에 가장 먼저 연통제와 교통국을 신설하였다. 이 두 기구는 각각 독립운동 자금의 확보와 국내외의 항일 세력들과 원활한 연락망을 구축하기 위한 시도였다. 1919년 7월 10일 안창호는 국무총리 서리 겸 내무총장의 자격으로 국무원령 제1호로 연통제를 설치하였다. 연통제는 통합임시정부가 출현하여 안창호가 내무총장에서 노동국 총판으로 자리를 옮겼을 때도 그가 계속해서 주도해 나갔다. 연통제는 안

임시정부가 수립되자, 안창호는 상해 임시정부의 내무부 내에 가장 먼저 연통제와 교통국을 신설하였다. 이 두 기구는 각각 독립운동 자금의 확보와 국내외의 항일 세력들과 원활한 연락망을 구축하기 위한 시도였다.

창호가 국내에서 신민회 활동시절 경험한 조직체계를 응용한 것으로, 전국의 도, 군, 면마다 일종의 행정조직으로 각각 감독부, 총감부, 사감부를 설치한 것이었다. 그는 이 연통제 조직이 임시정부의 법령이나 공문을 국내에 전달하고 독립전쟁을 대비하여 군인을 모집하거나 군수품을 조사하는 일, 시위운동을 준비하고 주관하는 일, 애국금을 모으고 통신 연락을 맡는 일 등을 담당하게 하였다.[65]

이 연통제는 안창호의 평생의 동지요, 분신이요, 최측근이었던 동암 차리석[66]과 깊은 연관이 있는 것으로 추측된다. 차리석은 평양 숭실학교 출신으로 신민회 활동으로 4년간 옥고를 치렀으며 안창호가 설립한 평양 대성학교에서 교사로 활동하였다. 차리석은 안창호가 설립한 신민회 회원으로서, 누구보다도 안창호의 이념과 사상을 잘 이해하고 동조했던 인물이었다. 안창호가 연통제를 선포하기 전 이미 차리석은 안창호와의 교감하에 만주의 안동에서 청년들을 중심으로 연통제의 조직 기반을 구축했던 것으로 보인다. 연통부에 참가한 인사들 가운데 평양 숭실학교와 대성학교 출신이 많았던 사실이 이를 증거하고 있다.[66]

안창호는 또한 국내와의 연락 및 교통을 담당하는 임시정부 조직으로 교통국을 설치하였다. 교통국이 가장 먼저 설치된 곳도 만주 안동이었다. 그는 영국인 조지 루이스 쇼(George L. Show)가 경영하는 무역 및 해운업 회사 이륭양행 안에 안동교통사무국을 설치했다. 안창호는 쇼가 운영하는 선박을 독립전쟁을 위한 폭탄, 총기를 운반하는 통로로 사용하고자 하였다. 쇼는 기꺼이 한국의 독립 운동에 적극적으로 협조하였다.[68]

그러나 연통제와 교통국은 일제의 철저한 감시와 탄압으로 큰 효과를 거두지 못하였다. 1919년 12월 대부분의 조직이 발각되어 실효를 거두지 못하게 되었다. 연통제가 무력화되자 안창호는 대안으로 '선전위원회'를 강화하였다. 1920년 1월 9일 임시정부 선전위원장으로 선임된 안창호는 3월 10일 국무원령 3호를 발표하여 지방선전부를 설치하고 그 책임자로 총판을 두었다. 지방선전부는 총판아래 부총판, 이사, 선전원 등의 조직체계를 갖추었고 활동부서로 선전과와 서무과를 두었다. 선전대는 국내에 선전원을 파견해 비밀리에 임시정부를 홍보, 선전하고 국내 상황을 조사, 보고하는 등의 활동을 담당하였다. 지방선전부의 설치는 연통제의 와해로 국내활동이 어려워지자 교통국의 기능을 강화하기 위한 조치였다.[69] 총판은 안창호가 맡았고 부총판은 김철에 이어 이유필이 맡았으며, 이사는 김병조와 차리석이 맡았다. 특히 지방선전부 이사를 맡은 차리석은 안동청년단의 활동을 경험으로 선전활동을 통해 국내의 실상과 각종 정보를 파악하는 한편, 임시정부의 각종 포고문, 경고문, 선전문 등을 국내에 전파하였다.[70]

그러나 1920년 7월 핵심거점이던 교통국 안동지부가 일제에 발각되자, 지방선전부의 활동도 점차 침체되었다. 연통제와 지방선전부의 연이은 침체는 임시정부 내에서 안창호의 입지를 약화시키는 결과를 초래하였다. 결국 임시정부의 분열을 막기 위해 동분서주하던 안창호가 1921년 국민대표회의 개최를 주장하며 임시정부를 떠나면서 지방선전부도 유명무실해졌다. 이후 차리석은 임시정부의 〈독립신문사〉로 복귀하였다.[71]

Ⅳ. 임시정부 수립 후 중국 관내 기독교인들의 활동

1. '국민대표회의' 소집과 활동

1919년 11월 임시정부가 통합되긴 하였지만 임시정부의 초대대통령인 이승만이 상해에서 취임하지 않았다. 그는 미주에 머물러 있으면서 임시정부 대통령 직함으로 외교활동을 하였고, 정부공채를 발행하여 사용하였다. 이에 상해 임시정부 인사들 사이에 대통령 이승만에 대한 불만이 표출되었고, 국무총리 이동휘는 대통령 불신임운동을 벌이면서 임시정부가 큰 혼란에 빠지게 되었다. 특히 북경에서 활동하던 신채호는 미국 윌슨 대통령에게 위임청원을 제출한 이승만을 비난하였고, 통합임시정부의 외무총장으로 임명된 박용만은 취임도 하지 않은 채 임시정부를 비판하였다.

이러한 상황 속에서 임시정부는 12월 12일 국무회의를 통해 대통령 이승만이 조속히 상해에서 취임할 것을 요구하였다. 그러나 이승만은 여전히 미국에 거주하면서 임시의정원의 승인도 없이 대통령령을 남발하였고, 이에 임시정부 차장회의에서 대통령 불신임안을 제출하였다.[72] 안창호는 이승만에게 조속히 귀국할 것을 종용하고 임시정부 인사들에게 개인적 비난을 삼갈 것을 호소하였다. 결국 1920년 12월 5일, 이승만은 상해에 도착하여 대통령 직무를 수행하기 시작하였다.

그러나 임시정부의 조직은 대통령제이면서 내각책임제를 가미한 형태였기에 얼마 지나지 않아 대통령 이승만과 국무총리 이동휘 사이에 권한과 책임을 놓고 분쟁이 발생하였다. 이에 1920년 말 이동휘는 대통령 권한을 축소하기 위해 임시정부 내각을 국무위원제로 변경할 것과 행정처리를 국무위원의 공결로

하자는 의안을 제출했다. 그러나 이승만을 지지하는 세력들의 반대로 부결되었다. 그러자 이동휘는 1921년 1월 24일 국무총리 직을 사퇴하고 임시정부를 떠났다. 또한 임시정부는 통합과정에서 나타난 각 세력과 계파 간의 이념과 노선의 갈등, 그리고 재정적인 압박이 가중되면서 분열이 노정되었다.

특히, 이승만의 개인적인 문제는 내분을 격화시켰다. 이승만은 3·1운동 직전 미국 윌슨 대통령에게 한국의 국제연맹 위임통치를 청원하였는데, 이에 대한 의혹을 이승만이 제대로 해명하지 못하게 되면서 임시정부 안팎에서 그에 대한 불만과 비판이 쇄도하였다. 그리하여 1921년 2월 박은식, 김창숙, 원세훈 등 14명은 임시정부의 근본적 개혁을 요구하는 〈아 동포에게 화함〉이라는 선언서를 발표하였다. 이 선언의 주요 내용은 임시정부의 무능과 분열을 비판하고 근본적인 개혁을 위해 국민대표회의를 요구하는 것이었다.[73] 수뇌부 내부의 정책과 노선의 갈등으로 현재의 임시정부 형태로는 더 이상 독립운동의 중추역할을 할 수 없다고 판단한 안창호는 주변의 국무총리직 취임 권유를 사양하고 5월 12일, 노동국 총판직을 사임하였다. 또한 반대파의 비판에 직면한 초대 대통령 이승만도 임시정부의 난제를 해결하지 못한 채 1921년 5월 29일 하와이로 떠났다.[74]

임시정부에서 물러난 안창호는 1921년 5월 12일과 19일 "독립운동의 진행책과 시국문제의 해결방침"이라는 제목으로 시국강연회를 열고, 독립운동 방략으로 군사운동, 외교운동, 재정운동, 문화운동 등 다섯 가지 방법을 제시하였다. 그는 여운형과 함께 임시정부의 어려움과 시국의 해결 방법으로 '국민대표회의' 개최를 주장하였다.[75] 차리석도 안창호와 뜻을 같이하여 '국민대표회의' 소집운동에 적극적으로 나섰다. 안창호가 5월 19일 '국민대표회기성회촉성회'를 결성하자, 김규식이 동참하였고, 차리석은 그 집행위원에 선임되어 활동하며 상해교민단 대표자격으로 참가신청까지 하였다.[76] 상해 '국민대표회의기성회'는 북경세력과도 연대하여 '국민대표회의'를 개최하고자 하였다.

그러나 1921년 하반기에 들어서면서 미국 워싱턴에서는 군축회의가, 소련에서는 극동피압박민족대회가 개최된다는 소식이 알려지자, 임시의정원은 독립에 대한 기대감으로, 대표단을 양 대회에 파견하였고, '국민대표회의' 개최는 보류되었다. 그러나 기대와는 달리 워싱턴 회의에 한국문제가 상정조차 되지 않자, 안창호는 다시 '국민대표회의' 개최를 주장하였다. 1922년 2월, 제10회 임시의정원 회의에서 신임의원으로 선출된 차리석도 임시의정원회의에서 '국민대표회의' 문제를 공론화하는 데 적극적으로 나섰다. 그는 1922년 4월 3일 제25차 회의에서 몇몇 의원들과 함께 〈인민청원서〉를 작성하여 제출했다. 이 청원서는 상해 교민 102명의 연서로 임시의정원에 '국민대표회의' 소집을 청원하는 내용이었다. 1922년 7월 안창호의 주장에 동의한 여운형도 안창호와 함께 상해에서 '국민대표회의'의 원활한 개최를 위해 '시사책진회'를 조직했는데, 이는 일종의 '국민대표회의'를 대비한 예비모임이었다.[77] 이 때 손정도도 '시사책진회'에 참여했으며, 차리석은 임시의정원 의원직을 사퇴한 후 참여하였다.

안창호, 여운형, 손정도, 차리석 등이 노력한 결과, 1923년 1월부터 5월까지 '국민대표회의'가 상해에서 개최되었다. 중국 관내, 미주와 유럽, 소련지역 등 세계 각지에서 대표권을 인정받은 독립인사 130명이 상해의 교회당인 삼일당에서 모였다. 의장에는 김동삼, 부의장에 안창호, 윤해가 선출되었다. 손정도는 평남대표로 참여하여 재정분과위원으로 활약하였다. 임시정부와 의정원은 '국민대표회의'가 열리자, 이를 인정하고 결과를 기다렸다. 그러나 이 대회는 임시정부의 존재를 두고 크게 개조파와 창조파로 나뉘어 갈등을 표출하였다. 신채호, 박용만, 윤해, 원세훈, 김규식 등 창조파는 임시정부의 전면해체를 극력 주장하였고, 안창호를 중심으로 손정도, 차리석 등 개조파는 임시정부의 체제는 유지하되 전면 개편을 주장하였다.

안창호, 여운형, 손정도, 차리석 등이 노력한 결과, 1923년 1월부터 5월까지 '국민대표회의'가 상해에서 개최되었다. 중국 관내, 미주와 유럽, 소련지역 등 세계 각지에서 대표권을 인정받은 독립인사 130명이 상해의 교회당인 삼일당에서 모였다.

    1923년 3월 초, 개조파가 본 회의에 3개항의 개조안을 상정한 후부터 개조파와 창조파의 대립이 본격화되었다. 차리석은 제11회 임시의정원의 평안도 지역 보선 의원으로 다시 임시의정원에 참여하였는데 안창호가 주도하는 개조파의 주장에 힘을 실어주기 위해서였다.[78] 1923년 4월 2일 차리석이 참여한 가운데 열린 임시의정원회의는 '대국쇄신안'을 통과시켰다. 이 안의 요지는 '7인 특별위원회'를 구성하여 1항 '임시헌법개정', 2항 '광복운동의 통일적 진행', 3항 '이승만 대통령 탄핵' 등 3개항의 대국쇄신 실행안을 본 회의에 제출하기로 한 것이었다. 4월 26일, 27일 임시의정원회의는 1, 2항을 통과시키고 3항인 대통령 탄핵안은 5인의 특별위원을 뽑아 심사토록 하였다. 그러나 임시정부 내 이승만 옹호파의 반대가 심하자, 임시의정원은 5월 4일 회의를 개최하여 헌법개정안과 기타 중대한 현안을 '국민대표회의'에 위임하자는 안을 통과시켰다. 사실상 임시정부의 개조의 권한을 '국민대표회의'에 부여한 것이었다. '대국쇄신안'과 '임시헌법 개정안'을 '국민대표회의'에 위임하는 방안은 차리석을 비롯한 개조파 지지 의원들이 주도한 것으로 사실상 '국민대표회의'의 개조파 안이나 다름없었다.[79]

    그러나 헌법개정을 '국민대표회의'에 부여한 이 안은 임시정부 옹호파의 거센 저항에 부딪혔고, 결국 임시의정원의 의장 윤기섭은 이 안의 통과가 무효라고 주장하였다. 이에 '국민대표회의'의 논의도 더 이상 진전을 볼 수가 없었다. '국민대표회의' 내에서 창조파와 개조파의 대립은 더욱더 격화되었고, 이견이 좁혀지지 않자 5월 15일 의장 김동삼이 사퇴하였다. 5월 16일, 개조파가 낸 개조안이 기각되자, 개조파 57명은 6월 3일 반대성명서를 발표하고 '국민대표회의'를 사퇴하였다. 창조파도 자신들만의 회의를 통해 임시정부의 해체와 신정부 수립을 선언하고 블라디보스토크로 떠났다.

'국민대표회의'가 무산되자, 차리석은 임시의정원을 떠나 한동안 임시정부와 거리를 두면서 흥사단 활동에 전념하였다.[80] 안창호는 임시정부의 개조를 위해 심혈을 기울였던 '국민대표회의'가 실패하자, 크게 실망하고 당분간 동명학교 설립과 이상촌 건설에 매진하였다. 그는 이 일을 위해 만주지역을 비롯하여 중국, 심지어 필리핀까지 답사하였다. 그러나 이 일도 성과를 거두지 못하게 되자 결국 1924년 11월, 상해를 떠나 세 번째 미국행을 택하였고, 12월 16일 미국 샌프란시스코에 도착했다.[81] 손정도 또한 1922년 말 이상촌 건설과 새로운 방안의 독립운동을 위해 길림으로 떠났다. 한편, 국민대표회의가 무산되자, 남아있던 임시정부 인사들은 6월 6일 '내무총장' 김구의 명의로 국무원 포고 제1호와 내무부령 제1호를 발령하여 국민대표회의의 해산을 명하였다. 임시정부는 1923년 중반 이후 임시정부를 재정비하여 체제를 개편하고 이승만 대통령 문제를 처리하기 시작하여 1925년 3월, 드디어 이승만 대통령을 탄핵하였다.[82]

2. 안창호, 차리석과 흥사단 원동위원부

안창호는 독립운동 과정에서 수양단체인 흥사단 운동을 병행하였다. 그는 1908년 국내에서 조직한 청년학우회의 정신을 계승하여 무실, 역행, 충의, 용감을 그 정신으로 삼아 미국 샌프란시스코에서 흥사단을 창단하였다. 안창호가 처음 흥사단의 창설을 언급한 것은 1912년 초였지만, 1913년 12월 20일 홍원이 위원장을 맡고, 염만석, 민찬호, 송종익, 강영소, 김종림, 정원동 등이 창립위원이 되어 창단되었다.[83] 흥사단의 단원은 임시단원과 통상단원, 특별단원, 명예단원이 있는데, 임시단원과 통상단원은 엄격한 문답을 통과해야 했다. 1913년 미국에 본부를 둔 흥사단은 창립시 35명의 단원이 있었다. 흥사단의 목표는 당장 독립운동을 표방하지 않지만, 건전한 인격수련으로 독립운동의 기초를 마련하자는 것이었다.[84]

안창호는 임시정부를 지휘하면서도 흥사단의 원동지부인 흥사단 원동임시위원부의 설립을 추진하였다. 원동은 중국, 연해주, 일본, 국내 등지를 포괄하는 지역으로 미국에 있던 흥사단원 박선제와 김항작이 상해로 와서 원동흥사단을 조직하는 데 참여했다. 안창호는 상해 영국 조계 모이명로 빈흥리 301호에 단소를 마련하고, 독립운동세력을 통합하기 위해 직접 상해를 비롯해 남경, 북경, 천지 등을 방문해 단원을 모집했다. 그는 단원들을 사상이나 이념에 관계없이 받아들이는 대공주의를 표방하였다.[85] 그 결과 1920년 2월 이광수, 주요한, 김홍서, 김여제 등이 입단했고, 그후 손정도, 이유필, 김구, 안정근, 송병조, 선우혁, 조상섭, 양헌 등 상해 독립운동가들이 가입하였다. 1920년 12월 말, 흥사단 제7회 대회가 상해에서 개최되었고 1921년 9월 20일, 원동흥사단이 정식으로 창립되었다. 원동흥사단은 위원부 아래 회계부, 검사부, 도서부, 강론부, 운동부, 음악부, 접제부 등의 부서가 있었다. 이들 초기 흥사단 안동위원부 단원들 가운데 안창호, 이광수, 주요한, 손정도, 이유필, 김구, 선우혁, 조상섭 등은 이미 기독교에 입교한 이들이었다.

차리석은 임시정부 지방선전부의 실무책임을 맡고 있는 관계로 다소 늦은 1920년 12월 경 입단했다. 차리석은 입단과 동시에 잡지 발간 기관인 임시원동편집국의 책임을 맡았다. 또한 단원모집과 재정관리 등 각종 실무적인 일을 맡았다. 짧은 기간이었지만 차리석은 원동위원부의 핵심인물로 부상하였다.[86] 그는 1922년 5월 안창호, 이규서, 손정도, 주요한과 함께 원동위원부 5인의 위원으로 선출되었다. 5인 가운데 위원장은 안창호가, 원동위원부의 운영과 관리 책임을 맡은 서무원은 차리석이, 재무원은 이규서가 각각 맡았고, 손정도와 주요한은 무임위원이 되었다. 당시 안창호는 '국민대표회의'의 소집에 여념이 없는 관계로 원동위원부의 업무는 차리석이 전담하였다.

'국민대표회의'가 결국 실패로 끝나고 안창호가 새로운 독립운동을 구상하기 위해 만주로 가자, 차리석은 원동위원부의 조직을 강화해 나갔다. 그는 1924년 초 원동위원부의 단소를 난징 관가교로 옮기는 한편, 2월 7-8일, 난징에서 열린 제10회 흥사단 원동대회를 주관했다. 이 대회 직후 차리석은 원동위원부의 위원장으로 추대되었다. 이후 차리석은 흥사단 약법을 개정해 특별단원의 의무규정을 만드는 등 조직 정비에 주력하고, 강론회와 강연회를 수시로 개최해 단원의 흥사단 정신 고취와 지식계발에 노력했다. 젊은 청년들을 양성하기 위해 동명학원을 설립하였고, 흥사단 주의와 정신을 확산하기 위해 기관지 〈동광〉을 발행하였다. 안창호가 1924년 7월, 미주흥사단의 조직을 재정비하고 독립운동 기지 개척에 필요한 자금 확보를 위해 미국으로 떠나자 그는 장기간 원동위원부 위원장으로 역할을 다하였다.[87]

3. 손정도와 상해한인교회, 그리고 '대한야소교연합진정회'

상해 한인교회는 1914년 독립운동을 위해 상해에 머물던 기독교 민족지도자들에 의해 창설되었다. 초기엔 목사가 없어 여운형이나 선우혁 등 평신도가 예배를 인도하였다. 3·1운동 이후에는 김병조, 장덕로, 김인전, 이원익, 정인과, 조상섭 목사 등 다수의 목사들이 망명해 오면서 교인들이 투표를 통해 1년마다 담임목사를 뽑아 시무케 하였다. 김병조 목사가 가장 오랫동안 담임목사를 하였고, 손정도 목사는 교회 임원회 격인 상의회(常義會)의원, 치리회원으로 교회운영에 참여하였다.[88] 상해 한인교회는 중국 관내에 망명해 있던 민족운동가들이 민족의 독립을 위한 만남과 회합의 장소로 계속 이용되었다.

특히 3·1운동을 전후해 중국 상해로 망명한 손정도 목사는 임시정부와 독립운동 관련된 일을 하면서도 '목사'로서 기독교 관련 일을 계속했다. 손정도는 1919년 상해의 기독교 지도자들을 모아 '대한야소교연합진정회'를 조직하였다. 기독교 세력이 국제사회에서 한국의 독립운동을 지원하고 선전하기 위해 결성된 결사조직이었다. 회장에 손정도, 서기에 이원익, 김병조, 김인전, 조상섭, 송병조, 장덕로, 장로 박윤근, 조보근, 주현칙, 조사에 백영엽, 여운형, 집사에 김태연, 선우혁, 서병호 등이 주축을 이루었다.[89] 손정도의 주도로 만들어진 '대한야소교연합진정회'는 국내에는 국외의 사정을 전달하는 선전사업을 전개하였는데, 특히, 국내의 각종 비밀결사를 통해 교회 간, 기관 간에 교통망 설치의 중요성을 강조하고, 기독교총회와 연회

3·1운동을 전후해 중국 상해로 망명한 손정도 목사는 임시정부와 독립운동 관계된 일을 하면서도 '목사'로서 기독교 관련 일을 계속했다. 손정도는 1919년 상해의 기독교 지도자들을 모아 '대한야소교연합진정회'를 조직하였다. 기독교 세력이 국제사회에서 한국의 독립운동을 지원하고 선전하기 위해 결성된 결사조직이었다.

가 기도로써 나설 것을 요청하였다.[90]

또한 손정도가 회장으로 있는 '대한야소교연합진정회'는 국내교회와 외국교회의 상황, 그리고 한국독립에 관한 내용을 글로 편찬하여 국내와 구미, 중국을 대상으로 선전하기도 하였다. 특히 국내에 관한 건은 교회 역사, 교회 압박, 교회 진흥, 교회와 독립의 관계 역사를 국한문, 한문, 영문으로 편집하여 외국에 선전하였고, 외국에 관한 건은 각국 교회와 한국과의 관계, 각국교회 또는 사회의 한국 독립에 관한 동정과 원조에 대한 역사를 한문으로 편집하여 국내에 선전하였다.[91]

한편, 손정도 목사는 현순 목사와 함께 '임시정부' 대표로서 1920년 북경에서 개최된 '미감리회 동아총회'(Central Conference of Eastern Asia of the Methodist Episcopal Church)에서 고국으로부터 온 교회대표들을 만나기도 하였다. 뿐만 아니라, 손정도 목사는 1923년 3월 상해에 있던 기독교 목사 이원익, 김병조, 김인전, 조상섭, 송병조, 장덕로 등과 함께 미 국회 상원의원 및 세계기독교인들에게 우리 민족의 실상을 알리고 독립운동 지원을 요청하는 〈대한예수교회 진정서〉를 발표하기도 하였다.[92] 이처럼 손정도는 국내의 기독교 교회와 비밀결사 조직과 임시정부를 연결하고 정부의 국민적 기반을 조성하고자 하는 노력을 기울였다.

4. '대한교육회'와 인성학교

상해 한인 교민사회는 일찍부터 구국운동의 차원에서 국민교육을 연구하고 유학생을 장려하며 그들을 지도할 단체의 필요성을 느꼈다. 임시정부도 독립운동에 필요한 인재를 길러내고, 해외동포들에게 민족의식을 고취시킬 교육기관의 설립을 필요로 했다. 그래서 임시정부는 1919년 4월 시정방침으로 교과서 편찬, 의무교육실시, 관리양성, 외국에 유학생 파견, 서적간행 등을 명시한 규정을 발표하였다.

이러한 상황 속에서 박은식은 1919년 10월 15일 민족운동가들을 모아 상해 프랑스조계 보강리 65호에 "대한교육회"를 만들었다. 회의 결과 박은식이 위원장에 선출되었고, 서무부원으로 김정목, 옥관빈, 김태연, 손정도, 정인과, 편집위원은 박은식, 김두봉, 이광수, 이한근, 최창식 등으로 구성되었다.[93] 이들 가운데 정인과는 손정도와 더불어 기독교 목사였다. 그해 11월 5일에는 대한민국임시관제에 학무국을 설치하고 교육에 관한 제반 사무를 통괄하게 하였다. 특히 일반학교, 해외유학생, 교육용 도서에 관한 사항 등 교육사업을 지원하도록 정하였다. '대한교육회'는 임시정부의 외곽단체로 임시정부의 교육정책들을 실천하는 기관이었다.[94]

한편, 1916년부터 상해한인기독교소학교가 운영되고 있는데, 이 소학교는 상해교회의 여운형, 선우혁, 한진교, 김철 등이 1917년 미국 조계지인 조풍제복리에 방 1칸을 빌려 설립한 것이다. 이 학교는 상해 한인교육의 효시로 4명의 학생으로 시작하였다.[95] 임시정부가 수립되자, 임시정부의 교육정책에 따라 상해기독교소학교는 인성학교로 이름을 바꾸고 민단에 소속된 기관이 되었다. 인성학교의 직원들은 주로 민단의 주요간부들이었고, 민단장이 교장을 겸하기도 하였다. 당시 인성학교는 한인 2세들에게 '한국혼'을 가르쳤던 유일한 학교로 초등교육에서 철저히 국어, 국문, 역사, 지리과목을 중점적으로 교육해 학생들에게 민족, 국가 국토의식을 확실히 심어주는 데 주력했다.[96] 인성학교는 정규과정 이외에도 유치원의 병설, 유학생의 어학교육과 중등과정 교육을 위한 보습과 예비강습소 등을 설치하였다. 학교의 규모는 20-50명 정도였으며 대체로

학생들은 상해에 있는 독립운동 자제들이나 프랑스 조계에 살고 있는 비친일계 한인의 자제들이었다.[97]

　인성학교의 초대교장은 초대민단장이었던 여원형이었다. 손정도가 교장으로 있었던 때는 1919년부터 1920년 시기로 학생 수가 급격히 늘어나 40여 명에 이르게 되었다. 학생 수가 증가하면서 재정적으로 어렵게 되자, 매우 힘든 상황에 처하는 경우가 잦았다. 손정도는 인성학교가 어려움을 당하자, 1919년 경영권을 민단에 넘기고 상해교인들을 중심으로 유지회를 조직하여 학교를 후원하였다. 이때 이동휘, 이동녕, 이시영, 안창호, 신규식, 남형우 등이 특별찬조원으로서 학교를 도와 유지할 수 있었다. 손정도는 건강이 나빠 임시의정원 의장직을 수행할 수 없을 정도였음에도 불구하고 인성학교의 교장직을 맡아서 학교를 운영하였다. 그는 교장직을 그만둔 후에도 유지원으로 학교 발전에 노력하였다.[98]

V. 결 론

　한국근현대사학계는 1980년대 이후 국사편찬위원회, 독립기념관한국독립운동사연구소, 한국학연구원 등 국공립연구기관들의 자료 수집과 정리를 바탕으로 그동안 독립운동사와 관련된 수많은 단행본들을 발행하여 왔다. 또한 한국근현대사 연구자들의 폭발적 성장에 힘입어 한국독립운동사 혹은 민족운동사 전 부분에서 매우 심도 있고, 의미 있는 성과를 담은 다수의 논문들이 발표되고 있다. 특히 대한민국임시정부의 수립과정과 해외, 그 중에서도 중국 관내에서 활동했던 명망가들에 관한 연구는 그 수를 헤아리기가 어렵다.

그럼에도 불구하고 여전히 아쉬운 것은 중고등학교 국사교과서를 비롯하여 대부분의 역사교과서와 교양서적에 한국기독교회가 한국독립운동사에 기여한 내용에 대한 서술은 부족하거나 인색한 것이 사실이다. 심지어 일부 한국사 연구자들 가운데에는 한국기독교가 한국의 근대화와 문명화에 수행했던 업적을 폄훼하기도 한다. 이러한 한국역사학계의 분위기 속에서 본 논문은 기독교 민족주의적 시각을 가지고, 대한민국임시정부의 수립과정과 그 이후 중국 내 기독교인들의 활동에 대하여 살펴보았다. 특히, 3·1운동과 대한민국임시정부 수립 100주년을 맞이하여 임시정부의 탄생과 그 이후 과정에 어떻게 활동하고 기여했는지 그 내용을 추적해 보았다.

대체로 3·1운동은 제1차 세계대전의 종전을 앞두고, 민족의 독립은 중국 상해에서 조직된 신한청년당에 의해, 그리고 국내외에 파견된 인사들에 의해 추동되었다. 3·1운동이 전국적으로 일어나고, 국내외 여러 지역에서 임시정부가 탄생하였으나, 1919년 4월 11일 상해에서 조직된 대한민국임시정부로 통합되었다. 상해에 있는 대한민국임시정부는 이후 독립운동 세력들 간의 여러 갈등에도 불구하고, 여전히 독립운동의 정신적 지주요 중추적 기관이었으며, 해방 후 대한민국 정부의 법통으로 인식되고 있다. 이렇게 대한민국임시정부가 한국 현대사에 위상을 지켜낼 수 있었던 것은, 임시정부를 조직하고 지켜낸 수많은 독립운동가들의 헌신과 자기희생이 있었기 때문이다.

당시 대한민국임시정부를 조직하고 지킨 독립운동가들 가운데 상당수의 인사들이 기독교계 인사들이었고, 한때 기독교에 입교했던 인물들이었다. 본 논문은 이러한 점에 주목하여 대한민국임시정부 수립과정과 중국 관내의 독립운동에 있어서 이들 기독교인들의 내용과 역할을 소개하였다. 시기적으로는 1919년 3·1운동 준비과정에서부터 1925년 이승만의 탄핵 시기까지를 다루었고, 인물로는 기독교 민족주의자인 여운형, 손정도, 현순, 안창호, 차리석을 중심으로 살펴보았다.

몽양 여운형은 신한청년당을 조직하여 파리강화회의에 한국대표 김규식을 파송하고 국내외의 3·1운동을 추동시킨 결정적 인물이다. 평양신학교를 졸업한 여운형은 한때 교회의 전도사를 역임하기도 하였고, 상해 교민단과 한인교회와 인성학교를 설립하는 데 앞장서기도 하였다. 그는 후에 사회주의자로 전향하지만 기독교 신앙을 고수했던 것으로 파악된다.

현순은 감리교 목사로 국내의 3.1운동 민족대표들로부터 외교통신 업무를 위탁받아 상해에 〈독립임시사무소〉를 설치하고, 초대 외무차장으로 임시정부 수립에 기여하였으며, 임시정부통합과정에도 헌신하였다. 비록 현순이 임시정부의 지도자 반열에는 오르지 못했으나, 그가 임시정부수립과 통합과정에서 한 역할은 누구도 따라갈 수 없을 것이다.

손정도는 감리교 목사로 3·1운동을 준비하다 중국에 망명하여 임시의정원 부의장, 의장, 평정원, 임시정부 교통총장을 지내면서 임시정부의 조직과 체계를 만드는 데 기여하였다. 이 밖에도 손정도는 임시정부 외곽단체인 한국노병회, 대한교육회 조직에 깊게 관여하였고, 상해한인교회와 대한기독교연합진정회를 조직하여 교회기관을 통한 독립운동에도 헌신하였다.

상해 임시정부의 대표적 지도자이며 기독교 민족주의자인 안창호는 임정초기 국무총리 겸 내무총장을 맡아 연통제와 교통국을 창설하였고, 노령의 대한국민의회와 한성정부를 통합하여 명실상부한 통합임시정부를 만들었다. 그는 임시정부가 분열로 길을 잃자, 국민대표회의를 소집하여 개조파의 리더로 임시정부의 분열을 막는 데 앞장섰고, 흥사단 원동위원부를 창설하여 독립운동에 헌신한 인재를 양성하였다.

　기독교 민족주의자 차리석은 임시의정원 의원, 임시정부 내무차장과 비서장을 지냈으며, 임시정부 기관지 〈독립신문〉의 편집일과 지방선전부의 활동을 하였다. 특히, 안창호를 도와 임시정부의 통합에 힘썼고, 흥사단의 원동위원부 위원장으로 수고하였다.

　이상의 기독교 민족지도자들은 모두 임시정부와 임시의정원, 그리고 중국 관내에서 임시정부 외곽단체들을 설립하거나 참여하여 기독교 신앙을 끝까지 지키며 민족운동에 헌신하였다. 이들 모두는 임시정부와 임시의정원의 중추적 인물들이었으며, 시기적으로 3·1운동 이전에는 여운형, 3·1운동 이후 임시정부의 창립과정에서는 현순과 손정도, 임시정부 창립 후 통합임시정부의 수립과 임시정부 개조를 위한 국민대표회의 소집과정에서는 안창호와 차리석이 상해 독립운동계에 리더십을 발휘하였다. 이들 기독교 민족주의자들은 임시정부의 기초를 놓고, 기반을 다져 상해 임시정부를 독립운동의 구심점으로 만든 대표적 인물들이었다.

참고문헌

「기독교미감리회 제11회 조선연회록」, 1918, 19.
「기독신보」, 1922. 7. 26.
국사편찬위원회 편, 「임시의정원기사록」 1회, 『대한민국임시정부자료집』 2, 1975.
국회도서관. 『한국민족운동사 삼일운동편』, 1. 2권.
고정휴. 『현순』. 서울:역사공간, 2016.
고정휴. 『이승만과 한국독립운동』. 서울:연세대학교 출판부, 2004.
김 방. 『이동휘』. 서울:역사공간, 2013.
김창수. "일제하 한국민족운동의 역사적 위상". 『한국민족운동의 역사와 미래』. 한국민족운동사학회, 1999.
김창수·김승일. 『해석 손정도의 생애와 사상연구』. 서울: 주)도서출판 넥서스, 1999.
김희곤. 『대한민국임시정부 1-상해시기』. 서울:한국독립운동사편찬위원회, 2008.
김희곤. 『백범과 민족운동연구』. 서울: 백범 학술원, 2003.
김형석. 『일제 김병조의 민족운동』. 서울:남강문화재단, 1993.
독립운동사편찬위원회 편. 『독립운동사』 4. 서울:한국독립운동사편찬위원회, 1973.
박수현. 『차리석』. 서울:역사공간, 2014.
박찬승. "1910년대 말-1920년대 말 여운형의 민족해방운동론". 『한국민족운동사연구』. 한국민족운동사학회, 2010.12.
신용하. "몽양 여운형 선생의 독립투쟁". 몽양 여운형 선생추모사업회 몽양연구소. 『여운형 노트』. 서울:학민사, 1994.
『古海石孫貞道牧師小傳』, 基督敎建國傳團事務所, 1948.
손원일. "나의 이력서". 『한국일보』. 1976년 10월 7일.
안우식. "상해에서 동경 데이고꾸 호텔로". 몽양 여운형 선생추모사업회 몽양연구소. 『여운형 노트』. 서울:학민사, 1994.
이덕주. "손정도 목사의 생애와 기독교 사상". 『손정도 목사의 생애와 사상』. 서울:감리교신학대학교출판부, 2004.
이덕주. "일제하 기독교 민족운동과 사회주의". 한국기독교역사연구소. 『한국기독교와 역사』 16집. 2000.2.
이만규. 『여운형선생투쟁사』. 1946.
이만열. "한일기독교인의 민족의식 형성과정". 『한국기독교와 민족운동』. 서울:도서출판 성보, 1986.
이명화. 『차리석의 생애와 독립운동』. 서울:독립기념관 한국독립운동사연구소, 1997.
이현희. "손정도 목사와 상해임시정부". 정동제일교회 제1회 아펜젤러 학술강좌. 1999.5.30.
유동식. 『정동제일교회의 역사(1885-1990)』. 서울:기독교대한감리회 정동제일교회, 1992.
유준기. "대한민국임시정부의 역사적 정통성과 그 의의". 『한국민족운동사연구』. 한국민족운동사학회, 2009.12.
윤대원. 『상해시기 대한민국임시정부임시정부연구』. 서울:서울대학교출판부, 2007.
장덕상 저. 김광열 역. 『여운형과 上海임시정부』. 서울:도서출판 선인, 2017.
장석흥. 『안창호』. 서울:역사공간, 2016.
한규무. "현순의 신앙과 활동-3.1운동 이전을 중심으로". 한국기독교역사연구소. 『한국기독교와 역사』 16집. 2000.2
현순. 『현순자사』. 제 16절. 『3.1운동과 나의 사명』
Robinson Micheal Edson, 김민환 역. 『일제하 문화적 민족주의』. 서울:도서출판 나남, 1990.
Robinson, Micheal Edson, Cultural Nationalism in Colonial Korean(1920-25). Seattle. University of Washington Press, 1988.
Kohn, Hans, Nationalism : Its Meaning and History, New Jersey, D. Van Nostrand Co., Inc., 1965.
http://100.daum.net/encyclopedia/view/b15a2983a

미주

이글의 일부는 한국교회사학회지 2018년 제51집에 수록되었음을 밝힙니다.

1) Hans Kohn, Nationalism : Its Meaning and History, New Jersey, D. Van Nostrand Co., Inc.,(1965), 4;김창수, "일제하 한국민족운동의 역사적 위상", 『한국민족운동의 역사와 미래』(서울: 한국민족운동사학회, 1999), 12.

2) Micheal Edson Robinson, Cultural Nationalism in Colonial Korean(1920-25), Seattle. University of Washington Press(1988), 26-28. 민족주의 이론가들은 집단적 주체성을 문화적 가치, 종교 및 역사적 경험을 공유하는 민족적 상징들로 정의한다. 이러한 민족주의에 대한 이해를 바탕으로 로빈슨은 민족주의를 종족민족주의(Ethno Nationalism), 문화민족주의(Cultural Nationalism), 저항민족주의, 통합민족주의(Integral Nationalism), 창조적 민족주의(Creative Nationalism)의 여러 차원으로 나누기도 하였다.

3) 유동식, 『정동제일교회의 역사(1885-1990)』(서울:기독교대한감리회 정동제일교회, 1992), 200;김창수·김승일, 『해석 손정도의 생애와 사상연구』(서울:주)도서출판 넥서스, 1999), 104.

4) 1995년 『한국사시민강좌』 제17집은 '해방직후 신국가 구상들'이란 특집에서 이승만·안재홍·유진오·김재준·최현배 등 우익민족주의자들의 국가건설론과 박헌영·백남운·배성룡 등 좌익 사회주의자들의 신국가 건설구상을 다루었다. 이어 2006년 학술진흥재단의 지원으로 『국가건설사상Ⅰ·Ⅱ·Ⅲ』을 출간하였다. 이 연구는 일제강점기와 해방공간으로 나누어 박은식·장지연·배성룡·안광천·손병희·조봉암·조소앙·이승만·여운형·김구·백남운·박헌영·안재홍·김일성 등을 다루어 인물들의 정치사상 전체를 개론하는 형식을 취하였다. 이어 2008년 독립기념관 독립운동사연구소에서 기획한 한국독립운동사 시리즈에서 김인식은 『광복전후 국가건설론』이란 책에서 광복을 전후한 시기에 제기된 다양한 국가건설론을 조소앙의 삼균주의와 안재홍의 신민족주의, 그리고 백남운의 연합성 신민주주의론과 박헌영의 진보적 민주주의론 등을 중심으로 조명하였다. 또한 2009년 정병준은 역시 한국독립운동사 시리즈에서 광복 직전 독립운동 세력의 동향을 지역별, 부문운동별로 종합적으로 정리하였다. 이 밖에도, 한시준, 김희곤, 염인호 등이 독립운동 세력의 통일운동과 국가건설론에 관심을 갖고 지속적으로 연구를 진행하고 있다. 최근의 이러한 연구자들의 성과로 광복직전 각각의 독립운동 세력, 즉 임시정부 세력, 이승만 세력, 조선공산당 세력 등의 실체와 좌우독립운동 세력의 국가건설론의 윤곽이 어느 정도 밝혀졌다.

5) 몽양 여운형은 1886년 5월 25일 경기도 양근군 서시면에서 아버지 여정현(呂正鉉)과 어머니 경주 이씨(慶州李氏)의 넷째 아들로 태어났다. 여운형은 1889~90년 고향에서 한문을 수학한 후 1900년 신학문에 뜻을 두고 감리교 교인들과 교제하다가 기독교인이 되었다. 그는 배재학당에 입학했다가 부당한 체벌에 반발하여 자퇴하고 1901년 흥화학교(興化學校)로 전학했다. 하지만 직업을 가져야 한다는 아버지의 권유로 1902년 다시 관립우체학교에 입학하여 졸업하였다. 1905년 을사보호조약이 체결되자 1906년 농사를 지으면서 사서삼경을 공부했다. 그는 이 무렵 양평에 교회를 세우고 기독교를 전파하는 한편, 광동학교(光東學校)를 설립하여 교육사업을 펼쳤다. 1908년 국채보상 단연동맹(國債報償斷煙同盟)을 조직하고 각지를 순회하면서 연설했으며, 초당의숙(草堂義塾)에 교사로 초빙되었다. 1911년 평양장로교 신학교에 입학하여 미국 장로교 선교사였던 언더우드를 만나 인연을 맺은 후, 서간도 신흥무관학교와 서간도의 여러 곳을 다니면서 조국 광복의 뜻을 펼치다가 언더우드의 추천으로 중국 난징(南京) 금릉대학(金陵大學) 영문학과에 입학하여 1917년 졸업했다. 1920년대 사회주의를 받아들였으나 기독교적 신앙은 지속적으로 유지하였다. http://100.daum.net/encyclopedia/view/b15a2983a 참조.

6) 박찬승, "1910년대 말-1920년대 말 여운형의 민족해방운동론", 67.

7) 신용하, "몽양 여운형 선생의 독립투쟁", 몽양 여운형 선생추모사업회 몽양연구소, 『여운형 노트』(학민사, 1994), 203; 이만규, 『여운형선생투쟁사』(1946), 20.

8) 박찬승, "1910년대 말-1920년대 말 여운형의 민족해방운동론", 67;신용하, "몽양여운형 선생의 독립투쟁", 204.

9) 신용하, "몽양 여운형 선생의 독립투쟁", 204.

10) 박찬승, "1910년대 말-1920년대 말 여운형의 민족해방운동론", 68.

11) 신용하, "몽양 여운형 선생의 독립투쟁", 206.

12) 안우식, "상해에서 동경 데이고꾸 호텔로", 몽양 여운형 선생추모사업회 몽양연구소, 『여운형 노트』(학민사, 1994), 57.

13) 신용하, "몽양 여운형 선생의 독립투쟁", 207.

14) 장덕상 저, 김광열 역, 『여운형과 上海임시정부』(도서출판 선인, 2017), 88.

15) 신용하, "몽양 여운형 선생의 독립투쟁", 208. ;박찬승, "1910년대 말-1920년대 말 여운형의 민족해방운동론", 69.

16) 장덕상 저, 김광열 역, 『여운형과 上海임시정부』, 18-22. 참조. 여운형은 신한청년당의 조직뿐만 아니라, 1919년 9월에 '상해 대한인민단'을 조직하고 초대 단장이 되었다. 이후 단체는 1920년 1월 9일, '대한인거류민단'으로 명칭을 바꾸었다. 여운형은 임시정부의 요직에는 오르지 않았으나(외무차장 역임) 이후 10년간 5번이나 교민단장직을 수행하였다. 1917년에는 상해 한인교회 전도사로 사역하였고, 이 때 교민교육을 위해 교회부설로 초등학교를 세웠는데, 이후 이 학교는 인성학교로 명칭을 바꾸었다.

미주

17) 신용하, "몽양여운형 선생의 독립투쟁", 211.
18) 해석 손정도 목사는 1882년 7월 26일 평남 강서군 증산면 오흥리에서 손형준과 오신도 사이에 장남으로 출생했다. 평범한 유교 선비 집안에서 태어나 어린 시절 한학을 공부하였다. 기독교를 접한 것은 23세 때 과거시험을 보러 평양으로 가던 중 평양 교외 '조씨 마을'에 들러 '조 목사의 집에 하룻밤을 묵은 것이 계기가 되었다. 조 목사는 손정도를 평양의 감리교 선교사 무어에게 소개해주었고, 1903년 무어의 소개로 평양 숭실학교에 진학하여 1908년 졸업하였다. 숭실대학에 입학하였으나 목회에 뜻을 두고 감리교 협성신학교에 입학하여 진남포 신흥리 교회의 전도사로 시무하였다. 1910년 5월 서울 정동교회에서 개최된 미 감리회 연회에서 '청국 선교사'로 임명되어 북경에서 사역하던 중 안창호, 조성환, 양기탁, 이동휘, 이동녕, 이회영, 이갑, 유동열, 이종호, 최석하 등 신민회 지도자들과 교분을 쌓게 된다. 1911년 6월 연회에서 집사 목사로 안수를 받고, 1946년 6월 정동교회에서 개최된 감리교 연회에서 동대문교회 목사로 파송을 받아 1년간 시무하다 이듬해 4월 현순 목사의 뒤를 이어 정동제일교회의 목사가 되었다. 이덕주, "손정도 목사의 생애와 기독교 사상", 『손정도 목사의 생애와 사상』(감리교신학교출판사, 2004) 참조.
19) 이덕주, 『일제하 기독교 민족운동과 사회주의』, 76.
20) 이만열, "한일기독교인의 민족의식 형성과정", 『한국기독교와 민족운동』(1986), 67.
21) 유동식, 『정동제일교회의 역사(1885-1990)』, 162.
22) 이덕주, 『일제하 기독교 민족운동과 사회주의』, 81-84.
23) 이덕주, 『일제하 기독교 민족운동과 사회주의』, 85.
24) 古海石孫貞道牧師小傳, 10;『기독교미감리회 제11회 조선연회록』, 1918, 19, 30;김창수·김승일, 『해석 손정도의 생애와 사상연구』, 123-124. 이 때 손정도는 이화학당 교사 하란사에게 손병희 애첩 주산월을 통해 천도교 교주 손병희의 마음을 움직여 그를 민족대표 33인의 대표로 앉히고, 경비문제를 해결토록 하였다는 것이다.
25) 김창수·김승일, 『해석 손정도의 생애와 사상연구』, 124. 김창수와 김승일은 손정도가 정동교회 목사로 있을 때 덕수궁에 있던 고종황제가 산책길에 자주 정동교회에 들려 손정도와 밀담을 나누었는데, 이 때 의친왕 이강을 파리강화회의에 파견하기로 밀약이 되어 있었다고 주장한다.
26) 김창수·김승일, 『해석 손정도의 생애와 사상연구』, 125.
27) 김창수·김승일, 『해석 손정도의 생애와 사상연구』, 128.
28) 손원일, "나의 이력서", 『한국일보』, 1976년 10월 7일.
29) 고정휴, 『현순』(서울:역사공간, 2016), 17-51 참조. 현순은 1897년 3월 21일 현씨 집성촌인 경기도 양주부 석적면 항동 도납산 아래에서 중인 역관의 집안에서 태어났다. 현순은 어려서 집안에서 전통적인 한학교육을 받았으나 서재필의 연설을 듣고 신학문을 배우기 위해 1897년 왕립영어학원 즉 관립 한성영어학교에 입학했다. 1899년 3월, 부유한 친구 장응진과 김경민의 도움과 사촌형 현은이 관비유학생으로 추천하여 일본유학길에 올라 중등학교 수준의 순천중학에 입학하였다. 1902년 4월 순천중학을 졸업한 현순은 제국대학에 입학하여 한국의 진보를 위해 이공학을 전공하고자 하였으나 재정이 곤란한 상태에 있던 정부가 관비유학생들의 지원을 중단하여 귀국길에 올랐다. 현순은 이 일본유학 시기 기독교에 입교하였다. 1901년 봄, 조선학교에 재학하던 심비성이라는 친구로부터 기독교 교리를 듣고 YMCA 성경반에 들어가 성경공부를 시작하였다. 그리고 침례교 목사인 찰스 피셔(Charles H.D Fisher(1848-1920) 목사에게 세례를 받았다. 입교 후 현순은 개인적으로 부친이 국사범으로 몰리고 모친이 사망하는 불행과 나라가 멸망해가는 국가적인 불행을 겪으면서 신앙심이 깊어갔다. 일본에서 귀국 후 현순은 동서개발회사(East-West Development Company)의 하와이 사탕수수농장에서 일하는 노동자들의 영어통역으로 취직하여 1902년 12월 22일 제물포항을 출발하여 1903년 3월 3일 호놀룰루에 도착하였다. 현순이 이때부터 1907년 5월까지 4년 2개월 동안 하와이에 체류하면서 한인사회의 기초를 닦는 데 기여하였다. 1903년 한인감리교 선교회가 조직되자 한인 전도사로 활동하였는데, 1920년 중반 당시 하와이로 돌아가 목회활동과 독립운동을 펼치게 된다. 대한제국이 멸망해 가던 1907년 현순은 귀국, 1909년 감리교 협성신학교에서 신학공부를 시작한 후 1911년 12월 20일 전덕기, 최병헌 등과 제1회 졸업생이 되어 장로목사로 안수를 받았다. 그 후 상동교회에서 시무하고, 상동청년학교의 교장으로 선임되어 전덕기를 중심으로 상동그룹에 합류했다. 1914년부터 현순은 목회자이자 부흥사로 두각을 나타내기 시작했다. 정동제일교회의 담임목사가 되어 전체 교인을 1,900명까지 부흥시켰고, 1915년에는 감리교 주일학교 총무에 취임하여 이후 1917년까지 전국을 순회하며 주일학교를 세웠다.
30) 한규무, "현순의 신앙과 활동-3.1운동 이전을 중심으로", 한국기독교역사연구소, 『한국기독교와 역사』 16집, (2000.2), 57-61.
31) 한규무, "현순의 신앙과 활동-3.1운동 이전을 중심으로", 65.
32) 고정휴, 『현순』, 54.
33) 『현순자사』, 제16절, 「3.1운동과 나의 사명」, 41;고정휴, 『현순』, 56.
34) 이날 최린은 비밀리에 현순에게 다음과 같은 세 가지를 당부하였다. 첫째, 만주의 봉천으로 가면 해천양행이 있으니 그곳에서 최창식을 만나 동행할 것, 둘째, 상해에 먼저 잠입한 김철에게 운동금 1만원을 주었으니 일의 형편에 따라 쓸 것, 셋째, 향후 서로 통신할 때에는 남이 알아 볼 수 없는 절자(竊字)를 사용할 것 등이었다.
35) 김창수·김승일, 『해석 손정도의 생애와 사상연구』, 131.
36) 고정휴, 『현순』, 57.

미주

37) 최창식은 서울 출신으로 오성학교 교사로 재직하면서 한국 역사를 서술하였다가 1916년 12월, 소위 보안법 위반 혐의로 체포되어 징역 8월형을 선고받고 옥고를 치렀던 인물이다. 이후 3.1운동 직전 최남선이 기초한 〈독립선언서〉를 지니고 만주 봉천 해천양행에서 있었다. 현순과 함께 상해로 가 독립운동가들을 모아 〈임시독립사무소〉를 설치하는 데 협력하였다.
38) 김형석, 『일제 김병조의 민족운동』(남강문화재단, 1993), 41;김창수·김승일, 「해석 손정도의 생애와 사상연구」, 145.
39) 고정휴, 『현순』, 58-59. 신규식은 1911년 상해로 망명 후 중국의 혁명지사들과 친분을 맺으며 이곳에 한국 독립운동의 기반을 구축한 인물이다. 이광수는 도쿄의 2.8독립선언에 주도적으로 참여한 후 상해로 건너와 신한청년당과 관계를 맺고 있었다. 김철 또한 신한청년당의 당원으로서 1919년 초 서울로 와서 천도교 측 인가들과 접촉하며 3만 원의 자금 지원을 약속받았다.
40) 김창수·김승일, 「해석 손정도의 생애와 사상연구」, 147.
41) 고정휴, 『현순』, 63.
42) 전창수, 김승일, 「해석 손정도의 생애와 사상연구」, 145.
43) 고정휴, 『현순』, 64.
44) 『현순자사』, 제16절, 「3.1운동과 나의 사명」
45) 『현순자사』, 제16절, 「3.1운동과 나의 사명」
46) 『현순자사』, 제16절, 「3.1운동과 나의 사명」;김창수·김승일, 「해석 손정도의 생애와 사상연구」, 163.
47) 김창수·김승일, 「해석 손정도의 생애와 사상연구」, 163.
48) 김창수·김승일, 「해석 손정도의 생애와 사상연구」, 165. 의견대립의 주요문제는 첫째, 누가 임시정부의 주도권을 잡느냐는 문제였다. 이는 독립선언서에 서명한 민족대표 33명이 중심이 되어야 한다는 주장과 해외로 망명한 독립운동가들이 중심이어야 한다는 문제였다. 둘째, 정부의 수반을 누구로 할 것인가의 문제였다. 이승만을 수반으로 한다는 데 대해 신채호 등은 극력 반대했다. 셋째, 국호를 〈대한민국〉, 〈조선공화국〉, 〈고려공화국〉 중에서 어느 것으로 하느냐의 문제였다. 넷째, 구 황실에 대한 예우문제였다.
49) 고정휴, 「이승만과 한국독립운동」(서울:연세대학교 출판부, 2004), 46에서 재인용.
50) 국사편찬위원회 편, 「임시의정원기사록」, 1회, 『대한민국임시정부자료집』 2(국사편찬위원회), 16.
51) 이덕주, 「손정도 목사의 생애와 기독교 사상」, 「손정도 목사의 생애와 사상」(서울:감리교신학대학교출판부, 2004), 58.
52) 독립운동사편찬위원회, 『독립운동사 4』(독립운동사편찬위원회 편, 1973), 173.
53) 김규식은 1881년 1월 29일 태어나, 미국유학 후 새문안교회와 경신학교 및 연희대학에서 활동하였고 1913년 상해로 망명하였다. 1914년 외몽고 지역의 군사학교를 세우는 일에도 참여하는 등 독립전쟁을 위한 준비에 참여하였다. 1918년 신규식 등이 조직한 동제사와 여운형 등이 조직한 신한청년단에 들어가 민족운동에 참여하였고, 1919년 파리강화회의에 신한청년당 대표로 참여하기도 하였다. 1919년 4월, 임시정부 초대 외무총장으로 활동하였으나 8월에 미국을 방문하고 이승만이 조직한 구미위원부 위원장에 선임되었다. 그 후 김규식은 1921년 초 다시 상해로 돌아와 이승만의 탄핵에 찬성하기도 하였다. 1922년에는 코민테른이 소집한 극동민족대회에 고려 공산당 이르쿠츠크파의 후보 당원으로 참여하였는데, 이 시기 김규식은 제국주의의 침략을 규탄하고 피압박 민족의 연대와 세계혁명의 정당성을 주장함으로써 공산주의자로서의 면모를 보였다. 극동민족대회 이후 상해임시정부 문제를 둘러싸고 1923년 1월 국민대표회의가 열리자, 김규식은 창조파를 중심으로 활동하여 창조파가 임정의 대안으로 제시한 국민위원회 외무 담당 국무위원으로 선임되기도 하였다. 국민대표회의 결렬 이후 코민테른과 소련의 도움으로 소련에 입국한 김규식은 상해 임시정부를 대신할 새로운 정부를 만들고 '민족혁명당'을 조직하고자 하였다. 그러나 이 계획이 수포로 돌아가고 정세변화에 따라 소련이 퇴거 명령을 내리자, 1924년 5월 다시 상해로 돌아왔다.
54) 김희곤, 『대한민국임시정부 1-상해시기』(한국독립운동사편찬위원회, 2008), 58-61.
55) 고정휴, 『현순』, 73.
56) 도산 안창호는 평안남도 강서(江西) 초리면 봉상도에서 1878년 11월 9일, 농부인 안흥국(安興國)의 셋째 아들로 태어났다. 1895년 청일전쟁을 계기로 교육을 통해 나라의 힘을 길러야 하다는 생각을 하였다. 그리하여 그 해에 그 자신은 미국 장로교 선교사인 호러스 언더우드가 세우고, 밀러 목사가 경영한 구세학당(救世學堂,현재 경신고등학교)에 입학하였고, 부인 이혜련 여사는 장인의 허락하에 정신여학교에 입학하였다. 1899년 구세학당을 졸업한 안창호는 고향에서 점진학교와 교회를 세워 고향의 계몽을 위해서 일했다. 1900년에 미국으로 건너가 샌프란시스코에서 한국인 친목회를 조직하고, 이를 기반으로 하여 대한인공립협회(大韓人共立協會)를 설립하였다. 1907년 미국에서 귀국한 이후 이갑(李甲)·양기탁(梁起鐸)·신채호(申采浩) 등과 함께 비밀결사단체인 신민회를 조직, 「대한매일신보」를 기관지로 하여 민중운동을 전개하였다. 1907년 평양에 대성학교(大成學校)를 설립하고 평양과 대구에 출판기관인 태극서관(太極書館)을 건립하였으며, 평양에 도자기회사를 설립하여 민족산업 육성에도 힘썼다. 1909년 10월에 있었던 안중근(安重根)의 이토 히로부미[伊藤博文] 암살사건에 관련되었다는 혐의로 3개월간 일제에 의하여 체포되었다가 1910년 중국으로 망명하여 산동성(山東省)에서 민족지도자들과 청도회의(靑島會議)를 열었다. 또한 박중화(朴重華)·최남선(崔南善)·김좌진(金佐鎭)·이동녕(李東寧) 등과 함께 청년학우회를 조직하여 민족계몽운동 및 지도자 양성

미주

에 주력하였다. 1910년 한일 합병 이후인 1913년 5월 샌프란시스코에서 박용만, 정순만, 이승만과 함께 흥사단을 창설하여 미국 한인사회의 지도자로 활동하기도 했다. 1914년 11월에는 대한인국민회(大韓人國民會) 중앙총회장에 선출되어 동포의 단결을 강조했다. 이명화,『도산 안창호의 독립운동과 통일노선』(경인문화사, 2002) 참조.
57) 고정휴,『현순』, 76.
58) 윤대원,『상해시기 대한민국임시정부임시정부연구』(서울대학교출판부, 2007), 52.
59) 윤대원,『상해시기 대한민국임시정부임시정부연구』, 49-54.
60) 유준기, "대한민국임시정부의 역사적 정통성과 그 의의",『한국민족운동사연구』(한국민족운동사학회, 2009.12), 7. 임시정부가 상해에 위치하게 된 것은 상해가 일제의 영향력이 미치지 않는 서양 열강의 조계 지역이 많아서 외교활동을 펼치기에 좋았기 때문이다.
61) 김희곤,『대한민국임시정부 Ⅰ-상해시기』(서울:한국독립운동사편찬위원회, 2008), 102.
62) 고정휴,『현순』, 77.
63) 장석흥,『안창호』(서울:역사공간, 2016), 103.
64) 고정휴,『현순』, 79.
65) 김희곤,『대한민국임시정부 Ⅰ-상해시기』, 113.
66) 동암 차리석은 1881년 7월 27일, 평북 영원군 동면에서 아버지 차시헌과 어머니 서시는 사이에서 4남 2녀 중 셋째 아들로 태어났다. 두 살 되던 해 온 가족이 맹산으로 이주하여 서당을 다니며 한학을 공부하던 중 그곳에서 기독교를 처음으로 접하게 되었다. 정확한 사유는 알려지지 않았으나 차리석이 16세 되던 해인 1896년 집안 모두가 다시 평양으로 이주하였다. 서북지방에 전래된 기독교의 영향을 받은 차리석의 집안은 온 집안이 기독교에 입교하였다. 차리석의 집안의 경제 형편은 확실히 알 수는 없지만, 차리석은 기독교 학교인 평양 숭실학교에 입학하였고, 동생 정석과 보석이 신학문을 익히기 위해 외국으로 나간 점을 볼 때 차리석의 집안은 기독교의 영향 아래 신학문을 익히며 근대화의 앞장에 섰던 것 같다. 숭실학교를 졸업하고, 민족교육운동에 참여하다가 도산 안창호를 만나 신민회에 가입하고 구국운동에 가담하였다. 이 후 안창호의 최측근으로 평생을 청년학우회, 흥사단, 임시정부에서 독립운동을 전개했다. 이명화,『차리석』(독립기념관한국독립운동사연구소, 1997) 참조.
67) 장석흥,『안창호』, 106.
68) 장석흥,『안창호』, 107-108.
69) 박수현,『차리석』(서울:역사공간, 2014), 69;이명화,『차리석의 생애와 독립운동』(독립기념관한국독립운동사연구소, 1997). 80-81.
70) 박수현,『차리석』, 70.
71) 이명화,『차리석의 생애와 독립운동』, 86;박수현,『차리석』, 70.
72) 윤대원,『상해시기 대한민국임시정부임시정부연구』, 104;장석흥,『안창호』, 118.
73) 박수현,『차리석』, 75.
74) 장석흥,『안창호』, 120.
75) 장석흥,『안창호』, 122.
76) 박수현,『차리석』, 77.
77) 박수현,『차리석』, 82;이명화,『차리석의 생애와 독립운동』, 104.
78) 박수현,『차리석』, 84;이명화,『차리석의 생애와 독립운동』, 104.
79) 박수현,『차리석』, 85.
80) 박수현,『차리석』, 86;이명화,『차리석의 생애와 독립운동』, 93.
81) 장석흥,『안창호』, 127.
82) 김희곤, "백범 김구와 상해 임시정부",『백범과 민족운동연구』(서울:백범 학술원, 2003), 40-44. 이승만을 탄핵한 임시정부는 박은식을 후임 대통령으로 선출하면서 개헌을 시도하였다. 1925년 4월 7일에 공포된 개정 헌법은 국무령을 수반으로 하는 내각제로 하였다. 초대 국무령은 만주독립운동계의 인물인 이상룡이었으나 취임 6개월 만에 조각도 하지 못하고 1925년 말 만주로 돌아갔다. 이후 1926년 7월 홍진이 취임하였으나 그도 마찬가지였다. 이에 임시정부 의정원 의장인 이동녕은 김구에게 국무령 취임과 내각 조각을 부탁하였다. 1926년 12월에 국무령에 취임한 김구는 윤기섭, 오영선, 김갑, 김철, 이규홍으로 구성된 내각을 조직하였다.
83) 장석흥,『안창호』, 154.
84) 장석흥,『안창호』, 154.
85) 장석흥,『안창호』, 157.
86) 박수현,『차리석』, 91;이명화,『차리석의 생애와 독립운동』, 99.
87) 박수현,『차리석』, 94-95;이명화,『차리석의 생애와 독립운동』, 109.
88)「기독신보」, 1922.7.26., 8.22;이덕주, "손정도 목사의 생애와 기독교 사상", 58.
89) 국회도서관,『한국민족운동사 삼일운동편 1』, 929.;이명화, "항일민족운동사의 맥락에서 본 손정도 목사",『손정도 목사의 생애와 사상』(서울:감리교신학대학교출판부, 2004), 96.
90) 이명화, "항일민족운동사의 맥락에서 본 손정도 목사", 97.
91) 이명화, "항일민족운동사의 맥락에서 본 손정도 목사", 97. 재인용
92) 이현희, "손정도 목사와 상해임시정부", 정동제일교회 제1회 아펜젤러 학술강좌(1999. 5. 30), 15;이덕주, "손정도 목사의 생애와 기독교 사상", 59.

미주

93) 김희곤, 『대한민국임시정부 Ⅰ상해임정시기』, 146.
94) 김희곤, 『대한민국임시정부 Ⅰ상해임정시기』, 146-147.
95) 김창수, 김승일, 『해석 손정도의 생애와 사상연구』, 222.
96) 이명화, "항일민족운동사의 맥락에서 본 손정도 목사", 97.
97) 김희곤, 『대한민국임시정부 Ⅰ상해임정시기』, 134.
98) 김창수·김승일, 『해석 손정도의 생애와 사상연구』, 224.

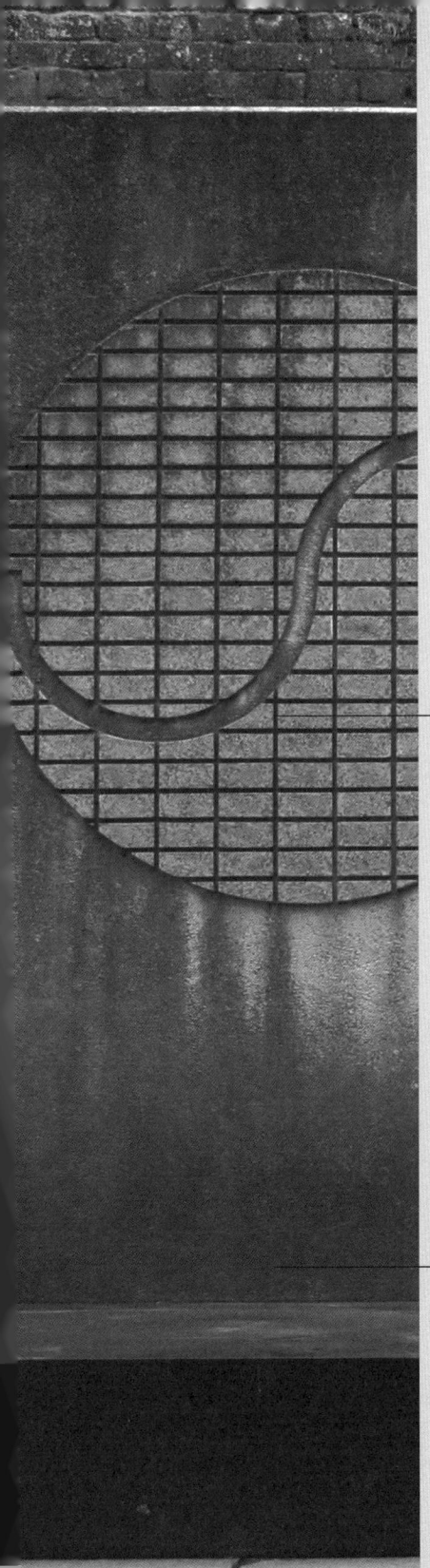

대한민국임시정부와 만주, 연해주 지역 독립운동

-기독교인의 역할을 중심으로-

박 환(수원대학교 교수)

남자현은 경북 출신의 여성으로, 대한민국임시정부를 지지하는 만주지역 독립운동 단체인 서로군정서와 정의부 등에서 활동한 기독교인이었고, 강우규는 대한민국임시정부를 지지하는 러시아 지역의 노인동맹단에서 활동한 기독교인이었다.

"

남자현은 경북 출신의 여성으로, 대한민국임시정부를 지지하는 만주지역 독립운동 단체인 서로군정서와 정의부 등에서 활동한 기독교인이었고, 강우규는 대한민국임시정부를 지지하는 러시아 지역의 노인동맹단에서 활동한 기독교인이었다.

"

대한민국임시정부와
만주, 연해주 지역
독립운동

Ⅰ. 서언

　　1910년대의 경우 독립운동선상에서 종교가 중요한 역할을 했다. 그 중 기독교와 천도교의 역할은 3·1독립선언서에 서명한 민족대표 33인의 경우를 보면 누구나 공감할 수 있는 부분이다. 아울러 3·1운동의 결과 성립된 대한민국임시정부, 특히 상해 임시정부에서 기독교인들은 중심적인 역할을 하였다. 1917년 러시아혁명이 발발한 이후라 운동세력들은 점차 종교에서 이념으로 변화하는 모습을 보이고 있었다. 주지하는 바와 같이 이동휘를 비롯한 기독교세력들은 공산주의와 연대하는 모습들을 나타내고 있다.

본고는 대한민국임시정부와 만주, 러시아지역 독립운동과의 상관관계 속에서 기독교와 관련된 개인에 대하여 살펴보는 것을 목적으로 한다. 우선 3·1운동 이후 만주지역에서 활동한 대표적인 여성 기독교 민족주의자 남자현에 대하여, 다음으로는 러시아에서 활동한 기독교인 강우규에 대하여 살펴볼 예정이다. 남자현은 경북 출신의 여성으로 대한민국임시정부를 지지하는 만주지역 독립운동단체인 서로군정서와 정의부 등에서, 강우규도 대한민국임시정부를 지지하는 러시아지역의 노인동맹단에서 활동한 기독교인이었다. 강우규의 활동과 교도소 생활, 사형 등에 대한 보도는 대한민국임시정부의 기관지 독립신문에서 다수 보도하여 큰 관심을 보여주고 있다. 독립신문 1919년 11월 4일자 〈과연 진기인(眞其人)인가?〉, 1920년 2월 5일자 〈옥중에 잇는 강의사의 근황〉, 1920년 2월 12일자 〈강의사 이하 예심결정〉, 1920년 3월 1일자 〈강의사의 공판〉, 1920년 3월 6일자 〈강의사 기타에 대한 적정(敵廷)의 판결〉, 1920년 5월 6일자 〈의사(義士) 강우규씨(姜宇奎氏)는 다시 사형(死刑)〉, 1920년 6월 5일자 〈의사 강우규씨 마침내 사형상고 기각되다〉, 1920년 6월 24일자 〈강우규씨 사형집행기(姜宇奎氏死刑執行期?)〉 등이 그것이다.

지금까지 학계에서는 남자현과 강우규의 항일독립운동에 대하여 주목하였으나 대한민국임시정부와의 관련성과 기독교인이었다는 점은 간과하였다.

Ⅱ.만주지역 기독교 여성독립운동가 : 남자현

1. 근대 한국의 여걸 남자현

남자현(南慈賢)은 1934년 1월에 간행된 한국독립당 기관지 『진광(震光)』 창간호(중국 항주 발행) 〈여걸 남자현 선생전〉에서,

> 경술국치 이후에는 비록 김섬 · 애향 · 계월향 같은 의기가 나오지 않았지만, 신혼의 여운을 버리고 조국을 위해 의병을 조직하여 국내와 만주를 돌며 백절불굴의 정신으로 적과 맞서 수십 년을 일관되게 투쟁한 여걸이 출현하였다. 이 여걸을 중국의 문단에서는 '혁명의 어머니'라 칭하였고, 적의 신문에 게재된 평론에서는 '전율할 노파'라 하였다. 그가 바로 근대 한국의 여걸로 손꼽히는 남자현이다.

라고 평가하고 있듯이, 한국 여성독립운동을 대표하고 상징하는 인물로 널리 알려져 있다.[1] 아울러 남자현은 대한민국 임시정부를 지지한 만주지역의 대표적인 독립운동가로도 평가되는 인물이었다. 『진광』 창간호(중국 항주 발행) 〈여걸 남자현 선생전〉에서는 다음과 같이 기록하고 있다.

> 기미년(1919) 3월 대한독립이 만천하에 선포되자 전국 각지에서 독립을 외치는 총궐기가 있게 되었다. 국내외의 호응 속에 건국 개원을 주장하는 목소리가 울려 퍼졌다. 이 소식을 들은 선생은 "때가 되었다"고 기뻐하며 부하들을 국내에 잠입시켜 독립운동을 고취하고 각지에서 왜적과 혈전을 벌이도록 하였다.

이로부터 몇 년 뒤 요녕성 통화현으로 근거지를 옮긴 선생은 이곳에 여학교를 설립하여 교장에 추대되었다. 이곳에서 선생은 여의군(女義軍)이 될 인재를 양성하는 한편 한국임시정부를 독립운동의 최고기관으로 자리 잡게 하는 데 힘을 다하였다.

만주 일대에서 활약하고 있던 독립운동자 간에는 의견의 불일치로 총화가 이루어지지 못하고 때로는 시기와 공격으로 반목하는 일이 많았다. 한국임시정부의 위상이 흔들리고 있던 이때 선생은 한국임시정부가 독립운동의 최고기관이 되어야 한다는 신념으로 "통합적인 영도기관이 없이 어찌 적을 물리칠 수 있겠는가. 독립운동자들은 마땅히 모두가 한마음으로 힘을 합쳐 역량이 분산되지 않도록 해야 한다"고 주위를 설득하였다.

남자현은 기독교인으로서 의열투쟁뿐만 아니라 만주지역의 교육운동도 추진한 계몽운동가이기도 하였다.

『국민보』는 1913년 8월 1일, 하와이 호놀룰루(Honolulu)에서 국민회가 발행하던 『신한국보(新韓國報)』를 게재하여 발행한 신문이다. 『국민보』에서는 1959년 5월 20일, 동월 27일 두 번에 걸쳐 〈애국투사〉라는 제목으로 남자현을 소개하고 있다. 『국민보』에서는

> 나라가 어찌 하루에 생기겠으며 민족이 어찌 순식간에 나겠느냐(이사야 66장 8절) 이 말씀을 볼 때마다 우리나라와 민족을 생각하지 않을 수가 없다. 五천년의 유구한 역사 페이지에는 통쾌한 일도 많거니와 반면에 비애와 원통한 일도 이루 헤아릴 수 없는 중, 근대에 이르러 을사년 7개 조약이나 경술년 8개 조약을 읽어보면 눈에서 피눈물이 나올 지경이다.

이러한 국난에 처하였을 때 어느 누가 애국심이 없으랴마는 그 중에도 애국애족의 한 (여투사)가 있었으니 그가 곧 (남자현)여사이다.

라고 하며, 애국심이 강한 투사로서 남자현을 높이 평가하고 있다. 특히 국민보에서는 그녀의 기독교적인 측면에 주목하고 있는 것이 아닌가 싶다. 첫 머리에 "나라가 어찌 하루에 생기겠으며 민족이 어찌 순식간에 나겠느냐(이사야 66장 8절)"라고 언급하고 있다. 아울러,

> 나라가 어찌 하루에 생기겠으며 민족이 어찌 순식간에 나겠느냐(이사야 66장 8절) 이 말씀을 볼 때마다 우리나라와 민족을 생각하지 않을 수가 없다. 五천년의 유구한 역사 페이지에는 통쾌한 일도 많거니와 반면에 비애와 원통한 일도 이루 헤아릴 수 없는 중, 근대에 이르러 을사년 7개 조약이나 경술년 8개 조약을 읽어보면 눈에서 피눈물이 나올 지경이다. 이러한 국난에 처하였을 때 어느 누가 애국심이 없으랴마는 그 중에도 애국애족의 한 (여투사)가 있었으니 그가 곧 (남자현)여사이다.

한국동포의 농촌을 개발하며 건국독립정신을 고취하였고 다시 북만주로 가서 활동하던 중 어느 날 우연히 전도사를 만나서 토론하던 차에 마침내 기독 신도자가 되기로 하였다. 남 여사는 열심히 신앙생활을 하는 중 북간도에서 교회를 12개소나 설립했고 여성 계몽운동으로 10개 처소에 여자교육회를 조직하여 지도와 양성에도 노력하였다.

남자현이 신앙생활을 열심히 하였으며, 북간도에 교회를 12개소나 설립하였다고 기록하고 있다.

2. 남자현의 민족운동

남자현은 국내에서 3·1운동에 참여하는 한편 만주에서 국내로 잠입하여 사이토(齊藤實)를 암살하고자 하였고, 만주사변 이후에는 장춘(長春)에서 주만 일본전권대사 무등신의(武藤信義) 육군대장의 폭살을 시도하는 등 국내외에서 활발한 항일투쟁을 전개하였다. 그럼에도 불구하고 그녀의 항일운동의 실체, 만주지역에서의 활동을 밝힐 수 있는 자료들은 매우 제한되어 있는 것이 사실이다.

1) 국내에서의 활동

남자현은 1872년 12월 7일(음) 경상북도 영양군(英陽郡) 석보면(石保面) 지경동(地境洞)에서[2] 통정대부(通正大夫)인 남정한(南挺漢)과 부인 이씨 사이의 둘째 딸로 태어났다. 어릴 때부터 천품이 좋고 재질이 남다르며 총명하여 공부하기를 좋아하였다. 19세 되던 1891년에 영양군 석보면 답동에 거주하는 의성 김씨 가문 김영주(金永周)와 결혼하였다. 그러나 불행하게도 남편이 김도현(金道鉉)의 진에 참여하여[3] 1896년 7월 11일, 진보군 진보면 홍구동 전투에서 전사하고 말았다. 그때 남자현의 나이 24세의 청춘이었다. 당시 임신 중이던 남자현은 아들 김성삼(金星三)을 1896년 12월에 낳아 키웠다. 아울러 그녀는 시어머니를 극진히 봉양하여 진보군 진보면에서 효부상을 받기도 하였다고 전해진다.[4] 남편을 잃고 난 후 일제에 대한 남자현의 사무친 원한은 새삼 언급할 필요조차 없을 것이다. 유복자를 볼 때마다 그리고 고된 생활을 영위할 때마다 나라의 원수이며 남편의 원수를 갚는 일은 더욱 절실하였다. 1907년 남자현은 친정아버지 남정한이 궐기하자 의병전쟁에 앞장서서 참여한다.

2) 만주에서의 활동

3·1운동 당시 남자현은 서울로 올라와 남대문교회를 중심으로 한 만세시위 계획에 참여하였다. 당시 민족대표 33인 중의 1인이었던 이갑성(李甲成)이 경상도지역 만세시위 조직책임을 맡게 되었는데, 그는 대구에서 목회하던 이만집 목사와 김태련 조사에게 독립선언서를 전달하여 경북지역의 만세시위를 추진했다. 이에 남대문교회는 경북지역 만세시위의 지휘본부처럼 이용되었다. 이 과정에서 남자현이 관여하게 된 것으로 보이지만 그때까지 그녀는 교인이 아니었다. 남자현이 기독교인이 된 것은 만주에서였다.[5]

1948년 3월에 간행된 『부흥』(제2권 2호), 「독립운동사상의 홍일점- 여결 남자현 여사」의 다음 기록이 참조된다.

> 선생은 자기 일신의 파란 많은 생애로 보든지 민족의 비참한 정경을 보든지 조국광복운동 노선에 서 있는 자기의 입장을 보든지, 종교에 귀의하는 것이 필요하다는 것을 느끼었고, 특히 3.1운동에 많은 신자들과 접촉하고 연락하는 중에, 그 감화와 희생정신을 받아 예수를 믿게 되었다. 예수의 희생정신과 애타사상, 민족관념과 그 참되고 거룩하고 영원한 소망을 내다보며 용감히 싸워나가는 정신이 자기마음에 아주 부합하고 만족하였다.

아울러 앞서 언급한 『국민보』 1959년 5월 20일자의 다음 기록도 참조된다.

> 한국동포의 농촌을 개발하며 건국독립정신을 고취하였고 다시 북만주로 가서 활동하던 중 어느 날 우연히 전도사를 만나서 토론하던 차에 마

침내 기독 신도자가 되기로 하였다. 남 여사는 열심히 신앙생활을 하는 중 북간도에서 교회를 12개소나 설립했고 여성 계몽운동으로 10개 처소에 여자교육회를 조직하여 지도와 양성에도 노력하였다.

라고 하여, 당시 만주에는 장로교에서 많은 전도사들을 파송해 전도하고 있었는데,[6] 길림성지역은 남만노회가 있어 1921년 5월 교회가 34곳, 교인 수는 3,327명이었다. 목회자로 한경희[7], 최봉석, 장관선, 안경호 목사 등이 시무하였다.[8] 만주에서 세례를 받은 남자현은 1921년 길림성 액목현 납법거우(拉法站)로 이동하여 인근지역 12곳에 교회를 설립하였다.

당시 만주에는 장로교에서 많은 전도사들을 파송해 전도하고 있었는데, 길림성지역은 남만노회가 있어 1921년 5월 교회가 34곳, 교인 수는 3,327명이었다. 목회자로 한경희, 최봉석, 장관선, 안경호 목사 등이 시무하였다. 만주에서 세례를 받은 남자현은 1921년 길림성 액목현 납법거우(拉法站)로 이동하여 인근지역 12곳에 교회를 설립하였다.

3) 1920년대 대한민국임시정부 계열의 서로군정서, 정의부 등에서의 활동

서울로 상경하여 만세운동에 참가한 이후 국내에서의 활동이 불가능하다고 판단한 남자현은 3월 9일 중국 요녕성(遼寧省) 유하현(柳河縣) 삼원보로 망명하였다. 그리고 그곳 미동(尾洞) 김기주(金起周)[9]의 집에 아들을 남겨 두었다. 당시 안동, 영양 등 경북인들은 1910년 일제에 의하여 조선이 강점된 이후 유하현, 통화현(通化縣) 등을 중심으로 경학사, 부민단, 한족회, 서로군정서, 신흥무관학교 등 주요 단체에서 중심적인 역할을 하고 있었다. 그러므로 남자현이 그

지역으로 망명하여 항일투쟁을 전개하고자 한 것은 자연스러운 귀결이 아닌가 싶다.

만주로 망명한 남자현은 안동인들이 중심이 되어 조직한 서로군정서에서 국내에서와는 달리 좀 더 자유스러운 분위기 속에서 항일운동을 구상할 수 있게 되었다. 서로군정서에서 항일투쟁을 전개하던 남자현은 일본군의 독립군 대토벌작전으로 인하여 1920년 서로군정서군이 백두산 기슭 안도현을 거쳐 북간도지역으로 이동하게 되자 함께 이동하였다. 이 과정에서 남자현은 후방에서 부상병을 간호하는 일을 맡기도 하였다.[10] 남자현은 1921년 길림성 액목현(額穆縣) 나인구에서 주로 20여 개가 넘는 교육단체를 조직하였다. 그리고 1923년에는 환인현(桓仁縣)에서 여자권학회(女子勸學會)를 조직하였다.[11]

1926년 12월, 남자현은 이관린, 이양숙 등 여성운동가들과 함께 조선혁명자후원회에서 활동하였다. 특히 그녀는 김상덕(金尙德), 고활신(高豁信), 이광민(李光民)(위원장), 이관린(李寬麟), 권진화(權進華), 김보국(金保國), 박근식(朴根植), 박동초(朴東初), 김구(金球) 등과 함께 중앙집행위원으로 활동하였다.

1927년 4월, 남자현은 국내로 잠입하여 사이토(齊藤實)를 암살하고자 하였다. 길림시가의 한 중국집에서 채찬(蔡燦), 박청산(朴靑山), 김문거(金文居), 이청수(李靑守) 등과 함께 조선총독을 암살할 계획을 세웠던 것이다. 그달 중순 김문거로부터 권총 한 자루와 탄환 8알을 가지고, 서울시내 혜화동 28번지 성명미상인 고 씨 집에 머물면서 거사를 모의했다. 그러나 좀처럼 기회를 포착하지 못한 채 남자현은 만주로 돌아가게 되었다.[12]

한편 남자현은 여성들을 중심으로 한 항일운동에도 참여하였다. 『신한민보』 1928년 3월 15일자 〈길림여자교육회 부흥〉이라는 제목하에,

> 길림에 있는 유지부인 제씨는 적막한 길림여성계를 위하여 봉화를 들고 일어났다. 길림에 있는 여성을 한 깃발아래 뭉치고 모르는 것을 알게 하고, 여성운동의 역할을 다하기 위하여 길림여자교육회를 부흥시켰다. 1월 15일 길림교당에서 부흥총회를 열고, 남자현씨의 사회하에 의미 깊은 취지설명과 각종 결의가 있는 후 회원 제씨는 금후의 발전을 위하여 많은 기대와 축복을 하며 당선된 간부 제씨는 적극적으로 활동한다.

라고 있다. 이와 같이 남자현은 1928년 길림에 길림여자교육회를 만들어 여성들에게 민족의식을 고취시키기 위하여 노력하였다.

4) 만주사변 이후의 활동

만주사변의 발발 이후 일제가 만주지역을 강점함에 따라 독립운동세력이 크게 위축되었는데, 이러한 와중에 1931년 10월 김동삼이 하얼빈에서 한국인 밀정의 제보에 의해 일본총영사관 경찰에 체포되는 사건이 벌어졌다. 이후 김동삼은 신의주 감옥으로 이감 되었다. 남자현은 김동삼이 남편과 인척간이었을 뿐더러 그를 독립운동의 지도자라고 생각하고 있었기 때문에 그가 갇혀 있는 하얼빈 감방에 자주 출입하면서 구출할 기회를 엿보았다. 그러던 중 이 소식을 접한 남자현은 김동삼의 딸인 김영애를 비롯한 몇몇 청년들과 더불어 구체적인 계획을 세웠으나 일제의 철저한 감시로 성공할 수 없었다.

한편 1931년에는 만주사변이 국제적으로 문제가 되어 국제연맹에서는 현지조사단을 파견하였다. 리튼 조사단이라고 불리는 이 조사단은 일본의 동경, 서울과 중국의 북경, 상해, 심양(봉천), 하얼빈 등지에 대한 조사에 착수하였다. 이에 한국인은 국내에서도 리튼 조사단에게 독립을 청원하는가 하면 하얼빈 등지에서도 일제의 감시를 피해가며 그들에게 한국의 상황을 알렸다. 남자현도 하얼빈에 도착하여 우리나라의 독립청원을 세계만방에 알리고자 왼손무명지 손가락 두 마디를 잘라 혈서로 '한국독립원 韓國獨立願'이라고 썼다. 그러고는 그것을 두 손가락 마디와 함께 조사단에 전달하고자 하였다. 하지만 경계가 너무 엄중하여 일을 성사시킬 수 없게 되었고, 인력거를 끄는 사람에게 1원을 주어 전해달라고 맡겼으나 끝끝내 실패하고 말았다.[13]

리튼 조사단의 보고서에 따라 1933년 2월, 국제연맹은 만주국 불승인을 선포하고 동삼성의 원상회복을 일본에 권고하였다. 그럼에도 일제는 괴뢰정권에게 사주하여, 3월 1일을 기점으로 신경(新京,장춘)에서 만주국 건국 1주년 기념식을 성대하게 거행하도록 했다. 남자현은 이규동(李圭東) 등 동지들과 협의하여, 건국기념식장에서 주만 일본전권대사 무등신의(武藤信義) 육군대장 등을 폭살하기로 결정하였다.

남자현은 1933년 1월 20일 부하 정춘봉(鄭春奉)을 비롯하여 중국인 동지들과 함께 무기조달방법을 논의하였다. 마침내 권총 한 자루, 탄환, 폭탄 두 개 등을 조달하기로 하고, 27일 오후 4시 남강 길림가 4호 마기원(馬技遠) 집 문 앞에 표시한 붉은 천을 암호로 삼아 무기가 든 과일상자를 전달하기로 했다. 남자현은 2월 22일 도외승덕가(道外承德街) 114호 원내 9호 권수승(權守僧)으로부터 3원을 빌려 도외구도가 무송사진관에서 최후 기념사진을 찍었다. 그리고 다음날 오전 10시에 장춘 거사 장소를 확인한 뒤, 노파로 변장하고 무기와 폭탄을 운반하기 위해 길을 나섰다. 하지만 거사 직전인 2월 27일, 남자현은 밀정의 밀고로 하얼빈 도외정양가에서 일제 경찰에 검거되고 말았다.[14]

『조선일보』 1933년 6월 11일자 석간 2면에서는 다음과 같은 기사를 통하여 남자현의 의거와 체포에 대하여 최초로 보도하고 있다.

망부(亡夫)의 설원(雪冤)하고저 무등전권(武藤全權) 암살 미수, 20년간 ○○운동에 종사한 61세 노파 남자현. 기사 게재 금지 중 7일 해금(解禁)

〈하얼빈〉 자기 남편의 원수를 갚기 위하여 몸에 폭탄을 품고 무등전권을 암살하다가 결행 전날인 지난 2월 29일에 하얼빈 영사관 경찰에 붙들린 금년 61세 나는 노파 남자현에 관한 암살미수사건은 그동안 기사 게재금지 중이던 바, 지난 7일에 해금되었다.

남자현이란 노파는 지금으로부터 20여 년 전에 ××운동자인 자기 남편이 일본인의 손에 죽은 것에 한을 품고, 원수를 갚는다고 하여 여자의 몸으로 전후 20년 동안을 두고 조선과 만주를 걸쳐 드나들며 ××운동에 종사하던 중, 소화2년(1927년-필자주) 4월에는 경성에서 재등총독을 암살코자 하다가 뜻을 이루지 못하고, 그 후에 만주로 건너가 하얼빈을 근거로 활동하던 중 금년 봄에는 무등전권의 암살을 계획하고 폭탄과 권총을 손에 넣게 된 후, 죽은 남편의 의복을 몸에 갖고, 단신으로 신경(新京, 장춘-필자주)에 잠입하여 3월 초하룻날을 기하여 무등전권을 암살하고자 지난 29일에 하얼빈을 출발코저 할 즈음에 하얼빈영사관경찰의 손에 붙들리게 된 것이라고 한다.

체포 이후 남자현은 모진 고문과 간교한 회유에도 굴하지 않고 모든 일을 자신이 꾸민 것이라고 주장하여, 다른 두 동지가 석방되게 만들었다. 감방에 수감된 지 6개월 후인 8월부터 남자현은 단식하면서[15] 투쟁하였다. 그녀는 감방에서도 일본사람만 보면 호통을 치고 욕을 하며 끝까지 저항하였다. 결국 남자현은 8월 17일 오후 1시 30분에 인사불성인 채 병보석으로 가족에게 인계되었다. 그녀는 적십자병원을 거쳐 하얼빈 지단가(地段街)의 한국인 조씨가 경영하는 여관에서 아들과 여러 동지들의 간호를 받았다.

남자현은 아들에게 다음과 같은 유언을 남겼다. "첫째, 가지고 있던 돈 200원을 조선이 독립되는 날 축하금으로 바치라. 둘째, 손자 시연을 대학까지 공부시켜 내 뜻을 알게 하라. 셋째, 남은 돈 49원 80전의 절반은 손자가 공부하는 데 쓰고 나머지 반은 친정의 증손자에게 주어라" 남자현은 숨이 끊어지는 순간까지 조선독립만세를 불렀다. 1933년 8월 22일, 만60세의 나이였다. 다음날인 8월 23일, 남자현의 유해는 하얼빈 남경(南崗)의 외국인 묘에 안치되었다. 1947년, 후손들은 남자현의 유언에 따라 서울 운동장에서 김구와 조각산에게 독립축하금을 전달했다.[16]

> 남자현은 아들에게 다음과 같은 유언을 남겼다. "첫째, 가지고 있던 돈 200원을 조선이 독립되는 날 축하금으로 바치라. 둘째, 손자 시연을 대학까지 공부시켜 내 뜻을 알게 하라. 셋째, 남은 돈 49원 80전의 절반은 손자가 공부하는 데 쓰고 나머지 반은 친정의 증손자에게 주어라" 남자현은 숨이 끊어지는 순간까지 조선독립만세를 불렀다.

3. 남자현의 역사적 위상

첫째, 남자현은 기독교 민족주의자였다. 『독립혈사』에 나오는 「헌사」에 기록된 다음과 같은 내용도 그녀가 기독교인임을 짐작하게 해 준다.

"독립만세"로 성서 聖書의 몇장을 물들였던고?

북만천지 열두곳에 예배당을 이룩하고
그리운 고국을 아득한 눈물로 기도하던
봄비 오는 밤이여, 눈 내리는 아침이여

기한 飢寒과 고독과 공포의 이역 異域 동포끼리
그래도 작은 파벌로 슬피 싸울량이면
지극한 정성으로 화해붙이던 사랑의 사도
분산 分散운동을 정의부로 통합시킨 최초의 별
여성문맹도 독립정신으로 밝히던 교사
김동삼 47동지를 간호한 철창의 천사
그리고 동족의 포리 捕吏까지 회개 誨改시킨 마리아

    남자현은 경북 안동 유교문화권 출신이다. 그럼에도 불구하고 기독교를 신앙하고 교회 설립에 적극적이었으며, 길림여자교육회를 주도하는 등 애국계몽운동의 지도자로서 역량을 보였다. 남자현이 유교문화에 젖어있던 일반적인 경북여성들과는 달리 적극적인 행동양식을 보여준 데는, 그녀가 기독교인이었던 것이 밑거름이 되지 않았을까 생각해 본다.
    둘째, 남자현은 대한민국임시정부 계열인 서로군정서, 참의부 등 주로 무장독립운동단체에서 활동했다. 특히 1927년에는 사이토 총독을, 1933년에는 무등(武藤)의 암살을 시도했다. 이러한 남자현의 의열투쟁은 여성들의 투쟁사에서는 좀처럼 찾아보기 힘들다. 단지를 행한 것이나, 혈서를 쓴 점, 의열투쟁을 전개한 점 등을 살펴보면 안중근과 유사한 점을 찾을 수 있다. 그러므로 남자현은 여성 안중근으로 불릴만한 인물로 평가된다.

셋째, 남자현은 무장투쟁의 현장 뿐아니라, 독립군의 간호는 물론, 투옥된 독립운동가들의 가족들을 돌보는 일에도 힘을 기울이며 조선혁명자후원회의 중앙집행위원으로 활동하는 모습을 보여주었다. 즉, 남자현은 독립운동가이면서도 독립군들의 따뜻한 동지요, 어머니로서의 역할을 다하였다.

넷째, 남자현의 가장 위대한 점은 그녀가 50, 60대의 '노파'임에도 불구하고 항상 청년 같은 마음으로 현장에서 동료들과 함께 끝까지 일제에 저항하는 모습을 보여주고 있다는 점이다. 그녀는 음지에서 독립군을 지원하는 한편, 현장의 투사로서도 그 역할을 다했다.

다섯째, 남자현은 1931년 만주사변 이후, 일제가 만주국을 세워 극심한 탄압을 할 때 일제에 체포되었다. 투옥된 와중에도 여러날 동안 단식함으로 조선여인이 여전히 살아 있다는 사실을 일본인들에게 보여주었다. 뿐만 아니라 순국 이후에도 『진광』 및 신문 보도 등을 통하여 민족의식 고취에 크게 기여하여, 만주뿐 아니라 한국독립운동사상 큰 기여를 한 인물로서 평가된다.

「독립혈사」에 나오는 「헌사」

"독립만세"로 성서 聖書의 몇장을 물들였던고?
북만천지 열두곳에 예배당을 이룩하고
그리운 고국을 아득한 눈물로 기도하던
봄비 오는 밤이여, 눈 내리는 아침이여

기한 飢寒과 고독과 공포의 이역 異域 동포끼리
그래도 작은 파벌로 슬피 싸울량이면
지극한 정성으로 화해붙이던 사랑의 사도
분산 分散운동을 정의부로 통합시킨 최초의 별
여성문맹도 독립정신으로 밝히던 교사
김동삼 47동지를 간호한 철창의 천사
그리고 동족의 포리 捕吏까지 회개 悔改시킨 마리아

끝으로 『독립혈사』에 나오는 헌사를 기록하는 것으로 글을 맺고자 한다.

통정대부 아버님은 영남의 석학
훈하 薰下의 고제 高弟 70인 모두 의병의 선봉
낭군 또한 왜적에게 전몰한 청년의사
그 거룩한 사랑에 사모친 꽃한송이
어찌 이땅 위에 풍기어 향기되지 않으랴

낭군의 원한 겹친 원수의 일편단심
통검을 무릅쓴 여장부의 혈전 10년에
3.1성전 聖戰 끝에 만주로 영원한 망명생활
아-섬섬옥수의 손가락 잘른 피는
"독립만세"로 성서 聖書의 몇장을 물들였던고?
북만천지 열두곳에 예배당을 이룩하고
그리운 고국을 아득한 눈물로 기도하던
봄비 오는 밤이여, 눈 내리는 아침이여

기한 飢寒과 고독과 공포의 이역 異域 동포끼리
그래도 작은 파벌로 슬피 싸울량이면
지극한 정성으로 화해붙이던 사랑의 사도
분산 分散운동을 정의부로 통합시킨 최초의 별
여성문맹도 독립정신으로 밝히던 교사
김동삼 47동지를 간호한 철창의 천사

그리고 동족의 포리 捕吏까지 회개 誨改시킨 마리아

일제 발악이 만주를 통삼키던 폭풍속에서
국제연맹 릿톤경이 할빈에 조사왔을 때
"한국독립원 韓國獨立願" 다섯자의 혈서와 함께
두마디 잘른 무명지를 세계에 호소한 아픔이여

마침내 왜괴무등 倭魁武藤을 정의로 천주 天誅하려고
괴뢰국 만주의 기념일을 기다리고 밀계중 密計中
할빈 정양가 큰길에서 아깝게도 체포된
폭탄을 간직한 중국복 中國服의 걸인노파여
17일 동안이나 단식한 놀라운 옥중투쟁에
오히려 세기 世紀에 울리는 철석 鐵石의 음성으로
오직 "한국독립"만을 외치고 눈감은 평생이여?
아- 할빈 외인 外人묘지의 풀빛이 지금 어떤고?

Ⅲ. 러시아지역 기독교 독립운동가 : 강우규(姜宇奎)

1. 백발노인 강우규

　　1919년 3월 1일, 국내에서 전개된 3·1운동의 영향은 해외에도 크게 파급되었다. 그 결과 만주, 러시아, 미주 등지에서도 만세운동이 활발히 전개되었다.

그러나 일제는 조선통치를 포기하지 않고 계속해서 한인들을 탄압하는 일면 회유하여 통치를 계속하려고 하였다. 이에 만주, 러시아 등 조선과 국경을 접하고 있던 한인들은 무장투쟁을 전개하고자 하였다. 아울러 일본 총독을 저격하여 한인들의 독립의사를 강하게 전달하고자 하였다.

이러한 때인 1919년 9월 2일 오후 5시, 강우규(1855-1920)는 일제의 삼엄한 경계 속에서 제3대 조선총독으로 부임하는 사이토(齋藤實)를 저격하기 위하여 폭탄을 투척하였다. 강의사가 던진 폭탄은 엄청난 위력을 발휘하여 신임총독 사이토를 환영 나온 일제 관헌 및 그 추종자들 37명에게 중경상을 입혔다. 이 사건은 젊은이도 아닌 65세의 노인에 의하여 이루어졌다는 점에서 큰 주목을 받은 사건이었다. 강우규의 의거는 3·1운동 이후 최초의 의열투쟁으로, 조선총독으로 부임하는 사이토에게 큰 경고가 되었음은 물론 국내외 한인들의 민족의식 고취에 크게 기여하였다. 특히 그는 자신의 의거를 비롯해 재판과정과 수형생활, 처형과정에서도 당당한 모습을 보여줌으로써 재판과정 자체가 운동의 연속선상에서 한인들에게 큰 감동을 주었다고 할 수 있다.

1919년 9월 2일 오후 5시, 강우규(1855-1920)는 일제의 삼엄한 경계 속에서 제3대 조선총독으로 부임하는 사이토(齋藤實)를 저격하기 위하여 폭탄을 투척하였다. 강의사가 던진 폭탄은 엄청난 위력을 발휘하여 신임총독 사이토를 환영 나온 일제 관헌 및 그 추종자들 37명에게 중경상을 입혔다. 이 사건은 젊은이도 아닌 65세의 노인에 의하여 이루어졌다는 점에서 큰 주목을 받은 사건이었다.

강우규 의거는 이처럼 민족운동선상에서 중요한 위치를 차지하기에 많은 주목을 받아왔다. 그 결과 강우규 의거에 대한 여러 사실들이 밝혀지게 되었으

나[17] 그렇다고 그가 펼친 항일운동의 전체적인 모습이 밝혀진 것은 아니다. 따라서 본고에서는 강우규 의거의 전체적인 모습을 체계적으로 살펴볼 것이다. 이를 위해서 우선 강우규의 민족의식의 형성에 대하여 알아보고자 한다. 특히 그의 민족의식 형성에 기독교인 이동휘(李東輝)가 중요한 역할을 하였음에 주목할 것이다. 이어서 그의 민족운동의 전개에 대하여 알아볼 것인데, 이를 위해 사이토 총독 저격 이전과 저격활동으로 시기를 나누어 살펴보고자 한다. 더불어 강우규의 사상에 대하여도 밝혀보고자 한다. 그의 사상의 핵심은 기독교사상과 동양평화론이지만, 지금까지 학계 및 일반에서는 이 점을 간과했기 때문이다. 즉 강우규는 단순한 활동가가 아니라 안중근(安重根)과 마찬가지로 시대인식을 갖고 활동에 임했던 인물이었다.

2. 기독교에 바탕한 독립사상

강우규는 독실한 기독교 신자였다.[18] 이 점은 1920년 5월 27일 사형이 확정되었을 때 강우규의 동정을 보도한 『동아일보』 1920년 5월 27일자 보도를 통하여 짐작해 볼 수 있다.

> 1920년 5월 27일 강우규는 사형이 확정되었다. 이에 현재 강우규가 갇혀 있는 종로구치감 대야간수장(大野看守長)은 강우규가 사형집행이 한 달 후에 있을 것이라는 말을 듣더라도 꼼작도 안할 사람이올시다. 그 사람은 독실한 크리스찬으로 요새도 항상 성경읽기로 일을 삼고 아침저녁으로 무슨 묵도(默禱)가 있으며 아무 근심하는 빛이 없이 지낸다고 대답하였다.[19]

또한 대한민국임시정부 기관지인 독립신문의 보도에서도 강우규가 기독교인임을 살펴볼 수 있다. 독립신문 1920년 2월 6일자 〈옥중(獄中)에 잇는 강의사(姜義士)의 근황(近況)〉에서 항상 기도하며 지낸다고 언급하고 있다.

> 폭탄 일성(一聲)에 적의 간담을 서늘케 한 노용사(老勇士) 강우규씨는 목하 서대문왜감옥 종로구치감에 있어 지금껏 예심을 받는 중인데 65세의 노령이나 신체는 지극히 건강하야 식사도 여상 如常하고 항상 기도로 지낸다고

또한 『독립신문』 1920년 6월 5일자 〈의사 강우규씨 마침내 사형상고 기각되다〉에서도,

> 의사의 근상
> 노구(老軀) 태연히 성서를 탐독하다
> 서대문감옥종로구치장에 재 在한 강의사는 건강상태가 지극히 양호하다 사형은 임의 각오한 사(事)이라 안색태연히 성서를 탐독하매 기도를 끗치지 아니하다

라고 기록하여 강우규 의사가 독실한 기독교인임을 밝히고 있다.

강우규는 기독교인으로서 요하현에서 사립 광동학교를 설립하고 몸소 그 학교의 교장이 되어 조선인 자제의 교육에 전념하며, 학생들과 인근 주민들의 조선인에게 민족의식을 고취시키기도 하였다.[20] 또한 그는 유언에서 조선청년의 교육을 강조하면서, 조선청년이 향할 곳은 기독교이니 먼저 기독교를 믿어

서 심령을 맑게 한 후에 공부를 하지 않으면 안 된다고 주장하였다.[21] 즉 그는 청년교육을 강조하면서도 기독교적인 청년의 양성을 주장하였던 것이다. 이처럼 기독교 신자였던 강우규는 구한말부터 교회설립에 적극적으로 나섰다. 그리하여 함경남도 홍원군에 교회를, 블라디보스토크에 장로교회를, 북간도 두도구에 장로교 계통의 교회를 설립하였다.[22]

아울러 강우규는 교회를 통한 민족운동을 전개하면서 식생활의 해결을 위해 한의업을 하였다. 그의 손녀 강영재(姜英才)는 이러한 과정을 보다 구체적으로 묘사하고 있다.

> 그가 찾아다니는 곳은 주로 한인촌 예수교 계통의 교회였다. 우선 교회를 찾아 들어 그 근처에 방을 얻어 살림을 차리고 교회에 나가 예배도 보며 교인들과 사귀면 자연 병을 보러 오는 환자도 생기기 마련이었다. 인근 마을에 왕진을 나가기도 하며 한인촌을 무대로 의료업을 벌이면 몇 식구 먹고 살만한 벌이는 충분하였다. 이렇게 방랑 생활 겸 의료업을 하는 동안 독학으로 체득한 그의 양의술도 상당히 발전하여 청진기를 써서 진단도 하고 주사도 나주며 그이 서양식 의료업은 상당히 번창할 때도 있었으며 그의 기술도 주민들 간에 인정을 받게 되어 그는 용한 의사로서 명망을 얻기까지 하였다.[23]

아울러 강우규는 청년에 대한 교육을 강조한 유언을 남기며, 학교와 교회에 이것을 전달해달라고 아들에게 부탁하였다.[24] 강우규의 생애는 교육과 종교를 통하여 민족운동을 전개한 삶이었다.

강우규는 기독교인이었으므로 그의 의거에 참여한 동지들 가운데에도 신앙을 함께 한 인사들이 있었다. 강우규 의거의 든든한 후원세력이었던 최자남을 가장 먼저 꼽을 수 있다. 그는 강우규를 원산의 자신의 집에 머물게 하였을 뿐만 아니라 폭탄을 보관해 주고 블라디보스토크에 가서 노인단과 접촉하는 등 강우규로 하여금 항일운동을 가능하게 해주었던 것이다. 아울러 한흥근, 허형 등을 소개하는 역할도 하였다.[25]

3. 기독교인 이동휘의 영향으로 민족의식 형성

강우규는 호는 왈우(曰愚), 별명은 찬구(燦九), 강녕(康寧) 등이다. 1855년 음력 6월 1일(철종 6년), 평안남도 덕천군(德川郡) 무릉면(武陵面) 제남리(濟南里) 68번지의 한미한 농가에서 출생하였다.[26] 그가 태어난 곳은 평양에서 150리 북방에 위치하고 있으며, 안팎 40리 고개의 유명한 알일령을 넘어야 읍내로 갈 수 있는 산읍(山邑)이었다.[27]

강우규는 위로 형님이 두 분, 누님이 한 분인 4남매의 막내둥이로 자랐다. 일찍이 부모님을 여의고 누님 댁에서 자라며 적막한 소년생활을 보냈다.[28] 10여 세 때 전통적인 한문을 공부하였고, 어렸을 때 한방의술을 공부한 것으로 알려져 있다. 그 후 고향에서 한의업에 종사하지 않았나 짐작한다.[29]

강우규는 30대 초반인 1885(7)년경 함경남도 홍원군(洪原郡) 용원면(龍源面) 영덕리(靈德里) 68번지로 이주하였다.[30] 전언에 의하면 모종의 애국운동에 관여하여 신변이 위태롭게 되자 피신을 겸해 그곳으로 이주하였다고 한다.[31]

홍원으로 이주한 강우규는 홍원에 온 읍내에 자리를 잡고 주로 상업에 종사하였던 것 같다. 특히 그는 홍원으로 솔가할 당시 상당한 금액을 가지고 있었다고 알려졌다.[32] 강우규는 홍원의 중심가인 남문거리에서 아들 중건을 앞세워

잡화상을 운영하였다. 이 상점에서는 주로 물감, 담뱃대, 면사, 포목 등을 팔았다고 한다. 아울러 그는 장사꾼들에게 장사 밑천도 대어주고 저리로 돈을 빌려주기도 하였다.[33]

홍원지역의 장사꾼이었던 강우규가 민족의식을 갖게 된 것은 어떤 이유에서일까? 이에 대하여는 구체적으로 알 수 없다. 다만 강우규의 손녀인 강영재(姜英才)의 증언처럼 강우규가 홍원에서 장사를 하고 있을 무렵 이동휘가 국권회복운동과 기독교선교를 목적으로 그의 고향인 함경도지역을 방문해 강우규의 집에 머물렀던 것 같다.

이동휘와의 만남은 강우규에게 큰 영향을 끼쳤다. 특히 이동휘를 통하여 교육 및 종교 활동에 큰 감명을 받은 것 같다. 이동휘는 1909년 9월 이후 함경도지역의 기독교전도에도 심혈을 기울였다. 그는 "오직 하나님의 은총과 도움 없이는 이 나라를 구할 수 없다."라는 신념으로 캐나다 장로교선교회 로버트 그리어슨 선교사(Robert Grierson, 한국명 구례선)를 만나 무보수라도 기독교전도인으로 채용해줄 것을 요청하였다. 이동휘는 성경책을 파는 매서인(賣書人)으로서 함경도 각 지방을 돌며 전도 강연에 나섰다. 이동휘가 가는 곳에는 많은 사람들이 몰려와 그의 전도 강연을 들었으며, 그의 영향으로 함경도 이원, 단천 등지에 많은 기독교 신자들이 생기고 교회들이 세워졌다.[34] 당시 이동휘가 가장 심혈을 기울인 것은 교육 및 종교 활동이었다.[35]

> 이동휘의 영향을 받은 강우규는 국권회복의 일환으로 이때부터 기독교 장로교를 신앙하기 시작하였으며 학교도 설립했던 것으로 보인다.

이동휘의 영향을 받은 강우규는 국권회복의 일환으로 이때부터 기독교 장로교를 신앙하기 시작하였으며, 학교도 설립했던 것으로 보인다.[36] 이동휘와

강우규의 관계는 그 뒤에도 계속 이어진 것 같다. 강우규의 손녀 강영재의 회고에,[37]

> 신흥동 [천당 天堂집]에는 독립단원들이 무시로 드나들었다. 이들의 정확한 단체명은 모르겠으니 통칭 독립단이라 하였으며 카키복에 총을 멘 무장군인도 있고 점잖게 차린 늙수레한 분도 있었다. 이들은 신흥동에 오면 으레히 우리집에 들려 조부님과 무엇인가를 의논하기도 하고 밥도 지어먹고 갔다. 지금 그들의 이름이나 용모는 알 길이 없지만 그러한 손님들 중에 이동휘씨가 있었던 것은 지금도 기억할 수 있다.
> 내가 광동학교에 입학하던 여름에 이동휘씨는 20여세쯤 되어 보이는 처녀를 데리고 우리집에 왔다. 그의 딸이었다.

라는 기록을 통하여도 짐작해 볼 수 있다. 또한 강우규는 국내로 들어올 때 이동휘가 경북 경주에 거주하는 최익선(崔益善)과 함경남도 홍원군 읍내에 거주하는 김신근(金信根) 앞으로 보내는 편지를 갖고 오기도 했다.[38]

이동휘의 국권회복 논리에 동조한 강우규는 홍원에 영명학교(永明學校)와 교회를 설립하였다.[39] 당시 홍원군 용원면에는 진수제(進修齋), 사선제(思先齋), 용천제(湧泉齋), 모의제(慕義齋) 등 전통적인 교육기관만 있었는데,[40] 영명학교는 용원면의 모산(帽山)학교, 노안 농산(農山)학교 등과 함께 대표적인 개명학교가 되었다.[41]

4. 1910년대 민족운동의 전개와 노인동맹단 참여

1) 북만주 요하현에 기독교 마을 건설-신흥동

1910년 일제에 의하여 조선이 강점되자 강우규는 이에 크게 분개하였다. 당시 그는 50이 넘은 중노인이었다. 홍원에서 20여 년 사는 동안 재산도 어느 정도 형성하였고 가족들도 그 곳에 뿌리를 내렸다. 아들 중건도 딸 3명을 둔 장년이 되었다.[42] 그럼에도 불구하고 강우규는 일제에 의해 조국이 강점당하자 국권을 회복하기 위해 망명의 길을 떠나게 되었다. 1910년 가을 강우규는 망명을 결심하고 큰 아들 중건부부와 자녀 3명을 먼저 노령으로 이주시켰다. 대가족이 한꺼번에 이주하기가 힘들고, 또 먼저 아들을 보내어 타향에서 살 자리를 미리 마련해 놓기 위해서였다. 그들은 그 길로 북간도 두도구(頭道溝)를 경유하여 노령 하바로브스크로 이주하였다.[43] 이듬해인 1911년 봄에 강우규도 함경남도 홍원군 용원면을 떠나 북간도 두도구로 이주하였다.[44] 그때 강우규는 팔순이 된 양모(養母)와[45] 맏손녀 복담을 대동하였고,[46] 그곳에서 한약방을 경영하였다.[47]

두도구에는 당시 1911년에 교인 강찬규(姜燦奎), 홍일표(洪一杓) 등이 와서 기독교를 전도하였으며, 선교사 박걸(朴傑), 목사 김서범 등이 내순(來巡)하던 중 1911년에 두도구 교회를 설립하고 예배당을 건립하였다.[48]

1910년과 1911년에 각각 만주, 러시아로 떠난 강우규 가족은 그 후 북만주, 길림성 동부, 러시아 연해주 등 각지를 방랑하다가[49], 1915년 노령 하바로브스크에서 합류하였다.[50] 당시(1919년 6월) 하바로브스크에는 조선인이 591호, 인구 2,929명, 함경도 출신이 다수 거주하고 있었다.[51]

합류한 강우규 가족(강중건 부부와 강영재, 강우규와 양어머니 손녀인 강복담)은 다시 1917년 북만주 길림성 요하현(饒河縣)으로 이주하여 신흥동(新興洞)이란 마을을 개척, 건설하였다.[52] 그곳 우수리강 연안지역의 신흥동은 1910년

일제의 조선강점 이후 노령지역에서 온 한인 3호만이 살고 있었다.[53]

그곳 신흥동은 노령과 인접해 있는 북만주 동북의 벽지로서 5리만 나가면 우수리강이 흐르고 그 강을 건너면 바로 노령 이만(현재 달레네첸스크)이었다. 강우규가 굳이 이 벽지에 자리를 잡은 이유는 하바로브스크나 블라디보스토크 등 노령의 우리 독립운동단체들과 내왕하기가 용이하고 만주의 우리 동포들이나 독립운동단체들과 연락을 하기 위한 거점을 확보하기 위해서였다. 그는 인근 지역에서 아직 정착하지 못하고 유랑하는 교포들을 끌어들여 이곳 신흥동을 개척하였고, 한두 해 후에는 백여 호 가까운 한인마을을 만들었다. 이 마을은 바로 강우규의 헌신적인 노력으로 이룩된 것이며, 후에 노령과 북만주를 무대로 활동하는 독립군의 주요 근거지가 되었다.[54]

강우규는 1917년 봄, 요하현에서 사립 광동(光東)학교를 설립하고 몸소 그 학교의 교장이 되어 조선인 자제의 교육에 전념하였다. 기독교 장로교 신자였던

> 강우규는 1917년 봄, 요하현에서 사립 광동(光東)학교를 설립하고 몸소 그 학교의 교장이 되어 조선인 자제의 교육에 전념하였다. 기독교 장로교 신자였던 그는 기독교의 교육과 전도에 종사하는 한편 그 지위를 이용해 학생들과 인근의 조선인들에게 배일사상을 고취시키기도 하였다.

그는 기독교의 교육과 전도에 종사하는 한편 그 지위를 이용해 학생들과 인근의 조선인들에게 배일사상을 고취시키기도 하였다.[55] 강우규는 교단에 설 때마다 어린 학생들에게 일본의 야만적인 침략주의를 규탄했고, 가끔씩 학교 강당에 동네사람들을 모아 놓고 민족의식을 고취시키기도 하였다.[56]

2) 노인동맹단의 참여

1919년 국내에서 3.1운동이 전개됐을 때 강우규는 3월 4일 그 소식을 듣고 신흥동에서의 만세운동을 주동하여 전개하였다. 당시 그는 400-500명을 모아 우리나라 국기를 만들어서 중국관헌이 많이 있는 부중(府中)에 들어가 만세를 불렀다.[57]

만세운동을 전개한 강우규는 그해 4월, 조선의 정세를 탐지하기 위해 블라디보스토크로 향하였다.[58] 강우규가 블라디보스토크로 온 것은 노인동맹단과 밀접한 관련이 있는 것이 아닌가 생각된다. 노인동맹단은 1919년 3월 26일, 블라디보스토크 김치보(金致寶)의 집에서 조직되었다. 이날 거행된 발회식(發會式)에서 단장에 김치보, 이사원에는 홍범도(洪範圖), 유상돈(劉尙敦) 등 16명이 선출되었다. 노인동맹단은 46세 이상으로 연령의 제한을 두었을 뿐 남녀를 가리지 않고 회원자격을 부여하기로 규정하고, 독립운동 청년들을 지원할 계획을 하고 있었다.[59]

노인동맹단은 발회식 이후 전단(傳團)위원이라 하는 대표들을 각 지방에 파견하고 단원모집에 노력하였다. 이륜(李崙), 김영학(金永學)은 4월 4일 니코리스크 방면으로, 차대유와 최시종(崔侍從)은 4월 3일 각각 소성과 이만으로, 4월 2일에는 유태순(劉泰純)이 수분하 및 그로데고보 지방을 향해 출발하였다.[60] 그들 가운데 강우규는 이만지역을 방문한 최시종과의 만남으로 노인단에 가입하게 된 것이 아닌가 추청된다.[61] 이만과 요하가 지리적으로 인접해 있기 때문이다.

노인동맹단에서는 6월 20일 밤 평의원회를 열고 이승교와 정치윤 양인의 환영회 개최에 관한 안건과 파리강화회의에 한국독립청원서를 제출하는 안건에 대하여 토의하였다. 여기서 파리강화회의에 청원서를 제출하는 것은 청원서를 상해로 보내어 그곳에서 불어로 번역하고 다시 파리로 전송하는 것으로 결

정하였다.[62]

6월 25일, 노인동맹단은 강문백과 연병우를 대표로 파견하여 블라디보스토크 주재 일본총영사관에 「재노령대한국민노인동맹단 근력혈도충간(在露領大韓國民老人同盟團 謹瀝血禱衷干)」이라고 제목을 붙인 독립요구서를 제출하였다. 이 요구서는 6월 24일 대일본제국정부 대신 앞으로 대한국민 노인동맹단 대표 김치보 외 20명이 보낸 것으로 되어 있다.[63] 블라디보스토크에서 노인단의 활동 및 계획에 대하여 이야기를 들은 강우규는 동지들과 함께 새로 부임하는 조선총독의 저격을 논의하였을 것으로 추정된다. 아울러 강우규는 그곳에서 조선총독 하세가와(長谷川)가 머지않아 그 직을 떠나 귀국하며, 누가 새로 후임총독으로 내임(來任)하는지에 대하여 알게 되었다.[64]

강우규는 그 사실을 천만뜻밖의 일이라 생각하였다. 그는 하세가와 총독이 3.1운동을 통하여 조선 통치는 불가능하다는 것을 깨달았다고 생각했고, 따라서 조선독립을 허용할 수밖에 없음을 직감하여 총독직에서 물러나 조선을 떠나려는 것이라고 판단했다. 새 총독을 임명하는 것은 세계의 주류사상인 민족자결주의를 배반하고 천의(天意)를 거역하며, 인도(人道)를 무시하여 동아평화를 교란하는 것으로, 2천만 조선인 동포를 궁지에 몰아넣으려는 것으로 받아들였다. 이에 분개한 그는 목숨을 바쳐 신임 총독을 처단함으로써 국내외의 지원을 얻어 조선독립을 쟁취하고자 하였다.[65] 즉 강우규는 사이토를 세계대세와 민족자결주의를 무시하고 신성한 2천만 동포를 금수와 같

> 이에 분개한 그는 목숨을 바쳐 신임 총독을 처단함으로써 국내외의 지원을 얻어 조선독립을 쟁취하고자 하였다. 즉 강우규는 사이토를 세계대세와 민족자결주의를 무시하고 신성한 2천만 동포를 금수와 같이 보는 자로 규정하였던 것이다.

이 보는 자로[66] 규정하였던 것이다.

강우규는 노인단 동지들과 의논하여 새로 부임하는 총독을 저격하기로 하였다. 그는 일단 그의 거주지 신흥동으로 돌아가 일전에 아편매각을 위해 방문했던 노령 청룡(靑龍)에서 만난 러시아 사람에게 폭탄을 구입해 달라고 부탁했다. 그리고 동부(東部) 서촌(西村) 및 우수리의 철도선에 있는 작은 역 청룡역(靑龍驛) 부근에서 도철제(鑄鐵製) 영국식 예화 (曳火) 수류탄 1개를 구입했다. 이것으로 신임 조선총독을 저격하기로 결심한 것이다.[67] 러시아 사람이 강우규에게 폭탄의 사용처를 묻자 그는 "원한이 있는 자를 죽이는 데 사용할 것"이라고 대답하였다.[68]

강우규는 폭탄 1개에 러시아 돈 50루블을 주고 구입해 요하현의 자택으로 돌아와 있다가 노령 니코리스크를 거쳐 블라디보스토크에 도착하였다.[69] 전하는 말에 의하면 노인단에서 거사 모의가 있을 때 자기가 맡아 하겠노라 자원했다고 한다.[70]

5. 강우규의 체포와 재판, 순국

사이토에게 폭탄을 투척한 후 신변의 위협을 느낀 강우규는 9월 7일 오태수(吳泰洙)에게 의뢰하여 가회동 82번지 장익규(張翊奎)의 집으로 숙소를 옮겼다가 다시 사직동 임승화(林承華)의 집으로 옮겼다.[71] 1920년 9월 17일 아침, 결국 강우규는 경성부 누하동(樓河洞) 17번지 임재화(林在和)의 집에서 혼마치(本町) 경찰서 경찰관[72] 한인 순사 김태석(金泰錫)에게 체포되었다.[73] 김태석은 경기도 경찰부 고등과 경부로, 친일경찰, 특히 '고문왕'으로 널리 알려진 인물이었다. 그는 해방 후 반민족행위특별조사위원회에서 사형을 구형받았다.[74]

최근 일본 아사히(朝日)신문이 공개한 기록(조선일보 2000년 8월 9일 10면)에는 강우규 의사가 체포 이후의 취조과정에서 보여준 의연한 행동이 잘 나타나 있다.

강우규 의사 "취조 받으면서도 독립연설" -수사 담당했던 日경찰 밝혀

> 3·1운동 직후 사이토 일본 총독에게 폭탄을 던졌던 강우규 의사는 일본 경찰의 취조를 받으면서도 당당하게 "독립연설"을 했던 것으로 확인됐다. 아사히(조일) 신문이 8일 공개한 조선총독부 관리들 증언록 속에 강 의사를 직접 취조했던 당시 경기도 경찰부장 지바 료(천엽료)는 "당시 경찰은 명예를 걸고 사건을 수사했다."라고 하면서도 "그가 밉다는 감정은 조금도 들지 않았다. 그는 역시 우국지사였다"고 증언했다.
> 증언에 따르면 사건 15일 뒤 연행돼 온 강 의사는 취조실 의자에서 벌떡 일어나 탁자를 두드리며 독립 연설을 시작했다. 연설 중 숨이 찼던 강 의사는 "물을 줄 수 없느냐"고 해서 받아 마신 뒤, 다시 탁자를 두드리며 약 1시간 동안 연설을 계속했다. "공범자가 있는가?"라는 지바 부장 질문에, 강 의사는 "이처럼 큰일을 결행하는 데 누구와 상담할 수 있겠나"라며 반문했다고 한다.[75]

강우규는 9월 29일, 경성지방법원 검사국에 송치되었고,[76] 1920년 2월 15일 경성지방법원 7호 법정에서 재판을 받았다. 제1회 공판이었는데 그는 당당한 기개로 자신의 소신을 피력하였으며, 서대문형무소의 옥중생활에 있어서도 굽힘 없는 기개를 보였다고 한다. 그리고 동년 2월 18일, 두 번째 공판에서 사

형이 구형되고, 2월 25일 경성지방법원에서 열린 제3회 공판에서 〈살인, 폭발물 취체법 위반〉으로 사형을 선고받았다.[77] 그즈음 영친왕(英親王)의 가례(嘉禮)가 있어 정치범에 대한 특사가 있었으나 그는 이의 혜택을 입지 못했다. 그는 복심법원에 상고하였으나 4월 26일 다시 사형이 선고되었고, 다시 고등법원에 상고하였지만 5월 27일 기각당하고 사형이 확정되었다.[78] 결국 강우규는 1920년 11월 29일 서대문 형무소 교수대에서 향년 66세의 일기로 순국하였다.

강우규는 『동광 40호』(1933.1.23), 유광열의 「신문기자시대에 접촉한 각계 인물인상기」에 보이듯이

> 강우규는 OO범인으로서 법정에 선 것을 보앗다. 그는 키가 훨신 크고 동군 얼골에 입우에는 은실같은 八字수염을 가지엇으니 이른바 호발 虎髮이다. 성음이 정중 鄭重하고 (3行略 - 원문)
> 눈이 풋득 풋득 올 때에 회색 두루막이를 입고 우루루하는 수인 囚人 마차 馬車와 함께 법정에 썩 들어서면서부터 발을 통통 굴르든 것이 10여 년이 지난 지금에도 생각이 난다. 그는 그 후 사형집행 死刑執行이 되어 지금은 청산일토 青山一土로 화 化하엿다.[79]

일제에 체포되어 법정에서 재판을 받을 때도 당당하게 자신의 주장을 소신 있게 펼친 인사였다. 사형을 선고받은 강우규는 감상을 묻는 일제 검사에게 다음과 같은 시 한수를 써주었다고 한다.

斷頭臺上 猶在春風
有身無國 豈無感想

단두대 위에는 봄바람만 불뿐,
이 몸은 나라 없는 자이니 어찌 무슨 생각이 있겠나.[80]

그리고 면회 온 아들 강중건(姜重建)에게는 다음과 같이 유언하였다.

너-나 죽는 다고 조곰도 엇지 않게 알지마라라. 만일 네가 내가 사형 받는 것을 실허하는 어리석은 사람이면 나의 자식이 아니다. 내가 평생에 세상에 대하여 너무 한일이 없음이 도로혀 북그럽다.[81]

> "너-나 죽는 다고 조곰도 엇지 않게 알지마라라. 만일 네가 내가 사형 받는 것을 실허하는 어리석은 사람이면 나의 자식이 아니다. 내가 평생에 세상에 대하여 너무 한일이 없음이 도로혀 북그럽다."
> - 강우규 의사

1920년 11월 29일 오전 4시, 서대문형무소에서 사형이 집행되었고, 그의 시체는 오후 2시에 아들 강중건에게 인도되어 즉시 서대문 밖 공동매장지에 매장되었다.[82] 강우규 의사의 유해는 34년간이나 고양군 은평면 신사리 공동묘지에 묻혀 있다가 출생지인 덕천군민 유지들의 주선으로 1954년 4월 4일에 수유리 산 109에 이장되었다. 그리고 1967년 6월 26일, 동작동 국립묘지로 옮겨졌다.[83]

강우규의 폭탄 의거가 있자 일제는 놀라 대서특필했다. 당시 조선총독부의 기관지인 매일신보서는 1919년 9월 4일자 신문에서 의거현장 사진과 함께 1면을 전부 이 기사로 채웠다. 이 기사에서 일제는 「신 총독에게 폭탄을 투하, 지난 2일 오후 5시 남대문역두의 불상사, 다행히 총독 총감 일행에게는 무사했다.

중경상자수가 30명, 유력한 혐의자는 즉시 체포되다」라고 보도하였다. 매일신보 9월 6일자에서는 「폭탄 투하의 순간 총독은 소불변색(少不變色), 오직 혁대에 구멍이 생겼을 뿐」이라며 강우규의 의거에 대한 담담하고 의연한 모습을 크게 보도했다. 한편 매일신문에서는 강우규 의사의 의거를 신랄하게 비판하였다. 즉 9월 5일자 사설 「폭탄사건에 就하여」을 통해 이 사건의 배후에는 불측한 음모가 있다고 규정하고 조선을 문란시키는 범죄를 저지른 것이라 규탄하였다. 사이토 총독은 새로운 제도하에 새로운 정치를 펴보자는 천왕의 명령을 받고 온 사람이므로 흉악한 무리가 수많은 폭탄을 던진다고 하더라도 제국의 큰 방침을 변동시킬 수 없음을 분명히 강조했다.

즉 조선총독부에서는 이 사건과 관련하여 매일신문에 일본 내 신문의 보도 내용을 인용하여 이 사건을 비판하는 여론을 조성하고자 하였다. 매일신보 9월 8일자에 「폭탄 사건과 여론(1)」에서 대판매일신문에 실린 「〈선인(鮮人)을 위하여 가석(可惜)」을, 국민신문의 「〈흉도를 근절함이 필요」, 만조보(萬朝報)의 「비겁한 수단은 조선인의 상습(常習)」을, 9월 9일자 「폭탄사건과 여론(2)」에서는 동경조일신문의 「동포를 비경(悲境)에 도(導)할 뿐」, 대판조일신문의 「일선공존(日鮮共存)의 대의(大義)를 고념(顧念)하라」 등의 기사를 전제했다. 이들의 제목에서 보는 바와 같이 일제는 강우규 의사의 의거를 매도할 뿐 아니라 이런 일들이 결국 조선에 좋지 않은 영향을 미칠 거라고 경고한 것이다.

강우규 의거에 대한 한국민의 동향은 일제의 첩보보고에서 짐작해볼 수 있다. 1919년 10월 21일 일제측이 조사한 「폭탄범인 강우규에 대한 감상」(평안북도지사보고)을 보면 다음과 같다.

　　지난번 신문지상에 있어서 발표된 총독에 대한 폭탄투척범인 강우규에 관하여 평안북도 철산군 지방에서의 유식계급자 간에 범인 강우규는 그 경력에 있어서 털끝만큼도 비난할 만한 것이 없으며, 더욱이 나이 60을 넘은 노구를 이끌고 멀리 블라디보스톡으로부터 경성에 잠입하여 신총독의 착임에 있어서 남대문역두에서 벽력일성(霹靂一聲)의 폭탄을 투척하는 등 그 용맹은 장자(壯者)를 능가하며 오인 조선민족이 참으로 흔쾌(忻快)하게 여기는 바 가령 극형에 처해져서 형장의 이슬로 사라질지라도 그 위훈(偉勳)은 조선민의 뇌리에 깊은 인상을 길이 비사상(祕史上)의 일미담(一美譚)으로서 전해지기에 이를 것이라고 이를 상양(上揚)함과 같은 언동을 하는 자가 있다.[84]

아울러 1920년 1월 14일(러시아력 1월 1일)밤, 블라디보스톡 신한촌 한민학교에서는 남대문사건의 강우규의 변장 및 동인 체포와 관련된 연극이 개최되어 학생들의 민족의식 고취에도 기여하였다.[85] 또한 강우규의 공판기사가 신문지상에 보도되자 "일반적으로 강우규는 우리 조국을 위해 희생이 된 것으로서 그 행위를 웅대하다고 하고 공판정에 있어서 그의 언론을 통쾌하다고 상찬(賞讚)하는 경향이 있다. 특히 청년학생들에게 큰 감동을 주었다. 그들의 대다수는 강이 이미 나이 60을 넘어 더욱이 이러한 대사를 감행하는 나라를 생각하는 정이 이와 같으니 우리들의 모범으로 삼아야 할 것이다."라고 말하였다.[86]

> 강우규는 노인임에도 불구하고 재등총독에게 폭탄을 던지고 조선민족을 위해 희생되었음을 알아야 하며 따라서 우리 청년은 더 한층 분기하여 조선독립을 위해 노력하지 않으면 안 된다.

1920년 2월 16일 오후 9시반 경, 경성부 남대문역 대합실에서 당시 그 장소에 모여 있던 1백여 명의 민중들에 대하여 '강우규는 노인임에도 불구하고 재등총독에게 폭탄을 던지고 조선민족을 위해 희생되었음을 알아야 하며 따라서 우리 청년은 더 한층 분기하여 조선독립을 위해 노력하지 않으면 안 된다'는 취지의 연설을 하고 끝낸 다음 "대한독립만세"를 10회 정도 연거푸 불렀던 일이 있기도 하였다.[87]

강우규 의거는 그 후 국내외 민족운동의 큰 기폭제가 되었다. 특히 1924년 5월 19일 참의부 독립군은 압록강 안을 순시하던 사이토 총독을 습격하였다.[88]

참고문헌

〈신문〉
LA Times, 대한매일신보, 독립신문, 동광, 동아일보, 매일신보, 신한민보, 조선일보, 조선중앙일보, 황성신문

〈저서 및 논문〉
이병헌.「강우규」.『한국근대인물백인선』. 1970.『신동아』부록.
강덕상.「풍운의 노투사 강우규」.『조선독립운동의 군상』. 동경: 청목서점,1984.
강영재. 남대문역두 강우규의사의 투탄.『신동아』. 1969년 5월호.
고원섭 편저.「반민자죄상기」『친일파죄상기』. 김학민. 정운현 엮음. 서울: 학민사, 1993.
김창수.「강우규 의사의 의열투쟁」『서대문형무소와 의열투쟁』. 서울: 서대문구, 2003.
김형목.「강우규의사의 계몽활동과 현실인식」『강우규의사 의거 90주년 학술세미나』. 강우규의사 기념사업회, 2009.
강우규의사기념사업회.『강우규의사 의거 90주년 학술세미나』. 2009.
반병률. "임시정부의 초대 국무총리 성재 이동휘 일대기". 서울: 범문사, 1998.
김희곤 외.『영양의 독립운동사』. 서울: 영양문화원, 2006.
박영석.「여성독립운동가 남자현의 민족독립운동」『만주지역 한인사회와 항일독립운동』. 서울: 국학자료원, 2010.
박영석.「일제하 재만한국인 기독교도의 항일민족독립운동-1910년대 서간도지역을 중심으로」『재만한인독립운동사연구』. 서울: 일조각, 1988.
박용옥.「윤희순의사와 남자현 여사의 항일독립투쟁」.『의암학연구』 6, 2008.
임해리.「남자현-만주벌에 떠도는 여성독립투사의 붉은 혼」. 서울: 가람기획, 2007.
이상국.「남자현 평전-나는 조선의 총구다: 일제의 심장을 겨눈 독립투장 만주의 女虎」. 서울: 세창미디어, 2012.
이덕주.「여류무장독립운동가-남자현」『한국교회의 처음 여성들』. 서울: 기독교교문사, 1990.
「독립운동사상 홍일점 남자현여사」『부흥』8호. 1948년 12월호.
강윤정.「여성독립운동가 南慈賢의 항일투쟁」『한국독립운동사연구』 67. 독립기념관 한국독립운동사연구소. 2018.

미주

1) 박영석, 「남자현의 민족독립운동-중국동북지역에서의 활동을 중심으로」, 『한국학연구』2(숙명여대 한국학연구소), 1992.; 박영석, 「여성독립운동가 남자현의 민족독립운동」, 『만주지역 한인사회와 항일독립운동』, 국학자료원, 2010.; 박용옥, 「윤희순 의사와 남자현 여사의 항일독립투쟁」, 『의암학연구』 6, 2008.; 임해리, 『남자현-만주벌에 떠도는 여성독립투사의 붉은 혼』, 가람기획, 2007.; 이상국, 『남자현 평전-나는 조선의 총구다: 일제의 심장을 겨눈 독립투장 만주의 女虎』, 세창미디어, 2012.; 김희곤 외, 「영양의 독립운동사」, 영양문화원, 2006.
2) 출생지와 관련하여 해방 후 간행된 『독립혈사』 『남자현여사약전』과 박용옥 교수의 논문에는 경북 안동군 일직면 일직리라고 기술하고 있다. 조선중앙일보 1933년 8월 26일자에서는 안동군 일직면 귀미동으로 표현하고 있다. 동아일보 1948년 3월 3일자에서 남자현의 장남 김성삼은 본적은 경북 안동 일직면 구미동이라고 하고 있다. 이는 남자현의 남편 김영주의 본적지를 언급한 것으로 보인다(김희곤 외, 「만주를 울린 열혈여장부 남자현」, 『영양의 독립운동사』, p.354).
3) 위의 책, p.356.
4) 「독립운동사상 홍일점 남자현 여사」, 『부흥』 8호, 1948년 12월호.
5) 이덕주, 「여류무장독립운동가-남자현」, 『한국교회의 처음 여성들』, 기독교문사, 1990, p.103. 강윤정은 그의 최근 발표문에서 남자현의 기독교 신앙 시점에 대하여 영양군에서가 아닌가 추정하고 있다. 이에 대하여는 앞으로 신중한 검토가 있어야 할 것으로 보인다.
6) 서간도지역 기독교인들의 민족운동에 대하여는 다음 논문이 참조된다. 박영석, 「일제하 재만한국인 기독교도의 항일민족독립운동-1910년대 서간도지역을 중심으로」, 『재만한인독립운동사연구』, 일조각, 1988.
7) 강용권, 『한경희목사』, 『죽은자의 숨결, 산자의 발길』하, 장산, 1996, pp.153-157.
8) 이덕주, 앞의 논문, pp.103-104.
9) 남자현의 남편의 이름이 김형주인 것으로 보아 김기주는 혹시 친척이 아닌가 추정된다.
10) 박영석, 위의 논문.
11) 조선중앙일보 1933년 8월 26일자.
12) 조선중앙일보 1933년 8월 26일자.
13) 조선중앙일보 1933년 8월 26일자.
14) 조선중앙일보 1933년 8월 26일자.
15) 단식기간에 대하여도 9일설, 17일설 등 다양하다.
16) 김영범의 글 참조.
17) 김창수, 「강우규 의사의 의열투쟁」, 『서대문형무소와 의열투쟁』, 2003.
18) 『독립운동사자료집』 11, p.596.
19) 동아일보 1920년 5월 27일자.
20) 『독립운동사자료집』 11, p.80.
21) 동아일보 1920년 5월 27일자.
22) 조선일보 1920년 5월 20일; 동아일보 1920년 5월 27일.
23) 강영재, 신동아, p.186.
24) 동아일보 1920년 5월 27일.
25) 독립운동사자료집 11, p.599.
26) 독립운동사편찬위원회, 『독립운동사자료집』 11, 1976, p.79.
27) 평안남도지편찬위원회, 『평안남도지』, 1979, p.231.
28) 「강영재, 남대문역두 강우규의사의 투탄」, 『신동아』 1969년 5월호, p.181.
29) 동아일보 1920년 4월 15일자.
30) 『독립운동사자료집』 11, p.79, p.595에서는 1887년으로 서술하고 있다. 그리고 손녀 강영재는(신동아, p.182)에서는 1885년으로 언급하고 있다. 처음에 강우규는 홍원읍 鳳翔里에 살다가 나중에는 용원면 영덕리로 이주하였다고 한다.(『홍원군지』, p.224)
31) 이병헌, 「강우규」, 『한국근대인물백인선』, 1970, 신동아부록, p.67.
32) 강영재, 신동아, p.182.
33) 강영재, 신동아, p.182.
34) 반병률, pp.73-74.
35) 김방, 『이동휘연구』, 국학자료원, 1999, pp.67-68.
36) 宋相燾, 『騎驢隨筆』, 국사편찬위원회, 1955, p.277.
37) 강영재, 신동아, p.188.
38) 국회도서관, 『한국독립운동사료』 2, p.419.
39) 동아일보 1920년 3월 27일.
40) 홍원군지, p.123.
41) 홍원군지, p.127.
42) 강영재, 신동아 pp.184-185.
43) 강영재, 신동아, p.185.
44) 『독립운동사자료집』 11, p.596.
45) 강우규의 양모에 대하여는 강영재가 쓴 「남대문역두 강우규의사의 투탄」에 상세히 적혀 있다(pp.184-185)
46) 신동아, p.186.
47) 『독립운동사자료집』 11, pp.79-80.
48) 현규환, 『한국유이민사』 상, 1976, p.528.
49) 동아일보 1920년 4월 15일자.
50) 강영재, 신동아, p.186.
51) 일본외무성 사료관 시베리아부 8권, 1919년 6월 13일 哈府부근 재주조선인의 상황에 관한 건.
52) 강영재, 신동아, p.186; 『독립운동사자료집』 11, p79, 596.
53) 『한국유이민사』 상, p.196.
54) 강영재, 신동아, p.186.

미주

55) 『독립운동사자료집』11, p.80.
56) 강영재, 신동아, p.187.
57) 동아일보 1920년 4월 15일자.
58) 『독립운동사자료집』11, p.596; 동아일보 1920년 4월 15일.
59) 국회도서관, 『한국민족운동사료』3, 1979, pp.138-139, 358.
60) 김소진, 『한국독립선언서연구』, 국학자료원, 1999, p.198.
61) 국회도서관, 『한국민족운동사료』3, 1977, p.725에서는 강우규가 노인동맹단 단원임을 밝히고 있다.
62) 시베리아부 8, 노인단에 관한 건, 1919년 6월 26일.
63) 김소진, 『대한독립선언서연구』, p.201. (시베리아부 8, 1919년 6월 3일, 노인단행동에 관한 건, 시베리아 8권, 1919년 6월 12일 포조에서 노인단은 청원서를 일본영사관에 제출하는 건, 6월 13일 노인단에 관한 건, 그 내용은 순 한문으로 되어 있으며 원문은 1919년 6월 26일자 노인단에 관한 건에 실려 있다.)
64) 『독립운동사자료집』11, p.596; 동아일보 1920년 4월 15일.
65) 『독립운동사자료집』11, pp.596-597.
66) 동아일보 1920년 4월 15일.
67) 『독립운동사자료집』11, p.597.
68) 『독립운동사자료집』11, p.80.
69) 『독립운동사자료집』11, p.80.
70) 강영재, 신동아 p.189.
71) 강영재, 신동아, p.195.
72) 매일신보 1919년 10월 7일자.
73) 이병헌, 「강우규」, 『한국근대인물백인선』, 동아일보사, 1970, p.68.
74) 반민족문제연구소, 「김태석」, 『친일파 99인』 2, 돌베게, 1993, pp.97-102; 고원섭 편저, 『반민자죄상기』, 「친일파죄상기」, 김학민 정운현 엮음, 학민사, p.271.
75) 『독립운동사자료집』11. p.79.
76) 국회도서관, 『한국민족운동사료』2, 1978, p.392.
77) 김창수, 「강우규의사의 의열투쟁」, pp.68-71.
78) 이병헌, 「강우규」, p.69.
79) 「동광」 40호, 1933.1.23, 유광열, 신문기자시대에 접촉한 각계인물인상기
80) 김삼웅, 「1920년대 서대문형무소」, 『서대문형무소 근현대사』, 나남출판, 2000, p.139.
81) 동아일보 1920년 5월 27일자.
82) 조선일보 1920년 12월 2일자.
83) 『홍원군지』, p.227.
84) 국회도서관, 『한국민족운동사료』2, p.463.
85) 『한국민족운동사료』2, p.705.
86) 『한국민족운동사료』2, p.883.
87) 『독립운동사자료집』5, 1972, p.272.
88) 신재홍, 「독립군의 압록강 습격작전」, 신동아 1969년 5월호 pp.213-219.

대한민국임시정부와 국내 독립운동
-기독교 독립운동가의 역할을 중심으로, 1919~1920-

윤정란(서강대학교 교수)

특히 기독교 여성들은 옥중에서 신앙으로 어려움을 견뎌냈다. 그들은 기도모임을 주관하고, 매일 새벽과 깊은 밤에 정기적으로 기도회를 열어 자신들의 행동이 정당하다는 사실을 공동체 의식으로 다져나갔다.

> 특히 기독교 여성들은 옥중에서 신앙으로 어려움을 견뎌냈다. 그들은 기도모임을 주관하고, 매일 새벽과 깊은 밤에 정기적으로 기도회를 열어 자신들의 행동이 정당하다는 사실을 공동체 의식으로 다져나갔다.

대한민국임시정부와
국내 독립운동

서 론

　1919년 3.1만세운동 직후 국내외 각지에서 임시정부가 수립되었다. 그 중 중국 상해의 대한민국임시정부, 러시아 연해주의 대한국민의회, 국내 한성정부 등이 가장 대표적이다. 상해 임시정부는 1919년 4월 11일 임시의정원을 구성하였고, 각도 대의원 30명이 모여서 임시헌장 10개 조를 선택하였다. 이어 4월 13일 대한민국임시정부를 수립 및 선포하였다. 나아가 상해 임시정부는 또한 대한국민의회와 한성정부를 통합하기 위해 많은 노력을 한 결과, 9월 11일 제1차 개헌인 대한민국 임시헌법을 공포했고, 11월에는 통합정부로서 출범하였

다.[1]

　상해 임시정부는 국내가 아닌 국외에 위치해 있었기 때문에 국내의 국민적 기반을 구축하고 확대할 필요가 있었다. 임시정부는 출범 후 곧 연통부와 교통국 등 국내 조직을 설치하고 특파원과 선전원들을 국내에 파견하였다. 아울러 국내에 조직된 수많은 독립운동단체들을 임시정부 지원단체로 전환시켰다.

　임시정부 지원단체의 활동 내용은 주로 임시정부 선전, 선언서와 선전문 등을 통한 독립정신 고취, 임시정부 독립자금 모집 등이었다. 이러한 지원 활동을 한 대표적인 국내독립단체로는 대동단, 대한민국청년외교단, 대한애국부인회, 대한민국애국부인회, 대한국민회, 대한독립애국단, 의용단 등을 들 수 있다.

　이와 같은 국내 임시정부 지원 활동에 많은 국내 기독교 독립운동가들이 적극적으로 참여하였다. 전국 각 지역에서 기독교 독립운동가들은 자발적으로 비밀결사단체를 조직하고 임시정부 지원을 위한 다양한 활동을 전개하였다.

　이 글에서는 국내에서 기독교인들이 어떻게 임시정부를 지원하는 활동을 했는지에 대해 살펴보고자 한다. 국내 기독교 독립운동가들의 개인적인 차원에서 임시정부를 지원한 활동과 비밀결사단체 차원에서 임시정부를 지원한 활동에 대하여 검토할 것이다. 단체적인 차원에서 임시정부를 지원한 기독교인 조직으로는 대한국민회, 평양 대한애국부인회, 그리고 경성에서 조직된 대한민국애국부인회 등을 들 수 있다.

본 론

1. 국내 기독교 독립운동가들의 임시정부 지원 활동

국내 각 지역에서 기독교 독립운동가들은 임시정부를 지원하기 위해 독립자금 모집, 선전활동, 임시정부에서 국내로 파견한 비밀요원 활동을 위한 안내 및 협력 등 다양한 활동을 전개하였다.

> 국내 각 지역에서 기독교 독립운동가들은 임시정부를 지원하기 위해 독립자금 모집, 선전활동, 임시정부에서 국내로 파견한 비밀요원 활동을 위한 안내 및 협력 등 다양한 활동을 전개하였다.

평안도에서는 평양의 김병연과 선천의 김석창을 들 수 있다. 김병연은 장로교인으로 1919년 4월 비밀결사단체인 철혈청년단을 조직하여 임시정부선포문과 각료명단을 비롯한 『청년단보』 및 각종 비밀문서 등을 발간 및 배포하였다. 그러나 만주로 망명을 떠나는 도중에 일경에게 발각되어 체포되었다. 재판 결과 징역 6월형을 선고 받고 수감되었다. 출옥 후 1923년에는 홍범도를 위한 군자금 모집 및 독립군을 추천하다 다시 체포되어 6개월간의 옥고를 치렀다.[2]

선천의 김석창은 임시정부의 실질적 부대인 광복군 총영에서 밀파된 박치의를 도왔다. 김석창은 평양장로회신학교를 졸업하고 1920년 선천으로 이주하였다. 같은 해 8월 24일 미국의원단 일행이 선천을 지날 때 독립의 의지를 담은 진정서를 제출하고 선천경찰서를 폭파하려 하였으나 뜻을 이루지 못하였다. 그러다 광복군 총영에서 밀파한 박치의가 선천경찰서를 폭파하려고 할 때 도움을 주었다. 광복군 총영은 1920년 7월, 오동진이 대한청년단연합회 소속의 청년들과 대한독립단 소속의 독립군을 중심으로 관전현 항로구에서 조직하였다.

총영에는 군사부, 참의부, 재정부를 두고 국내의 도와 군에 도영과 군영, 주요 군사요충지에 별영을 설치한다고 규정하였다. 총영장은 오동진이었다. 광복군 총영은 부대원을 국내로 밀파하여 각지에 무장조직을 만들려고 하였다. 그리고 임시정부와 광복군 명의로 경고문을 배포하였다. 김석창은 박치의 폭파사건으로 체포되어 징역 8년형을 언도받았다.[3]

황해도에서는 안악의 허응숙과 허빈을 들 수 있다. 황해도 장연에서 출생한 허응숙은 장로교 조사로서 임시정부 요인을 지원하기 위해 독립운동 자금을 송금하였다. 그는 일찍이 기독교로 개종한 조부와 부친의 영향으로 어려서부터 기독교를 받아들여 황해도 소래교회를 다녔다. 황해노회에서 운영하는 재령성경학원에서 5년간 수학하였으며, 장로교 조사가 되어 1909년 장연군 서의동교회에 부임하여 목회를 시작하였다. 그 후 용정, 칠정, 송화읍, 문화읍, 송학, 금곡, 석탄, 율리, 누리, 내동, 가당, 용산, 저도 등지에서 시무하였다. 안악의 용산교회에서 시무할 당시 3·1만세운동이 일어나자 그는 용산교회를 비롯해 자신이 시무하는 교회의 교인들과 함께 3월 11일 신천군 문화 장날을 이용하여 만세운동을 전개하였다. 그는 선두에 서서 독립만세를 외치며 시위행진을 벌이다 일본 헌병대에게 체포되었고, 7월 26일 고등법원에서 3년 징역형을 언도받아 해주형무소에서 복역하였다. 출옥 후에는 임시정부 요인 이창실과 동생 허성묵, 허성민을 지원하기 위하여 독립운동자금을 송금하였다.[4] 허응숙의 동생 허빈은 허성묵, 허성, 허문무일 등으로 불렸고, 장로교 풍천읍(송천읍) 교회 조사 출신으로서 안악에서 임시정부 선전활동에 매진하였다. 그는 기독교 학교인 해서제일학교 고등과를 졸업한 후 인실학교 및 송화군의 양재학교 교사로 재직하였으며, 풍천읍교회 조사로도 활동하였다. 1918년 평양 노회에서 평양신학교 입학자격을 얻었으나 3.1운동으로 입학하지 못했다. 3·1만세운동 당시 그는 형 허응숙과 협력하여 황해도 해변의 교회들을 찾아가서 독립선언서를 나누어주고 만세시위에 참여하였다. 동시에 이창실 등과 함께 구월산 패엽사에서 임시정부와 연락하며 『독립신문』을 비밀리에 배포하였다.[5]

강원도에서는 춘천의 이홍범과 철원의 조종대를 들 수 있다. 이홍범은 1919년 4월 30일, 국민대회 취지서 및 선언문 등을 춘천지역 수 명의 공무원들에게 배포하여 임시정부에 대한 선전활동을 벌였다.[6]

황해도 금천에서 출생한 조종대는 감리교 매서인 출신으로, 강원도 일대에서 임시정부의 거점을 조직하였다. 조종대는 한의학을 전공하고 약종상을 경영하였다. 경성에 거주하던 한의사였던 친구 나병규의 소개로 상동 감리교회의 모임에 여러 차례 참석한 후, 전덕기 목사에게 감화를 받아 기독교로 개종하였고, 강원도에서 기독교 전도에 앞장섰다. 그는 자신의 집에 각종 신문과 신문화 관계 서적을 비치하고 서울에서 배운 근대사상을 지역민들에게 전달하였다. 또 철원에 봉명학교와 철원 근교에 배영학교 등을 설립하였다. 그러나 일제의 감시와 방해 등으로 학교 운영이 어려워져 채권자에게 넘어가자 경성으로 이주하였고, 남감리회 선교사인 크램(Willard Gliden Cram)의 권유로 매서인이 되어 황해도 금촌일대에서 전도하였다. 3·1만세운동 당시엔 매서인을 그만두고 고향 철원으로 돌아가 만세 시위를 주도하였다. 그는 대한독립애국단 철원지단을 조직하여 독립운동자금을 모집하였다.

대한독립애국단은 1919년 5월 임시정부의 지시를 받은 신현구에 의해 서울에서 설립되었다. 조직의 확대를 꾀하기 위하여 전국적으로 지단을 설치하기로 결정하자, 조종대는 원주, 횡성, 강릉, 양양, 금화 등지를 순회하며 강원도 각처에 대한독립애국단 지단을 설치하였다. 단원들은 활동자금을 갹출하여 활동하였다. 그들은 지역의 독립운동 상황을 조사해 임시정부에 보고하고, 임시정부로부터 전달된 각종 문서를 배포하는 등 임시정부의 지시 및 명령을 실행하였다. 동시에 독립을 대비하여 즉시 행정사무를 접수할 수 있도록 만반의 준비도 갖추었다. 1920년 1월, 일경에게 조직이 발각되어 조종대는 경성지방법원에서 징역 5년형을 선고받았으며, 복역 중 세상을 떠났다.[7]

강화도에서는 감리교 신자인 황도문이 독립선언서와 함께 『국민회보』를 인쇄하여 배포하였다. 그는 독실한 감리교인이었던 모친에 의해 기독교 교육을 받으며 성장하였다. 그는 연희전문학교 2학년 재학 중 학생회 회원으로서 3·1만세운동에 참여하였다. 독립선언서와 『국민회보』 등을 소지하고 고향인 강화도로 돌아와 선두교회 교인들과 함께 강화읍만세운동을 주도하였다. 그는 만세운동을 위해 선두교회 전도사였던 황유부의 집에서 등사판을 사용해 독립선언서와 『국민회보』 수백 장을 인쇄했다. 이와 함께 황도문은 '강화인민에게'라는 문서와 독립가도 작성하였다.[8]

부산에서는 장로교 제일영도교회 소속의 정인찬을 들 수 있다. 그는 3·1만세운동 당시 영도 사립 옥성학교 교사로 재직하면서 학생들의 만세운동을 지도하였다. 4월 중순 정인찬의 지도를 받은 부산상업학교 졸업생 이남식은 옥성학교 학생 신기홍, 정용술, 허택윤 등과 함께 학교 뒤편 송림 사이에서 대한독립만세를 외치고 시내로 행진하려다 일경에 체포되었다. 3·1만세운동 이후 정인찬은 임시정부의 경남 지역 간부 및 간사장 직책을 맡았다. 부산을 중심으로 김해, 밀양, 양산 일대에서 독립운동자금 모집에 많은 노력을 기울였다. 그는 안창호의 지시에 따라 1919년 7월, 독립의연금 수납증과 군자금 출자를 촉구하는 문서를 제작하여 부산·경남 지역의 부호들에게 우송하고 참여를 독려하였다. 이외에 밀양에서 위탁 판매업을 하는 합자회사 해동상회의 발기인이 되어 주주 모집의 방식으로 독립운동 자금을 모집하였다. 그 해 10월 5일, 정인찬은 일경에 검거되어 부산지방법원에서 징역 2년형을 선고받고 수감되었다. 1929년 2월 18일에는 출판법 위반으로 체포되어 복역하였고 1932년 7월 9일, 수감 후유증으로 세상을 떠났다.[9]

북제주에서는 조봉호가 임시정부 헌장과 해외통신문 등을 인쇄하여 제주도내에 배포하였다. 1919년 5월 3·1만세운동이 제주에까지 미치자 그는 제주도내 기독교인들과 독립운동을 벌일 것을 협의하였다. 그러다 서울에서 제주도로 밀파된 독립희생회 연락원 김창규, 김창국, 최용식, 최창언 등을 만나 회원 1인당 군자금 2원씩 헌납할 것을 결정하였다. 그는 최용식의 집에서 임시정부 헌장과 해외통신문 등을 등사하여 제주도내에 배포하였다. 그리고 4,500여 명으로부터 독립자금 1만 원을 모집하여 임시정부에 송금하였다. 같은 해 7월 20일, 조봉호는 이러한 활동으로 관련자 60명과 함께 일경에 체포되었고, 조봉호는 대구복심법원에서 징역 1년을 선고받아 복역 중 세상을 떠났다. 최정식도 제주도에서 임시정부선포문과 해외통신문을 등사하여 제주도 전역에 배포하고 군자금을 모집하다 일경에 체포되어 광주지방법원에서 징역 3년형을 선고받았으나 항소하였고, 대구복심법원에서 징역 1년 6개월을 선고받아 옥고를 치렀다.[10]

지금까지 살펴본 바와 같이 평안도, 황해도, 강화도, 강원도, 경상도, 제주도 등 전국에서 기독교 독립운동가들은 대한민국 임시정부를 지원하기 위하여 다양한 활동을 전개하였다.

2. 대한민국 임시정부와 국내 기독교 독립운동단체

(1) 평양 대한국민회

대한국민회는 기독교인들과 천도교인들에 의해 조직되었다. 기독교인들에 의해 조직된 대한국민회는 국외 북간도[11]와 국내 평양에 있었고, 서울에서 조직된 대한국민회는 천도교인들에 의해 조직된 것이었다.[12]

평양 대한국민회는 1919년 9월 평양에서 조직되었으며, 조직 구성원은 모두 장로교인들이었다.[13] 이 단체는 임시정부를 국내에서 지원하기 위해 예수교 장로회의 교회를 기반으로 전국적으로 조직을 확대했던 비밀결사단체로, 회원 수는 1만여 명 정도로 알려져 있었다. 대한국민회는 1919년 7월경 계획되어 8월 하순경 숭덕학교에서 결성되었다. 이와 같은 조직을 구상한 기독교 장로인 박승명, 윤종식, 김흥건 등은 평양 장로회 소속의 박인관, 전군포, 고진한, 박영석 등을 비롯한 20여 명의 평남지역 기독교 목사, 장로 등과 함께 대한국민회를 조직하였다. 숭덕학교에서는 본부를 평양에 둘 것과, 평남 7개군(순천, 강서, 성천, 맹산, 용강, 중화, 증산)에 지회를 설치하기로 결정했고, 박인관을 임시회장으로 선출하였다.[14]

> 평양 대한국민회는 1919년 9월 평양에서 조직되었으며, 조직 구성원은 모두 장로교인들이었다. 이 단체는 임시정부를 국내에서 지원하기 위해 예수교 장로회의 교회를 기반으로 전국적으로 조직을 확대했던 비밀결사단체였다.

뒤이어 9월 중순, 평양신학교 지하실에서 대한국민회 평안남도대회를 개최하였는데, 이 자리에서 상해 대한민국임시정부의 활동을 지원하기로 결정하고 임시 임원을 선정하였다.

회장:박인관, 부회장:정덕생, 총무:박승명, 서기:김흥건·유만섭, 회계:박치록·이문규, 평의원:고진한·박영석·전군포·송병조·오석진·채필근·김태희·배은희·김길창·정태희·황보덕삼·이치수

> 본부 임원들은 대부분 예수교 장로회의 목사, 장로, 그리고 기독교 계통의 학교 교사들로서 40대가 주류였다.

본부 임원들은 대부분 예수교 장로회의 목사, 장로, 그리고 기독교 계통의 학교 교사들로서 40대가 주류였다.

박인관은 47세로 예수교장로회의 조사였으며, 3·1만세운동 당시 길선주, 윤원삼 등과 함께 만세 시위를 계획하고 추진하였다가 일경에 체포되어 고초를 치렀던, 예수교장로회의 대표적인 인물이었다. 총무 박승명은 40세로서 예수교장로회의 장로 겸 조사로서 3.1만세운동 때 평원군에서 만세 시위를 주도하였다. 본부가 탄로난 후 상해로 가서 대한국민회 기관지인 『대한민보』를 발행하였다. 국내에 수시로 들어와서 『대한민보』를 국내의 지회와 각 처에 배포하면서 대한국민회 활동을 지속하다 1920년 8월 일경에 체포되었다.[15]

김흥건은 32세로 광성고보 교사였으며, 3·1만세운동 당시 평양 남산현 교회 중심의 비밀결사단체인 신한민단의 주요단원으로서 만세 시위에 참가하였다. 고진한은 45세로 예수교장로회의 장로로서 숭덕학교의 회계로 재직하였다. 그는 3·1만세운동 당시 만세 시위 주도로 일경에 체포되었는데, 대한국민회 참여 이전에는 숭실학교 중심의 비밀결사 독립단의 중심 인물이었다. 송병조는 43세로서 예수교 장로회 목사였으며, 3·1만세운동 당시 평북 용천에서 만세 시위를 주도하였다. 황보덕삼은 45세로 예수교장로회 장로 겸 조사였으며, 고진한과 함께 독립단을 이끌다가 대한국민회 발각 이후 상해에서 대한민국임시의정원 의장과 임시정부 국무위원 및 한국독립당 이사장 등으로 활약하였다. 전군보는 62세로서 숭덕학교 교사였다. 그 이외에 정덕생, 이치수, 유만섭 등은 목사였으며, 박치록, 채필근, 박영석 등은 장로였다. 대한국민회 결성을 주도하고 대한독립청년단 단장이었던 윤종식은 39세로 평양고보 교사였다.[16]

10월 초순 평양신학교에서 개최된 제8회 전선(全鮮)장로회 총회에서 대한국민회 임원들은 목사와 교회 지도자들에게 조직의 취지를 밝히고 지지를 구하였다. 다음은 대한국민회의 취지이다.[17]

> 어떤 나라를 물어도 인민이 있고, 후에 정부가 인민을 위하여 생겨나는 것이다.
> 아! 인정이 온후한 옛날에도 관헌이 인민을 자기 아들처럼 보호한다고 해도 전제하(專制下)에 있는 국민은 가끔 압박을 면치 못하였는데 하물며 덕의(德義)가 박약한 현 시대에 있어서 우리는 어떻게 정부만을 믿고 영구한 안락을 앉아서 기다리겠는가.
> 국민 된 자는 국민의 권리를 잃지 말고 우리 자신이 맡아서 나라의 대소 관직을 국민 스스로 선택하고 위임하고 국가의 모든 일을 관민 공화(共和)로서 상의하여 국력을 증진시키고, 인민의 행복을 영구케해야 할 것이다. 동포여! 속히 국민의 자치기관을 실시하여 단체를 공고히 하고 국민 모두의 친목을 보은하는 것은 우리 국민의 당연한 의무인 것이다. 여기에 국민회 규칙 대략을 첨부하여 동포 여러분에게 선포하노라

이후에는 전국의 각처로 조직을 확대해 나갔다.[18] 조직은 국민총회 아래에 군, 부단위로 군회, 그 다음에는 마을 단위로 향촌회를 두었다. 향촌회의 회원은 마을 단위로 20명 정도였다.[19] 향촌회 10개가 되면 군회가 조직되었다. 국민총회는 전국의 군회를 통괄하였다. 대한국민회는 주로 향촌회를 중심으로 활동하였다. 가장 활발한 마을이 평양, 대동군, 강동권, 성천군 등이었다.[20] 대표적인 활동은 독립운동 자금 모금과 독립사상 고취였다.

대한국민회 지회는 평남, 황해도, 경남, 전남 등지에 설치되었다. 지회 중에는 11월말, 본부가 일경에 발각된 후에도 계속 활동한 곳도 있었다. 평남에서는 강서, 증산, 성천, 맹산, 용강, 중화, 덕천, 대동, 강동, 순천, 평원 등의 지역에 있었다.

〈표 1〉 평남지역의 지회들

지회명	임 원	향촌회	회 장	참 고
강서지회	회장 노삼현 부회장 김형복 서기 이승권 회계 이연희 평의원 장지권, 홍선의, 이헌교, 김병록	고일리향촌회	홍선의	
		심정리향촌회	이연희	
		강서읍향촌회	장지권	
		반대리향촌회		
		간성리향촌회	김형복	
		대성리향촌회	김병록	
증산지회	회장 이용린 부회장 송익주 서기 송준영 회계 송형칠 평의원 송준영, 박두선, 차두환, 강익환	기리향촌회	정규열	장로회 계통 1919년 10월 조직
		무본리향촌리	한종범	감리회 계통
		성대리향촌회	이원순	감리회 계통 1919년 10월 조직
		위종향촌회	곽주환	감리회 계통 1919년 9월 조직
		사천향촌회	송형칠	장로회 계통 1920년 2월 사천대한독립청년회로 개칭
		구연리향촌회	차두환	감리회 계통 1919년 10월 조직
용강군회	회장 김태은 부회장 최민식 서기 김지학 회계 김재민 평의원 박원일, 박인규, 오창주, 장용해, 한종윤, 이헌교 1919년 9월 조직, 1920년 6월 탄로	어곡리향촌리	회장 황봉현	
		진야리향촌회	회장 김성구 1919년 11월 조직	
		사지동리향촌회	회장 이헌교	
대동군 지회		청호리 향촌회	김봉규	1919년 9월 조직
		송화리향촌리	회장 박응률	
		망덕리향촌회	회장 조석영	

지회명	임원	향촌회	회장	참고
순천군회	회장 정석종 부회장 최봉환 회계 이중철	대한국민회 부인 향촌회	회장 윤찬복 회계 최복길, 정찬성, 김화자	
맹산군회	우공열 총무외교 김병렬 통신내무 김달수 서기 김영국 회계 조숙현			
성천군회	회장 이성윤 부회장 정동근 회계 박명익 평의원 이춘삼			
강동군 지회		향촌회	사찰계 김기행 재무계 정석규	920.3-1921.4
성천군회		대한청년 활동단	단장 문창욱 부단장 변용범 회계 김옥범 외교통신원 김용삼	1919.12-1920 대한국민회 규칙 준수 기독교와 천도교 연합
덕천군 지회	김명덕 등 10여 명 군서기, 군참사, 면장, 면서기 등 관공리 등 가입			
평원군 지회		청년전도회	고문 이용린 회장 박선 부회장 한계주	1920.1-1920.10 증산군회자 이용린의 지도로 조직

황해도 지회 설치 상황은 〈표 2〉와 같다.

〈표 2〉 황해도 지회

지회명	임원	향촌회	회장	참고
황주군 지회	회장 백승건 부회장 나형순 회계 안재서 서기 김필선	영풍리향촌회	회계 이기관	
		용연리향촌회		
송옥군 지회		성상리향촌회		1921. 11 탄로
		곡산·수안		1921. 12. 회원 85명 피체

경남 지역에서는 경남전도회라는 이름으로 조직되었다. 회장은 박성애, 회

계 강성화, 평의원 홍수원, 박태선, 남홍, 문충원, 유진찬, 정성도 등이었다. 진주교회 목사 박성애는 1919년 10월 평양 전선장로회 총회에 다녀온 후에 경남전도회를 조직하였다. 같은 해 12월 마산사경회를 계기로 거창, 통영, 남해 등지로 조직을 확대하였다. 경남전도회는 대한국민회 방침에 의거한 취지서 6백 매를 배포하여 회원 모집에 주력하였고, 모집한 회비를 평양의 대한국민회 본부로 보냈다.

박성애(1877-1961)는 1901년 기독교로 개종한 후 1906년 일가족을 이끌고 오스트레일리아 선교사 커렐(H.Currell) 가족과 함께 진주지역 선교를 위하여 진주로 이주하였다. 진주 북문안에 예배당과 처소를 마련하고 옥봉리교회(나중에 진주읍교회)를 설립하였다. 1907년 4월, 교인 자녀들을 위해 사립 안동학교(나중에 광림학교)를 설립하고 학감으로 재직하였다. 이어 9월에는 정숙학교(나중에 광림여학교)를 설립하였으며, 그의 부인 김순복이 교사가 되었다. 1908년에는 조사가 되어 진주읍교회를 비롯하여 진양군 송곡, 송백교회 등에서도 시무하였다. 1912년 평양장로회신학교에 입학하였고 1915년 8월, 진주읍교회 초대 장로로 장립되었다. 평양신학교를 다니는 동안 그는 김순복과 동생 박보렴을 중심으로 교회 여신도 및 광림여학교 재학생, 졸업생 등을 규합하여 애국부인회를 조직하도록 하였다. 그는 교회 청년과 광림학교 재학생들을 중심으로 비밀조직을 결성하였다. 1917년 신학교를 졸업한 박성애는 1918년 11월, 진주읍교회 최초의 한국인 목사로 부임하였다. 1919년 3·1만세운동이 일어났을 때 진주에서 16일 시위를 주도하였으나 애국부인회 조직이 일경에게 발각되었고, 부인과 동생이 진주경찰서에 체포되어 고초를 겪었다. 1920년 광림학교에서 박성애는 정성도, 김정수, 강성화, 홍수원, 고운서, 오영선, 주남규 등과 함께 경남전도대를 조직하여, 표면적 목적은 전도에 둔 채 평양의 대한국민회와 연계하여 임시정부 독립운동자금 모집에 나섰다. 또한 임시정부가 발행한 『독립신문』을 구독하는 등 임시정부와 연계해서 적극적인 활동을 전개하였다. 대한국민회 본부가 일경에게 발각된 후에도 박성애는 상해로 피신한 박승명으로부터 보내온 대한국민회 기관지 『대한민보』를 각처에 배포하고 모집한 군자금을 박승명에게 전달하였다. 하지만 1920년 11월에 조직이 발각되면서 활동이 멈추었다.[21]

전남지역에서는 광주와 순천군에서 활동한 사례를 들 수 있다. 광주지역에서는 평양에서 파견된 장공섭이 기독교 학교인 숭일학교 교사 유한선에게 대한국민회 취지를 밝히고 활동을 함께 할 것을 권유하였다. 유한선은 이에 동의하여 기독교 신자들을 대상으로 대한국민회의 취지와 규칙을 배포하고 동지를 규합하여 나주, 담양 방면으로까지 활동 지역을 확대하였다. 유한선은 80명의 회원을 모집하고 이들로부터 150여 원의 회비를 모금하여 대한국민회 본부로 보냈다. 광주지역에서의 활동은 대한국민회 본부가 발각 된 이후 활동이 중단되었다. 순천군에서는 순천교회 목사 정태인에 의해 전개되었다. 정태인은 1919년 10월 초순, 평양 전선장로회총회에 참석한 후 대한국민회의 취지에 따라 동지들을 찾아 나섰다. 이에 80여 명의 동지들을 규합하여 대한국민회가 계획한 통곡식을 동년 11월 7일 순천읍 뒷산에서 거행하였다. 통곡식 거행 후 정태인이 일경에 체포됨으로써 활동은 중단되었다.[22]

대한국민회는 정예대원에 의한 결사대로서 대한독립청년단을 두었다.[23] 이 조직은 1919년 9월 평양에서 윤종식, 김흥건의 주도로 숭실학교, 광성고보 출신 및 교직원들을 중심으로 구성되었다. 대한독립청년단은 단원을 2백 명으로 한정하였다. 조직은 단장, 총무, 내무, 재무, 외무, 교통, 통신부 등으로 구성 되었는데 단장은 윤종식, 외무부장은 김흥건이었다. 주요 활동은 임시정부와의 통신연락과 선전활동, 군자금 모집 등이었다. 대한독립청년단은 임시정부의 교통국과 긴밀한 관계를 가지며 「독립」 등 각종 선전물을 배포하고 군자금 모집을 위해 황해도, 경기도 일대와 충남 공주, 서산 방면까지 단원들을 파견하였다. 활동 과정에서 서울의 대한독립애국단과 협력하여 서산에 결사단이라는 안면도 지단을 설치하였다. 대한독립청년단은 1919년 10월 31일 일본왕의 생일인 천장절을 기해 평양의 각 학교 학생들이 일제히 만세 시위를 벌일 때 이를 주도하기도 하였다. 11월 말 대한국민회 본부가 일경에게 발각되면서 대한독립청년단도 함께 드러났다.

(2) 평양의 대한애국부인회와 서울의 대한민국애국부인회

대한민국임시정부 수립 후 국내에서 이를 지원하기 위해 조직된 대표적인 여성항일단체로 평양의 대한애국부인회와 서울의 대한민국애국부인회 등을 들 수 있다.

평양의 대한애국부인회는 1919년 11월 평양에서 조직된 예수교장로회 애국부인회와 감리회 애국부인회 여성들이 연합해서 조직한 여성비밀결사단체였다. 연합의 목적은 상해 임시정부를 지원하기 위한 것이었고 회원은 100여 명의 기독교 여성들이었다.

평양의 대한애국부인회는 1919년 11월 평양에서 조직된 예수교장로회 애국부인회와 감리회 애국부인회 여성들이 연합해서 조직한 여성비밀결사단체였다. 연합의 목적은 상해 임시정부를 지원하기 위한 것이었고 회원은 100여 명의 기독교 여성들이었다.

예수교장로회의 애국부인회는 1919년 6월에 한영신의 발기로 조직되었다. 장로회 여성들을 규합하여 조직한 이 단체의 대표적

인 활동은 상해 임시정부와 독립운동단체를 후원하기 위한 독립운동자금 모집이었다. 감리회에서도 같은 해 6월 박승일, 이성실, 손진실, 최순덕 등이 임시정부에 대한 지원을 목적으로 감리회 여성들과 함께 애국부인회를 조직하였다. 대한애국부인회의 임원은 총재, 회장, 부회장, 재무부장, 부재무, 교통부장, 교통부원, 적십자부장, 서기, 평의원 등으로 구성되어 있었다. 이를 좀 더 구체적으로 살펴보면 〈표 3〉과 같다.

〈표 3〉 대한애국부인회 임원 구성[24]

직책	이름	나이	교파	소속	참고
총재	오신도	61	감리회	감리회 신도	상해 임시정부 의정원 의장 손정도 모친
회장	안정석	38	감리회	감리회 신도	
부회장	한영신	34	장로회		
재무부장	조익선	30	장로회	장로회 신도	
	정월라	26	감리회		미국하와이 거주
부재무	김세지	35	장로회	전도부인	동제사, 신한청년당
	김보원	33	감리회	정명여학교 교사	임시의정원의장
교통부장	최순덕	23	감리회	학생	
	이성실	26	감리회	교사	
교통부원	송성겸	44	감리회	신민회	강서지회 재무
	안경신	25	감리회		
적십자부장	홍활란	28	감리회		
서기	최명실	28	장로회		미체포
	최매지	24	감리회		체포, 진남포 감리회 지회장
	이겸랑	26	장로회	정명여학교 교사	체포, 평양 장로회 지회 서기
	주광명	26	감리회	사립 정진여학교 교사	체포
평의원	김신희	26	감리회		사망
	강계심	40	장로회		체포
	박몽애	27	감리회		미체포

본부 임원은 총 19명으로 감리회 소속이 13명, 장로회 소속이 6명이었다. 연령대는 20대 11명, 30대 5명, 40대 2명, 60대 1명이었다. 주로 20-30대가 중심이었다. 직업으로는 교사, 학생, 전도부인 등이었다. 지회는 교회를 중심으로 평양, 진남포, 강서, 증산 등 주로 평안남도 지역에 설치되었다. 대한애국부인회는 1920년 10월까지 활동을 전개하였으며 2천1백여 원의 독립자금을 모집하여 임시정부에 전달하였다.

경성의 대한민국애국부인회는 1919년 10월 19일 조직되었다. 16명의 여성들이 정신여학교에서 미술, 음악, 영어 등을 담당하던 여자 선교사 천미례(L.D.Miller)의 집에서 모임을 가졌다. 그곳에는 3월 5일 만세운동에 참여했던 서울시내 여학교 학생들의 시위 주동자 혐의로 체포되어 고초를 겪고 출옥한 김마리아가 머물고 있었는데, 김마리아의 병문안을 핑계로 16명의 여성들이 그곳으로 모여 들었던 것이다.

단체 명칭을 대한민국애국부인회로 하고 회장과 각 부서의 책임자를 결정하였다. 혈성단애국부인회와 대조선독립애국부인회가 연합하여 조직된 대한민국애국부인회가 전신으로, 그를 다시 재조직한 것이었다. 혈성단애국부인회는 장선희, 오현주, 오현관, 이정숙, 이성완 등이 3·1 만세운동으로 수감된 이들의 사식과 가족들의 구제 방법을 강구하기 위해 조직했다. 회장은 오현주였고, 모두 정신여학교 출신들이었다. 대조선독립애국부인회는 경성여자고등보통학교 출신의 김원경과 최숙자 등의 주도로 만들어졌다. 이 두 단체가 연합하게 된 것은 대한민국임시정부의 요청에 의한 것이었다. 임시정부에서 국내 부인 대표를 파견해달라고 요청을 했기 때문이다. 주요 활동은 임시정부에 군자금을 모집하여 송금하는 것이었다.[25]

회장 오현주의 활동 부진으로 세력이 약화되고 있던 와중에 김마리아를 중심으로 재조직된 것이 대한민국애국부인회였다. 김마리아를 중심으로 한 구성원들은 부서와 임원을 새로 설치 및 선정하고 대한민국임시정부와 긴밀한 관계를 가졌다. 그 날 회장 김마리아, 부회장 이혜경, 총무 황애덕, 서기 신의경, 김영순, 부서기 황인덕, 교제원 오현관, 적십자장 이정숙, 윤진수, 결사장으로 백신영, 이성완, 재무원 장선희 등을 선정했다.[26]

회장 김마리아는 황해도 장연 출신으로서 1895년 부친 김윤방이 설립한 소래소학교를 졸업하고 집에서 지내다 1905년 서울로 왔다. 부친 김윤방은 서상륜의 권유로 기독교로 개종하였다. 서울로 와서는 삼촌 김필순 집에서 계속 공부하였고, 1906년 이화학당에 입학했으나 얼마 안 있어 연동여학교(정신여학교)로 전학하여 1910년 졸업하였다. 그 후 3년 동안 광주 수피아여학교에서 교사로 재직하다 1913년 정신여학교로 전근하였다. 1914년 일본으로 유학을 떠났으며, 1918년 동경유학생 독립단에 가담하였다. 1919년 2.18독립운동에 가담하였으며, 귀국 후 서울 시내 여학교 학생들 만세시위 주동자로 지목되어 체포되어 「보안법」 위반으로 5개월간 옥고를 치른 후 석방되었다. 같은 해 9월 대한민국애국부인회를 재조직하고 회장으로 추대되었다.[27]

부회장 이혜경은 황해도 해주에서 출생하였으며, 어린 시절 부친이 일본으로 가자 외삼촌이 거주하는 소래로 이주하여 그곳에서 소학교를 다녔다. 부친이 1889년 귀국한 후 게일 선교사의 어학선생 겸 통역인으로 활동하면서 게일 선교사 가족과 함께 서울과 원산 등지로 옮겨다니며 살았다. 1899년 게일선교사가 서울 연동교회 목사가 되면서 이혜경 가족도 연동교회로 이주하였다. 그는 언니 이원경과 함께 정신여학교에 입학하여 제1회로 졸업하였다. 졸업 후 일본 동경여자학원 영문과에 입학하였다. 졸업 후 귀국하여 정신여학교, 함흥 영생여학교, 성진 보신학교 등에서 교사로 재직하였다. 이어 원산의 마르다윌슨 신학교에서 교수로 있을 때 3·1만세운동이 일어났다. 이혜경은 세브란스의전 학생 김성국과 함께 원산 3·1만세운동이 일어나는 데 주도적인 역할을 하였다. 그는 이갑성이 보내온 독립선언서를 정춘수 목사와 이가순에게 전달하고 원산 만세운동의 연락책임을 맡았다. 김마리아가 출옥 후 대한민국애국부인회를 재조직하자 부회장을 맡아 독립자금 모금을 비롯한 항일운동에 앞장섰다. 조직 발각으로 일경에 체포되어 1년 징역형을 언도받았으며, 출옥 후 원산 마르다윌슨 신학교에서 계속 교수로 재직하였다.[28]

총무 황애덕은 애시덕, 에스터 등으로 불렸다. 13세 때 평양정진여학교 3학년에 입학하였으며, 졸업한 후에는 이화학당에 진학하였다. 졸업 후 평양 숭의여학교 교사로 재직하면서 비밀결사단체인 송죽결사대를 조직하여 항일운동에 앞장섰다. 1918년 선교사 홀(Hall,R.S.)의 권유로 동경여자의학전문학교에 입학하였고, 유학 중 동경여자유학생회를 조직하였다. 1919년 2·8독립선언에 참여했으며, 파리강화회의에 한국여성대표를 파견할 임무를 띠고 몰래 입국하였다. 여성대표의 여비 마련을 위해 지방 연고지를 찾아 모금하였다. 3.1만세운동에 연루되어 일경에 체포되어 옥고를 치렀지만, 출옥 후 대한민국애국부인회를 확대 재조직하였다. 이내 조직이 발각되어 황애덕은 체포되었고, 3년형을 선고받아 대구형무소에 수감되었으나 감옥에서도 여성죄수들을 계몽하는 활동을 하였다.[29]

교제원 오현관은 1910년 정신여학교를 졸업한 후 황해도 재령군 명신여학교 교사로 재직하였다. 1919년 3.1만세운동 당시 동생 오현주의 권유로 투옥된 기독교인들의 옥바라지와 그 가족을 돕기 위하여 혈성단애국부인회를 조직하였다. 대한민국애국부인회가 재조직되었을 때 교제원을 맡아 활동하였다.[30]

서기 신의경은 1897년 서울 중구 합동에서 신정우와 김마리아 사이의 3남

1녀 중 외동딸로 출생하였다. 1918년 4월 정신여학교를 졸업한 후 이화여자전문학교, 일본 동경제국대학 사학과를 졸업하고, 귀국 후 정신여학교에서 재직하였다. 대한민국애국부인회가 조직되었을 때 서기 겸 경기도지부장으로 선정되었다. 11월 조직의 발각으로 체포되어 대구 형무소에서 수감생활을 한 후 1921년 9월에 출옥하였다.[31]

서기 김영순은 1892년 서울 종로에서 출생하였다. 부친 김원근은 정신여학교 교사였다. 1914년 김영순은 정신여학교를 졸업하고 군산 멜볼딘여학교 교사로 2년간 재직하였고, 이후 정신여학교 사감으로 취임하였다. 대한민국 애국부인회가 결성되었을 때 서기를 맡았다. 조직이 발각된 후 체포되어 2년형을 선고받아 대구형무소에서 옥고를 치르고 1921년 5월 석방되었다. 출옥 후 태화여자관에서 일을 했으며, 1925년 다시 정신여학교 사감으로 재직하였다.[32]

적십자장 이정숙은 1899년 함남 북청군에서 출생, 1919년 3월 정신여학교를 졸업하였다. 졸업 후 세브란스 병원 간호원으로 재직하였다. 3·1만세운동으로 많은 부상자들과 수감자들이 생기자 그들을 돕기 위해 정신여학교 선배와 동기들과 함께 자선단을 조직하였다. 이 모임은 이후 혈성단애국부인회로 발전하였다. 1919년 음력 3월, 오현주, 오현관, 장선희, 이성완 등과 함께 이 단체를 조직하였다. 혈성단애국부인회가 상해 임시정부와 연락을 취하여 대조선독립애국부인회로 전환되었을 때 이정숙은 평의장 겸 경성지부장을 맡아서 활동하였다. 세브란스병원 간호원들로부터 30여 원, 보신여학교 교사 신애균에게 27원, 그리고 함흥읍의 한일호 등에게서 60원을 모집하여 임시정부로 보냈다. 대한민국애국부인회가 결성되자 적십자장을 맡았다. 그도 이로 인해 체포되어 징역 2년형을 받았다. 대구형무소에서 옥고를 치르고 1922년 2월 6일 가석방되어 출옥한 후에는 고향인 북청으로 돌아갔다.[33]

결사장 백신영은 1888년 부산 초량에서 출생하였다. 정신여학교를 졸업하고 1917년 서울 성서학원을 6회로 졸업하였다. 그 후 성결교회 전도사가 되었으며, 개성교회에 부임하였다가 1919년에 부산 초량교회로 옮겼다. 백신영도 혈성애국부인회에 참여하였다가 이후 대조선애국부인회와 합동하여 만들어진 대한애국부인회에서 본부 결사장 및 부산지부장이 되었다. 그러다 대한민국애국부인회가 조직되자 결사장을 맡았다. 그러나 조직이 발각 되어 일경에 체포돼 옥고를 치르고 1922년 4월에 출옥하였다.[34]

같은 결사장 이성완은 1897년 함남 정평군에서 출생하였다. 영생소학교를 졸업한 후 함흥 영생고등소학교에 진학했다. 그러다 그 학교의 분신인 성진 보신여학교로 전학했다. 졸업 후 정신여학교에 입학하여 제11회로 졸업하였다. 김마리아는 그의 선생이었다. 이성완은 졸업을 며칠 앞둔 1919년 2월 28일 저녁, 채계복 등과 함께 독립선언서를 기숙사 학생들에게 전달하였고, 정신여학교 3층 강당에 기숙생들을 규합하여 만세운동을 촉구하는 연설을 했다. 그날 밤 이성완은 안국동 오천경의 집에서 하룻밤을 보낸 후 다음날 장기욱으로부터 전달받은 독립선언서를 이화여학교와 배화여학교에 전달했다. 이성완은 정신여학교에서 교편을 잡게 되었을 때 혈성단애국부인회에 참여하였다. 4월 18일 학교에서 수업을 하다 일경에 체포되었다. 출옥 후 대한민국애국부인회가 결성되었을 때 결사장을 맡았으나 조직이 탄로 나 동지들과 함께 체포되어 옥고를 치렀다.[35]

재무원 장선희는 1894년 평양 박구리에서 출생하였다. 그는 오빠 장인석과 함께 안신학교에 입학하여 1909년 졸업하였다. 이 학교를 다닐 때 안창호, 옥관빈 등의 강연을 듣고 민족의식을 가지게 되어 1907년 국채보상운동에도 참여하였다. 졸업 후 안신학교 교사로 3년간 재직하였다. 1912년 숭의여학교에 입학하였다가 정신여학교로 전학하여 졸업한 후 경성여자고등보통학교 기예과에 편입하였다. 졸업 후 정신여학교 교사로 재직하였다. 3·1만세운동이 일어났을 때 독립선언서와 경고문을 휴대하여 황해도 재령으로 가서 재령만세운동을 계획하였다. 혈성단애국부인회 조직에 참여했으며, 대한민국애국부인회가 재조직되자 재무원을 맡아 활동하였다. 장선희는 지부 조직에 많은 노력을 기울였다. 그의 노력의 결과 10개의 지부가 조직되었다. 조직의 발각으로 일경에 체포되어 대구형무소에서 옥고를 치른 후 1922년 5월 6일 석방되었다. 출옥 후에는 일본 동경 여자미술전문학교 자수과에 입학하였고, 1924년 졸업 후 동 학교 동양화과에 편입하여 이듬해에 졸업하였다. 1925년 귀국하여 정신여학교 교사로 재직하였다.[36]

지부는 거의 19개의 지역에서 결성되었다. 지부와 지부장은 다음 〈표 4〉와 같다.[37]

〈표 4〉 대한민국애국부인회 지부

	지부명	지부장	가입회원수	출신학교
1	경성지부	이정숙	약 40여 명	정신여학교 제11회 졸업
2	부산지부	백신영	약 30여 명	정신여학교 제28회 졸업
3	대구지부	유인경	약 30여 명	정신여학교 제5회 졸업
4	원산지부	이혜경	약 30여 명	정신여학교 제1회 졸업
5	홍수원지부	정근신	약 20여 명	정신여학교 제11회 졸업
6	재령지부	김성무	약 20여 명	
7	진남포지부	최매지	약 15명	
8	영천지부	이삼애	약 10여 명	정신여학교 제8회 졸업
9	경상남도지부	김필애	약 20여 명	정신여학교 제10회 졸업
10	진주지부	박보렴	약 20여 명	정신여학교 학생(1919)
11	청주지부	이순길	약 15명	정신여학교 제6회 졸업
12	전주지부	유보경	약 30여 명	정신여학교 제10회 졸업

	지부명	지부장	가입회원수	출신학교
13	군산지부	이마리아	약 30여 명	정신여학교 제28회 졸업시 추가 졸업
14	황주지부	신연애	약 7,8명	
15	사리원지부	이선행	약 10여 명	
16	평양지부	변숙경	약 30여 명	당시 정신여학교 학생
17	함흥/성진지부	신애균	약 40여 명	
18	북간도, 제주도, 하와이		북간도 약 100여 명 제주도 약 20여 명 하와이 약 120여 명	
19	정신여학교 학생부	이아주	약 30여 명	

　　대한민국애국부인회 본부와 지부장은 거의 정신여학교 졸업생 혹은 학생들이었다. 김마리아는 다음과 같이 본부의 취지서를 기초하였으며, 세칙은 각 부서원들이 작성하였다.[38]

취지서

(중략) 아! 우리 부인들도 국민 중의 한 분자이다. 인권을 찾고 국권을 회복할 최대의 목표를 향하여 우리에게는 다만 전진이 있을 뿐이요, 추호의 후퇴도 용허할 수 없음이라. 국민성이 있는 부인은 용기를 분발하고 이상을 높이고 지기를 상통함으로써 공고한 단결을 도모하여야 할 것이니 일제히 찬동하여 주기를 천만 희망하는 바이다.

회칙

제1조 : 본회는 대한민국애국부인회 본부라 칭한다.

제2조 : 본회의 목적은 대한민국 국헌을 확장하는 데 있다.

(중략)

지부규칙

제1조 : 본회의 명칭은 대한민국애국부인회 지부라 한다.

제2조 : 본회의 목적은 대한민국에 의무를 다함에 있다.

(하략)

본부의 모임 장소는 정신여학교의 지하실이었다. 당시 손진주 교장은 알고 있으면서도 모른 척하고 있었다. 학교의 등사판을 이용하여 인쇄물을 작성하고 본부의 인장 및 각종 서류는 전부 지하실에 감추어 두었다. 활동한 지 거의 두 달 만에 전국적인 검거 선풍이 일어났다. 회장 김마리아를 비롯한 간부 전원이 체포되었고, 그날 밤 기차에 실려 대구경찰서로 압송되었다. 겨우 두 달밖에 활동하지 않았지만 대한민국애국부인회 활동은 이후 한국 여성운동의 발전에 직간접적으로 영향을 주었다.

> 아! 우리 부인들도 국민 중의 한 분자이다. 인권을 찾고 국권을 회복할 최대의 목표를 향하여 우리에게는 다만 전진이 있을 뿐이요, 추호의 후퇴도 용허할 수 없음이라. 국민성이 있는 부인은 용기를 분발하고 이상을 높이고 지기를 상통함으로써 공고한 단결을 도모하여야 할 것이니 일제히 찬동하여 주기를 천만 희망하는 바이다.

이와 같이 주로 정신여학교 출신의 기독교 여성들로 구성된 대한민국애국부인회는, 처음으로 국내와 해외 지역 여성들을 총망라한 거대한 여성항일단체로 결성되었다. 이 조직은 상해 임시정부의 여성대표기관이었다. 이는 임시정부에서 여성을 대표하는 발언을 할 수 있다는 의미이기도 하다. 임시정부에서 여성의 존재를 인정해준 것은 3·1만세운동 때 보여준 역량 때문이었다. 3·1만세운동은 여성들이 남성과 협력하여 전개한 첫 정치운동이었다. 이를 계기로 1910년대 비밀리에 전개한 운동이 표면화되어 대한민국애국부인회 결성으로 나타났다.

결 론

1919년 3·1만세운동 이후 대한민국임시정부가 수립되었다. 임시정부는 국외인 상해에 위치해 있었기 때문에 국내 국민적 기반이 절실하였다. 따라서 임시정부는 수립되자마자 연통제와 교통국을 설치하고, 선전원과 특파원 등을 파견하여 국내 기반을 확보하고 확대하는 데 많은 노력을 기울였다.

동시에 이미 국내에 자생적으로 설치되었던 독립운동단체를 임시정부 지원단체로 전환시켰다. 전국의 기독교인들은 개인적인 차원에서 임시정부를 지원하는 활동을 하고, 기존의 단체를 임시정부 지원단체로 전환하면서 국내 기반을 확대하는 데 주요한 역할을 담당하였다.

평양의 김병연은 장로교인으로 1919년 4월 비밀결사단체인 철혈청년단을 조직하여 임시정부선포문과 각료명단을 비롯해 『청년단보』, 각종비밀문서 등을 발간 및 배포하였다. 선천의 김석창은 임시정부의 실질적인 부대인 광복군총영에서 밀파된 박치의를 도왔다. 황해도 안악의 허응숙은 임시정부 요인을 지원하기 위해 독립운동 자금을 송금하였다. 그의 동생 허빈은 이창실 등과 함께 구월산 패엽사에서 임시정부와 연락하며 『독립신문』을 비밀리에 배포하였다. 춘천의 이홍범은 1919년 4월 30일, 국민대회 취지서 및 선언문 등을 춘천지역의 수 명의 공무원들에게 배포하여 임시정부에 대한 선전활동을 벌였다. 강원도에서 조종대는 원주, 횡성, 강릉, 양양, 금화 등지를 순회하며 강원도 각처에 대한독립애국단 지단을 설치하였다. 단원들은 활동자금을 갹출하여 활동하였다. 그들은 지역의 독립운동 상황을 조사해 임시정부에 보고하고 임시정부로부터 전달된 각종 문서를 배포하는 등 임시정부의 지시 및 명령을 실행하였다. 동시에 독립을 대비하여 즉시 행정사무를 접수할 수 있도록 만반의 준비도 갖추었다.

강화도에서는 황도문이 독립선언서와 함께 『국민회보』를 인쇄하여 배포하였다. 부산에서 정인찬은 안창호의 지시에 따라 1919년 7월 독립의연금 수납증과 군자금 출자를 촉구하는 문서를 제작하여 부산·경남 지역의 부호들에게 우송하여 참여를 독려하였다. 이외에 밀양에서 위탁 판매업을 하는 합자회사 해동상회의 발기인이 되어 주주 모집의 방식으로 독립운동 자금을 모집하기도 하였다.

제주도 북제주에서는 조봉호가 임시정부 헌장과 해외통신문 등을 인쇄하여 제주도내에 배포하였다. 4,500여 명으로부터 독립자금 1만 원을 모집하여 임시정부에 송금하였다. 최정식도 제주도에서 임시정부선포문과 해외통신문을 등사하여 제주도 전역에 배포하고 군자금 모집을 하였다.

임시정부를 지원한 국내 기독교인 비밀결사단체는 평양의 대한국민회와 대한애국부인회, 경성의 대한민국애국부인회 등이었다. 1919년 9월 중순 설립된 대한국민회는 예수교 장로회의 교회를 기반으로 설립 및 확대되었다. 대부분 임원들은 예수교장로회의 목사, 장로, 그리고 기독교 계통의 학교 교사들로 이루어져 있었다. 지회는 평안남도, 황해도, 경남, 전남 등지에 설치되었다. 주요 활동으로는 기관지 『대한민보』 발행, 독립자금 모집, 그리고 통곡식 등이었다.

평양 대한애국부인회는 1919년 11월 예수교장로회 애국부인회와 감리회 애국부인회 여성들이 연합해서 조직하였다. 대표적인 활동은 임시정부와 독립운동단체를 후원하기 위한 독립자금 모집이었다. 본부 임원 총 19명 중 감리회 소속이 13명이었고 장로회가 6명이었다. 연령대는 20대 11명, 30대 5명, 40대 2명, 60대 1명이었다. 주로 20-30대가 중심이었다. 직업으로는 교사, 학생, 전도부인 등이었다. 지회는 교회를 중심으로 평안남도 지역에 설치되었다.

경성의 대한민국애국부인회는 1919년 10월에 조직되었다. 정신여학교 졸업생, 학생들이 중심이 되어 설립한 비밀결사단체였다. 이 단체의 주요 활동은 전술한 단체와 마찬가지로 임시정부 독립자금 모집이었다. 지부는 총 19개의 지역에 설치되었고 가입 인원은 총 650여 명에 이르렀다. 이들 기독교 여성들은 처음으로 국내와 해외 지역 여성들을 총망라하여 거대한 항일여성단체를 조직했다. 임시정부를 지원하기 위해 국내에서 활동한 많은 기독교인들은 일경에게 체포되어 옥중에서 많은 고초를 겪었다.

> 특히 기독교 여성들은 옥중에서 신앙으로 어려움을 견뎌냈다. 그들은 기도 모임을 주관하고, 매일 새벽과 깊은 밤에 정기적으로 기도회를 열어 자신들의 행동이 정당하다는 사실을 공동체 의식으로 다져나갔다.

특히 기독교 여성들은 옥중에서 신앙으로 어려움을 견뎌냈다. 그들은 기도 모임을 주관하고, 매일 새벽과 깊은 밤에 정기적으로 기도회를 열어 자신들의 행동이 정당하다는 사실을 공동체 의식으로 다져나갔다. 그들은 옥중에서 '내 주의 뜻대로', '믿는 아이 보배됨' 등의 찬송가를 부르며 힘을 냈다. 찬송가의 내용은 그리스도가 진리를 위해 온갖 핍박과 고난을 받고 십자가에 못 박혀 죽은 것을 노래한 것이었다. 이것은 자신들도 민족을 위해 이와 같은 삶을 살겠다는 다짐이었다. 이들의 항일운동은 이후 우리나라 여성운동의 발전에 중요한 영향을 끼쳤다.

참고문헌

국가보훈처 공훈전자사료관 독립유공자 공훈록.
기독교대백과사전편찬위원회.『기독교대백과사전』3. 서울: 기독교문사, 1984.
기독교대백과사전편찬위원회.『기독교대백과사전』7. 서울: 기독교문사, 1984.
기독교대백과사전편찬위원회.『기독교대백과사전』11. 서울: 기독교문사, 1984.
기독교대백과사전편찬위원회.『기독교대백과사전』12. 서울: 기독교문사, 1984.
기독교대백과사전편찬위원회.『기독교대백과사전』13. 서울: 기독교문사, 1984.
정신여자중학교·정신여자고등학교.『정신백년사』상. 정신백년사출판위원회, 1989.
「秘密結社 大韓愛國婦人會 檢擧 件(1920. 11. 13)」.『조선소요사건관계서류』
독립유공자사업기금운영위원회.『독립운동사』제4권, 1970.
박용옥.『김마리아: 나는 대한의 독립과 결혼하였다』. 서울; 홍성사, 2003.
송우혜.「북간도 '대한국민회'의 조직형태에 관한 연구」. 한국민족운동사연구, 1986.
장석흥.「대한국민회연구」.『한국독립운동사연구』4. 1990.
김희곤.「대한민국임시정부 Ⅰ-상해시기」. 한국독립운동사편찬위원회·독립기념관 한국독립운동사연구소, 2008.

미주

1) 김희곤, 「대한민국임시정부 I - 상해시기」, 한국독립운동사편찬위원회·독립기념관 한국독립운동사연구소, 2008, 89-98쪽.
2) 기독교대한감리회, 『삼일운동과 기독교 관련 자료집』, 2017, 183쪽; 국가보훈처 공훈전자사료관 독립유공자 공훈록. 김병연은 평양 기독교청년회 조직에 참여하였으며, 1928년 5월에는 평양에서 흥사단운동의 일환인 동우구락부에 참가하여 활동하였다. 1937년 6월에 또 체포되어 1939년 12월 경성지방법원에서 무죄판결을 받았다. 1940년 8월 경성복심법원, 1941년 11월 17일 고등법원에서 무죄가 확정되었다. 거의 4년이 넘는 기간을 미결수로 복역하였다. 해방 후에는 조선건국평남위원장을 지냈고 조선민주당 최고위원에 선임되었다. 1948년에는 대한민국 초대 총무처장으로 취임하였다. 1949년 2월에는 평남도지사로 임명되었으며, 이후 평남도민회장에 선출되었다. 1949년에는 평남민보사장, 광성고등학교 이사장직을 역임하였다.
3) 기독교대한감리회, 위의 책, 209쪽; 국가보훈처, 공훈전자사료관 독립유공자공훈록. 김석창은 평북 예수교장로회 총회장을 역임하였다. 1945년 8월 15일 광복 이후 선천군 인민위원회 위원으로 활동하였다. 한국전쟁이 일어나자 유엔군이 북진하여 선천으로 진격해 왔을 때 이를 환영한 일 때문에 유엔군 후퇴 후 공산당에 의해 총살당하였다.
4) 위의 책, 405쪽; 공훈전자사료관 독립유공자공훈록.
5) 위의 책, 402쪽; 공훈전자사료관 독립유공자공훈록. 1920년에 평양장로회신학교에 입학하여 평양 시내에 있는 교회 담임으로 재직하였다. 1920년 12월에는 황해도 안악에서 조직된 동창청년회에 가입하였다. 이어 경성에서 개최된 조선청년회연합회 제1회 창립총회에 동창청년회 대표로 참가하여 의사로 활동하는 한편 국내 민족주의 청년들을 국외로 도피시키는 역할을 맡기도 하였다. 그는 친일파 은율군수 암살을 모의했다는 혐의로 일경에 체포되어 6개월간 은율유치장에서 옥고를 치렀다. 그 후 일경의 감시가 강화되자 1923년 평양장로회신학교를 중퇴하고 만주로 망명하였다. 만주에서 기독교인들이 조직한 대한국민회에 참여하여 활동하였다. 북로군정서의 활동에도 협력하여 청산리 봉오동전투의 승리에도 도움을 주었다. 1925년에는 만주 영안현에서 신민부 조직에 참여하였다. 신민부의 교육위원장 및 선전위원장을 맡아 독립군 양성을 위하여 신민부 산하에 성동사관학교를 설립하였다. 그리고 기관지 《〈신민보〉》를 발행하여 재만한인들에게 독립의식을 고취시켰다. 1927년 일경에 체포되어 신의주지방법원에서 징역 3년형을 선고받았다. 동년 10월 4일 평양복심법원에서 징역 2년형을 선고받아 평양형무소에서 수형생활을 하였다. 1929년 2월 2일 가출옥하였으나 후유증으로 세상을 떠났다.
6) 위의 책, 631쪽.
7) 위의 책, 148쪽; 국가보훈처, 공훈전자사료관 독립유공자공훈록.
8) 위의 책, 449쪽; 국가보훈처, 공훈전자사료관 독립유공자공훈록.
9) 위의 책, 88쪽; 국가보훈처, 공훈전자사료관 독립유공자공훈록.
10) 위의 책, 133쪽; 국가보훈처, 공훈전자사료관 독립유공자공훈록.
11) 송우혜, 「북간도 '대한국민회'의 조직형태에 관한 연구」, 한국민족운동사연구, 1986, 113-140쪽 참조.
12) 장석흥, 「대한국민회연구」, 『한국독립운동사연구』4, 1990, 169쪽.
13) 독립유공자사업기금운영위원회, 『독립운동사 제4권: 임시정부사』, 1972, 459쪽.
14) 장석흥, 앞의 논문, 3쪽.
15) 위의 논문, 182쪽.
16) 위의 논문, 182-184쪽.
17) 『독립운동사 제4권: 임시정부사』, 독립유공자사업기금운영위원회, 1972, 459쪽.
18) 장석흥, 앞의 논문, 174-181쪽에서 구체적인 지회에 대한 내용을 참조.
19) 위의 책, 459쪽.
20) 장석흥, 앞의 논문.
21) 국가보훈처, 공훈전자사료관 독립유공자공훈록.
22) 장석흥, 앞의 논문, 180-181쪽.
23) 위의 논문, 173-174쪽.
24) 「祕密結社 大韓愛國婦人會 檢擧 件(1920. 11. 13」, 『조선소요사건관계서류』.
25) 정신여자중학교·정신여자고등학교, 『정신백년사』상, 정신백년사출판위원회, 1989, 327쪽-329쪽.
26) 위의 책, 329쪽.
27) 김마리아 생애와 항일운동에 대한 구체적인 내용은 박용옥, 『김마리아: 나는 대한의 독립과 결혼하였다』, 홍성사, 2003에서 참조.
28) 기독교대백과사전편찬위원회, 『기독교대백과사전』13, 기독교문사, 1984, 100-101쪽.
29) 황애덕의 항일운동에 대한 구체적인 내용에 대해서는 윤정란, 「황애덕과 대한민국애국부인회」, 『숭실사학』, 2009에서 참조.
30) 기독교대백과사전편찬위원회, 『기독교대백과사전』11, 1984, 1237쪽.
31) 기독교대백과사전편찬위원회, 『기독교대백과사전』12, 1984, 220, 253쪽.
32) 기독교대백과사전편찬위원회, 『기독교대백과사전』3, 1981, 320쪽.
33) 기독교대백과사전편찬위원회, 『기독교대백과사전』12, 1984, 1395쪽.

미주

34) 기독교대백과사전편찬위원회, 『기독교대백과사전』7, 1980, 364-365쪽.
35) 기독교대백과사전편찬위원회, 『기독교대백과사전』12, 1984, 1249-1250쪽.
36) 기독교대백과사전편찬위원회, 『기독교대백과사전』13, 1984, 628-629쪽.
37) 정신여자중학교·정신여자고등학교, 앞의 책, 329쪽.
38) 위의 책, 340쪽.

해방직전 이승만과 기독교인친한회(The Christian Friends of Korea)의 대한민국임시정부 승인 운동

박명수(서울신학대학교 교수 / 현대기독교역사연구소장)

중국에서 활동한 임시정부의 가장 강력한 후원자가 바로 미국의 한인들이었고, 이들 대부분은 기독교인이었다. 특히 3·1운동에서 대한민국의 수립에 이르기까지 가장 강력한 국가가 미국이었기 때문에 미국을 상대로 하는 외교독립운동은 매우 중요했다.

"

중국에서 활동한 임시정부의 가장 강력한 후원자가 바로 미국의 한인들이었고, 이들 대부분은 기독교인이었다. 특히 3·1운동에서 대한민국의 수립에 이르기까지 가장 강력한 국가가 미국이었기 때문에 미국을 상대로 하는 외교독립운동은 매우 중요했다.

"

해방직전 이승만과 기독교인친한회(The Christian Friends of Korea)의 대한민국임시정부 승인 운동

들어가는 말

1919년 3월 1일, 온 민족이 힘을 모아서 독립만세를 불렀고, 그 결과 임시정부가 수립되었으며, 이것을 계승한 것이 오늘의 대한민국이다. 2019년은 1919년 3·1운동의 100주년을 기념하는 해이다. 이런 역사적 시점에서 우리는 3·1운동과 임시정부가 어떻게 오늘의 대한민국을 만들었는지 역사적으로 규명해야 할 것이다.

한국 기독교는 지금까지 1919년 3·1독립운동의 주역이었으며, 또한 해방 후 대한민국 수립의 주역이었다고 주장해왔다. 실지로 3·1운동의 지도자 가운데 기독교인들이 많이 참여하였으며, 기독교는 이 운동을 전국적으로 확산시키고, 나아가 세계에 알리는 데 결정적인 기여를 하였다. 또한 기독교는 새로 세워지는 나라가 민주주의 국가여야 한다고 생각하였기에 신생 대한민국에 많은 기독교인 정치지도자들을 배출하였다.

그러면 3·1운동과 대한민국 사이에 놓여있는 임시정부와 기독교의 관계는 어떠했을까? 기독교는 3·1운동과 대한민국 수립 못지않게 임시정부를 통한 독립운동에도 상당한 기여를 했다. 한성임시정부의 주역이 기독교인이었고,[1] 상해임시정부의 주요 인물들 역시 상해한인교회의 신자들이었다.[2] 하지만 중국에서 활동한 임시정부의 가장 강력한 후원자가 바로 미국의 한인들이었고, 마찬가지로 이들 대부분은 기독교인들이었다. 특히 3·1운동에서 대한민국의 수립에 이르기까지 가장 강력한 국가가 미국이었기 때문에 미국을 상대로 하는 외교독립운동은 매우

> 중국에서 활동한 임시정부의 가장 강력한 후원자가 바로 미국의 한인들이었고, 마찬가지로 이들 대부분은 기독교인이었다. 특히 3·1운동에서 대한민국의 수립에 이르기까지 가장 강력한 국가가 미국이었기 때문에 미국을 상대로 하는 외교독립운동은 매우 중요했다.

중요했다. 따라서 미국의 기독교와 임시정부의 관계를 연구하는 것은 상당한 의미가 있다고 본다.

필자는 이 논문에서 이승만 박사가 태평양전쟁 말기에 미국 선교사들을 중심으로 기독교인친한회와 협력하여 전개했던 대한민국임시정부 승인운동에 대해서 살펴보고자 한다. 당시 이승만은 주미외교위원장으로서 미국정부로부터 임시정부를 인정받기 위한 총력외교를 펼치고 있었다. 많은 어려움에도 불구하고 이승만은 한국을 사랑하는 선교사들을 동원해서 미국 의회에 로비활동을 했

다. 이들은 대한민국의 자유독립이 아시아선교에 매우 중요한 일이라 생각하여, 이승만과 함께 이 일을 추진하였다. 기독교인친한회에 대한 연구는 대한민국 임시정부와 기독교의 관계를 보여주는 좋은 케이스가 될 것이며, 이것은 결국 그 뒤에 세워진 민주공화국 대한민국과의 깊은 관계를 설명해줄 것이다.

현재 이승만의 기독교인친한회에 대한 단독연구는 없지만 여기에 대한 부분적인 연구는 고정휴『이승만과 한국의 독립운동』과 홍선표의 논문「한국독립운동을 도운 미국인」에서 다루고 있다.[3] 고정휴의 연구는 이승만의 외교에 있어서 기독교인친한회가 갖고 있는 중요한 배경을 잘 설명해주고 있으며, 홍선표의 연구는 기독교인친한회의 활동과 관련된 의회자료를 제공해 주고 있다. 또한 박정현은 그의 컬럼비아 대학교 박사논문에서 기독교인친한회를 중심으로 한 임시정부 승인을 위한 로비활동을 언급하고 있다.[4]

본 논문의 가장 중요한 자료는 미국무부 한국관계문서이다. 이 문서는 1941년에서 1944년까지는 원주문화사(1993)에서 영인하였고, 1945년에서 1949년까지는 아름출판사(1997)에서 영인하였다. 또한 당시 이승만과 그의 외교활동을 보여 주는 중요한 문서는『주미외교위원부 통신』인데 이것은 국사편찬위원회가 대한민국임시정부자료집이라는 이름으로 영인하였다. 이 외에도 필자는 미국 장로교문서보관소와 OSS(Office of Strategic Service)의 문서도 참조할 것이다.

본 연구는 특별히 미국의 선교사들이나 기독교인들이 미국정부나 의회에 한국의 독립을 청원하면서 보낸 편지의 내용을 중요하게 검토해 볼 것이다. 여기에는 크게 두 가지 내용이 포함되어 있다고 본다. 첫째, 미국이 한국의 독립에 앞장서야 하는 이유이다. 둘째, 특별히 기독교인의 입장에서 한국의 독립이 어떤 의미가 있는가에 대한 내용이다. 따라서 본 논문은 기독교인친한회의 활동을 살펴보면서 그 내용을 밝혀 보려고 한다.

I. 기독교인친한회의 구성 배경

1. 태평양전쟁 초기의 이승만의 외교와 기독교

1941년 12월 7일(미국시간), 일본이 진주만을 공격함으로써 태평양전쟁이 시작되었다. 지금까지 대부분의 미국인들은 일본인들에게 긍정적인 입장을 갖고 있었다. 일본은 비서구 문명권에 속해 있던 나라 가운데 서구문명권의 나라와 어깨를 겨눌 수 있는 유일한 국가였고, 미국을 비롯한 서양의 많은 나라들은 일본을 동양에서 서양을 대리하는 나라로 생각했다. 이런 상황에서 한국의 독립운동은 매우 어려웠다. 일본의 근대화를 호의적으로 생각하는 서구국가들은 일본의 한국지배도 긍정적으로 생각하였다. 대부분의 많은 사람들은 일본의 지도로 한국이 근대화되어야 한다고 생각하였다.

하지만 일본의 진주만 공격으로 일본은 아시아에서 서구를 대리하는 국가가 아니라 대동아공영권이라는 새로운 정치용어 아래 서구에 대항하는 나라로 바뀌었다. 이승만은 1941년 여름에 출간한 그의 저서 『일본 내막기』에서 일본은 서구문명의 대리자가 아니라 천황을 중심으로 하는 새로운 세계를 건설하려고 했고, 이것은 갑자기 이루어진 것이 아니라 1920년대 중반 소위 타나까 각서에 근거해서 오랫동안 준비한 것이라고 주장하였다.[5] 이런 이승만의 주장은 많은 사람들에게 받아들여졌다.

진주만 공격으로 태평양전쟁이 발발하자 이승만은 재빨리 중경에 연락해서 임시정부로 하여금 대일 선전포고를 하게하고, 한국이 연합군의 일원이 되어 일본과 싸울 수 있도록 미국정부의 승인을 받는 데 최선의 노력을 기울였다. 여기에서 이승만의 대미외교가 본격적으로 전개되는 것이다. 이승만은 자신이 중경의 임시정부를 대리하는 주미위원부의 대표임을 내세워서 미국무부에 직접 임시정부의 승인을 요청하였지만 미국정부는 임시정부를 인정하지 않을 뿐만 아니라 이승만의 신임장을 접수하지도 않았다. 그러자 주미위원부의 활동을 통해서 미국무부의 인준을 받으려는 이승만의 시도는 난관에 빠지게 되었다.

하지만 이승만은 이때야말로 대한민국임시정부는 절호의 기회를 맞이하는 것이라고 보았다. 첫째, 미국과 일본이 적대적인 관계로 돌아섰다는 것이다. 과거 미국을 비롯한 서방세력이 일본을 우호국가로 여긴 까닭에 한국인들이 일본의 침략을 말하여도 받아들이지 않았으나 이제는 일본이 미국을 침략하였기 때문에 미국과 일본은 적대국가가 되었고, 한국은 오랫동안 일본과 싸운 전력이 있으므로 자유세계의 우호국가가 될 수 있는 상황이라는 것이다. 둘째, 주축국에 밀려 서방국가들이 망명정부를 세우고, 미국이 이것을 인정하면서 한국의 임시정부가 승인받을 가능성이 생겼다는 것이다. 원래 만국공법에 의하면 적과 싸워서 국권을 회복하고, 주권을 발휘할 수 있어야 하지만 세계 자유국가들이 망명정부를 인정하고, 그들과 연합전선을 형성하는 상황에 있었으므로 임시정부로서는 절호의 기회를 얻게 된 것이다. 아울러 임시정부는 오랫동안 실질적인 활동을 해왔기 때문에 유리한 위치에 있었다.[6]

그러나 이런 새로운 상황이 전개되고 있다 할지라도 미국정부가 임시정부를 인정하는 것은 매우 어려운 일이었다. 그것은 미국은 당시 영국, 소련과 협력하여 전쟁을 수행하고 있었는데, 영국은 제국주의 국가로서 식민지를 가지고 있어 식민지 출신의 임시정부를 인정하지 않으려 했고, 소련은 임시정부를 인정할 경우 한반도를 중국에 넘겨주는 상황이 될 수 있으므로 임시정부의 승인을 반대했다. 따라서 미국무부는 임시정부의 승인을 허락하지 않은 채 지연시키고만 있는 상황이었다.

이승만은 그런 상황에서 한국인이 할 수 있는 방법이 무엇인가를 생각했다. 미국은 민주주의 국가이기 때문에 여론을 동원해야 하는데, 그러려면 한국인들 가운데 미국시민권을 가진 사람들이 많이 있어서 이들의 영향으로 미국정부를 변화시킬 수 있어야 한다. 그러나 현실적으로 한국인들은 이민의 역사가 짧아서 그럴만한 능력이 없었다. 다른 방법은 일본처럼 막대한 자금을 가지고 미국 정치인들을 상대로 로비를 벌이는 것이다. 이승만은 항상 일본이 막대한 자금으로 자기 나라를 선전하고 있는 것을 주목하였다. 하지만 한국은 워싱턴에 있는 주미위원부도 제대로 운영할 여력이 없는 상황이었기에, 그것은 거의 불가능했다. 이승만이 할 수 있는 것은 미국 내에서 한국의 독립을 지지하는 한국의 친구들을 모아서 이들로 하여금 한국을 위해서 일하도록 하는 것이었다. 미국에서의 독립운동은 3·1운동 이후부터 미국에 있는 자발적인 한국의 친구들을 중심으로 했고, 이승만은 이들이야말로 한국 외교의 자산이라고 보았다.[7]

이 같은 상황에서 이승만이 취할 수 있는 것은 두 가지 방향이었다. 하나는 미국인을 통하여 우회적으로 임시정부의 승인을 촉구하는 것이었다. 이것을 위하여 이승만이 처음 구상한 것은 한미협회였다. 이승만은 자기가 알고 있는 미국 친구들을 모아서 한미협회를 만들고, 이들을 통해서 미국 정계에 임시정부의 승인을 요청하겠다는 것이었다. 다른 하나는 미국의회를 통하여 임시정부의 승인을 비준 받는 것이었다. 임시정부가 승인을 받으려면 국무부만이 아니라 의회의 영향력이 중요하며, 의회를 움직이기 위해서는 미국민들의 지지가 중요했다. 다시 말하면 이승만은 미국민들의 지지를 얻어 의회를 움직이고, 의회를 통해 미국무부를 움직이려고 한 것이다.[8] 하지만 한미협회를 통해서 미국 정계에 접촉해보려는 이승만의 시도는 상당한 시련에 봉착하게 되었다. 한미협회 회장 크롬웰(James H. R. Cromwell)은 매우 공격적으로 미국무부를 압박해 미국이 임시정부를 인정하는 조건으로 한국이 일본에 대한 각종 투쟁을 시작하겠다고 했다. 하지만 이런 압박은 긍정적인 효과를 가져오지 못하고, 오히려 미국무부와 마찰을 빚게 되었다.[9]

이 때 매우 중요한 역할을 한 것이 바로 미국 기독교였다. 사실 한국은 미국의 상업적인 측면에서 볼 때, 운산의 금광을 빼고는 미국과 직접적인 관계를 별로 갖고 있지 않았다. 하지만 종교적인 측면에서는 달랐다. 1940년대 미국 북장로교의 세계에서 가장 큰 미션 스테이션이 바로 평양이었고, 평양에 있던 평양외국인학교는 아시아에서 가장 좋은 외국인학교로 꼽혔다. 여기에는 선교사들의 자녀들만이 아니라 아시아 지역의 외국인 자녀들이 다니고 있

> 이승만은 한국에서 활동한 선교사들을 모아 기독교인친한회를 조직하고자 했다. 한미협회를 통한 외교가 한계에 부딪히자 이제 기독교인친한회를 만들어 이 단체를 중심으로 새로운 외교를 해보고자 한 것이었다.

었다. 그뿐만 아니라 미국에서 가톨릭 선교를 시작한 것이 메리놀 수도회인데 이 수도회는 한국에 많은 선교사들을 파송하고 있었다. 경제적 측면에서 볼 때, 한국은 미국과 별다른 관계가 없는 나라이지만 종교적 측면에서 본다면 미국과 매우 밀접한 관계를 갖고 있는 나라였던 것이다.

이러한 상황에서 이승만은 한국에서 활동한 선교사들을 모아 기독교인친한회를 조직하고자 했다. 한미협회를 통한 외교가 한계에 부딪히자 기독교인친한회를 만들어 새로운 외교를 하고자 한 것이었다. 한미협회의 활동이 종식된 것

은 아니지만 국무부나 미국 정치가들과 마찰을 빚고 있는 크롬웰 외에 다른 돌파구를 마련하여 이 문제를 풀어가려고 한 것이다. 이승만을 비판하는 사람들은 이승만과 미국무부의 좋은 관계는 끝났다고 생각했지만, 과거 한미협회를 통해서 하던 일을 이제는 기독교인친한회가 하는 것일 뿐이었다.[10]

2. 미국 선교사 한국철수와 반일 태도

1942년은 한국 기독교의 역사에 있어서도 의미 있는 해였다.[11] 미국과 일본의 전쟁이 임박해지자 미국무부는 한국에 거주하는 선교사를 포함하여 미국인들의 철수를 결정한 것이다. 1937년 중일전쟁이 벌어진 다음에도 미국무부는 상당 기간 일본과의 긴밀한 관계를 유지했다. 심지어는 신사참배를 반대하는 평양의 북장로교 선교사들에게 일본정책에 순응하라고 요청하기도 하였다. 하지만 상황은 더욱 악화되었다. 1939년 9월, 독일이 폴란드를 공격함으로써 제2차 세계대전이 일어났고, 1940년 10월 일본, 독일, 이태리가 주축국을 이루면서 일본은 영국과 대척점에 서고, 영국을 지지하던 미국에도 적대감을 표명하였다. 이런 상황에서 일본의 중국침략은 더욱 진전되어 1940년 여름, 일본은 상해를 침공했고 이것을 본 미국무부는 기존의 온건한 입장을 바꾸어 미국인의 철수를 명령했다. 주한 미국총영사 마쉬(Gaylord Marsh)는 10월 둘째 주, 주한 미국인들에게 철수명령을 내렸고, 대부분의 많은 선교사들은 미국무부의 명령을 따라 11월 16일, 마리포사(Mariposa)호를 타고 한국을 떠났다. 이 때 한국을 떠난 선교사들은 219명이었고, 이 중에는 캐나다, 호주, 영국선교사들도 포함되었다.

이와 같은 국제적인 상황의 변화는 국내에도 그대로 반영되었다. 일본은 중

> 일본은 중일전쟁 이후 한국 기독교를 미국의 손에서 떼어 놓으려고 하였고, 이것은 일본정신의 강조와 서구정신을 지우려는 시도로 나타나게 되었다. 그래서 기독교의 서구적인 요소를 공격하는 한편 동양적인 요소를 강화하려고 하였다.

일전쟁 이후 한국 기독교를 미국의 손에서 떼어 놓으려고 하였고, 이것은 일본정신의 강조와 서구정신을 지우려는 시도로 나타나게 되었다. 그래서 기독교의 서구적인 요소를 공격하는 한편 동양적인 요소를 강화하려고 하였다. 조선총독부는 외국인들의 재산매매를 제한하고, 선교사들에게 일본어를 배우게 했으며, 한국교회에는 신사참배를 강요하고, 선교사들로부터 독립할 것을 요구하였다. 결국 선교사들은 선교를 할 수 없을 뿐만 아니라 자신들이 이룩한 모든 재산도 포기해야 했다. 지금까지 선교사들의 사역과 재산을 보호해 주었던 일본의 태도와 전혀 다른 태도였다.

이런 일본의 정책에 가장 앞장선 것은 한국감리교였다. 1940년 9월 중순, 일본 감리교 감독 요시무네(阿部義宗)는 한국을 방문하여 선교사들의 귀국을 종용하였고, 10월 2일 감리교 정춘수 감독은 외국인선교단체의 재정지원 중단과 주요직책에서의 퇴거를 요청하였다. 이것은 한국 감리교를 일본 감리교단에 귀속시키기 위한 절차였다. 총독부의 이런 기독교 압박은 미국 감리교로 하여금 일본의 반대편에 서게 만들었다. 이에 미국 감리교 해외 선교부는 선교사들의 철수를 강력히 요청하였고, 이런 상황에서 총영사 매쉬의 철수요청은 쉽게 받아들여졌다.

미국으로 귀환하는 감리교선교사들은 자신들이 철수할 수밖에 없는 이유를 두 가지로 설명했다. 첫째, 일본이 서구민주주의를 부정적으로 보고 있다는 것이다. 일본은 서구 개인주의를 동양의 전통과 대립되는 것으로 간주하면서, 모든 민주적인 세력을 비판하고 있고 따라서 반 서구적인 입장을 갖고 있다는 것이다. 둘째, 만일 전쟁이 발발한다면 모든 선교사들은 적성국 국민으로 수감될 것이며 그로 인해 더 이상 선교는 어려울 것이라는 것이다. 결국 일본의 반 서양정책은 기독교선교를 불가능하게 만든 것이다.[12]

많은 선교사들이 한국에서 철수했지만 북장로교선교사들 가운데는 상당한 수가 남아 있었다. 그 중에는 언더우드(Horace H. Underwood)처럼 일본에 대해 희망을 갖고 있는 사람도 있었고, 아담스(Edward a. Adams)처럼 선교부 재산 처리문제 등의 이유 때문에 곧바로 철수할 입장이 되지 못하는 사람들도 있었다. 상황은 더욱 악화되어 1941년 12월 7일, 일본은 진주만을 공격했고, 한국에 남아있던 미국인들은 적성국가의 국민의 신분이 되어 구금되거나 자택에 감금되었다. 여기에는 위에서 언급한 언더우드 가족이나, 아담스와 밀러(Edward H. Miller), 경신학교 교장이었던 쿤스(Edwin E. Koons)가족이 있었고, 남장로교회의 탈미지(J. V. N. Talmage)와 기타 의료선교사들이 있었다. 이들은 전쟁포로의 위치에 서게 되었다.

1942년 6월은 태평양전쟁에서 매우 중요한 시기였다. 미국은 미드웨이 해전에서 일본의 태평양함대를 격파했고, 그후 미국은 승기를 잡았다. 이런 상황에서 미국인 포로의 송환이 이루어지기 시작하였다. 이들은 아직 한국에 남아있던 다른 미국인들과 함께 1942년 5월 31일, 일본선박 아사마(Asama)호에 실려서 일본에 도착하였고, 이곳에서 또 다른 미국인 포로들을 싣게 되었다. 이들은 싱가포르를 거쳐서 7월 22일 남아프리카의 모잠비크에 이르렀는데 여기에서 연합군에 잡혀왔던 일본인 포로와 교환되어 미국선박 그립솔름(Gripsholm) 호에 승선, 뉴욕으로 향하게 되었다. 이때부터 이들은 포로의 신분에서 자유인의 신분으로 바뀌었고, 서구식 삶을 누리게 되었다. 이들이 뉴욕

에 오게 된 것은 1942년 8월 25일이었다.[13]

이들은 배에서 내리기 전인 8월 15일, 한국의 상황에 대한 질문을 받았다. 이것은 미군 정보당국이 미국선교사들로부터 한국의 상황을 파악하기 위함이었다. 대부분의 선교사들은 인터뷰에 참석했다. 이들은 현 상황에서 미국에 의한 임시정부의 인정은 한국사회에 큰 혼란을 가져올 것이라고 말했다. 1941년 12월 초 미국 대통령이 한국의 독립을 약속하는 성명을 발표했다는 루머가 돌았는데 이것은 한국이 독립에 대한 열정과 희망을 갖게 했다는 것이다. 이들은 한국인들이 일본인들을 싫어하는 이유로 징집, 창씨개명, 국민학교에서 한국어 교육금지, 매월 약 1,500명씩 한국소녀들을 일본군 위안부로 보내는 일 등을 꼽았다. 서북지방에는 소련의 영향으로 공산주의가 활동하고 있었다.[14]

이처럼 한국에 와 있던 선교사들은 모든 것을 포기하고 결국 귀국해야 했다. 그들은 반일 태도를 갖게 되었고, 미국에서 한국의 상황을 가장 정확하게 미국사회에 전달할 수 있는 사람들이었다. 이승만은 그들을 자신의 외교에 활용하고자 했다. 이승만은 결국 선교사들이 한국인들과 마찬가지로 일본에 의한 피해자가 되었을 때, 한국의 독립을 위해서 나설 수 있게 되었다고 보았다.

> 이처럼 한국에 와 있던 선교사들은 모든 것을 포기하고 결국 귀국해야 했다. 그들은 반일 태도를 갖게 되었고, 미국 전역에서 한국의 상황을 가장 정확하게 미국사회에 전달할 수 있는 사람들이었다.

II. 기독교인친한회의 창립, 조직, 활동 그리고 문제점

1. 기독교인친한회의 창립과 애비슨[15]

이승만은 1942년 9월 한국에서 활동했던 선교사들과 연쇄적으로 접촉을 갖고 이들을 한국의 독립운동에 참여시키려고 노력했다. 이승만이 가장 먼저 접촉했던 인물은 이화여전의 교장으로 1940년 귀국하여 미국 스카렛(Scarritt) 대학에서 가르치던 앨리스 아펜젤러(Alice Rebecca Appenzeller)였다. 그는 한국 최초의 선교사 헨리 아펜젤러의 딸이다. 9월 초에 아펜젤러는 이승만의 집에서 장시간 한국의 독립문제를 상의하였는데, 이때 한미 요인들이 약 20명 참석하였다. 그 뒤에도 워싱턴에 상당한 기간 동안 체류하였다.[16]

이승만이 선교사들을 보다 본격적으로 동력화하기 위하여 초청한 사람은 애비슨(Oliver R. Avison)이었다.[17] 애비슨은 1893년부터 1935년까지 약 42년 동안 한국에서 선교사로 일했다. 그는 세브란스를 중흥시켰고, 세브란스의 학전문학교를 세워 오랫동안 교장으로 일했다. 동시에 언더우드의 뒤를 이어서 연희전문학교의 교장을 역임하기도 하였다. 사실 그는 한국에서 가장 자랑스러운 기독교기관의 대표자였다. 미국 연방정보부(FBI)는 애비슨이 한국과 미국에 많은 친구를 갖고 있으며, 그의 정직성과 신뢰성은 널리 알려졌다고 평가하고 있다.[18]

애비슨은 9월 22일, 이승만의 요청으로 워싱턴에 와서 여러 주를 지내며 이승만과 한미협회, 재미한족위원회를 비롯한 많은 사람들과 그 문제를 놓고 상의하였다. 그 결과 애비슨은 이승만과 워싱턴의 독립운동 단체들의 제안에 동의하고 단체의 명칭을 '기독교인친한회(Christian Friends of Korea)'라고 정했다. 이 단체는 주로 한국에서 일하다가 귀국한 선교사들을 중심으로 조직될 전망이었다.[19] 애비슨은 자신의 활동을 위한 비용(여비, 호텔비 등)은 지급을 받지만 그 외에는 별도의 비용을 지급받지 않는다는 내용에도 동의했다.

애비슨과 더불어 한국 최초의 선교사 H. G. 언더우드의 외아들인 H. H. 언더우드도 같은 시기에 워싱턴에 와 있었다. 언더우드는 그립솔름 호를 타고 8월 25일 뉴욕에 도착한 다음 워싱턴으로 와서 미국 정부에 한국사정을 설명하고, 동시에 이승만과 만나고 있었다. 주미위원회보는 애비슨과 만난 다음 날인 9월 23일, 언더우드가 이승만, 한미협회 회장인 크롬웰을 만나 장시간 대화를 나누었으며, 같은 날 저녁에는 워싱턴에 있던 연전, 이전 졸업생들이 윌라드 호텔에 모여서 흉금을 털어 놓고 한국사정을 토론하였다고 전했다.[20]

기독교인친한회가 공식적으로 활동을 시작한 것은 1942년 10월 초로 보인다. 애비슨은 10월 5일, 미국 전역의 친한 인사들에게 'Dear Friend'라는 제목으로 약 600여 통의 편지를 보내면서 기독교인친한회의 배경과 목적에 대해서 자세하게 설명했다. 이 편지에 의하면 한국의 독립을 위한 기회가 오고 있으며, 이승만과 그의 동료들은 독립을 위해 최선의 노력을 다 했기에 더 이상의 여력이 없다고 언급하면서, 이승만은 앞으로 한 단계 더 나가기 위해서 자신을 워싱턴으로 초청했다고 설명했다. 그에 따라 자신은 9월 22일에 도착해서 이승만을 비롯해 그의 미국인 동료들과 많은 대화를 나누어 상당한 합의에 도달했으며, 앨리스 아펜젤러가 볼티모어에 있다는 소식을 듣고, 워싱턴으로 초청해서 그들의 계획에 대해서 말하여 그녀의 동의를 얻었다고 밝혔다.[21]

애비슨은 이승만 및 그의 참모들과의 대화 가운데서 그들이 기독교적 이상을 지키고 있다는 사실에 감사하며 그들의 계획을 말했다. 이승만과 그의 참모들은 '기독교인친한회'라고 불리는 특별한 단체를 만들려는 계획을 제안했는데 이것은 한국에서 살았고, 일했던 모든 사람들의 노력을 함께 묶어 "한국에 가장 유익한 것과, 한국을 통해 아시아에 기독교 문명을 가져올 수 있는 가장 효과적인 방법은 한국을 일본의 지배로부터 해방시키고 지켜내는 것이 유일하다."는 위대하고 지속적인 믿음의 표현이라는 것이다.[22]

> "한국에 가장 유익한 것과, 한국을 통해 아시아에 기독교 문명을 가져올 수 있는 가장 효과적인 방법은 한국을 일본의 지배로부터 해방시키고 지켜내는 것이 유일하다."

애비슨은 일본이 한국은 너무 분열되어 정치적으로나 사회적으로 자치능력이 없다고 주장하기 때문에, 한국에서 일했던 선교사들은 교파가 무엇이든 간에 한국이 연합국에 의해서 인정받고, 복권되어 독립하려는 이 박사와 그의 동료들을 돕는 데 하나가 되어야 한다고 말했다. 만일 미국무부가 임시정부를 인준해준다면 한국인들에게 큰 격려가 될 것이며, 선교사들이 한국의 정치적 자유를 위하여 적극적으로 행동했다는 사실은 미래의 선교사역에 큰 도움이 될 것이라는 것이다. 또한 일본의 지배 아래 고통 받고 있는 한국인들에게 정치적인 자유를 가져다주는 것이 선교사들의 의무를 넘어서는 것이라고 생각하지 말아야 한다고 말했다. 그들이 그러한 자유를 갖지 못한다면 한국의 미래에 직접적인 선교사역을 위한 기회도 없을 것이며, 따라서 우리의 노력은 첫째, 한국을 괴롭히는 외국세력으로부터 한국을 자유롭게 하는 것이고, 둘째, 이것은 선교사들에게 한국에서 기독교의 지식과 신앙을 전파할 수 있는 기회를 가져다 줄 것이라는 것이었다.[23]

이런 관점에서 애비슨은 선교사들에게 기독교인친한회에 참여해 줄 것을 요청했다. "그러므로 나는 여러분이 이 단체의 회원이 되어 여러분의 능력이 되는 범주 안에서 모든 수단을 다해서 한국의 독립을 위해서 노력해 줄 것을 요청한다." 특별히 한국에서 활동한 선교사들에게 이런 요청을 하는 것은 그들이 한국인을 하나님 나라에 인도하는 데 최고로 관심이 있었기 때문이며, 이것은 한국인들을 위해서뿐만이 아니라, 먼저 기독교인이 된 한국인들은 그 주변의 국가에 복음을 전하게 되어 이것이 궁극적으로 세계선교에 직접적인 도움이 되기 때문이라는 것이다.[24] 에비슨의 편지는 다음과 같은 내용을 담고 있다.

> 기독교인친한회를 통하여 미국무부로 하여금 한국을 가장 잘 아는 미국인과 캐나다인들이 한국은 독립국가로 승인 받을 가치가 있고, 한국인들이 자유시민의 책임을 감당할 능력이 있다는 것을 알게 해 준다면, 미국무부가 한국을 독립국가로 승인할 수 있는 증거를 강화시켜 줄 것이다. 이승만의 그룹이 아닌 다른 곳에서 지도력을 찾는 소규모의 그룹이 있지만, 한국에 관심을 갖고 있는 사람들은 대다수의 한국인들이 이승만의 그룹을 필요로 하고, 또 그들이 한국인들에게 가장 적합한 지도력을 제공할 것이라는 분명한 확신이 있다. 그 어떤 사람도 이승만만큼 한국인의 이익을 위해서 희생한 사람이 없으며, 그 어떤 사람도 이승만만큼 자신의 나라의 미래를 설계하는 데 있어서 지혜를 갖고 있지 못하다.[25]
> 자신은 이승만을 1894년, 이승만이 19세 때부터 알고 있었으며, 그가 하고 있는 일이 많은 고통과 때로는 죽음을 각오해야 한다는 것을 분명하게 말해 주었음에도 불구하고 그는 모든 환란을 헤치고 그 길을 갔으며, 67세의 나이에 밤낮으로 처음의 그 위대한 목적을 위해서 일하고 있으니 자신으로서는 그런 이승만을 돕는 일이 큰 기쁨이다.[26]

마지막으로 애비슨은 이 단체를 운영하는 데 한 달에 약 400불의 재정이 필요하니 자유로운 헌금을 부탁했다. 또한 이승만과 그의 동료들에 의해서 이 단체가 조직되고 있으며, 자신에게 실행위원회의 위원장을 요청하고 있다고 말했다. 회원은 선교사에게 제한된 것은 아니지만 우선 한국에서 일했던 선교사와 그의 자녀들의 가입을 확보하는 것이 중요하다고 말하여 이 단체의 기독교적인 성격을 분명하게 했다.[27]

이러한 기독교인친한회의 조직에 대해서 미 정보당국은 매우 긍정적인 평가를 했다. 애비슨 박사는 이미 79세의 고령이지만 뛰어난 행정력과 효과적인 추진력으로 정평이나 있었고, 그가 한국사회와 미국사회에 미치는 영향은 매우 컸기 때문에 이승만을 중심으로 하여 한국의 독립을 위해 한국사회를 하나로 묶는 데 기여할 것이라고 보았다. 특별히 미 정보당국은 이 단체의 목적이 첫째, 이승만을 지지하고, 둘째, 임시정부를 지지하며, 셋째, 미국과 유엔으로 하여금 임시정부를 승인하게 하는 것이라고 규정하여 친 이승만 단체임을 강조했다.[28]

2. 기독교인친한회의 초기 활동과 조직

기독교인친한회가 조직되어 제일 처음 가진 행사는 워싱턴에 있는 미국교회와 연합한 '조선의 밤' 행사였다. 이 행사는 11월 8일, 워싱턴의 마운트 버논 플레이스 감리교회(Mount Vernon Place Methodist Church)에서 열렸는데, 주 강사는 애비슨과 이승만이었다. 『주미외교위원부 통신』과 『워싱턴 포스트』는 이 행사를 적극적으로 홍보하였다. 워싱턴 포스트는 애비슨과 이승만을 자세하게 설명하면서 이승만이 애비슨을 통하여 기독교신앙을 받아들였다고 소개했다. 또한 아메리칸 대학교에서 공부하고 있는 애비슨의 제자들과 기타 한인학생들도 참석할 것이라고 보도했다.[29]

애비슨은 이 행사를 앞두고 가진 기자와의 인터뷰에서 최근 자신이 설립한 기독교인친한회에 대해 설명하면서 한국에서 살았고, 일했던 사람들이 연합하여 한국이 일본의 통치로부터 자유롭고, 독립된 나라가 되도록 만드는 것이 한국인 최고의 관심이며, 결국 이것이 아시아에 기독교문명을 심는 데 매우 중요한 역할을 하게 될 것이라고 말했다.[30] 특별히 이 행사에는 워싱턴에 있는 아메리칸 대학교의 찬양대가 한국말로 애국가와 한국민요를 불러 많은 관심을 끌었다. 아메리칸 대학교의 총장은 감리교목사인 더글라스(Paul F. Douglas)로 1942년 봄 워싱턴에서 열린 한인자유대회에서 한국을 위해 연설을 하기도 한 친한파 인사였다. 그는 1941년 12월 북미한인학생회 남부지방의 고문으로 활동하기도 하였다.[31] 그 날의 행사는 녹음되어 동양의 여러 나라에 방송되었다.[32]

태평양전쟁이 심화되고, 일본에 대한 미국인들의 감정이 악화되면서 미국교회들은 일제 치하의 한국 상황을 알기 원했다.

> 태평양전쟁이 심화되고, 일본에 대한 미국인들의 감정이 악화되면서 미국교회들은 일제 치하의 한국의 상황을 알기를 원했다.

미국 구라선교회 워싱턴 지부는 12월 2일 마운트 버논 플레이스 감리교회로 한국에서 활동하던 남장로교 선교사 탈미지를 초청하여 강연을 들었다. 탈미지는 미일전쟁 시작 당시 여수 애양원을 지원하는 사업에 참여하였는데, 1940년 가을 모든 선교사들이 떠날 때 떠나지 않았다. 1941년 12월 미일전쟁이 발발한 후에 일본은 그가 갖고 있던 애양원 지도를 군사지도라고 우겨 스파이 혐의를 씌워 체포하여 4개월간 옥고를 치르기도 하였다. 이 기간 동안 총독부는 탈미지에게 선교부의 재산을 일본에게 자발적으로 넘긴다는 문서에 사인할 것을 요구하였으나, 그는 이것을 거부하였다. 그는 석방된 후 1942년 6월 그립솔름 호를 타고 미국으로 송환되었다.[33]

이승만의 미국 외교활동 중에서 중요한 인물 가운데 하나가 바로 중국선교사였던 피치(George A. Fitch)부부였다. 남편 피치는 이승만이 상해에서 미국으로 돌아올 때 여비를 주었으며, 김구가 윤봉길 의거로 고통 받고 있을 때 자신의 집에 숨겨준 사람이었다. 또한 피치부부는 장개석 정부와도 밀접한 관계를 갖고 있었다. 피치부인은 미일전쟁 당시 미국에 있었는데 임시정부 승인을 위해 이승만을 도왔다. 피치부인은 1943년 1월 8일 워싱턴에 와서 이승만과 만나 중요한 대화를 나누었다. 남편 피치도 중국에서 모종의 사명을 갖고 미국에 와서 이승만과 만나고 미국정부와도 만났다. 아마도 피치는 이승만과 김구 사이의 여러 가지 사항을 중재하지 않았을까 생각한다.[34]

기독교인친한회는 1943년에 들어서면서 조직을 구체화하고 있었다. 애비슨이 이미 나이가 많고, 캐나다인이며, 오랫동안 미국을 떠나있었기 때문에 미국의 국내 사정을 잘 아는 인물을 대표로 내세울 필요가 있었던 것이다. 그리하여 이승만과 오랫동안 함께 활동했으며, 마운트 버논 플레이스 교회에서의 한국인의 밤 행사를 적극적으로 도왔던 아메리칸 대학교 총장 더글라스를 회장으로 선출하였다. 1904년 생 더글라스는 젊은 변호사이며, 감리교목사로서 37세의 나이에 아메리칸 대학교의 총장이 되었다.[35] 그러나 여전히 실무적으로 일을 진행한 사람은 애비슨 박사였다. 애비슨은 서기 겸 재무를 맡았다. 그 외에 한국을 위해서 많은 언론활동을 한 피치부인(Mrs. George A. Fitch)과 이승만의 한미협회 인물인 윌리암스와 스태거스가 서기로 참여했고, 이승만과 이승만이 출석하는 파운더리 감리교회의 목사 해리스도 참여했다.[36]

하지만 이 기독교인친한회가 원래 계획했던 대로 한국에서 활동했던 많은 선교사들을 포함하지는 못했던 것 같다. 기독교인친한회의 임원 가운데 한국에서 활동했던 선교사는 애비슨뿐이었다. 그 외에 다른 사람들은 거의가 한미협회 임원들이었다. 이렇게 선교사들의 참여가 부진한 이유로 여러 가지를 추측할 수 있다. 무엇보다 가장 큰 이유는 복음주의 선교사들이 정치참여를 꺼렸을 것이다. 탈미지 같은 선교사가 여기에 속한다. 이것은 애비슨의 편지에서도 잘 나타나 있다. 또한 정치에 참여하기를 원하는 사람들은 주로 미국 정부와 관련해서 일하고 있기 때문이다. 언더우드와 쿤스는 미국 정부와 관련해서 일하고 있었고, 미국 정부가 임시정부의 승인을 보류하고 있는 상황에서 이것을 추진하는 단체에 들어와서 활동하는 것은 부담이 되었을 것이다. 실지로 언더우드는 한미협회 뉴욕지부 재무를 맡아달라는 부탁을 완곡하게 거절했다.[37]

1943년 4월 8일에는 주미외교위원부, 한미협회, 그리고 기독교인친한회가 연합하여 임시정부 수립 24주년을 기념하는 행사를 가졌다. 워싱턴에 있는 한인들은 기독교인친한회 회장 더글라스가 총장으로 있는 아메리칸 대학교 교정에서 기념식을 가졌다. 미국 워싱턴 포토맥 강변에는 많은 벚꽃이 있는데, 사람들은 이것을 일본 벚꽃이라고 불렀다. 하지만 이것은 일본 벚꽃이 아니라 한국에서 건너간 한국 벚꽃이었다. 따라서 이승만과 한미협회는 미국 내무부에 연락을 하여 이름을 고쳐 줄 것을 요청하였다. 여기에 대해서 미국무부는 정확하고 권위 있는 근거를 요구하였고 한미협회는 일본인들이 자랑하는 일본대백과사전에 있는 내용을 제시하였다. 일본대백과사전에는 일본 벚꽃의 원산지가 한국의 울릉도라고 명시되어 있었다. 그러나 미국무부는 한국 벚꽃이라 하지 않고, 동양 벚꽃이라 불렀다. 그 이유는 이 벚꽃이 한국, 중국, 일본에 분포되어 있기 때문이었다.[38]

이에 대해서 한국인들은 불만을 제기했고, 미시시피 출신 연방 하원의원인 랭킨(John E. Rankin)은 3월 29일 하원에서 한국인들의 의견을 지지하는 연설을 하였다.[39] 랭킨은 미일전쟁이 발발하자 일본인들을 집단수용해야 한다고 주장하고, 전쟁이 끝나면 일본인들과 그의 피를 가진 사람들을 미국에서 추방해야 한다고 주장하던 반일주의자였다.[40] 랭킨은 그의 연설에서 지금 봄이 오고 벚꽃은 피고 있는데, 사실 그 벚꽃은 일본 꽃이 아니라 한국 꽃이기 때문에 그 이름을 한국에 돌려주어야 한다고 말했다. 이어서 일본인들은 한국인들의 모든 것을 빼앗고도 모자라 이제는 중국인들이 가진 것을 모두 빼앗았다며, 사실 많은 미국인들은 일본 벚꽃나무를 모두 찍어 내버리기를 원하지만 그렇게 하는 대신 그 본래의 이름을 되찾아 주자고 미국의 언론과 의회, 그리고 모든 워싱턴 시민들에게 제안했다.[41] 이 제안은 아무런 반대 없이 통과되었다.

1943년 3월 30일, 한미협회는 다시금 미국무부에 공문을 보내 정부가 마치 '교황처럼(pontifically)' 자신들의 임의대로 명칭을 정한다고 비판하면서, 하원의원 랭킨의 의견대로 '한국 벚꽃'이라고 명명해 줄 것을 요청하였다.[42] 주미외교위원부에서는 다음 날인 3월 31일 통신문을 보내 4월 8일 임시정부 기념일을 맞이하여 아메리칸 대학교에서 기념식과 함께 한국 벚나무를 심는 기념식수를 한다는 소식을 알렸다. 주미외교위원부는 많은 한인들의 참석을 요청하였고, 가능한 여성들은 한복을 입고 올 것을 권장하였다. 미국에서는 4월이면 대대적인 벚꽃 축제가 벌어지는데, 이 기회를 이용하여 미국의 저명한 친한 인사들을 초청해 한국의 독립을 기원하는 한국 벚나무 기념식수를 한 것이다. 이렇게 해서 아메리칸 대학교 교정에 4그루의 벚나무를 심게 되었는데, 많은 한인들과 미국인들이 참석하였으며, 특별히 워싱턴에 주재하는 외교관 부인들이 참여하였다. 외교관 부인으로는 전 호주 주재 미국공사부인, 체코슬로바키아 공사부인, 필리핀 총독부인이 참여하였고, 타일랜드 공사도 참여하였다.[43] 이들 가운데 체코슬로바키아와 타일랜드는 한국과 같이 나라를 잃은 상황이어서 한국의 독립청원을 잘 이해하였다. 이승만은 필리핀 총독과도 좋은 관계를 유지했다.

이 날 기독교인친한회 더글라스의 사회로 이승만 박사와 한미협회 크롬웰 회장이 연설했고, 아메리칸 대학교 학생들이 한국어로 애국가를 불렀다. 한국 교포들과 외국인들이 약 300여 명 모였고, 미국의 여러 언론들이 이 사실을 대대적으로 보도하여 한국을 알리고, 한국인들의 독립의지를 공포하였다.[44] 랜킨은 이승만의 연설을 미 하원의사록에 싣도록 했고, 다시금 일본 벚꽃을 한국 벚꽃으로 바꾸자는 결의안을 의회에 제출하였다.[45] 이승만은 미국인들 가운데 반일세력과 함께 독립운동을 벌였다.

3. 기독교인친한회에 대한 이승만의 설명과 서재필의 지지

뒤에 자세히 설명하겠지만 1943년 초 이승만은 3·1운동을 앞두고 본격적으로 의회를 통한 임시정부 승인활동을 시작하였다. 그리하여 1943년 3월과 4월, 미국 하원과 상원에 대한민국임시정부 승인을 위한 합동결의안이 제출되었고, 이것을 위한 기독교인친한회의 서명작업이 본격적으로 시작되었다. 이승만은 1944년 6월 『주미외교위원부통신』을 통하여 기독교인친한회에 대해서 자세하게 설명했다.

1912년, 105인 사건 이후 이승만이 미국에 왔을 때 기독교 세력을 통해서 외교를 하려고 했다. 그는 한국을 기독교국가로 만들겠다는 일념으로 미국 기독교의 도움을 얻어 독립을 이루려고 하였다. 하지만 이것은 정치와 종교의 분리를 주장하는 미국 기독교의 흐름 때문에 성사를 이루지 못했다. 이런 가운데 3·1운동이 일어났지만 선교사들은 중립을 내세워 한국의 독립에 적극적이지 않았다.[46] 이승만은 선교사들의 이런 태도를 그들이 한국에서 사업을 유지하기 위한 방법으로 삼았고, 이를 통해 그들의 선교사업이 지속되는 것이라고 생각했다. "년래로 한국에 선교사들이 일본세력에 끌려서 그 명령을 순종하며, 선교사업을 주장한 사람들이 많았으나 미일 전쟁이 시작된 이후로 다 쫓겨나고 말았으매, 지금은 왜적이 한국에 있을 동안에는 선교사업을 다시 착수하지 못할 줄을 자기들도 깨닫게 되었다."[47]

이승만은 선교사들이 한국인들과 합작하여 임시정부를 도와 독립운동을 해야 한국선교를 재개할 수 있다고 믿었고, 이를 위해 유력한 단체를 형성하여 임시정부의 승인을 위해 노력해야 한다고 생각했다. 그는 전쟁 중인 당시뿐만이 아니라 전쟁이 끝난 다음에라도 한국이 부당한 대우를 받아 억울한 일이 생길 때 이 단체가 나서서 도와줄 것을 기대했다.

> 이승만은 선교사들이 한국인들과 합작하여 임시정부를 도와 독립운동을 해야 한국선교를 재개할 수 있다고 믿었고, 이를 위해 유력한 단체를 형성하여 임시정부의 승인을 위해서 노력해야 한다고 생각했다.

이승만은 이 단체가 애비슨의 노력으로 시작되었으나, 회장은 미국사회의 저명인사이자 아메리칸 대학교 총장인 더글라스(Paul Douglas)이고, 서기는 애비슨이라고 밝혔다. 워싱턴에 총본부를 두고 각 지역에 지부를 설치하고 있으며, 현재 회원을 모집하고 있는데 회비는 정해진 액수는 없이 1원 이상을 내면 된다고 했다. 이승만은 이 단체가 사실 한미협회와 같은 성격을 가지지만 많은 기독교인들이 한미협회를 정치적인 단체로 보아 참여하기를 꺼렸기 때문에 더 많은 기독교인들이 모여 한국의 독립운동을 도울 수 있도록 하기 위해서 이런 모임을 만들었다고 설명했다. 여기서 말하는 기독교인에는 천주교인도 포함된다고 밝혀, 개신교와 천주교 모두 포함하는 조직을 지향했다는 사실을 알 수 있다.[48]

이미 위에서 언급한 것처럼 이승만은 한국에서 활동하는 선교사들이 독립운동에 적극적으로 도와주지 않았던 것에 대해 서운한 생각을 갖고 있었다. 하지만 현실적으로 기독교인들을 제외하고는 한국을 아는 사람들이 없었기에 기독교인들과 협력하지 않을 수 없었다.[49]

> 미국인 중 한국과 직접 관계가 있는 곳은 다만 기독교회뿐인 고로 한국 이름이라도 아는 자가 거의 기독교인들이라. 각 교회에서 선교사들을 보내어 교회와 학교와 병원 등 모든 자선사업을 세우고, 각처 교인에게 연보를 거두어 사업을 계속하였던 것이 일시에 왜놈에게 몰수히 빼앗기고 말았으니 이 사람들의 왜적에 대한 감정이 자연히 우리와 같을 것이다. 그러므로 한미협회와 협동하여 정치, 종교 양방면으로 나누어 대단결을 이루는 중이니……

이런 가운데 7월 서재필이 애비슨에게 기독교인친한회의 활동을 적극적으로 지지하는 내용의 편지와 함께 50불의 후원금을 보내왔다. 당시 서재필은 어려운 삶을 살아가고 있었다. 그러나 그는 기독교인친한회가 참으로 칭찬받을 만한 일을 한다고 말하면서, 앞으로 이 단체가 더욱 큰 일을 하고, 자신은 더 많은 후원을 할 수 있기를 기대한다고 말했다.[50]

서재필은 이 편지를 통해 현재 벌어지고 있는 악과 품위 있는 세력 사이의 거대한 싸움의 본질을 아무도 이해하지 못하고 있으며, 현재 국제연합, 특히 영어권의 지도자들이 아시아의 문제를 다룰 때 기독교의 원칙을 무시하고 정치적인 이익만을 생각한 채 전후질서를 계획하고 있다고 비판했다. 그는 이런 잘못된 정책이 다시금 전 세계에 피비린내 나는 전쟁을 가져와, 결국에는 자신들이 만들어 놓은 모든 것을 붕괴시킬 것이라고 말했다. 나아가 이런 상황을 피하고, 평화를 가져올 수 있는 유일한 길은 기독교적인 원칙으로 돌아가서 생각하고 행동하는 것이라고 설파했다.[51]

또한 서재필은 한국이 적절한 훈련을 받는다면 앞으로 아시아 선교를 위해 귀하게 쓰임 받을 나라가 될 것이라고 믿는다고 밝혔다. 이것을 위해서 기독교인친한회가 매우 중요한 일을 할 수 있을 것인데, 이 단체가 한국을 영육 간에 새롭게 만들고, 미국과 기독교의 공동의 적인 일본과 싸우는 데 귀한 역할을 담당할 것이라고 말했다. 서재필은 '기독교 한국(Christian Korea)'이 동아시아 선교의 중심이 되고, 군국주의적인 야만주의를 다시는 일어나지 못하게 만드는 요새가 될 것이라고 주장했다. 일본은 한국을 무력으로 정복하려고 했지만 실패했으며, 오히려 미국의 기독교인들은 그리스도의 사랑과 하나님의 정의를 가지고 한국인의 마음을 얻어야 한다는 것이었다.[52]

4. 기독교인친한회에 대한 반대와 애비슨의 답변

그러나 기독교인친한회의 활동에 상당한 반대가 있었다. 일부 선교사들과 선교부 총무들이 미국으로 하여금 한국의 즉각적인 독립을 선언하지 못하게 하는 것이었다. 이들은 선교사와 선교부 사역이 정치적인 활동과 거리를 두어야 한다고 주장했는데, 이들에게 주어진 자금이 종교적인 목적을 위하여 주어졌기 때문에 선교자금을 후원 받는 모든 선교사들은 그들의 활동을 복음을 전하고, 교회를 조직하고, 자선활동을 하는 것으로 제한해야 한다는 것이었다. 그러므로 특정한 정부를 세우거나 반대하는 일에 참여하는 것은 그들의 영역을 넘어선다는 것이었다.[53]

이러한 반대에 대하여 애비슨은 다음과 같이 답변하였다. "그러나 과연 이것이 바른 태도인가? 선교사들이 그들의 종교활동을 수행하기 위하여 필요한 조건은 무엇인가? 그것은 세 가지 자유가 아닌가? 첫째, 순수한 복음을 전할 수 있는 자유, 둘째, 종교적이든 과학적이든 정치적이든 간에 진리를 가르칠 수 있는 자유, 셋째, 다른 사람의 간섭 없이 자선의 행위를 할 수 있는 자유이다." 선교사들은 선교의 시작부터 오랫동안 이 자유를 가졌다. 그러나 일본은 한국에서 외국인의 재산을 빼앗고, 예배와 교육과 자유시민의 권리를 위한 자유를 파괴해 버렸다. 지금 한국에서는 천황을 신으로 섬기는 신사참배 없이는 교회에서 하나님께 예배드릴 수 없고, 우상숭배를 포함하는 교육을 하지 않으면 학교에서 기독교교육이 허용되지 않으며, 병원에서조차 신사를 세워놓고 매일 천황에게 예배를 드려야 한다고 주장했다.[54]

가장 정치적인 행위에 대해서 머뭇거리는 선교사들도 이 같은 사실을 인지하고 있었다. 또한 이들도 일본이 한국을 지배하는 한 선교는 허락되지 않으며, 선교를 하려면 일본경찰의 지도를 따라 의식이 아니라 신성을 인정한다는 의미에서 천황의 초상 앞에 머리를 숙여야 한다는 것을 알고 있었다. 그러나 모든 선교사들은 이런 것을 인정할 수 없기 때문에, 실질적으로는 한국 땅에 선교할 수 있는 장소는 없었다. 많은 선교사들은 한국의 독립을 위해서 아무런 도움을 주지 않으면서도 매일 일본이 망하고, 한국이 독립하기를 기도했다. 그러나 선교사들은 그들의 도움이 없이 한국이 독립되었을 때 앞으로 어떤 일이 일어날지 생각해 보아야 했다.[55]

애비슨은 묻는다. "그런 선교사들은 한국이 독립되었을 때 환영받으면서 한국으로 돌아갈 수 있다고 생각하는가? 그런 선교사들은 한국의 지도자들이 선교사들의 이런 태도와 선교활동을 파괴했던 일본의 지배에서 벗어나려는 한국인들을 돕는 것을 거부했다는 것을 모른다고 생각하는가? 한국의 지도자들은 확실히 이것을 알고 있으며, 선교사들이 자신들의 선생으로 돌아오는 것을 허락하지 않을 것이다."[56]

애비슨은 선교부에게도 물었다. "한국이 독립한 후에도 선교부는 자신들이 원하는 사람들을 파송할 수 있을 것이라고 생각하는가?" 애비슨은 그렇지 않다고 대답한다. "한국의 지도자들은 누가 자신들이 강도를 만났을 때 도와주었으며, 누가 바리새인과 서기관들처럼 지나쳤는가를 잘 알고 있다. 그들은 한국의 독립에 동정적이며 실질적으로 돕는 이들을 찾고 있다. 현재 미국 내에는 한국의 영적 발전과 민족적 안보를 방해하는 세력이 있으며, 이것을 제거해야 한다. 한국의 지도자들이 요구하는 것이 바로 이것이다. 그러면 한국인들이 선교사들에게 원하는 것은 무엇인가? 그것은 연합국이 전쟁에서 승리하기 위해 동유럽의 여러국가에 여러국가에서 한 것처럼 미국이 중경의 임시정부를 인정하고, 워싱턴에 있는 그 대표를 인준해 현재 일어나고 있는 수많은 일들을 처리하도록 돕는 것이다.[57]

한국의 지도자들은 연합군에게 한국을 위해서 싸워 줄 것을 요청하지 않는다. 오히려 그들은 현재 중국에서 싸우고 있는 35,000명의 독립군에다

300,000명의 한국인을 추가적으로 지원하겠다는 것이다. 이들이 무기와 군수품, 그리고 적절한 훈련을 받기만 한다면 한반도 내에서 봉기를 일으킬 것이고, 결국 일본군을 몰아내고 일본 본토에 상륙할 수 있을 것이다. 이것은 연합군으로 하여금 일본에 상륙하는 데 필요한 수많은 인력과 장비를 절감해 줄 것이다."[58]

애비슨은 마지막으로 한국인에 대해서 이렇게 설명하고 있다. "한국인은 중국인도 일본인도 아니며, 어쩌면 워싱턴에 있는 스미소니언의 한 인류학자가 설명한 것처럼 백인과 중국인이나 몽골인의 혼합인종(a blending of a race and races of white people with the Mongolians and Chinese)일지도 모른다." 애비슨은 한국민족이 우수한 민족이라고 주장하는 것이다. 애비슨은 이렇게 선교사, 선교부, 미국과 캐나다의 기독교인, 그리고 평화를 사랑하는 모든 사람들에게 한국에 대한 일본의 야만적인 강간을 종식시키는 데 동참할 것을 요청했다.[59]

그러나 애비슨의 호소에도 불구하고 미국 기독교의 도움은 제대로 이루어지지 않았다. 원래 기독교인친한회는 주미외교위원부와 같은 사무실을 사용했으나 1944년 2월 즈음 약간의 재정적인 지원이 있어서 기독교인친한회를 분리해서 운영할 계획을 가졌고, 3월에는 애비슨의 비서였던 프라이(Gwendolyn R. Fry) 여사를 그곳에 파송하였다. 이승만의 1944년 4월 21일자 일기에는 당시 기독교인친한회는 사무실의 임대료 135불은 마련했으나 프라이의 월급 168불을 기독교인친한회가 지불할 수 없어서 주미위원부가 지불해야 한다고 기록되어 있다.[60]

이승만과 대립적인 상황에 있던 재미한족연합회의 한시대는 김구에게 보내는 편지에서 이렇게 말했다. "이승만 박사를 후원하는 두 번째 단체는 그가 조직한 '기독교인친한회'입니다. ……기독교인친한회는 이미 명칭에서도 알 수 있듯이 전직선교사들이 회원인 집단입니다. 그러나 불행히도 기독교인친한회에서 외교적으로 능력이 있는 선교사들을 찾아볼 수가 없습니다."[61]

5. 1944년 국치일 기념행사와 기독교인친한회

1944년 8월 29일, 소위 국치일을 맞이하여 뉴욕의 아스토리아에 있는 울도프호텔에서 한미협회와 뉴욕의 한인회가 다시 독립의지를 강조하는 만찬행사를 가졌다. 이 모임에 앞서 8월 25일 기독교인친한회는 루즈벨트 대통령에게 편지해서 격려의 메시지를 보내 달라고 요청하였다. 이 편지에서 더글라스는 이 날을 일본이 무력으로 평화로운 이웃나라를 침략한 첫 번째 사례로 꼽으며, 일본의 침략상을 온 세계에 드러낸 중요한 날이 될 것이라고 말했다. 따라서 루즈벨트 대통령이 나라를 빼앗기고 독립을 위해 투쟁하는 한국인들에게 격려의 메시지를 보내줄 것을 요청하였다.[62] 사실 이 모임을 주관한 것은 한미협회이지만 당시 미국무부와 한미협회가 상당히 껄끄러운 관계였기 때문에 이승만은 한미협회 대신 기독교인친한회를 통해 루즈벨트 대통령에게 도움을 요청한 것으로 보인다.

이 문서를 접수한 대통령비서실은 기념행사에 보내게 될 메시지 등 적절한 조치를 취해줄 것을 국무부에 명령하였다. 여기에 대해서 국무부 극동국장 디커버(Erie R. Dickover)는 자신들이 격려의 메시지를 작성할 충분한 시간을 갖지 못했던 것을 유감이라 밝히며 이미 2주 전 미국 대통령이 퓨젯 사운드(Puget Sound) 해군 기지창에서 "반세기 전에 일본에 의해 유린당한 오랜 역사를 가진 한민족은 일본의 노예화를 이전부터 원하지 않았고, 앞으로도 원하지 않을 것"이라고 밝혔다는 사실을 확인시켜 주었다.[63] 비록 루즈벨트로부터 직접적인 격려사는 받지 못했지만 미국과 한국은 다 같이 일본이라는 공동의 적과 싸우고 있다는 점을 확인했다.

이 모임이 있기 전 오후 2시, 뉴욕시장 라쿠아디아(LaQuardia)는 이승만 일행을 초청하여 면담을 하였는데, 라쿠아디아는 이승만 일행을 국빈에 준하는 예우를 갖추어서 정중하게 대하였고 이는 많은 한인들에게 큰 격려가 되었다. 이승만은 라쿠아디아가 자유를 위해 싸운 군인이었다는 점을 언급하면서 한국인들의 독립의지를 이해해 준 것에 대해서 깊은 감사를 표했다.[64]

III. 기독교인친한회와 미국 의회를 통한 임시정부 승인 운동

1. 이승만과 기독교인친한회 이전의 기독교를 통한 외교

기독교인친한회의 가장 중요한 목적은 각종 청원서를 통해 미국으로부터 대한민국임시정부를 승인받는 것이었다. 이승만은 기독교인친한회를 만들기 이전부터 미국의 기독교인들과 한국인을 통하여 미국의회에 여론을 일으켜 국무부에 압력을 행사하는 방법을 사용하여 왔다. 우선 태평양전쟁 발발 직후에 이승만은 먼저 자신이 평소에 알고 있던 에드워드 전킨(Edward Junkin) 목사와 접촉하여, 이 지역의 하원의원으로서 영향력이 있는 패디스(Charles I. Faddis)를 만나 협조를 부탁하였다. 이승만의 부탁을 들은 패디스는 곧바로 국무장관 헐(Cordel Hull)에게 편지를 보내서 일본과 전쟁이 시작된 이 시점에 한국임시정부를 승인하는 것은 미국이나 한국에 다같이 유익이 되는 행동이라는 견해를 밝혔다.[65] 하지만 헐은 여기에 대해서 사려 깊은 연구와 미국의 국익을 위해서 바른 판단을 하겠다는 형식적인 답변을 했을 뿐이었다.[66]

기독교인친한회의 가장 중요한 목적은 각종 청원서를 통해 미국으로부터 대한민국임시정부를 승인받는 것이었다. 이승만은 기독교인친한회를 만들기 이전부터 미국의 기독교인들과 한국인을 통하여 미국의회에 여론을 일으켜 국무부에 압력을 행사하는 방법을 사용하여 왔다.

또 하나의 도움은 하와이의 하원의원인 킹(Samuel W. King)으로부터 왔다. 1942년 1월 19일 킹은 국무장관 헐에게 보낸 서한에서 자기 구역에 한인 6,761명 살고 있는데 이들은 여러 차례 한국문제에 대해서 개입해 줄 것을 요청하였다고 언급하면서 태평양전쟁의 발발로 한국인들이 일본인으로 간주되어 어려움을 겪고 있음을 전했다. 그리고 자신은 이 문제를 두고 이승만과 토의했지만 문제 해결을 위한 행정적인 절차보다 한국을 독립정부로 인정하는 것이며 궁극적인 해결책이며, 동시에 그것이 가장 중요한 일이라고 설명했다. 또한 이는 단순히 미국에 있는 한국인들의 문제일 뿐만 아니라 한반도에 사는 2,300만의 한국인들에게 희망을 주는 것이고, 일본과 전쟁을 하고 있는 미국에도 큰 유익이 될 것이라고 했다. 따라서 한국인들을 일본인과 구분하는 행정적인 조치와 더불어 임시정부를 망명정부의 하나로 인정하는 문제를 심각하게 고려해 달라고 요청하였다.[67]

같은 해 2월, 로스앤젤레스에서 보험회사를 운영하는 티벳(Frank P. Tibbetts)은 미국의 한국인 국방위원회(National Defence Committee)의 책임자인 송씨와 대화를 나누는 가운데 한국에는 2,300만의 사람들이 살고 있으며, 이들이 일본과 싸울 준비가 되어 있다는 말을 듣고, 이것은 일본을 향하는 비수가 될 수 있다고 생각해서 미 국무장관 헐과 자기 구역의 하원인 웰치

(Richard J. Welch)에게 서신을 보냈다.[68] 티벳은 이런 상황에서 왜 미국이 한국의 임시정부를 인정하지 않는 것인지 물었다. 웰치는 티벳의 서신을 국무장관 헐에게 보냈고, 국무부는 티벳에게 자신들이 이 문제를 잘 알고 있으며, 적절한 고려를 하게 될 것이라는 형식적인 답변을 보냈다.

이런 상황에서 가능한 방법은 여론을 동원해서 계속 임시정부의 승인을 요구하는 것이었다. 1942년 4월 10일, 필라델피아에 있는 제 10장로교회의 담임목사 반하우스(Donald Grey Barnhouse)는 자신과 개인적으로 친분이 있는 미국무부 차관보인 벌에게 편지를 보냈다. 자신은 1934년과 이듬해 아시아 여러 국가들을 방문할 때 한국에도 들러 수백 명의 목사들이 모인 장소에서 연설을 하였고, 그때 기독교인과 비 기독교인을 포함하여 많은 지도층 인사들을 만났다는 사실을 언급하면서, 공산주의자들은 한국인 대부분의 의사를 대변하지 못하며, 따라서 임시정부의 승인이 좋은 결과를 가져올 것이라는 자신의 견해를 밝혔다.[69]

이러한 가운데 기독교인들을 중심으로 이승만과 임시정부를 지지하는 운동이 강화되었다. 1942년 7월 8일, 한국 장로교회의 아버지라고 불리는 사무엘 마펫의 아들 하워드 마펫(Howard F. Moffett)은 미 국무장관에게 편지를 보냈다. 자기는 18년 동안 아시아에서 살고 한국을 잘 아는 사람으로서 이승만에 의해 인도되는 임시정부를 인정해 달라고 요청하면서, 자신은 이승만을 신뢰하고, 이것은 한국을 위한 것만이 아니라 극동에서 미국의 위치를 강화하게 될 것이라고 밝혔다.[70] 또한 뉴저지에 있는 포레스트 힐 장로교회의 담임목사인 힉콕(Paul R. Hickok)은 자신을 미국이 중국, 한국과 맺는 관계에 대해서 깊은 관심이 있는 사람으로 소개하며, 한국이 수십 년 동안 일본의 폭정에 시달렸다고 지적하였다. 따라서 한국은 많은 격려가 필요하다고 주장하면서 이를 위해

미국은 보다 분명한 행동을 취해야 한다고 말하였다.[71]

한미협회는 한국에 살던 미국인들로부터 수집한 증언을 관계 요로에 보냈다. 그들 증언의 핵심은 한국인들 절대 다수가 이승만과 임시정부를 지지하고 있다는 것이었다. 한미협회는 그들의 친구나 친척들이 당시 한국에 살고 있기 때문에 이름을 공개적으로 밝힐 수는 없지만 자신들은 한미협회 사무실에 그들의 명단을 갖고 있다고 부언하였다. 그들 중

> 한미협회는 한국에 살던 미국인들로부터 수집한 증언을 관계 요로에 보냈다. 그들 증언의 핵심은 한국인들 절대 다수가 이승만과 임시정부를 지지하고 있다는 것이었다.

몇 사례를 들면 한국에서 30년을 살았다는 한 미국인은 자신이 한국에서 한국의 독립을 위해 임시정부 외 다른 단체에 대해서는 들어본 적이 없다고 증언했고, 41년을 산 어떤 미국인은 많은 한국인들이 한국이 독립하는 날, 이승만이 자연스럽게 한국의 지도자가 될 것이라고 말했다고 전했다. 34년을 살았다는 또 다른 미국인은 임시정부가 한국 독립운동의 중심일 뿐더러 대부분의 한국인들은 임시정부가 지향하는 자유 민주주의적인 정부 형태를 지지한다고 주장했으며, 30년 동안 한국에 거주한 한 미국인은 한국인의 10분의 9가 이승만을 지지한다고 말했다. 30년 이상을 거주한 또 다른 사람은, 한국인들은 이승만이 대한민국의 초대대통령이 되어야 한다고 스스럼없이 자신들의 의견을 말했다고 주장했다. 한미협회는 이런 주장들을 종합하여 한국사회에서는 한길수를 제외하고 임시정부와 이승만을 반대하는 단체는 없다고 결론지었다.[72]

2. 이승만과 기독교인친한회의 의회를 통한 임시정부 승인운동

사실 이승만은 일본의 진주만 공격 이후 곧바로 의회를 통해 국무부를 압박하기 시작하였다. 국무부가 임정승인에 소극적인 것을 안 이승만은 의회를 통하여 국무부에 압력을 넣기 시작하였다. 이승만은 미국 각지의 기독교인들에게 연락하여 자신의 구역 하원의원이나 상원의원에게 편지를 써서 임정의 승인을 주장하고, 그들로 하여금 국무부에 압력을 넣도록 했다. 하지만 국무부의 반응은 냉담하였다. 이런 상황에서 미국 하원의원인 미시간의 오브라인(George O'brien)은 임정승인 안건을 제출하였다. 그러나 당시 미주외교위원부에서는 아직 때가 이르다고 생각하여 오브라인에게 이 안건을 유안해 달라고 요청하였다.[73]

이승만과 주미외교위원부에서는 1943년 3·1절을 기하여 보다 본격적으로 미국의회를 통한 임정승인 활동을 전개하려고 준비하였다. 이 운동은 주미외교위원부, 한미협회, 그리고 기독교인친한회가 공동으로 추진하였다. 주미외교위원부는 한국인들을, 한미협회는 미국친구들을, 기독교인친한회는 미국의 기독교인들을 상대로 캠페인을 벌였다. 주미외교위원부는 미국의회, 특히 상원에서 이 문제가 본격적으로 추진되고 있는 상황이므로 미국의 상하원들에게 편지를 쓸 것을 교민들에게 요청했다.[74]

이들이 보내야 할 하원의원 명단에는 미네소타 주의 저드(Walter H. Judd), 워싱턴 D.C.의 해링턴(J. R. Harrington), 상원의원은 코날리(Tom Connally), 유타주의 토마스(Elbert D. Thomas), 킬고아(Harley M. Kilgore) 등이 포함되어 있었다. 그 중에서 저드는 오랜 기간 중국에서 의료선교사로 있으면서 반공적, 친 장개석 입장을 갖고 있었고, 코날리는 상원 외교위원장, 토마스는 오랫동안 일본에서 활동한 몰몬 선교사 출신이었다.[75] 이것을 통해 이승만이 동양을 잘 아는 선교사 출신의 정치가들과 친분을 갖고 활동했음을 알 수 있다.

편지의 샘플에서 한국은 일본에 의한 첫 번째 희생자로 임진왜란 때 일본과 싸워 이겼으며, 지난 30년간 일본과 투쟁해오고 있는 나라로 소개되었다. 더불어 대한민국임시정부는 세계에서 가장 오랜 역사를 가진 망명정부이며, 한국인들은 민주주의를 위해서 싸우고 있고, 임정을 승인하며, 무기를 대여해 준다면 자신의 몫을 감당할 수 있을 것이라는 내용이 들어있었다.[76)]

편지쓰기 캠페인을 가장 먼저 시작한 것은 기독교인친한회였던 것 같다. 기독교인친한회는 더글라스 회장의 이름으로 2월 9일 회원들에게 편지를 보내 한국을 위해서 자신과 관련 있는 상원과 하원의원들에게 편지 쓸 것을 요청하였다. 아마도 기독교인친한회가 조직된 후 처음으로 쓰인 이 문서에서 "한국의 기독교는 일본의 새로운 침략에 의해서 사라져버렸다."라고 언급하면서 한국에 있는 모든 선교사들은 한국에서 철수하도록 강요당하였고, 기독교가 극동의 이 지역에서 존재하려면 한국이 자유를 얻어야 한다고 주장하였다. 3·1절은 한국인들이 자유를 얻기 위해서 투쟁하는 날이고, 미국에서 그 일을 위해 노력하는 사람은 이승만이며, 동양이 기독교화 되기 위해서는 자유 한국이 필요하고, 자유 한국을 이룩하려면 임정이 인정받아야 하는데, 이를 위해 미국의 여론이 도와주어야 한다는 내용을 담아 의회에 편지를 보낼 것을 요청한 것이다.[77)]

이런 기독교인친한회의 활동은 곧이어 구체화되기 시작했다. 기독교인친한회의 회원으로 한국을 위해서 열심히 노력했던 피치부인은 편지를 보내는 일이 1910년 일본의 범죄에 침묵하여 한국을 홀대한 것에 대한 미국의 명예를 회복하는 것이라 생각하고 기독교인친한회가 요구하는 대로 두 명의 상원과 두 명의 하원에게 편지를 보냈다.[78)]

이승만과 그의 친구들은 1943년 3·1절을 맞이하여 한국의 독립과 임정승인을 위해 많은 노력을 하였다. 특별히 이들은 언론을 통하여 한국을 알리기에 힘썼다. 먼저 피치부인은 『뉴욕 타임즈』에 '한국의 독립일'이라는 제목의 컬럼을 기고하였다. 여기에서 그녀는 대부분의 미국인은 일본이 갑자기 진주만을 공격한 것 같지만 사실 일본의 잔학상은 임진왜란 때로 거슬러 올라가며, 한국인들은 이런 일본인들의 실상을 가장 잘 알기 때문에 미국이 일본과 싸울 때 많은 도움이 될 것이라고 주장하였다.[79] 아울러 주미외교위원부가 고용했던 올리버도 『워싱턴 포스트』에 한국의 독립을 지지하는 장문의 글을 기고하였다.

주기철 목사와 함께 신사참배에 반대하다가 주 목사가 투옥된 다음 산정현교회를 맡아서 사역한 장로교선교사 베른하이젤은 1943년 3월, 자신이 거주하는 인디아나의 하원의원인 루들로(Louise Ludlow)에게 편지를 보내 미국은 거중조정이라는 국제규약을 위반하고 일본이 한국을 병합하는 것을 묵인했는데, 이것은 미국의 수치이며 이제 이것을 바로잡을 기회가 왔다고 하면서, 중경의 임시정부를 인정해야 한다고 주장하였다.[80]

편지를 받은 루들로는 국무장관 헐에게 이 편지를 보내면서 자세히 읽어본 후 적절한 의견을 말해 줄 것을 요청하였다.[81] 이에 대해 헐은 한국임시정부의 승인문제는 한국에 관련 있는 다른 나라들과 관련된 문제이므로 간단히 처리할 수 없다고 말하면서 동시에 한국의 독립문제는 대서양헌장, 유엔의 선언 등을 종합해 미국이 분명하게 추구하는 방향이라고 말했다. 미국은 주축국에 의해서 고통 받고 있는 나라들과 연합해 파시스트들과 전쟁하기를 원한다고 말하면서 이 편지 속에 언급되고 있는 군사문제는 국무부와는 다른 차원의 것이라고 말했다.[82]

기독교인친한회의 이 같은 활동은 미군 정보당국의 주목을 받고 있었다. 오랫동안 한국의 경신학교 교장으로 있다가 일제 말에 스파이로 몰려 고생했던 쿤스(Edwin W. Koons)는 1942년 8월 미국으로 돌아와서 전시정보국(the Office of War Information)에 고용되어 이 조직의 산하 기관인 미국의 소리(Voice of America)에서 일하고 있었다.[83] 쿤스는 1943년 1월 초 이승만을 만나 깊은 대화를 나누었으나[84] 의견 일치를 보지 못했다. 그는 "한국의 복지와 독립을 진심으로 걱정했던 우리 두 사람이 함께 일할 수 없다는 것은 참으로 불행한 일입니다."라고 기록했다. 그러나 그는 서로 배치되지 않고 함께 일할 수 있는 가능성이 있다고 말했다. 쿤스는 이어서 기독교인친한회의 상황에 대해서 알려주길 바란다고 하면서, 회원 수, 총 기금, 월간 기부액 등의 정보를 요청하며 그 정보는 전시정보국의 업무만을 위해서 사용될 것이라고 말했다. 그는 마지막으로 "귀하의 선의에 무한한 존경을 가지고 있습니다. 귀하도 우리의 그런 헌신을 존중해주었으면 좋겠습니다."라고 글을 매듭지었다.[85] 여기에 대해서 이승만도 "우리가 대의를 위해서 일하는 한, 우리가 함께 할 수 없는 일이 있을 수 없다."라고 화답하였다.[86]

이 같은 임정승인을 위한 노력은 상당한 결과를 낸 것 같다. 주미외교위원부 통신은 의회 의원들에게 편지하라고 하는 한국인과 미국인들의 요청이 받아들여져서 상당한 전보와 편지가 접수되었고, 여기에 힘입어 1943년 3월 31일 미국 연방의회의 하원에서 미시간의 오부라이언의 제안으로 하원 합동 결의안

(H. J. 109호)이 제출되었다. 결의안의 내용은 이렇다.[87]

> 공동결의안
> 북미합중국 정부가 대한민국임시정부를 승인할 공동결의안
> 북미합중국 정부가 대한민국 임시정부를 승인하기를 북미합중국 의회에 회집한 상하의원이 이를 결의함.

바로 다음 날인 4월 1일, 하원 외교위원장 불룸(Sel Bloom)은 곧바로 국무장관 헐에게 이 결의안을 보내면서 여기에 대한 의견을 구했다. 헐은 다음과 같은 의견을 보냈다.[88]

> 이 결의안의 의회 통과는 현 시점에서 어떤 효과적인 목적에도 들어맞지 않으며, 이러한 결의안이나 그 밖의 결의안이 의회에서 통과되는 것은 본국이 외교관계를 운영하는 데 있어 혼선, 왜곡, 그리고 당혹감을 안겨줄 수밖에 없다는 것이 본인의 의견이며, 귀하가 여기에 동의하리라고 생각합니다.

상원에서 이 문제를 주도한 사람은 위스콘신의 와일리(Alezander Wiley)였다. 그는 4월 21일 미국무부 차관보 벌(A. A. Berle, Jr.)에게 전화를 걸어 이 문제에 대한 국무부의 의견을 물었다. 벌은 이런 와일리의 행동이 이승만의 사주에 의한 것이라고 생각했다. 벌은 와일리에게 한국의 독립은 지지하지만 아직 한국의 어느 그룹도 인정할 수 없다고 말하면서 현재 미국의 두 그룹과 중경의 한 그룹이 서로 자신들의 정당성을 주장하고 있다고 말했다. 한국문제는 중국

과 밀접하게 관련되어 있기에, 그들과 상의하지 않고선 이 문제에 답할 수 없다고 말했다. 여기에 대해 와일리가 한국은 분명히 독립되어야 하고, 언젠가는 한국임시정부가 인정받아야 한다는 주장에 대한 의견을 묻자, 벌은 그런 성명은 해롭지 않다고 답했다.[89]

바로 다음 날인 4월 22일, 와일리는 하원에 제출된 결의안을 다시 상원 합동 결의안(S. J. 49호)으로 제안하였다. 주미외교위원부는 와일리가 결의안을 제안하면서 미국 상원에서 한 연설을 전문 번역 게재하였다. 이 연설에서 와일리는 일본과의 전쟁에서 승리에 필요한 일이라면 주저없이 행해야 한다고 주장하며 한국의 독립군은 이미 10년 전부터 일본군과 싸운 경험을 갖고 있고, 그 중심은 중국 중경에 있는 임시정부라고 말했다. 또한 한국은 이미 오래 전 이순신 장군을 통해 일본과 싸워 이겼고, 그 결과 350년 동안의 평화를 가져왔으며 만일 한국이 독립 되면 일본이 다시는 야만적인 행동을 하지 못하게 될 것이라고 주장했다.[90]

이렇게 미국의 상하의회에 대한민국 임시정부 승인을 위한 공동결의문이 제출되었다. 이는 한국의 독립운동을 위해 매우 중요한 일이었으므로 이 결의안 통과를 위해서 전력 질주해야 했다. 이 일을 진행하는 데 있어 기독교인친한회는 매우 적극적인 행동을 취하였다.

5월 초, 기독교인친한회는 더글라스의 이름으로 회원들에게 편지를 보냈는데, 수신은 "사랑하는 세계 기독교의 친구"로 되어 있었다. 이 편지는 미국 상하의원에 임시정부 승인을 위한 결의안이 제출되어 있고, 만일 이 결의안이 통과되면 첫째, 연합군의 전쟁에 2,300만 한국인들의 적극적인 참여를 가져올 수 있고, 둘째, 자유를 추구하는 한국인들을 격려할 수 있으며, 셋째, 한국의 기독교인들로 하여금 미국의 기독교인들과 그들이 연합되어 있다는 확신을 줄 수 있을 것이라는 내용이 담겨 있었다. 아울러 워싱턴에 있는 임시정부의 공식적인 대표는 기독교신자이자 정치가인 이승만 박사로, 그는 모든 선교사에게 사랑받고 있다고 말하여 친 이승만인 입장을 분명하게 밝혔다.

더글라스는 이 일을 추진하기 위해 우선 상원 외교관계위원장인 코날리와 그 위원회 멤버들에게 전보를 보내거나 편지를 써서 결의안 49호를 입법할 수 있도록 하고, 다른 사람들에게도 같이 행동할 수 있도록 권유하라고 전했다. 마지막으로 이 운동은 최고의 노력을 요구하며 "자유로운 아시아는 바로 지금 크리스천의 행동에 달려있다."라는 말로 매듭을 지었다.[91]

이런 가운데 1891년 한국에 와서 오래 활동한 베어드의 두 자녀인 베어드 남매(Wm. M. Baird Jr.와 Anna R. Baird)가 5월 29일, 델라웨어의 상원의원 턴널(James M. Tunnell)에게 제출된 S. J. 결의안 49호를 빨리 입법시켜 줄 것을 강력하게 요청했다. 그들은 인생의 대부분을 한국에서 보낸 미국시민으로서 일본의 불법성을 어려서부터 인식했는데, 다른 사람들은 이제야 알게 되었다며 결의안 채택을 요구했다. 턴널은 이 편지를 국무장관 헐에게 보내서 의견을 구했는데, 헐의 대답은 이전 루들로에게 보낸 답장과 같은 내용이었다.[92]

다른 한편, 중경에 있는 임시정부도 미국의 상하 양원에서 한국을 승인하라는 공동결의안이 제출된 것에 대해 크게 고무되었다. 1943년 5월 11일, 중경의 임시정부는 이승만에게 전보를 보내 임시정부를 대신하여 이 문제를 제기한 저드와 오브라이언에게 감사의 뜻을 전하고, 상하 양원의 외교위원장인 코날리와 불룸에게 임시정부를 인정하는 것은 과거 한미관계의 우호관계를 지속하고, 태평양전쟁의 승리를 위한 것임을 주지시킬 것을 지시하였다.[93]

이승만은 임시정부 승인에 더욱 많은 노력을 기울였다. 그는 이 일이 한국인의 친구인 미국인과 상하의원들의 노력이 덕분이며, 이 결의안에 대한 청문회가 속히 진행될 수 있도록 한국인들도 양원의 외교위원장에게 편지와 전보를 보내달라고 요청했다. 뿐만 아니라 자신들이 아는 미국인들에게도 같은 내용의 편지나 전보를 양원 위원장에게 보내 줄 것을 요청했다.[94]

이 같은 한국인들의 노력으로 많은 미국인들이 여기에 동참하였다. 과거 한국선교사였고, 미국 정부의 텍사스 케네디(Kennedy, Texas)에 있는 외국인 수용소에서 통역과 번역관으로 고용되어 있는 젊은 한국인 목사 박윤병(Yon Pyung Pak, 미국명 Phillip Park)의 요청으로 그 지역 미국 주민과 교회들이 임시정부 승인운동에 참여하였다.[95] 박윤병은 텍사스 케네디 지역의 자영업자들과 제일침례교회에 요청하여 지역의 하원의원인 클레버그(Richard Kleberg)에게 임시정부의 승인을 위하여 편지 쓸 것을 독려했다.[96] 또한 그 지역의 주민들은 같은 지역의 상원의원인 오 다니엘(W. E. O'Daniel)에게 다시 같은 내용의 편지를 보내 임정의 승인을 요청하고, 그 지역의 감리교회도 참여했다. 그 지역의 감리교목사는 집단 수용소에서 일하는 한국의 젊은 목사로부터 한국은 연합국의 일원이 되기를 원한다는 말을 들었다면서 이들의 갈망을 들어줄 것을 요청했다.[97]

그 지역의 주민으로 위와 같은 청원에 참여했던 변호사 슈네만(H. H. Schuneman)은 텍사스 지역의 또 다른 하원의원인 버크워쓰(Lindley Beckworth)에게 편지를 썼다. 이 편지에서 전에는 한국에 대해 전혀 알지 못했지만 박윤병을 통해서 한국을 알게 되었으며, 이 문제에 대한 결의안이 제안되었고, 하원의원인 클레버그에게 도움을 요청하는 편지를 보냈다는 사실을 알렸다.[98] 이 모든 편지들은 국무부에 보내졌는데 이것이 상당한 압력이 되었을 것으로 보인다. 바로 이승만이 원하는 것이었다.

이 같은 임정 승인운동에는 하와이에서 활동하던 윤병구 목사도 참여하였다. 태평양전쟁이 발발하자 미주의 많은 한인들은 미군에 자원입대하기 시작하였고, 윤병구의 아들도 미 해군에 입대하게 되었다. 1943년 1월, 윤병구는 로스앤젤레스에서 한족 출정군인친족회를 만들어 사무총장 및 채플린이 되었다.[99] 윤병구는 4월 5일 캘리포니아 상원의원이며, 동시에 태평양문제의 전문가인 존슨(Hiram Johnson)에게 편지를 보내 임정승인을 지지해 줄 것을 요청하였다. 이 편지에서 윤병구는 한국이 이순신을 통하여 일본을 이긴 나라라고 소개하면서 한일합병 이후에 일본이 한국을 얼마나 잔악하게 학대했는지를 설명하고, 상원에서 한국을 위한 챔피온이 되어 줄 것을 부탁했다.[100]

이처럼 주미외교위원부와 기독교인친한회가 임시정부의 승인을 위해서 열심히 노력하는 가운데 미국무부의 강력한 반대의견이 표명되었다. 이승만과 기타 여러 친한 단체들이 임시정부 승인을 위한 노력을 하고 있을 때, 미국무부는 전혀 다른 정책을 계획하고 있었다. 태평양전쟁 발발 후 미국무부는 주한 미국영사관에서 일했던 랭던(William Langdon)을 통해서 한국에 관한 조사를 진행했는데, 그는 한국은 국제적인 이해관계 가운데 있는 나라이므로 매우 조심스럽게 다루어야 하며, 아직 한국은 민주주의를 할 수 있는 상황이 아니기 때문에 상당한 기간 동안 신탁통치가 필요하다는 보고서를 작성하였다. 이 보고서는 국무부 내에서 매우 중요한 역할을 하였다. 그 후 미국은 중국 및 영국과 한국문제를 상의했으며 1943년 3월 말, 루즈벨트는 "한국은 중국, 미국 및 그 외 한두 나라가 참여하는 국제적 신탁통치 아래 둘 것"이라고 언명하였다.[101] 이렇게 1943년은 미국의 신탁통치안이 확립되어가는 과정이었고, 1943년 11월 카이로회담에서 확정되었다.

그러나 미국 의회를 통해 진행되는 임정승인 운동은 국무부가 추진하는 신탁통치와는 전혀 다른 방향이었다. 1943년 4월 22일, 상원에 제출되었던 임정 승인 결의안은 6월 11일에야 미국무부에 전달되었고, 이 결의안을 전달 받은 미 국무장관 헐은 6월 18일에 이미 하원외교위원장에게 같은 안건에 대한 답을 보냈다며 같은 내용의 반대의견을 보냈다.[102]

미 의회의 임시정부 승인 노력은 이 같은 국무부의 반대에 부딪혀 더 이상 진전되지 못했다. 그러나 한국인들과 미국인들은 임시정부 승인을 위한 노력을 포기하지 않았다. 특별히 미국 교회들의 도움이 있었다. 오하이오 토레인의 제일회중교회 담임목사인 루미스(Herbert F. Loomis)는 직접 미국무부에 임정의 승인을 촉구하는 편지를 보냈고, 인디아나 포트 웨인에 있는 제일감리교회에서 교회의 공식위원회(Official Board)에서 상하원에 제출된 임시정부 승인안을 놓고 토론한 결과 지지를 결의하고, 결의안을 지역구 하원의원인 질리(George W. Gillie)에게 보냈다.[103] 그러나 이런 편지는 항상 정중한 감사와 완곡한 거부의 의사와 함께 되돌아왔다. 미국무부의 입장을 변화시키는 것은 요원해보였다.

3. 카이로 선언 이후의 신탁통치 문제와 애슐랜드 승인 운동

1943년 11월, 루즈벨트는 이집트 카이로에서 영국 처칠, 중국 장개석과 함께 한국을 '적절한 시기(in due course)'에 자유와 독립의 나라로 만들겠다고 선언하였다. '적절한 시기'라는 말은 한국에 신탁통치를 한다는 완곡한 표현이었다. 이승만은 이 선언이 자유와 독립을 언급해서 반갑지만, 다른 한편으로는 신탁통치를 핑계로 한국이 국제정치의 희생물이 될 수 있다고 생각하였다. 이를 피할 수 있는 유일한 길은 임시정부가 국제적으로 승인을 받아 참전국이 되어 일본과 싸워 이기는 것이었다. 이렇게 되면 전후에 곧바로 승전국이 되어 한국에 돌아갈 수 있는 것이었다. 따라서 가장 필요한 첫 걸음은 바로 임시정부를 승인받는 것이었다.

미국 선교사들의 노력도 계속되었다. 오랜 기간 감리교선교사로서 한국에서 활동했던 무어(John Z. Moore)는 루즈벨트에게 직접 편지를 보내어 1905년 프랭클린 루즈벨트의 먼 친척인 데오도르 루즈벨트가 러일전쟁을 끝낸 공로로 노벨 평화상을 받았고, 일본은 전쟁 후 소련으로부터 전혀 다른 종류의 배상금, 즉 한국을 받았다고 비판했다. 이것이 아시아정복을 향한 일본의 첫 걸음이자 태평양전쟁의 출발이었으므로, 데오도르 루즈벨트가 받은 노벨상은 평화가 아닌 한국을 노예로 만든 대가였다는 사실과, 원래 미국이 한국에 거중조정(Good Office)을 약속했기 때문에 지금이 바로 그 약속을 지킬 때라는 입장도 밝혔다.[104]

유명한 한국 선교사였던 게일(James Gale)의 조카이며, 제중원의 의사였던 헤론(John W. Heron)의 사위인 게일(Esson M. Gale)도 동참했다. 사실 게일은 미국 내 유수한 동양전문가로 미국 정보당국에서 고문으로 일했으며, 중국에서 직접 임정인사들을 만난 사람이었다. 게일에 의하면 그들은 위대한 전사였다. 또한 게일은 이승만에 대해 학자 같은 외교가요 정치가라고 평가하였다. 그는 많은 사람들이 한국인은 자치할 능력이 없다고 말하지만 이것은 사실이 아니며 아시아의 어떤 나라도 한국만큼 경험 있는 지도자를 가진 나라는 없고, 끔찍한 일본치하에서도 한국인들은 일본인들로부터 근대적인 정부를 운영하는 방법을 배웠다고 주장하였다. 또한 만일 미국이 한국에 무기를 대여해 준다면 한국인을 격려하여 하나로 뭉쳐 일본과 싸우는 데 중요한 기여를 할 것이라고 말했다.[105]

1944년에 들어서서 이승만과 한미협회는 오하이오 애슐랜드에서 대규모의 한국정부승인대회를 열었다. 오하이오는 3·1운동 당시 한국 친우회가 가장 활발하게 움직이던 곳으로, 기독교가 중심이 되어서 한국의 독립운동을 도왔다.[106] 한국에 대해서 특별한 우정을 가진 오하이오에서 1944년 1월 20일과 21일 양일간 임시정부 승인을 위한 대규모의 집회가 열린 것이다. 이 모임은 한미협회 애슐랜드 지부가 지역 교회 및 사회와 함께 준비하고, 모든 경비를 담당하였다.[107] 애슐랜드 지부장은 마이어(John C. Myer)의 부인인데, 그의 남편은 미국의 양수기 제조회사인 F. F. Myer & Brother의 사장이었다. 마이어부인은 연설에서 애슐랜드는 잊힌 나라 한국을 입양했으며, 이런 행사를 통해서 미국의 다른 지역도 한국에 대해서 관심 갖기를 원한다고 말했다. 카이로선언에 나타난 '적절한 시기'라는 단어를 언급하면서 자유는 '미끼(bait)'가 아니라고 강조했다. 한국인의 독립 투쟁에 대해 존경을 표하면서도 빈손으로는 총을 가진 사람과 싸울 수 없으니 미국이 한국정부를 인정해서 일본과 제대로 싸울 수 있도록 해야 한다고 말했다.[108]

여기에는 한국인들이 많이 참석했지만 동시에 미국인들도 많이 참석하였다. 외부에서 온 중요손님들은 마이어부인의 집에서 머물렀다.[109] 기독교인친한회에 속한 아메리칸 대학교의 더글라스와 피치부인이 연사로 참여했다. 또한 과거 대한제국 고종황제의 고문이며, 한국의 독립을 위해서 일했던 헐버트(Homer B. Hulbert)가 참석하여 한국 내지에

과거 대한제국 고종황제의 고문이며, 한국의 독립을 위해서 일했던 헐버트(Homer B. Hulbert)가 참석하여 한국 내지에서 굶어 죽는 사람들의 정형을 설명하다가 목이 메고, 일반 청중은 눈물을 흘렸다. 23일 주일에는 한인목사들이 이곳 교회를 방문하여 한국 상황을 소개하였다.

서 굶어 죽는 사람들의 정형을 설명하다가 목이 메고, 일반 청중은 눈물을 흘렸다. 23일 주일에는 한인목사들이 이곳 교회를 방문하여 한국 상황을 소개하였다.[110]

이 모임은 매우 성공적으로 끝났다. 공식적으로는 기독교인친한회의 이름으로 진행된 것이 아니었지만, 이 모임은 기독교인들이 중심이 되어 진행되었다. 모임이 끝난 후 헐버트는 기독교인친한회의 이름으로 회원들에게 의회 속 기록과 함께 자신의 견해를 밝히는 서신을 보냈다. 아마도 애비슨이 참여하지 못했기 때문에 헐버트의 이름으로 선교사들에게 편지를 보냈던 것 같다. 헐버트는 이 편지에서 애슐랜드 사람들은 실질적으로 한국인들이 독립을 갈망하여 노력하고 있다는 이야기를 듣고 격려했다고 말했다. 또한 스위스가 작은 나라이지만 유럽에서 중요한 것처럼, 한국도 아시아에서 그런 역할을 할 것을 믿는다고 전했다. 특별히 이 모임에는 1887년 한국에서 최초로 세례를 받은 사람이 대표로 참여했는데 그는 한국교회에 50만 명의 신자가 있으며, 350개의 기독교학교가 1,000명 가까운 의사와 간호사를 양성하여 한국사회를 개혁할 수 있는 영향력을 가지고 있다고 증언했다. 따라서 미국 기독교인들은 한국 기독교가 아시아에서 기독교문명의 센터가 될 것을 믿고, 기독교인친한회는 한국의 자유와 독립을 위해서 노력해야 함을 강조했고, 헐버트는 이를 위해 기독교인들이 앞장서 줄 것을 당부했다. 그리고 그 일환으로 이미 기독교인친한회에 가입했다면 책자를 구입해서 주변에 전하고, 그렇지 않았다면 빨리 가입해 줄 것을 요청했다.[111]

오하이오 애슐랜드의 임시정부 승인 집회가 계획되고 진행되는 가운데 또 다른 일들이 벌어졌다. 그 지역의 성직자 모임인 칸톤 앤 스탁 카운티(Canton and Stark County) 교역자 회의가 1944년 1월 3일, 한국의 완전한 독립(the complete independent of Korea)을 지지하는 결의를 한 것이다. 이것은 미국의 신탁통치를 반대한다는 것을 의미했다. 이 결의안은 애슐랜드 집회가 끝난 후 2월 1일, 미국무부 장관 헐에게 보내졌다.[112]

오하이오 애슐랜드와 칸튼, 그리고 애크론 지역의 사람들로 구성된 한미협회 애크론 지부는 1944년 3·1절을 맞이하여 다음과 같은 내용을 결의했다. 첫째, 임시정부의 즉각적인 승인을 통하여 한국인들이 직간접적으로 무기대여의 혜택을 받도록 해달라는 청원과, 둘째, 한국과 미국 사이에 1883년 1월 9일 연방 상원에 의해서 인준되고, 1883년 6월 4일 미국 대통령 아서에 의해서 공포된 한미조약이 왜 효력을 발휘하지 못하는가? 셋째, 1943년 3월 31일의 연방 하원의 공동결의안 109호와 연방 상원의 공동결의안 49호가 왜 진행되지 못하고 있는가? 그들은 이 내용을 미국 대통령, 국무장관, 그리고 상하외교위원장에게 보내기로 결정했다. 이 모임의 대표는 한국에서 오래 활동하던 메리놀 신부 캐롤(George M. Carroll)이었고, 국무부는 여기에 대해서 지극히 형식적인 답변을 보냈다.[113]

4. 얄타 밀약설과 기독교인친한회의 반대운동

태평양전쟁이 종전을 향하여 가고 있을 때 미국은 전후의 질서를 새롭게 정립하기 위해서 1945년 4월 25일부터 6월 26일까지 샌프란시스코에서 연합국회의를 열었다(여기에서 유엔헌장도 마련되었다). 이는 이승만이 대한민국임시정부를 인정받기 위한 마지막 기회가 될 것으로 보였다. 따라서 중경의 임정과 이승만은 여기에 참석할 대표단을 만들고, 파벌을 초월하여 위원들을 선정하였다. 이승만은 3월 8일 미국무부에 한국대표단의 참가를 요청하였다. 하지만 미국은 1945년 3월 1일 현재 연합국에 가입되어 있는 나라만 참가할 수 있다는 이유로 거절했는데, 일부 학자들은 여기에서 신탁통치문제가 다루어질 것이기 때문이라고 주장하기도 한다.[114]

샌프란시스코회의 참석이 거부된 이승만은 같은 해 2월에 열린 얄타회담에서 미·영·소 3국이 한국을 소련의 세력 범위 아래 두기로 했다는 소위 얄타 밀약설을 제기하였다. 얄타 밀약설은 구베로우(Emile H. Gouvreau)에 의해서 처음 제기되었는데, 그는 미국의 대중 저널리스트였지만 밀약설의 신빙성에 대해서는 많은 사람들이 의문을 제기했다. 하지만 국제정치에서 약소국이 강대국의 흥정의 대상으로 전락하는 것을 본 이승만은 1905년 미국이 일본에게 한국을 양보했던 것을 생각하면서 여기에 대해 강력하게 대처했다. 이승만은 한민족에게 또 다시 위기가 왔다고 생각했던 것이다.

이승만은 5월 2일, 자신이 워싱턴에서 출석하던 교회의 담임목사이며 당시 미국 상원의 원목이었던 해리스(Frederick B. Harris)에게 편지를 보내 도움을 요청하였다. 해리스는 트루만이 부통령으로 있을 때, 상원원목으로서 그와 밀접한 관계를 가졌다. 편지에서 이승만은 한국이 연합국회의에 참여할 수 없음과 얄타밀약설에 대해서 언급하였다. 해리스는 곧바로 5월 5일 트루먼대통령에게 편지를 보내 도움을 요청하였다. 해리스는 이 편지에서 자신은 이승만과 오랜 관계를 가졌고, 전쟁이 끝나는 마당에 다시금 한국이 소련의 지배 아래 들어간다는 것은 슬픈 일이며, 만일 그런 일이 일어난다면 인류의 자유를 위해서 싸운 많은 생명을 욕되게 하는 것이라고 말했다. 사실 그의 사위는 트루먼에게 편지를 보내기 얼마 전 네덜란드에서 전사했다. 여기에 대해 트루먼은 5월 8일 한국에 대한 해리스의 심정을 이해하며, 이 문제를 진지하게 고려한다는 답장을 보내왔다. 그리고 다음 날인 5월 9일, 트루먼은 백악관에서 해리스와 만났

다.[115]

　이런 가운데 기독교인친한회는 이 문제에 대해 적극적으로 움직였다. 5월 19일 애비슨은 회원들에게 보낸 편지에서 현재 선교사들은 다시금 한국에 선교를 재개할 날을 기다리고 있는데, 이를 위해 러시아가 한국을 지배하는 것을 막아야 하고, 이것은 오직 미국 대통령만이 할 수 있는 일이므로 백악관에 편지를 써야 한다고 촉구했다.[116]

　애비슨은 이 편지에 1945년 4월 24일자 『워싱턴 이브닝 스타』의 기사를 첨부했다. 이 기사는 미국의 유수한 기독교인 법률가 라 노(Wilbur La Roe, Jr)가 『워싱턴 이브닝 스타』의 편집자에게 보낸 편지였는데 한국선교에 특별한 관심을 갖고 있는 사람들은 얄타협정의 보고서처럼 한국이 다시금 장기판의 꼭두각시가 되고, 러시아의 속국으로 전락한다면 매우 분노할 것이라고 말하면서 자유세계가 파시즘 및 전체주의와의 전쟁에서 이길 때 한국도 자유를 맛볼 권리가 있다고 주장했다. 이어서 그는 얄타 회담의 준비모임이었던 덤바톤 오크(Dumbarton Oaks)에서 있었던 주장이 약소국의 이익을 제대로 보호하지 못했다며, 이런 것이 결국 한국을 러시아에게 넘겨주는 결과를 가져오게 했다고 설명했다. 그리고 앞으로 열릴 샌프란시스코의 회담에서는 약소국의 이익을 좀 더 보호할 수 있도록 노력해야 할 것이라고 말했다.[117]

　애비슨은 이 기사를 보내면서 이 문제를 해결할 수 있는 사람은 미국 대통령 밖에 없으므로 직접 백악관에 이 문제를 해결할 것을 요청하라고 권고했고, 많은 기독교인들이 여기에 동참하였다. 미국무부 한국관계문서철에 포함되어 있는 청원서를 쓴 사람은 Miss. Moselle Eubanks, Mrs. W. M. Junkin, Mrs. William G. Owens, Mr. William T. Ellis, Mrs. Grace Dillingham, Miss. Alice M. Butts, Miss. Rubie Kathleen Lee, Miss. Lottie B. McMeans, Mr.

Harvey M. Branch 등이다.[118] 이들 중에는 선교사들의 미망인들도 포함되어 있다. 편지는 타이핑이 된 것도 있지만 대부분은 손으로 정성스럽게 쓴 것이었다. 또한 보낸 이들의 주소는 대부분 요양원으로 보였다. 이들은 대부분 자신들이 강제로 한국에서 떠났다는 사실을 언급하면서 러시아가 한국을 지배한다면 한국으로 돌아가서 다시 선교할 수 없을 것이라고 말했다.[119] 어떤 편지는 과거 미국이 한일합방을 묵인한 것이 태평양전쟁의 빌미가 되었다고 지적하면서 지금 미국은 과거 루즈벨트가 범한 잘못을 다시금 반복하려고 한다고 주장했다.[120]

흥미로운 것은 기독교인친한회와 비슷한 가톨릭친한회(Catholics for Korea)가 형성되어 임정의 승인과 얄타밀약에 대한 우려를 표명하고 있다는 점이었다. 회장은 고종의 고문을 지낸 샌즈(William F. Sands)로 강력한 반공주의 입장을 가지고 있는 사람이었다. 당시 미국 가톨릭은 스펠만(Francis Spellman) 뉴욕 대주교를 중심으로 동구권의 공산화를 보면서 강력한 반공의 입장을 주도하고 있었다.[121] 이승만은 이들 가톨릭과 손을 잡고 반공전선을 형성했다. 가톨릭친한회가 백악관에 보낸 전보에 의하면, 만약 이런 일이 일어난다면 그것은 인권을 유린하는 것이며, 동양사회는 미국에 대한 신뢰를 거둘 것이고, 전 세계 기독교인들은 충격을 금할 수 없을 것이라고 말했다.[122]

이들 중의 일부는 자신들의 하원의원이나 상원의원에게 이 문제를 제기하여 대통령과 국무부를 압박했다. 켄터키의 상원의원인 챈들러(Albert B. Chandler)는 트루먼대통령에게 한국의 승인 문제를 긍정적으로 다루어 줄 것을 요청하였다.[123] 상원의원 존슨(Hiram Johnson), 하원의원 하베너(Frank Havener), 스테티니어스(Edwin R. Stettinius) 등도 대통령과 국무장관에게 재고를 부탁하였다.

> 얄타협정을 둘러싸고 큰 논쟁이 벌어졌고, 여기에 이승만과 많은 기독교인들이 참여해서 미국의 정책이 잘못된 방향으로 나가지 않도록 노력했다. 결국 미국무부는 얄타밀약설은 근거가 없는 것이라고 밝혔다.

얄타협정을 둘러싸고 큰 논쟁이 벌어졌고, 여기에 이승만과 많은 기독교인들이 참여해서 미국의 정책이 잘못된 방향으로 나가지 않도록 노력했다. 결국 미국무부는 얄타밀약설은 근거가 없는 것이라고 밝혔다. 이로써 이승만은 소기의 목적을 달성하였다. 한반도가 소련으로 넘겨질 수도 있다는 가능성을 없애버린 것이다. 이승만은 일단 성공한 것이다. 하지만 그가 목적했던 임시정부 승인은 이루어지지 못했고, 신탁통치 반대도 이루어지지 않았다. 이승만의 외교적인 노력에는 한계가 있었다.

요약과 맺는 말

우리는 이상에서 태평양전쟁, 이승만과 기독교인친한회의 임시정부 승인운동에 대해서 살펴보았다. 태평양전쟁의 발발로 일본이 미국의 적국이 되어 한국에서 활동하던 선교사들도 철수하게 되자 이승만은 한국이 새롭게 독립운동을 할 수 있는 기회라고 생각했다. 이승만은 미국과 기독교가 한국을 이해하고 임시정부를 인정하며 무기를 제공해 주고 한국은 연합국의 반열에 들어서서 일본과 싸워 독립을 이룩할 수 있다고 보았다.

이것을 위하여 이승만은 주미외교위원부를 통하여 접촉했으나 미국은 이승만의 신임장을 접수하지 않았다. 미국인으로 구성된 한미협회를 통하여 펼친 로비활동도 성공하지 못했다. 이런 상황에서 이승만과 애비슨은 기독교인친한회를 만들어 이들과 함께 임시정부 승인을 위한 청원활동에 나서게 되었다. 기독교인친한회는 한인의 밤을 마련해서 일본의 악정과 한국의 존재를 알리고, 워싱턴의 벚꽃이 일본에서 온 것이 아니라 한국에서 왔다는 사실을 밝혔으며, 국치일기념행사를 통하여 한국이 일본의 첫 번째 희생양이라는 사실을 알렸다. 원래 한국에서 활동하던 선교사들이 주축이 될 것이라고 생각했지만 미국 선교사들 가운데서는 직접적인 정치참여를 망설이는 사람들이 많았다. 그 와중에 애비슨과 헐버트 같은 저명한 선교사들이 여기에 참여했고, 서재필도 지지했으며, 아메리칸 대학교 더글라스 총장 같은 저명인사들도 적극적으로 도와 상당한 활동을 하였다. 애비슨은 한국이 일본으로부터 독립되지 않고서는 선교가 불가능하다고 강조하여 독립운동과 선교활동을 연결시켰다.

이승만과 기독교인친한회의 가장 중요한 일은 미국의회를 통한 임시정부승인 운동이었는데, 1943년 봄에는 반일 친한적인 의원들을 통하여 미국 하원과 상원에 각각 임시정부 승인을 위한 합동 결의안을 제출하였다. 비록 이 제안이 미국무부의 반대로 더 이상 진전되지는 못했지만 이것은 한국의 독립운동 역사에 매우 중요한 일이다. 우리나라가 수없이 많은 국제대회에서 한국의 승인을 외쳤으나 회의에 참석조차 하지 못했다. 하지만 1943년 봄 미 의회에 정식 안건으로 결의안이 제출된 것이다. 미국무부는 국제관계를 고려해서 임정을 승인하지 않으려고 했지만 미 의회는 여론을 의식해서 임정을 승인하고자 했다. 이승만과 기독교인친한회의 외교활동이 어느 정도 성과를 낸 것이다.

임시정부 승인을 위한 청원과 결의안을 종합해 보면 임정이 승인받아야 하는 이유를 다음과 같이 정리해 볼 수 있다. 첫째, 미국은 1882년 조미조약에서 한국과 맺은 거중조정이라는 조항을 지켜야 한다는 것이다. 이 조항은 폐기된 적이 없다. 둘째, 1905년 가츠라 태프트 메모에 의해서 한국은 일본의 식민지가 되었다. 미국은 한국이 식민지가 된 것에 대해서 책임을 져야 한다. 셋째, 대일전에 있어서 한국은 일본과 싸울 수 있는 가장 좋은 자원을 갖고 있다. 한국은 임진왜란 때 일본을 이긴 경험이 있으며, 일본에 대해서 분명한 적개심을 갖고 있다. 넷째, 한국이 독립되면 한국은 일본의 대륙침략을 막고, 아시아 평화의 키를 갖게 된다.

> **임정이 승인받아야 하는 이유**
> 첫째, 미국은 1882년 조미조약에서 한국과 맺은 거중조정이라는 조항을 지켜야 한다는 것이다. 이 조항은 폐기된 적이 없다.
> 둘째, 1905년 가츠라 태프트 메모에 의해서 한국은 일본의 식민지가 되었다. 미국은 한국이 식민지가 된 것에 대해서 책임을 져야 한다.
> 셋째, 대일전에 있어서 한국은 일본과 싸울 수 있는 가장 좋은 자원을 갖고 있다. 한국은 임진왜란 때 일본을 이긴 경험이 있으며, 일본에 대해서 분명한 적개심을 갖고 있다.
> 넷째, 한국이 독립되면 한국은 일본의 대륙침략을 막고, 아시아 평화의 키를 갖게 된다.

쉽게 말하면 한국이 일본에 무너졌기 때문에 일본의 대륙침략이 가능해진 것이다.

이것에 대한 미국무부의 의견은 무엇인가? 미국무부는 임시정부 승인이 주변 여러 국가들의 입장을 고려해 이루어져야 한다 생각했다. 영국은 식민지정부를 인정하는 것에 마땅치 않게 여겼고, 중국은 임정을 통해서 한국을 지배하려 했으며, 소련은 임정이 가졌던 반소입장 때문에 탐탁치 않게 보았다. 따라서 미국은 이런 국제관계를 고려하여 가능한 임정승인을 보류하고, 신탁통치를 통해 한반도를 공동으로 관리하려고 하였다. 여기에 미국은, 한인사회가 분열되었기 때문에 어느 한 쪽을 인정할 수 없고, 동시에 민주적인 능력이 부족하기 때문에 즉각적인 독립이 어렵다는 이유를 덧붙였다.

이에 대해 이승만과 기독교인친한회는 대서양헌장에 따라 한국은 신탁통치가 아닌 즉각적인 독립이 이루어져야 하며, 동시에 한국은 오랜 역사를 가졌기 때문에 민주국가를 만들 준비가 되어 있다고 보았다. 특히 오랫동안 한국에서 선교활동을 했던 선교사들은 한국의 자주독립능력을 인정하였다.

기독교인친한회는 이런 정치적인 이유 외에도 기독교적인 측면에서 한국의 독립은 이루어져야 한다고 주장했다. 이들은 한국이 아시아에서 가장 기독교선교를 잘 받아들인 나라이며, 한국이 독립되어 기독교국가가 될 때 한국을 통해 민주주의와 기독교문명이 아시아에 전파될 수 있다고 보았다. 선교사들은 자신들이 일본에 의해 선교지를 잃었지만, 일본의 패망과 한국의 독립은 자신들에게 다시금 선교의 기회를 되찾을 수 있게 해줄 것이라고 생각했다. 특별히 애비슨은 한국의 독립을 도운 사람들만이 다시 한국에 선교할 기회를 갖게 될 것이라고 말했다. 더불어 선교사들은 한국이 일본으로부터 독립되는 것만이 아니라 소련에 종속되지 말아야 한다고 생각했다. 미국은 일본뿐 아니라 소련의

> 기독교인친한회는 이런 정치적인 이유 외에도 기독교적인 측면에서 한국의 독립은 이루어져야 한다고 주장했다. 이들은 한국이 아시아에서 가장 기독교선교를 잘 받아들인 나라이며, 한국이 독립되어 기독교국가가 될 때 한국을 통해 민주주의와 기독교문명이 아시아에 전파될 수 있다고 보았다.

전체주의에도 주목해야 하며, 이 때문에 많은 선교사들은 얄타회담에서 미국이 한반도를 소련에 넘겨주었다는 소문에 분노하였다.

필자는 본 논문을 마무리하면서 두 가지를 지적하고 싶다. 첫째, 미국의회를 통한 임정승인운동의 재평가이다. 지금까지 많은 학자들은 이승만과 국무부, 혹은 군부와의 관계에 대해서 연구를 하였다. 하지만 미국과 같은 민주주의 사회에서 진행되었던 기독교인들을 중심으로 한 임정승인 운동에 대해서도 깊은 관심을 가져야 할 것이다. 특별히 1943년 미국 상하원에 제출된 임정승인을 위한 합동 결의안은 독립운동사에서 중요하게 평가되어야 한다. 둘째, 미국을 대상으로 하는 외교활동에서 기독교가 차지하는 위치도 재평가해야 한다. 당시 한국은 기독교선교를 제외하고는 미국과 특별한 관계를 갖고 있지 않았다. 이런 상황에서 이승만은 기독교선교사들과 함께 미국의 의회를 상대로 외교활동을 한 것이다. 앞으로 이것은 한미관계에 있어 더 깊이 연구해야 할 주제일 것이다.

본 연구는 주로 미국무부 자료와 주미외교위원부 자료를 중심으로 이승만과 기독교인친한회의 관계에 대해서 연구하였다. 그러나 남은 과제는 기독교인친한회 회장을 지낸 더글라스 문서(미국 아메리칸 대학교 소장)나, 필자가 확인하지 못한 기독교인친한회의 소식지(Bulletin)를 통하여 자세한 정보를 얻어 기독교인친한회에 대한 상황을 좀 더 완벽하게 파악하는 일이다.

참고문헌

국가보훈처, 『OSS(Office of Strategic Service) 재미한인 자료』(2005).
국사편찬위원회, 『대한민국임시정부 자료집 19, 주미외교위원부 1』(2007).
국사편찬위원회, 『한국독립운동사 자료, 25권 (임정편 X)』(1994).
대한민국 역사박물관, 연세대학교 이승만연구원, 『국역 이승만 일기』(2015).
『미국무부 한국관계 문서(Internal Affairs of Korea), 1945-1949』(아름문화사, 1997).
『미국무부 한국관계 문서(Internal Affairs of Korea), 1940-1944』(원주문화사, 1993).
『주미외교위원부 통신』.
New York Times
The Washington Post
Philadelphia Historical Society, United Presbyterian Church in the U.S.A. Commission on Ecumenical Mission and Relations Secretaries' Files: Korea Mission, RG 140, Box 16

고정휴, 「올리버, 이승만의 충실한 대변인이자 로비스트」, 『내일을 여는 역사』 24, 2006.
고정휴, 『이승만과 한국독립운동』, 연세대학교출판부, 2004.
홍선표, 「한국 독립은 도운 미국인」, 『한국독립운동사 연구』 43, 2012.
박영준, 「고노에 후미마로(近衛文麿)의 국제질서관과 중일전쟁의 기원」, 『역사속의 중/일간의 갈등과 한반도의 평화』 중일전쟁 80주년기념 학술대회발표 논문, 동북아역사재단, 2017년 11월 3일; 한국정치외교사학회·동북아역사재단.
염인호, 『김원봉연구』, 창작과 비평사, 1993.
유영익, 『이승만의 삶과 꿈』, 중앙일보사, 1996.
이승만, 『일본의 가면을 벗긴다』, 유광현 역, 비봉출판사, 2015.
정병준, 『이승만연구』, 서울: 역사비평사, 2013.

Matray James, 『한반도의 분단과 미국: 미국의 대한정책, 1941-1950』, 구대열 역, 을유문화사, 1989.
Rhodes Harry and Campbell Archibald, ed., History of the Korea Mission Presbyterian Church in the U.S.A., 대한예수교장로회 출판부, 1965.
Clark, Donald, Living Dangerously in Korea: The Western Experience, 1900-1950, Eastbridge, 2003.
Pak Jung H, "'Not by Power nor by Might': American Missionaries and the Spiritual Wars in Korea, 1885-1953," Columbia University, 2006.

English Abstract

Rhee Syngman and Christian Friends of Korea's Efforts for the Recognition the Provisional Government of Korea during the Pacific War

This paper examines the effort by Rhee Syngman and Christian Friends of Korea to recognize the provisional government of Korea during the Pacific War. When Pacific War broke out, Rhee organized the Korean Commission and the Korean-American Council to seek approval of the provisional government from the United States (US) State Department. When this approach did not succeed, he organized the Christian Friends of Korea around American Christians to campaign to the US Congress to recognize Korea's provisional government.

Per Rhee Syngman's proposal, Oliver R. Avison formed the Christian Friends of Korea in the fall of 1919. Rhee perceived Christians to be the only group in the US that knew Korea's situation, and he sought to leverage their support to approach the State's political sphere, and congress in particular. Avison argued that if US missionaries wanted to be active in Korea again after the war, they should join Rhee in the fighting against Japan and avidly support the recognition of Korea's provisional government.

참고문헌

The Christian Friends Association, together with the Korea Commission and the Korean-American Council, submitted crucial petition to the US Senate and House of Representatives to recognize the provisional government. In the spring of 1943, the US House of Representatives and the Senate submitted a resolution regarding the official recognition of Korea's provisional government. However, this agenda never advanced because of the State Department's concern that approving the provisional government could create conflicts with England, Soviet Union, and the Allied Powers. Nonetheless, the efforts by the Christian Friends of Korea to recognize the provisional government merits attention in Korea's independence movement history.

미주

1) 고정휴 『이승만과 한국의 독립운동』 (서울: 연세대학교 출판부, 2004) 제2절, 한성정부의 조직 주체와 선포 경위 참조.
2) 한국기독교역사연구소, 『한국기독교의 역사 II』 (서울: 기독교문사, 1993), 140-145.
3) 고정휴 『이승만과 한국의 독립운동』, 431-432; 홍선표의 논문 "한국독립운동을 도운 미국인" ??한국독립운동사연구?? 43 (2012), 223-226.
4) Jung H. Pak, "'Not by Power nor by Might': American Missionaries and the Spiritual Wars in Korea, 1885-1953," (PhD Diss.: Columbia University, 2006), 140-141.
5) 이승만, 『일본의 가면을 벗긴다』, 유광현 역 (서울: 비봉출판사, 2015), 제2장 타나까 각서 참조. 이 문제에 대한 최근의 학술적 논의는 박영준, "고노에 후미마로(近衛文麿)의 국제질서관과 중일전쟁의 기원," 『역사속의 중/일간의 갈등과 한반도의 한반도의 평화』 중일전쟁 80주년기념 학술대회발표 논문 (동북아역사재단, 2017년 11월 3일; 한국정치외교사학회·동북아역사재단) 참조.
6) 『주미외교위원부 통신』 제 4호(1942. 10. 5). 『주미외교위원부 통신』은 국사편찬위원회, 『대한민국임시정부 자료집 19, 주미외교위원부 I』 (2007)에 영인되어 있다. 이후에는 『주미외교위원부 통신』으로 인용될 것이며, 인용 문체는 현대어로 수정하였다.
7) 『주미외교위원부 통신』 제 21호(1943. 2. 1)
8) 이승만은 1942년 2월 미국무부 극동담당 직원 호스킨스와의 대화에서 자신은 미국인 친구의 자문을 받아서 행동하고 있으며, 이제 곧 미국 의회의 우호적인 상원의원과 하원의원을 중심으로 임시정부 인준을 위한 보다 적극적인 활동을 할 것이라고 밝혔다. 그리고 이 같은 행동은 미국무부의 정치고문인 혼백의 인준 하에 이루어지는 것이라고 말했다. 미국무부 문서 895.01/72 (Feb. 12, 1942). 『미국무부 한국관계문서』을 1940년에서 1944년의 자료는 원주문화사(1993)에서, 1945년에서 1949년의 자료는 아름문화사(1997)에서 영인되었다. 앞으로 이 문서는 미국무부 문서번호로 인용될 것이다.
9) James I. Matray, 『한반도의 분단과 미국: 미국의 대한정책, 1941-1950』, 구대열 역 (서울: 을유문화사, 1989), 24.
10) "김병연이 안원교에게" (1943년 8월 13일), 국사편찬위원회, ??대한민국임시정부 자료집?? 19, 161.
11) 이 당시의 미국인 선교사의 상황에 대한 연구는 Donald N. Clark, Living Dangerously in Korea: The Western Experience, 1900-1950 (Manchester, UK: Eastbridge, 2003), ch. 13; 안종철, 미국선교사와 한미관계, 1931-1948 (서울: 한국기독교역사연구소, 2010), 제3장에서 자세하게 다루어지고 있다.
12) Board of Foreign Missions Methodist Episcopal Church to Department of State, "A Brief Summary of the Factors Presented by Evacuees on Board the S. S. Mariposa as their Reasons for Returning Home," (Dec. 10, 1942)(395.116M56/7), 이만열 편, 『신사참배문제 영문자료집 I, 미국 국무성 극동국 문서 편』 (서울: 한국기독교역사연구소, 2003), 496-500.
13) Clark, Living Dangerously in Korea, 271.
14) "Interview," (August, 15, 1942), 국가보훈처, 『OSS(Office of Strategic Service) 재미한인 자료』 (2005), 737-740. 이하는 OSS로 약칭.
15) 기독교인친한회의 출발과 관련된 자료는 위에서 언급한 OSS의 문서철 344-353쪽에 수록되어 있는데, 이 문서에 의하면 OSS는 기독교인친한회가 출발하기 이전부터 여기에 대해서 알고 있었다. 기독교인친한회에 관련된 내용은 FBI 국장인 후버(John H. Hoover)가 1943년 6월 미 전쟁부 부참모장인 조지 스트롱(George V. Strong) 소장 앞으로 보낸 자료에 포함되어 있다.
16) 『주미외교위원부 통신』 제3호(1942. 9. 28)
17) 『주미외교위원부 통신』 제3호(1942. 9. 28)
18) "Dr. Avison's plans for working with the Koreans," (October 1, 1942), OSS, 345. 이 문서는 한국에서 선교사로 활동했으며, 당시 미국의 FBI에서 일하는 키니(Robert Kinney)에 의해서 작성되었다.
19) "Dr. O. R. Avison's activities in regard to Korea," (October 17, 1942), OSS, 347.
20) 『주미외교위원부 통신』 제3호(1942. 9. 28)
21) "Dear Friend," (October 5, 1942), OSS 351.
22) "Dear Friend," (October 5, 1942), OSS 351.
23) "Dear Friend," (October 5, 1942), OSS 351-352.
24) "Dear Friend," (October 5, 1942), OSS 352.
25) "Dear Friend," (October 5, 1942), OSS 352.
26) "Dear Friend," (October 5, 1942), OSS 352.
27) "Dear Friend," (October 5, 1942), OSS 352.
28) "Memorandum for Colonel Martin," (October 17, 1942), OSS, 347.
29) "Korea to Be Topic at Mt. Vernon," The Washington Post (Nov. 7 1942).
30) Robert T. Allan, "Dr. Avison Enlists Aid for Korea," The Washington Post (Nov. 8 1942).
31) 『주미외교위원부 통신』 제 14호 (1942년 12월 14일)
32) 『주미외교위원부 통신』 제 7호 (1942년 10월 26일), 제 8호(11월 2일), 제 10호(11월 18일)
33) "Missionary to Speak Friday On Experience in Korean Jail," The Washington Post (Dec. 2 1942).
34) 『주미외교위원부 통신』 제 18호 (1943년 1월 11일), 19호 (1943년 1월 18일), 24호 (1943년 2월 22일). 여기에

미주

대한 자세한 내용은 Myung Soo Park, "Rhee Syngman's Diplomacy with America and the American Christian Involvement during the Pacific War" (Unpublished Paper at American Society of Missiology, June 2018) 참조.

35) https://www.american.edu/library/archives/finding_aids/douglass_fa.cfm. 미국 아메리칸 대학교에는 더글라스 페이퍼가 보존되어 있으며, 앞으로 이곳에서 보다 본격적인 연구가 필요하다고 본다.

36) 고정휴, 『이승만과 한국독립운동』, 431-432. 이 외에도 연방대법원 판사 멀피(Frank Murphy), 스토츠베리(Mrs. E. T. Sttotsberry)부인이 이사로 활동했다. 스토츠베리 부인은 한미협회 회장인 크롬웰의 어머니이며, J. P. 몰간(Morgan)의 동업자이며, 미국의 가장 부유한 사람인 스토츠베리의 두 번째 부인이다. 『국역 이승만 일기』, 274 미주 478 참조. 고정휴는 위의 책 432쪽 각주 18에서 Christian Friends of Korea의 Bulletin No. 2 (1943. 2. 12)를 언급하고 있으나 본인은 이 자료를 확인하지 못했다.

37) 『국역 이승만 일기』 (1944년 6월 13일)

38) 『주미외교위원부 통신』 제 30호 (1943년 3월 31일)

39) Congressional Record Vol. 89, 2611. (March 29, 1943)

40) https://en.wikipedia.org/wiki/John_E._Rankin#House_Un-American_Activities_Committee (2018년 8월 18일 검색)

41) Appendix to Congressional Record, 78th 1st Session, (1943), A1477.

42) 『주미외교위원부 통신』 제 30호 (1943년 3월 31일), 한미협회가 미 내무부장관에게 보내는 편지(March 30, 1943).

43) 『주미외교위원부 통신』 제 31호 (1943년 4월 8일)

44) 현재 아메리칸대학교의 한국 벚나무는 국외독립운동 사적지로 지정되어 있으며, 당시 심은 4그루 중 3그루가 남아있다. http://oversea.i815.or.kr/search/?mode=V&consonant=%E3%85%8E&m_no=US00028 (2018년 8월 18일 검색)

45) Appendix to Congressional Record, 78th 1st Session, (1943) A3286-3287.

46) 이승만은 선교사들에 대해서 긍정적으로 설명하지 않고 있다. 이승만은 오히려 어떤 선교사들은 일본사람들의 주장을 그대로 이어 받아서 한국인들은 분열하기를 좋아하여 연합할 수 없다고 주장한다는 것이다. 『주미외교위원부 통신』 제26호(1943년 3월 8일).

47) 『주미외교위원부 통신』, 제35호(1943년 6월 16일).

48) 『주미외교위원부 통신』, 제35호(1943년 6월 16일). 이승만은 천주교인들도 여기에 포함시키려고 노력했던 것 같다. 이승만은 1943년 3월 11일 미국에 있는 한인 신부 윤을수를 만나 독립운동을 논의했다. 하지만 기독교인친한회에는 천주교인들은 참여하지 않았다. 가톨릭신자들은 자신들이 별도로 가톨릭친한회(Catholics for Korea)를 만들었다. 이승만은 이 단체가 자신이 만든 한미협회와 기독교인친한회와 연계되어 활동할 수 있기를 원한다고 말했다. 대한민국역사박물관, 『국역이승만일기』 (1944년 12월 18일) 근현대사 번역총서 3 (서울: 2015), 299-300.

49) 『주미외교위원부 통신』 제 35호 (1943년 6월 16일).

50) 서재필이 애비슨에게 보낸 편지 (1943년 7월 16일); 『대한민국 임시정부 자료집』 19, 382.

51) 서재필이 애비슨에게 보낸 편지 (1943년 7월 16일)

52) 서재필이 애비슨에게 보낸 편지 (1943년 7월 16일)

53) 이 문서는 1943년 11월 19일자로 작성되었으며, 회장 더글라스와 서기 겸 재무 애비슨의 이름이 나오고 있다. 그러나 내용상으로 볼 때 애비슨이 이 문서를 작성했음이 틀림이 없다. Philadelphia Historical Society, United Presbyterian Church in the U.S.A. Commission on Ecumenical Mission and Relations Secretaries' Files: Korea Mission(이하 UPCUSAKM으로 인용), RG 140, Box 16, Folder 29, Re-establishment of Korea Mission work; 1943-8.

54) UPCUSAKM, RG 140, Box 16, Folder 29, Re-establishment of Korea Mission work; 1943-8.

55) UPCUSAKM, RG 140, Box 16, Folder 29, Re-establishment of Korea Mission work; 1943-8.

56) UPCUSAKM, RG 140, Box 16, Folder 29, Re-establishment of Korea Mission work; 1943-8.

57) UPCUSAKM, RG 140, Box 16, Folder 29, Re-establishment of Korea Mission work; 1943-8.

58) UPCUSAKM, RG 140, Box 16, Folder 29, Re-establishment of Korea Mission work; 1943-8.

59) UPCUSAKM, RG 140, Box 16, Folder 29, Re-establishment of Korea Mission work; 1943-8.

60) 『이승만국역일기』 (1944년 2월 8일, 3월 9일, 4월 21일) 참조.

61) "한시대가 김구에게" (1944년 6월 16일), ??대한민국임시정부 자료집?? 19, 181.

62) 미국무부 문서번호 895.01/8-2844, From President's Office to the State Department (August 26, 1944)

63) 미국무부 문서번호 895.01/8-2844, From President's Office to the State Department (August 26, 1944)

64) 주미위원부 통신 86호 (1944년 8월 31일)

65) 미국무부 문서 895.01/49, Faddis to Hull (Dec. 8, 1941).

66) 미국무부 문서 895.01/49, Faddis to Hull (Dec. 17, 1941). 국사편찬위원회, 『대한민국임시정보 자료집 20, 주미

미주

외교위원부 II』(2007), 196쪽에는 이 서신이 1942년에 쓰인 것으로 잘못 기록이 되어 있다.
67) 미국무부 문서 895.01/63, King to Hull (Jan. 19, 1924). 킹은 한국인이 일본인과 구별되어 등록하도록 하는 일에 적극적으로 노력하였다.
68) 미국무부 문서 895.01/70, 895.01/71.
69) 미국무부 문서번호 895.01/103-1/2, Barnhouse to Berle (April 10, 1942).
70) 미국무부 문서번호 895. 01/138, Moffett to Hull (July 6 1942).
71) 미국무부 문서번호 895. 01/139, Hickok to Hull (July 9, 1942).
72) 미국무부 문서번호 895. 01/141. Cromwell to Berle (July 1, 1942), "Testimony of former American Residents of Korea." 이 자료에 수록된 이전 한국거주 미국인들은 1940년 말 미국의 철수명령으로 미국에 돌아온 선교사들이 많을 수 있다. 한국에서 활동하던 대부분의 한국인들은 1940년 말 미국으로 돌아왔다. 이들은 대부분 이승만을 지지하는 입장을 갖고 있었다.
73) 『주미외교위원부 통신』, 24호 (1943년 2월 22일).
74) 『주미외교위원부 통신』, 24호 (1943년 2월 22일).
75) 『주미외교위원부 통신』 23호 (1943년 2월 1일), 소식란 참조. 여기에는 월터 저드가 미국 하원의원에 당선된 것에 대한 한국인들의 기대가 표현되어 있다. https://en.wikipedia.org/wiki/Walter_Judd_(politician), https://en.wikipedia.org/wiki/Harley_M._Kilgore (2018년 8월 22일 검색)
76) 『주미외교위원부 통신』 24호 (1943년 2월 22일).
77) 미국무부문서번호 895.01/230, Douglas to Friends (February 9, 1943).
78) 미국무부문서번호 895.01/230, Fitch to Friends (February 26, 1943). 피치부인은 이 문서를 더글라스와 편지와 함께 국무부에 보냈고, 국무부는 이 두 문서를 다시금 중경의 미국대사관으로 보냈다.
79) Geraldine Fitch, "Korea's Independence Day," New York Times (March 1, 1943).
80) 미국무부문서번호 895.01/231, Bernheisel to Ludlow (March 3, 1943).
81) 미국무부문서번호 895.01/224, Ludlow to Hull (March 8, 1943).
82) 미국무부문서번호 895.01/231, Hull to Ludlow (March 17, 1943).
83) 쿤스는 미국의 소리 방송에서 밀러(Edward Miller)와 그 외 다른 사람들의 도움으로 한국어방송을 진행했다. 쿤스가 한국에 돌아왔을 때 많은 사람들이 그의 사역을 인지하고 있었다. Harry A. Rhodes and Archibald Campbell, ed., History of the Korea Mission Presbyterian Church in the U. S. A. (서울: 대한예수교장로회 출판부, 1965), 25.
84) 당시 쿤스는 크리스마스 휴가로 뉴욕에 왔다가 워싱턴에 들러 OSS의 굿펠로와 이승만을 만난 것 같다. "Harris to Goodfellow," (December 11, 1942); 국사편찬위원회, 『한국독립운동사 자료, 25권 (임정편 X)』, 207-208. 주미외교위원부 통신 18호 (1943년 1월 11일). 이 소식은 서로 협조하기로 약속했다고 하지만 사실은 그렇지 않았다. 이것은 그가 1943년 3월 19일, 이승만에게 보낸 편지에서 확인될 수 있다. "쿤스가 이승만에게" (1943년 3월 19일), 『대한민국임시정부 자료집』 19, 144. 쿤스는 한국에 있을 때에도 단파방송을 이용하였는데, 그의 단파수신기는 그가 한국을 떠난 후 경신학교 출신인 홍익범에게 들어갔고, 그는 이 단파방송을 통하여 세계의 흐름을 한국의 민족주의자들에게 전했다. 여기에 대해서는 정병준, 『이승만연구』 (서울: 역사비평사, 2013), 제9장 태평양전쟁기 단파방송사건과 국내의 이승만 인식 참조.
85) "쿤스가 이승만에게" (1943년 3월 19일), 『대한민국임시정부 자료집』 19, 144.
86) "이승만이 쿤스에게" (1943년 4월 12일), 『대한민국임시정부 자료집』 19, 147.
87) 이 결의안은 주미위원부 통신 32호 (1943년 4월 15일)에 수록되어 있음.
88) 미국무부번호 895.01/232, Bloom to Hull (April 1, 1943); Hull to Bloom (April 15, 1943)
89) 미국무부문서번호 895.01/252, Memorandum of Conversation (April 21, 1943).
90) Congressional Record Vol. 89, XXXX. (April 22, 1943);『주미외교위원부 통신』 제33호 (1943년 4월 28일).
91) 독립기념관 자료번호 1-A1142-000, 더글라스가 세계 기독교인들에게 (May 1943).
92) 미국무부 문서번호 895.01/261 Baird to Tunnell(May 29, 1943); Tunnell to Gentlemen (June 8, 1943).
93) 미국무부 문서번호 895.01/255 이 자료는 미국 정보검열국에서 중경에서 주미외교위원부에 오는 전문을 검열한 것임. 하지만 동시에 임시정부에는 새로운 문제가 등장하고 있었다. 그것은 임정승인 결의안에 대한 감사의 뜻을 표명한 같은 날, 임정의 조소앙은 언론을 통하여 미국과 영국이 전쟁 후 한국을 신탁통치 아래 두려고 한다는 소식을 듣고, 중경의 미대사관을 통하여 미국 대통령에게 강력한 항의를 했다. 바로 그 뒤 이승만은 루즈벨트에게 직접 편지를 써서 임시정부의 승인을 강력히 요청하였다. 이승만은 임시정부 승인을 추진함으로써 신탁통치문제를 해결하려고 한 것이다. 미국무부 문서번호 895.01/256, FDR to the State Department (May 12, 1946); 미국무부 문서번호 895.01/257 Rhee Syngman to FDR (May 15, 1943).

미주

94) 주미위원부 통신 34호 (1943년 5월 10일).
95) 『미국무부 한국관계 문서(Internal Affairs of Korea), 1940-9144』 III, 10쪽에 기록되어 있는 미국무부의 메모 참조.
96) 미국무부 문서번호 895.01/233
97) 미국무부 문서번호 895.01/239
98) 미국무부 문서번호 895.01/250.
99) https://terms.naver.com/entry.nhn?docId=3570817&cid=59011&categoryId=59011 (2018년 8월 22일 검색)
100) 미국무부 문서번호 895.01/246, Peong Koo Yoon to Johnson (April 5, 1943). 여기에서 윤병구는 신흥우가 일본에 의해 어떻게 고문을 당했는지 예를 들어 설명하고 있다. 하지만 한국에서는 일반적으로 신흥우는 친일인사로 분류되고 있다. 『민족대백과사전』 신흥우 항목 참조.
101) Hull Memorandum (March 27, 1943), FRUS 1943, III, 37. 여기에 대한 전반적인 설명은 Matray, 『한반도의 분단과 미국: 미국의 대한정책, 1941-1950』, 제1장 참조.
102) 미국무부 문서번호 895.01/263, Connally to Hull (June 11, 1943), Hull to Connally (June 18, 1943).
103) 미국무부 문서번호 895.01/283, 284.
104) 미국무부 문서번호 895.01/306, Moore to Roosebelt (November 19, 1943).
105) 미국무부 문서번호 895.01/311, Gale to Roosebelt (December 20, 1943).
106) 홍선표, 「한국독립운동을 도운 미국인」 192-195 참조.
107) 여기에 기독교인친한회가 어떤 역할을 했는지는 밝혀지지 않았다. 아마도 1944년 1월 애비슨이 회원들에게 보낸 편지가 공개되면 여기에 대한 단서가 발견될 수도 있다. 참조 http://news.donga.com/View?gid=68907031&date=20150105 (2018년 8월 25일)
108) Congressional Record Vol. 89. (Feb. 7, 1944). 이 대회의 주요 연설문은 미국 오하이오 주 하원의원인 맥그리거(J. Harry McGregor)의 제안으로 미국 의회 의사록에 수록되었고, 이것은 『주미외교위원부 통신』 제 63호에 첨부되어 있다. 마이어 부인은 이승만에게 1,000불의 수표를 주었다. 『이승만의 국역일기』 (1944년 12월 18일).
109) 『국역 이승만의 국역일기』 (1944년 1월 20일).
110) 『주미위원부 통신』 57호 (1944년 1월 31일).
111) 『주미위원부 통신』 63호 (1944년 3월 6일), 헐버트가 친구들에게 보내는 편지 (March 16, 1944).
112) 미국무부 문서번호 895.01/322, Listen to Hull (February 1, 1944).
113) 미국무부 문서번호 895.01/334. 캐롤은 이승만과 오래 관계를 가진 천주교 신부로서 1944년부터 가톨릭친한회를 조직하고, 여기에 전념한 인물이다. 『국역 이승만 일기』 (1944년 12월 18일). 캐롤 신부에 대한 전반적인 연구는 최선혜, "냉전시대 캐롤 몬시뇰의 구호활동과 그 의의," 『교회사 연구』 34 (2010년 6월), 149-180 참조. 나중에 이승만과 캐롤은 갈등관계에 놓였다.
114) 고정휴, 『이승만과 한국의 독립운동』, 455-456.
115) From Harris to Truman (May 5, 1945); Truman to Harris (May 8, 1945), Truman Papers, Official File. OF 471: Korea. Harry S. Truman Library and Musium. 여기에 대한 보다 자세한 내용은 Myung Soo Park, "Rhee Syngman's Diplomacy with America and the American Christian Involvement during the Pacific War" 참조.
116) 애비슨은 이 편지에서 현재 자신들이 하고 있는 일에 대해서 설명했다. 당시 미국의 의회는 한국이민법을 개정하고, 한인학생들에게 장학금을 지급하는 법안을 만들고 있는데, 미국 내에 있는 여러 기독교단체들이 여기에 참여하고 있고, 다시 말하면, 특별히 미국 장로교회의 여러 노회들이 여기에 대한 지지결의안을 보내고 있다고 설명한다. 미국무부 문서번호 895.01/5-2345, Avison to Friends (May 19, 1945). 원래 이 법안은 연방 하원의원(하와이)인 패링턴(Joseph Farrington)이 1944년 6월 2일 제출한 법안(H. R. 4940)으로 이것은 1945년 1월 17일에 다시 제출되었는데 한국인에게 쿼터제로 시민권을 허락하자는 법안이다. 상원에는 파웰이 같은 달 1월 31일에 같은 내용의 법안을 제출하였다. 『주미외교위원부 통신』 제77호(1944년 6월 22일); 제78호(1944년 6월 29일); 제107호 (1945년 2월 20일). 여기에 대한 자세한 연구가 필요함.
117) The Washington Evening Star (April 24, 1945). 이 신문 기사는 미국무부 문서번호 895.01/5-2345와 함께 첨부되어 있음.
118) 미국무부 문서번호 895.01/5-2245, 2345, 2445, 2545, 2845
119) 미국무부 문서번호 895.01/5-2445, Owens to Truman (May 24, 1945).
120) 미국무부 문서번호 895.01/5-2545, Ellis to Truman (May 25, 1945)
121) 미국 종교와 냉전의 관계에 대해서는 Dianne Kirby, "The Cold War and American Religion," (Online Publication Date: May 2017). http://religion.oxfordre.com/view/10.1093/acrefore/9780199340378.001.0001/acrefore-9780199340378-e-398 (2018년 8월 26일 검색). 이승만과 천주교의 접촉에 대해서는 『국역 이승만 일기』 (1944년 10월 14일), (1944년 12월 18일) 참조.
122) 미국무부 문서번호 895.01/5-2245, Sands to Truman (May 22, 1945). 이 문제에 대하여 미국 가톨릭은

미주

매우 적극적으로 대처하였다. 1945년 6월 7일 가톨릭은 유명인사들의 서명을 받아서 "한국에 대한 가톨릭 성명서"를 발표하였는데, 이 성명서에는 가톨릭친한회의 입장을 지지한다는 내용이 들어 있었다. 최선혜, "1940년대 천주교회의 한국 선교와 대한민국 정부 수립, 메리놀 외방전교회를 중심으로," 『교회사연구』 47 (2015년 12월), 144-145.

123) 미국무부 문서번호 895.01/5-2145, Chandler to Truman (May 21, 1945)

복음통일을 위한 대한민국임시정부사의 기독교적 함의

허문영 ((사)평화한국 대표 / 통일선교아카데미 원장)

역사의 주인은 하나님이시다. 역사의 1차 동인은 하나님이시다. 인간은 2차 동인이다. 인간의 생사화복(삼상 2:6)과 국가의 흥망성쇠(렘18:6-10)를 주관하시는 분이 하나님이시기 때문이다.

> 역사의 주인은 하나님이시다. 역사의 1차 동인은 하나님이시다. 인간은 2차 동인이다. 인간의 생사화복(삼상2:6)과 국가의 흥망성쇠(렘18:6-10)를 주관하시는 분이 하나님이시기 때문이다.

복음통일을 위한
대한민국임시정부사의
기독교적 함의

Ⅰ. 들어가는 말

　　지난 시기 한국교회는 민족의 고난과 영광을 함께 해왔다.[1] 1883년 만주를 무대로 활동하던 권서인(서상륜, 서경조 등)들과 1884년 선교사(언더우드, 아펜젤러 등)에 의해 들어온 복음으로 한국교회는 세워졌다. 이후 한국교회는 대한제국 몰락과정에서 민족근대화에 주력했고, 일제하에서는 독립운동을, 해방 이후에는 대한민국 건국과 산업화·민주화 등 매 시기마다 시대적 소명을 감당하며 영혼구원과 하나님 나라 운동에 진력하였다. 한국교회는 하나님과 민족 앞에 큰 기쁨이 되었다. 고려가 불교에 의해, 조선이 유교에 의해 건국되고 유지되었다면, 대한민국은 기독교에 의해 건국되고 유지되고 있다 하겠다.

그러나 지금은 민족과 함께 하던 한국교회가 방향을 상실한 모습이다. 산업화와 민주화, 그리고 복음화의 열매로 생긴 물질과 권리, 그리고 부흥을 하나님 나라와 그 의를 위해 사용하지 못했다. 오히려 번영신학과 성공신앙으로 우리의 욕심과 죄성을 정당화하는 양상이었다. 고난 받는 북녘동포 구원과 동아시아 평화, 그리고 세계선교를 위해 복음에 기초해서 하나님 사랑을 실천해야 하는데, 이념·지역·계층·세대 갈등으로 사분오열된 국내정치지형에 함몰되어 선지자적 목소리와 제사장적 섬김을 놓치고 말았다.

그런데 2018년부터 꿈같은 일들이 일어나고, 놀라운 말들이 나오고 있다. 북한의 끊임없는 핵무기개발로 전쟁의 소문이 꼬리를 물던 한반도였다. 테러가 우려되던 평창올림픽이었으나 대규모 북한 예술단·응원단·선수단의 전격 참가와 여자 하키 단일팀 구성으로 평화올림픽으로 승화되었다. 4월 27일 판문점 남북정상회담은 전 세계인이 주목하는 가운데 감동적인 모습을 수차례 보여주며 '더 이상 전쟁이 없는 새로운 평화시대'를 선언하였다. '완전한 비핵화를 통한 핵 없는 한반도'에 합의하여 세계를 긴장시키던 북핵 해결의 실마리를 만든 것이다. 6월 12일 싱가포르 북미정상회담에서는 그 해법 마련에 합의하였다. 지난 25년 동안 풀리지 않던 북핵문제의 근본적 해결이, 73년 묵은 민족의 숙원인 평화통일의 길이 열리고 있다.

그러나 역사의 주인은 하나님이심을 기억해야 한다. 물론 문재인대통령의 '한반도 운전자론'과 탁월한 외교력, 김정은 위원장의 '강성국가 건설전략'과

> 그러나 역사의 주인은 하나님이시다. 역사의 1차 동인은 하나님이시다. 인간은 2차 동인이다. 인간의 생사화복(삼상2:6)과 국가의 흥망성쇠(렘18:6-10)를 주관하시는 분이 하나님이시기 때문이다.

용기 있는 결단, 트럼프 대통령의 '최대 압박과 최대 관여' 정책과 추진력이 맞물려 북핵문제를 비롯한 한반도문제 해결의 단초가 마련되고 있다. 그리고 시진핑 주석의 대북압박과 보장도 기여했다. 그러나 역사의 주인은 하나님이시다. 역사의 1차 동인은 하나님이시다. 인간은 2차 동인이다. 인간의 생사화복(삼상2:6)과 국가의 흥망성쇠(렘18:6-10)를 주관하시는 분이 하나님이시기 때문이다. 인간이 계획할지라도, 그 일을 이루시게 하시는 분(잠16:9)은 하나님이시다.[2]

들뜨면 안 된다. 이제 평화의 첫걸음을 내디딘 것에 불과하다. 지난 73년 동안 유지되어 온 북한의 공산화통일전략은 근본적으로 바뀌지 않았다. 북녘동포를 통치하는 '통제와 세뇌'의 체제유지방식도 그대로다. 우리 사회 또한 자유를 일구는 데 성공은 했으나, 행복하지는 않다. 남북한 모두 복음으로 바뀌어야 한다. 복음통일의 대장정에 오르는 첫발이 되게 해야 한다. 북한의 '완전한 비핵화'와 '인권개선', 그리고 '자유화'는 우리 사회의 '성결·경건·정직'을 통한 '정의와 사랑'의 구현의 길만큼이나 험난할 것이다. 게다가 우리의 씨름은 혈과 육이 아니라 어둠의 세상주관자들과 하늘의 악한 영들을 상대하는 것이다. 악한 영들은 언제든지 틈만 나면 방해하려 들겠지만, 우리는 우리의 해야 할 일을 차분히 계속해야 한다.

우리 민족은 1945년 북위 38도선의 국토분단, 1948년 대한민국정부수립 (8.15)과 조선민주주의인민공화국정권수립(9.9)으로 체제분단, 1950년 북한의 남침으로 시작된 3년간의 동족상잔과 백성분단으로 인하여 3중적 민족분단을 처절하게 겪었다.[3] 안타깝게도 지난 2015년 국토분단 70년은 아무 의미 없이 지나갔다. 박근혜 정부는 '통일대박'을 주장했으나, 남북관계개선을 위해 의미 있는 진전을 이뤄내지 못했다. 한국교회 일부에서도 통일선교와 복음통일을 강조했지만, 의미 있는 북한선교의 길을 열어내지 못했다. 오히려 북한은 2016년 1월 이후 하나님이 주신 삼천리금수강산에서 3차례의 핵실험을 강행했을 뿐이다. 2,500만 북녘동포의 영혼구원과 복음통일에 대한 우리의 무관심은 하나님의 슬픔이 되었을 터이다. '동방의 예루살렘'으로 일컬어지던 평양에 공산정권이 들어선 지도 70년이 지났다.[4]

　2019년은 3.1운동 100주년이자, 대한민국임시정부 수립 100주년이 되는 해이다. 4년 전 상해한인연합교회에서 통일특강을 할 기회가 있었다. 상해임정에 대한 연구 자료들을 보다가 감동이 일었다. 상해임정 주요인사들의 종교적 배경을 살펴보니 기독교인들이 생각보다 많았기 때문이다. 당시 임정에는 상해한인교회 성도들이 많았고, 상해한인교회 담임목사님 역시 임시의정원(오늘 국회 해당) 의원이었다. 그분 아니라 대통령이었던 친미파 이승만, 국무총리였던 친소파 이동휘, 그리고 민족주의세력 김구와 사회주의세력 여운형 등 대표적인 기독교인들이 임정에 함께 하였다. 오늘 우리가 사용하는 국가상징 가운데 국호 대한민국, 국가 애국가, 국기 태극기, 국화 무궁화는 모두 상해 임시정부에서 제정한 것이다. 바로 기독교인들이 중심이 되어 대한민국임시정부와 국가상징을 만든 것이다.

이제 통일대한민국도 기독교인들이 중심에 서서 사랑과 희생으로 섬길 수 있도록 노력해야 한다. 이런 맥락에서 이 글에서는 복음통일을 위한 상해 임시정부의 함의를 찾아보고, 이에 기초한 복음통일 추진방향을 제시해 보고자 한다.

II. 통일 3.0 : 복음통일

지금은 우리 민족의 숙원인 평화통일을 위해 통일 3.0 패러다임을 진지하게 모색해야 할 때다. 분단 70년 동안 우리는 분단질서를 극복하고 통일국가를 수립하려는 다각적 방법을 다양한 방법으로 추구해왔다. 그러나 이 같은 우리의 통일노력은 패러다임[5]을 중심으로 살펴볼 때, 크게 2가지 통일패러다임 단계로 대별해 볼 수 있다.

통일패러다임이란 어떤 통일국가를 이룩할 것이며, 어떤 가치를 추구할 것이며, 어떻게 그 나라를 이뤄갈 것인가에 대한 총체적 관점이라 할 수 있으며, 통일에 대한 존재론·가치(인식)론·방법론의 총체를 뜻한다. 분단시대 남북한을 지배하고 있었던 일체의 통일방안을 통일패러다임에 포함할 수도 있겠다. 남북한 정부의 통일정책과 더불어 민간에 의해 모색된 모든 통일노력도 통일패러다임에 포함할 수 있다. 통일국가 미래상도 통

> 통일패러다임이란 어떤 통일국가를 이룩할 것이며, 어떤 가치를 추구할 것이며, 어떻게 그 나라를 이뤄갈 것인가에 대한 총체적 관점이라 할 수 있다.

일패러다임에 담겨야 한다. 통일국가의 이념과 형태, 문화와 제도, 심지어 대외 관계까지도 포괄한다. 국가공동체 전반의 형식과 내용에 관한 구상, 전망까지도 담겨야 한다. 한반도 통일과 관련된 통일미래상, 통일방안, 통일전략을 통일패러다임의 핵심구성요인으로 볼 수 있다.[6]

첫째는 통일 1.0 패러다임 단계이다. 1950~1960년대 냉전기 적대적 대결 통일론의 통일패러다임이다. 1950년대 한국전쟁 경험을 통해 우리는 이것이 얼마나 비싼 대가를 치르는 것이고, 그 결과마저 통일이 아닌 분단고착화에 불과한 것임을 깨달았다. 북한이 도발한 무력에 의한 통일전쟁이 38선은 무너뜨렸으나, UN군의 참전과 중공의용군의 개입으로 휴전선이 다시 생겼을 뿐이다. 국경을 접하고 있는 중국과 소련, 그리고 일본과 유일초대국 미국의 영향권하에 있는 한반도는 앞으로도 전쟁에 의한 통일은 불가능하다.

둘째는 통일 2.0 패러다임 단계이다. 1970년대 긴장완화기부터 1990년대 탈냉전기를 거쳐 2017년 현재까지의 유화적 대화통일론이다. 1970년대 7·4공동성명과 제1차 남북대화기, 1980년대 제2차 남북대화기, 1990년대 남북기본합의서와 비핵화공동선언에 기초한 제3차 남북대화기, 2000년대 제1차 남북정상회담과 6·15공동선언, 제2차 남북정상회담, 10·4공동성명에 기초한 제4차 남북대화가 그것이다. 지난 40년 이상의 남북대화 경험을 통해 긴장완화까지는 갈 수 있었으나, 결과적으로 북한의 핵실험과 대량살상무기개발이라는 결과에 봉착하고 말았다. 1990년대부터 치열하게 전개되어 온 햇볕론(온건론)과 바람론(강경론)은 그 주장의 강열함에도 불구하고 모두 북한의 변화를 이끌어 내지 못하는 한계를 보여주었다.

필자는 1990년대부터 두 논의가 극심한 입장 차이를 보임에도 불구하고 모두 한 틀 속에 있다고 비판한 바 있다. 전자는 한국정부가 따뜻하게 대해주면 북한이 전향적으로 나올 것이며 합의통일에 도달할 것이라는 주장이다. 후자는 강경하게 밀어붙이면 북한이 밀려서 항복하고 나올 것이고, 안 나오면 붕괴될 것이라는 주장이다. 그러나 두 논의 모두 한국정부의 대북정책이 북한의 정책변화를 이끌어 낼 수 있다고 보고 있다. 한국정부의 대북정책이 독립변인이고, 북한의 정책변화가 종속변인이라고 보는 점에 있어서는 똑같은 틀을 사용하고 있다. 그러나 북한의 정책변화는 우리 정책에만 따르는 것이 아니다.[7]

한반도 분단의 장기화는 남북한 통일패러다임의 비현실성에서 비롯된다고도 할 수 있다. 현재 남북한을 지배하고 있는 통일패러다임은 대체로 1990년도를 전후로 하는 20세기말의 통일방안에 머물러 있다. 남한은 1987년 민주화를 기반으로 생성된 '민족공동체 통일방안'을 핵심으로 하는 통일패러다임을 오늘날까지 고수하고 있다. 북한도 1991년 김일성 생존 시 발표한 고려민주연방공화국 창립방안에서 벗어나지 못하고 있다. 남북한은 '민족공동체 통일방안'과 '고려민주연방공화국 통일방안'을 둘러싸고 갈등을 지속해 오고 있는 셈이다.

> 이제 정·반·합의 완성단계인 새로운 통일의 길이 제시되어야 한다. 통일 3.0 패러다임을 모색·수립해서 실천해야 할 때다.

이제 정·반·합의 완성단계인 새로운 통일의 길이 제시되어야 한다. 통일 3.0 패러다임을 모색·수립해서 실천해야 할 때다.

Ⅲ. 대한민국임시정부의 특징

1. 누가 : 근대민족지도자

상해 임시정부와 임시의정원을 이끌었던 우리의 근대민족지도자들은 누구이며 어떤 사람들이었는가? 종교, 활동근거지, 나이, 학력 배경은 어떻게 되고, 어떤 독립운동을 했었나?

(1) 출신성분 : 젊은 기독교인

상해 임시정부의 구성원 중에는 기독교인이 압도적이었다. 임정 요인 대다수는 개신교인이거나 대종교인이었다.[8] 개신교와 함께 3.1운동을 중심적으로 이끌었던 천도교인들은 상해 임시정부에 거의 참석하지 않았다. 남형우와 최동오만 함께 하였다. 개신교 측 안창호가 천도교와 협상했으나, 기호파 중심의 천도교는 서북파 개신교 중심의 임정에 참여하기 어려웠던 것으로 보인다. 대신 일제강점 이후 만주에서 항일무장투쟁을 전개했던 민족주의적 대종교가 적극 참여하였다. 개신교인은 한성임정의 조직주체였고, 상해임정의 중심이었으며, 통합임정에서도 주요위치를 맡았다. 개신교에서도 서북지방 장로교인들이 많았던 것으로 보인다.[9]

임시의정원의 경우, 제1회부터 제6회까지, 총 109명 의원이 참여했다. 이

중에서 종교가 확인되는 37명 가운데 기독교인이 23명(목사 8명)으로 62%에 달했고, 대종교가 11명(30%), 불교 2명, 유교 1명이었다.[10]

이들의 활동근거지는 독립운동을 하던 모든 지역으로 분석된다. 확인되는 78명 의원 가운데 상해북경이 24명(31%), 국내 23명(29%), 일본 14명(18%), 만주 12명(15%), 연해주 4명(5%), 미국 1명이었다.[11]

나이는 20-30대 젊은 피가 75%로 주류를 이루었다. 확인되는 77명 가운데 20대가 27명(35%), 30대가 31명(40%), 40대가 16명(21%), 50대가 3명(4%)이었다.

학력은 높은 수준이라 할 수 있다. 확인되는 54명 가운데 해외 유학파가 31명(58%)으로서 일본 23명, 중국 5명, 미국 3명으로 구성되었다. 국내에서는 신교육 수료자 16명(30%), 한학공부자 7명(13%)이었다.

(2) 독립운동노선 : 4대 노선

상해임정요인들이 걸었던 독립운동은 국제정치이론, 또는 외교정책이론에서 분류하는 틀을 적용해서 살펴볼 수 있겠다. 무력을 강조하는 보수주의적 노선인가 아니면 대화를 강조하는 진보주의적 노선인가? 국제적 협력을 강조하는 국제주의적 노선인가 아니면 민족적 단결을 강조하는 민족주의적 노선인가? 이 두 방향을 결합하여 다음과 같이 4종류의 독립운동노선으로 구분해 볼 수 있다.[12]

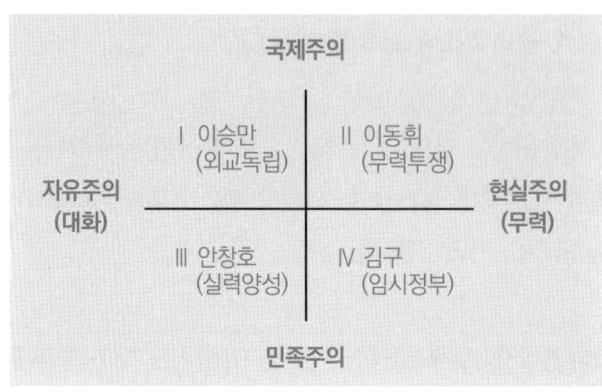

Ⅰ 상한(국제주의적 대화주의자:외교론)에는 1918년 11월 제1차 세계대전 종전이라는 시대적 상황을 활용하여 국제적으로 외교무대를 적극 활용할 것을 주장했던 사람들을 거명할 수 있겠다. 이들은 민족자결주의 원칙에 부응해, 한민족 전체 독립의지를 국내외에서 세계를 향해 선언하여 독립을 쟁취하자는 입장을 견지했다.

대표적으로 파리강화회의(1919.1-6)에 참석해 한국독립청원서를 제출하는 외교방략을 강조했던 동제사와 신한청년단 소속 인물들로서 김규식[13] 등과 개신교계 민족대표들로부터 국제여론조성과 파리강화회의에 3·1독립선언서를 전달할 임무를 부여받고 일했던 현순 목사 등이 있다. 현순 목사는 1920년 9월 구미위원부 임시위원장 자격으로 임정 재정 확보를 위해 미국 서부를 방문해 모금하고, 1921년 4월, 워싱턴에 주미대사관을 설치했으며, 1922년 1월에는 모스크바에서 열린 극동인민대표회의에 한국대표로 참석해 소련지도자들에게 한국독립지원을 요청하는 활동을 전개했다.[14] 손정도 목사도 이 영역의 인물로 포함할 수 있다. 그는 1919년 4월 10일, 상해 임시의정원 부의장으로 선출된 후 국제적 노력을 통한 독립자금 조달과 독립 지지에 주력했다. 미국 한인교회들에게 임정 지원을 권유하고, 1920년 2월 북경에서 감리교 동양선교총회를 개최하여 "동양평화의 관건이 한국의 독립에 있음"을 역설하며 서양선교사를 통한 독립지지를 확보하고자 했다.[15] 상징적 인물로는 이승만 임시정부대통령을 들 수 있다. 초기 임정의 주요 업무는 외교와 선전이었다.

Ⅱ상한(국제주의적 무력주의자: 투쟁론)에는 무력투쟁을 강조하며 만주와 연해주에서 소비에트연방과 연계하여 군사활동을 전개했던 사람들을 꼽을 수 있다. 상징적 인물로는 이동휘 임시정부 국무총리 등을 들 수 있다.

Ⅲ상한(민족주의적 대화주의자: 실력론)에는 독립을 위해 민족내부의 힘을 키우는 준비를 하여 일제로부터 독립을 성취해야 한다고 주장했던 인물들로 분류할 수 있다. 대표적으로 도산 안창호의 흥사단 운동, 춘원 이광수의 민족개조론 등을 들 수 있겠다. 도산의 경우, 국망의 원인을 '거짓'과 '공리공론'에 빠진 우리민족의 자체문제로 파악하고, 국권회복을 위해 자아혁신을 통한 근대시민확립과 교육과 산업 개량을 통한 국민국가건설을 강조했다. 이를 위해 1907년 귀국, 신민회 결성을 통해 실천하고자 했고, 3·1운동 이후에는 4월 상해임정 내무총장으로 취임해 독립운동노선의 통합을 위해 헌신하였다.[16] 그는 친미파 이승만과 친소파 이동휘, 그리고 한성임시정부가 대통령 자리를 놓고 마찰할 때, 중재를 위해 엄청 노력했다. 또한 개신교와 천도교가 임정 구성을 두고 마찰을 빚을 때도, 비록 실패했지만 노력했다. 도산은 1932년 윤봉길 의사 의거 직후 일경에 피체되어 1938년 3월 10일 별세할 때까지를 제외하고 시종여일 개인혁신과 독립운동 노선통합을 통한 근대독립 국가건설에 주력하는 모습을 보여주었다.

Ⅳ상한(민족주의적 무력주의자: 정전론)에는 독립을 위해 자강차원에서 군

사력을 중심으로 한 각종 실력을 키워 한반도에서 일제를 내쫓아야 한다고 주장했던 인물들로 규정할 수 있다. 대표적으로는 독립전쟁론을 강조했던 신민회 일부 인물들과 만주와 연해주에서 무관교육을 통한 독립군 양성과 독립운동 근거지 확보를 위한 민족생활터전 확보운동을 했던 인물들을 들 수 있다. 상징적 인물로는 우당 이회영, 이시영 등과 백범 김구의 주석 독립운동노선을 들 수 있겠다. 유학자였던 우당의 경우, 1867년 3월 태어나 1932년 11월 중국 대련에서 고문사할 때까지 일생을 독립운동에 헌신했다. 그는 신민회 결성 이후, 헤이그밀사파견을 실행하고, 6형제 모두 서간도로 망명해 신흥무관학교를 세워 항일투쟁을 전개했다. 그는 반임정, 반공산주의에 기초한 무정부주의적 항일독립운동을 추구했다.[17]

2. 무엇을 : 근대민족국가건설

우리의 근대민족지도자, 선각자들은 어떤 나라를 꿈꾸고 만들기를 원했는가?

(1) 백범 김구

백범 김구는 오늘 우리에게도 여전히 의미 있는 나라를 제시하였다. 그는 이를 몽상이라 생각하지 말고, 반드시 실천해 나가는 것이 우리민족의 사명이라고 주장했다. 그가 소원한 나라는 다음과 같이 정리해 볼 수 있다.

첫째, 자유 민주국가[18]

"나의 정치 이념은 한마디로 표시하면 자유다. 우리가 세우는 나라는 자유의 나라라야 한다.…자유 있는 나라의 법은 국민의 자유로운 의사에서 오고, 자유 없는 나라의 법은 국민 중의 어떤 일개인 또는 일 계급에서 온다. 일개인에서 오는 것을 전체 또는 독재라 하고 일 계급에서 오는 것을 계급독재라 하고 통칭 파쇼라고 한다. 나는 우리나라가 독재의 나라가 되기를 원치 아니한다. 독재의 나라에서 정권에 참여하는 계급 하나를 제외하고는 다른 국민은 노예가 되고 마는 것이다.…독재 중에서 가장 무서운 독재는 어떤 주의, 즉 철학을 기초로 하는 계급독재다.…시방 공산당이 주장하는 소련식 민주주의란 것은 이러한 독재정치 중에도 가장 철저한 것이어서, 독재정치의 모든 특징을 극단으로 발휘하고 있다. …일점일획이라도 반대는 고사하고 비판하는 것도 엄금하여 이에 위반하는 자는 죽음의 숙청으로써 대하니, 이는 옛날 조선의 사문난적에 대한 것 이상이다.…우리가 세우는 나라에는 유교도 성하고 불교도 예수교도 자유로 발달하고, 또 철학으로 보더라도 인류의 위대한 사상이 다 들어와서 꽃이 피고 열매를 맺게 할 것이니, 이러하고야만 비로소 자유의 나라라 할 것이요. 이러한 자유의 나라에서만 인류의 가장 크고 가장 높은 문화가 발생할 것이다. 이상에 말한 것으로 내 정치 이념이 대강 짐작될 것이다. 나는 어떠한 의미로든지 독재정치를 배격한다."

둘째, 사랑과 평화의 국가[19]

"내가 원하는 우리 민족의 사업은 결코 세계를 무력으로 정복하거나 경제력으로 지배하려는 것이 아니다. 오직 사랑의 문화, 평화의 문화로 우리 스스로 잘 살고 인류 전체가 의좋게 즐겁게 살도록 하는 일을 하자는 것이다. 어느 민족도 일찍 그러한 일을 한 이가 없었으니 그것은 공상이라고 하지 말라. 일찍 아무도 한 자가 없길래 우리가 하자는 것이다. 이 큰일은 하늘이 우리를 위하여 남겨놓으신 것임을 깨달을 때에 우리 민족은 비로소 제 길을 찾고 제 일을 알아본 것이다. 나는 우리나라의 청년 남녀가 모두 과거의 조그맣고 좁다란 생각을 버리고 우리 민족의 큰 사명에 눈을 떠서 제 마음을 닦고 제 힘을 기르기로 낙을 삼기를 바란다. 젊은 사람들이 모두 이 정신을 가지고 이 방향으로 힘을 쓸진대, 30년이 못하여 우리 민족은 괄목상대하게 될 것을 확신하는 바이다."

셋째, 문화국가[20]
-백범일지 중에서

"나는 우리나라가 세계에서 가장 아름다운 나라가 되기를 원한다. 가장 부강한 나라가 되기를 원하는 것은 아니다. 내가 남의 침략에 가슴이 아팠으니 내 나라가 남을 침략하는 것을 원치 아니한다. 우리의 부력(富力)은 우리의 생활을 풍족히 할 만하고 우리의 강력(强力)은 남의 침략을 막을 만하면 족하다. 오직 한없이 가지고 싶은 것은 높은 문화의 힘이다. 문화의 힘은 우리 자신을 행복하게 하고 나아가서 남에게 행복을 주겠기 때문이다. 지금 인류에게 부족한 것은 무력도 아니요 경제력도 아니다. 자연과학의 힘은 아무리 많아도 좋으나 인류 전체로 보면 현재의 자연과학만 가지고도 편안히 살아가기에 넉넉하다. 인류가 현재에 불행한 근본 이유는 인의가 부족하고 자비가 부족하고 사랑이 부족한 때문이다. 이 마음만 발달이 되면 현재의 물질력으로 20억이 다 편안히 살아갈 수 있을 것이다. 인류의 이 정신을 배양하는 것은 오직 문화이다. 나는 우리나라가 남의 것을 모방하는 나라가 되지 말고 이러한 높고 새로운 문화의 근원이 되고 목표가 되고 모범이 되기를 원한다. 그래서 진정한 세계의 평화가 우리나라에서, 우리나라로 말미암아서 세계에 실현되기를 원한다. 홍익인간이라는 우리 국조 단군의 이상이 이것이라고 믿는다. 또 우리 민족의 재주와 정신과 과거의 단련이 이 사명을 달성하기에 넉넉하고, 우리 국토의 위치와 기타 지리적 조건이 그러하며, 또 1차, 2차의 세계대전을 치른 인류의 요구가 그러하며, 이러한 시대에 새로 나라를 고쳐 세우는 우리가 서 있는 시기가 그러하다고 믿는다. 우리 민족이 주연 배우로 세계무대에 등장할 날이 눈앞에 보이지 아니하는가. 이 일을 하기 위하여 우리가 할 일은 사상의 자유를 확보하는 정치 양식의 건립과 국민 교육의 완비다. 내가 위에서 자유의 나라를 강조하고 교육의 중요성을 말한 것은 이 때문이다."

넷째, 영성국가[21]

"최고 문화 건설의 사명을 달한 민족은 일언이 폐지하면 모두 성인(聖人)을 만드는 데 있다. 대한 사람이라면 간 데마다 신용을 받고 대접을 받아야 한다.… 집안이 불화하면 망하고 나라 안이 갈려서 싸우면 망한다. 동포 간의 증오와 투쟁은 망조다. 우리의 용모에서는 화기가 빛나야 한다. 우리 국토 안에는 언제나 춘풍이 태탕하여야 한다. 이것은 우리 국민 각자가 한번 마음을 고쳐먹음으로써 되고

> "나는 우리나라가 세계에서 가장 아름다운 나라가 되기를 원한다. 가장 부강한 나라가 되기를 원하는 것은 아니다. 내가 남의 침략에 가슴이 아팠으니 내 나라가 남을 침략하는 것을 원치 아니한다."
> – 백범 김구

그러한 정신의 교육으로 영속될 것이다."

다섯째, 봉사국가[22]
"최고 문화로 인류의 모범이 되기로 사명을 삼는 우리 민족의 각원(各員)은 이기적 개인주의자여서는 안 된다.···우리는 남의 것을 빼앗거나 남의 덕을 입으려는 사람이 아니라 가족에게, 이웃에게, 동포에게 주는 것으로 낙을 삼는 사람이다.···한없이 주기 위함이다. 힘드는 일은 내가 앞서 하니 사랑하는 동포를 아낌이요, 즐거운 것은 남에게 권하니 사랑하는 자를 위하기 때문이다. 우리 조상네가 좋아하던 인후지덕(仁厚之德)이란 것이다.··· 민족의 행복은 결코 계급투쟁에서 오는 것도 아니요, 개인의 행복이 이기심에서 오는 것이 아니다. 계급투쟁은 끝없는 계급투쟁을 낳아서 국토에 피가 마를 날이 없고, 내가 이기심으로 나를 해하면 천하가 이기심으로 나를 해할 것이니, 이것은 조금 얻고 많이 빼앗기는 법이다."

(2) 도산 안창호
도산 안창호가 꿈꾼 나라[23]는 다음과 같이 정리해 볼 수 있다.

첫째, 정직과 공의, 사랑과 공동체, 자유와 평화의 무실(務實)국가[24]
무실역행은 도산의 창의적 개념이다. 무실은 참되기를 힘쓰자는 뜻이고, 역행은 행하기를 힘쓰자는 뜻으로 이해된다. 따라서 무실역행은 '민족의 독립을 위해 개인의 힘을 양성하는 것'이라 할 수 있다.[25] 무실국가는 무실 이념이 투영되는 국가로, 정의가 꽃을 피우는 국가이자 진리가 중심이 되는 국가이다. 즉

진실하고 정의로운 국가를 의미한다.

"진리는 반드시 따르는 자가 있고, 정의는 반드시 이루는 날이 있다."
"죽더라도 거짓말을 하지 말아라. 꿈에라도 성실을 잃었거든 통회하라."
"거짓이여! 너는 내 나라를 죽인 원수로구나. 군부의 원수는 불공대천이라 했으니 나는 죽어도 거짓말을 하지 않으리라."

둘째, 대공(大公)국가[26]
대공주의도 도산의 독특한 개념이다. 개인(私)보다 여럿(公)을 중심으로 여기는 태도를 의미하며, 무슨 일에 있어서나 공명정대하고 공평무사하기를 힘쓰는 태도를 말한다. 따라서 대공주의는 '민족독립전선 통합을 위한 통합의 혁명노선'이라 할 수 있다.[27] 대공국가는 나라 운영에 있어 사사로움이나 불편부당함이 없이 공평하고, 양 극단의 조화로움이 있는 나라이다.

"나 하나를 건전한 인격으로 만드는 것이 우리 민족을 건전하게 하는 유일한 길이다."
"나는 우리 민족의 장래에 큰 소망을 가집니다. 나는 우리 민족의 본질에 대하여 조금도 비관을 품지 아니합니다. 우리는 넉넉히 대사업을 이룰 민족이라고 굳게 믿습니다."

셋째, 자유국가[28]
-도산 안창호가 꿈꾼 나라 (자유국가)
"대개 나라가 없는 자는 따라서 자유가 없소. 자유가 없으면 그 사람은 죽은 사람과 같소."

"우리가 우리 주권만 찾는 것이 아니라 한반도 위에 모범적 공화국을 세워 이천만으로 하여금 천연의 복락을 누리려 함이오."

> "대개 나라가 없는 자는 따라서 자유가 없소. 자유가 없으면 그 사람은 죽은 사람과 같소."
> "우리가 우리 주권만 찾는 것이 아니라 한반도 위에 모범적 공화국을 세워 이천만으로 하여금 천연의 복락을 누리려 함이오."
> – 도산 안창호

넷째, 평화국가[29]

"그뿐만 아니라 더욱 세계의 항구적 평화를 돕고자 함이오. 우리가 신공화국을 건설하는 날이 동양 평화가 견고하여지는 날이오. 동양 평화가 있어야 세계 평화가 있겠오."

(3) 우남 이승만

우남 이승만이 꿈꾼 나라는 다음과 같이 정리해 볼 수 있다.

첫째, 기독교신앙에 기초한 국가이다.[30]

그는 1899년 1월 9일 터진 '박영효 쿠데타 음모사건'에 연루되어 한성감옥에 투옥되었다. 이 시기 이승만은 기독교에 귀의하여 처음으로 '자신의 영혼과 국가를 위해' 하나님께 기도드렸다.[31]

"나는 다시 감옥에 갇혔다.…그 때부터 칼 위에 머리를 숙이고 기도하였다. '오 하나님, 내 영혼과 내 나라를 구해 주소서.' 성경책 한 권을 몰래 죄수 한 명이 간수가 오는지 감시하고 다른 한 명은 나를 위해 넘겨주었다. 성경을 읽으면서 평안을 찾았다."

1904년 8월 출감 직전, 그는 일본의 침략 앞에서 기독교인들이 무관심하거나 외국을 의지하는 자세를 비판하고, 영국과 미국처럼 기독교정신으로 자주독립국가를 건설할 것을 촉구했다.

"지금 영미국이 세계에 예일 예수교를 만히 밧드난 나라이라.… 교중 일만 쥬장하고 나라는 엇지 되던지 모른다 하겟난가. 하나님께서 잘 도아쥬실지니 우리는 애쓸 것 업다 하겟난가. 결단코 그러치 안이하야 뎌마다 쥬야로 긔도를 그치지 안이하며 일심으로 나셔서 죽기까지 나아가난 일군들이 될지라.… 다만 제몸 하나와 제 령혼 하나의 구원 엇난 것만 예일이라 할진대 이는 결단코 하나님의 참 리이와 예수의 근본 뜻슬 알지 못한다 일을지라."[32]

"이 나라를 예수 그리스도의 나라를 만들기로 힘써 일들 하십시다. 영국이 예수의 나라 안이오닛가. 미국이 예수의 나라 안이오닛가. 세계 문명한다는 나라들이 다 예수의 나라들이 안이오닛가. 의심말고 걱정말고 일들만 합셰다."[33]

1904년 11월 미국으로 유학 간 이승만은 1907년 평양대부흥을 보며 망국의 위기에 처한 조국을 구할 수 있는 길이 '오직 기독교'밖에 없다고 강조하였다. 그가 강조한 "20년 내에 완전한 기독교 국가가 되게 하여 주소서!"는 당시 대한제국 기독인들의 기도제목이 되었다.

"현재 10만 명이 넘는 토착 교인들이 오는 20년 내에 이 작고 아름다운 나라가 완전한 기독교 국가가 되도록 해달라고 열심히, 그리고 혼신을 다해 기도하고 있습니다. 나도 그렇게 개종한 토착교인의 한 사람으로 하나님께서 우리 기도를 들어주실 것이라는 확신을 갖고 있습니다."[34]

그는 일제하에서 고난 받으며 성장하는 한국교회가 민족의 희망이 될 것과 한국이 아시아 최초의 기독교 국가가 되어야 한다고 주장하였다.

"하나님이 한국 백성을 이스라엘 백성갓치 특별히 택하야 동양에 쳐음 예수교 나라를 만들어가지고 아세아쥬에 예수교 문명을 발전식힐 책임을 맥기심이라."[35]

둘째, 세계평화공동체에 기여하는 나라이다.

그는 한민족의 독립운동이 단순한 독립국가건설을 위한 정치운동 차원에 그치는 것이 아니라, 지상의 모든 민족이 형제애를 바탕으로 자유와 평등의 세계평화공동체 건설에 기여할 것을 구상하였다.[36] 자유와 평등을 기반으로 한 기독교국가 건설이라는 그의 오랜 숙원은 드디어 1948년 대한민국 제헌의회를 통해 현실화 과정을 걷게 되었다.[37]

이후 우리나라 현대사를 반성해보면, 시대적 과제를 감당하기 위해 자기희생을 아끼지 않았던 세대가 대략 20년 단위로 일어났음을 발견할 수 있다. 이승만 대통령으로 상징되는 1940~1950년대의 건국세대는 공산주의 도전으로부터 나라를 만들어 지켰고, 박정희 대통령으로 상징되는 1960~1970년대의 산업화세대는 절대빈곤으로부터 벗어나게 하였으며, 김대중·김영삼 대통령으로 상징되는 1980~1990년대의 민주화세대는 독재정권으로부터 벗어날 수 있게 하였다.[38]

이제 우리나라와 한민족에게 주어진 시대적 과제는 평화통일이다. 개명천지하에서 여전히 절대빈곤과 독재체제로 인해 굶어 죽어가는 2,450만 북녘동포들에게도 인권과 복지가 보장되는 나라에서 살 수 있는 기회를 만들어주는 것이 우리의 과제이다. 이를 위해 2010~2020년대 우리나라의 주축세대는 평화통일세대로 일어나야 한다. 산업화세대의 획일화와 민주화세대의 양극화를 넘어 다양성 속에 통일성을 이뤄가야 한다. 그 결과 이들에 의해 한민족 존재양식과 동아시아 국제질서의 패러다임이 질적 변화를 경험하게 될 것이다. 통일한국이 다른 나라보다 잘되고 풍부하게 되는 것은 혼자만 누리는 축복이 아니라, 함께 나누고 누리라는 사명으로 보아야 한다.[39]

> 이제 우리나라와 한민족에게 주어진 시대적 과제는 평화통일이다. 개명천지하에서 여전히 절대빈곤과 독재체제로 인해 굶어 죽어가는 2,450만 북녘동포들에게도 인권과 복지가 보장되는 나라에서 살 수 있는 기회를 만들어주는 것이 우리의 과제이다. 이를 위해 2010~2020년대 우리나라의 주축세대는 평화통일세대로 일어나야 한다.

3. 어떻게 : 7대 정신으로

(1) 연합의 정신

연합의 정신은 상해 임시정부의 원동력이 된 3·1운동에서도 명확하게 드러난다. 3.1운동은 개신교·천도교·불교가 지역에 따라 다양한 방식으로 연합하여 전개되었다. 평안남도·함경북도·전라남북도·경상남북도는 개신교가 주도하고, 천도교가 협력하였다. 강원도와 함경남도는 천도교가 주도하고, 개신교가 협력하였다. 경기도는 3종교가 함께하였던 것으로 보인다.[40]

1919년 9월, 대한민국 임시정부가 좌우합작의 통합정부로 출범했다. 1919년 2월, 한인사회당 이동휘를 중심으로 결성된 대한국민의회(블라디보스토크 임정)가 1919년 4월 출범한 상해 임정과 통합한 것이다.[41] 내무총장 안창호의 중재하에 재미 이승만이 대통령, 재소 이동휘가 상해에 도착해 국무총리를 맡음으로써 통합임시정부가 출범하게 되었다. 자유민주주의와 사회주의가 연합하여 대한민국을 함께 세우고, 한국 독립운동사에 기여한 최초의 사건이라 할 수 있겠다. 이후 독립운동계는 사회주의 수용 여부에 따라 이념 분화 현상을 보였으나, 분열에서 멈추지 않고, -통합과 통일을 향한 새로운 방향도 모색하기 시작했다. 통합정부(1919.9), 국민대표회의(1923), 민족유일당운동(1926), 한국대일전선통일동맹(1932)-등 좌우합작운동의 역사가 그것이다. 1942년 충칭 임시정부에 좌파세력이 다시 합류하여 연합의 정신은 회복되었다.[42]

연합의 인물로는 상해임정활동가들 상당수를 들 수 있겠으나, 개신교의 경우 도산 안창호와 목사인 현순을 대표적으로 들 수 있다. 도산 안창호는 종교계 연합과 더불어 독립운동노선 통합과 임정에서의 다양한 지위 조율[43]등을 위해 헌신적으로 일했다. 현순 목사도 연해주, 미주, 한성 등 난립 임정들을 상해 임정으로 통합하기 위해 노력했다. 천주교의 경우, 정교분리를 내세우는 외국인

선교사 관할하에 있었기 때문에 임정활동에 참여하기 어려웠다. 그러나 안중근 의사의 동생인 안정근과 안공근은 연합의 정신으로 임정활동에 적극 참여했다. 안정근의 경우, 1920년 간도지역에 파견되어 기반이 연약한 가운데 난립하고 있던 독립운동단체들의 연합을 추진했고, 1921년 상해에 돌아와서는 시사책진회에 참여하여 독립운동방략과 편견 등을 조정하는 데 주력했다. 6개 국어를 하며 모스크바에 유학했던 안공근은 우익과 좌익계열 독립운동단체 통합을 위해 노력했다.

(2) 평화의 정신

상해 임시정부 지도부의 독립운동방향은 기본적으로 평화의 정신에 기초해 있었다. 백범 김구를 테러리스트로 왜곡하는 평가가 있지만, 이는 본질을 놓친 해석이다. 그는 철저한 평화주의자라 할 수 있다. 앞에서도 인용했지만, 그는 "세계를 무력으로 정복하거나 경제력으로 지배"하는 것에 반대한다. "오직 사랑의 문화, 평화의 문화로 우리 스스로 잘 살고 인류 전체가 의좋게 즐겁게 살도록 하는 일을 하자."고 강조한다. 그리고 이 같은 노력을 "공상이라고 하지 말라. 일찍 아무도 한 자가 없길래 우리가 하자는 것이다."고 주장하면서, 우리 민족에 의한 새로운 세계를 평화적으로 건설할 것을 제시했다.

우남 이승만도 대한민국이 세계평화에 기여하는 나라가 되어야 한다고 역설했다. 우리 민족의 독립국가 건설이 단순히 정치운동차원에서 머물 것이 아니라, 인류 형제애를 바탕으로 자유와 평등의 세계평화공동체 건설에 기여해야 한다는 사실을 강조했다.

(3) 복음의 정신

1905년 을사늑약으로 국권을 강탈당한 후, 대한제국에는 종교입국론이 확산되었다. 일제의 현실적 총칼 앞에 무력했던 대한제국 백성들은 초월적 힘에 기초한 자강의 논리로 국권을 회복하고자 했던 것으로 보인다. 조선왕조와 대한제국의 정신적 지주로서의 수명을 다한 유교를 대신하여 국민통합과 국운융성에 기여할 새로운 종교운동이 요청되었다. '개화지식인들의 기독교 수용, 동학의 천도교로의 재정비, 유교구신론의 등장과 대종교 설립, 민족종교로서 단군교 대종교 중광' 등이 이런 운동이었다.[44]

1899년 박영효 사건에 연루되어 한성감옥에 갇힌 우남 이승만은 옥중에서 성경을 읽다가 거듭난다. 1904년 출감직전 그는 기독교정신으로 조국이 자주독립국가로 일어나야 한다고 강조했다. 1904년 11월 미국으로 유학 가 있는 동안 1907년 평양대부흥을 보면서는 망국의 위기에 있는 조국이 일어날 수 있는 길은 오직 기독교에만 있음을 깊이 깨닫고, '야소교국가', 즉 예수 그리스도의 나라 기독교국가가 되기를 간절히 기도했다. 동양 최초로 기독교 신앙을 기초로 한 나라가 되어야 함을 소원했다.

1945년 11월, 조선기독교남부대회 주최로 서울정동제일교회에서 임시정부요인 환영대회가 열렸다. 해방 정국의 '3대 영수', 즉 김구와 김규식, 이승만이 모두 참석했다. 백범 김구는 "백 개의 경찰서를 새로 세우는 것보다 한 개의 교회가 더 생기는 것이 좋다."며 "강한 나라는 '성서 위에' 세워야 한다."고 강조했다. 우사 김규식은 "침략 받지 않는 강국을 세우려면 '그리스도라는 반석 위에' 세워야 한다."고 주장했다. 우남 이승만도 "새로운 국가 건설을 할 때 '만세

반석 되시는 그리스도 위에' 이 나라를 세우자."고 역설했다.[45] 세 사람 다 복음의 정신으로 대한민국을 세우기 원했던 것이다.

(4) 교육의 정신

상해임정요인들을 포함한 일제하 근대민족지도자들은 '무형의 자강'운동차원에서 국민의식

> 백범 김구는 "백 개의 경찰서를 새로 세우는 것보다 한 개의 교회가 더 생기는 것이 좋다."며 "강한 나라는 '성서 위에' 세워야 한다."고 강조했다. 우사 김규식은 "침략 받지 않는 강국을 세우려면 '그리스도라는 반석 위에' 세워야 한다."고 주장했다. 우남 이승만도 "새로운 국가 건설을 할 때 '만세반석 되시는 그리스도 위에' 이 나라를 세우자."고 역설했다.

계몽을 목표로 교육운동을 활발히 전개했다.[46] 특히 개신교계는 교육을 통한 선교에 주력하였다. 개신교가 설립한 교회학교를 통해 복음의 내용과 더불어 민족의식을 배우고 깨우칠 수 있게 되어 독립운동에 헌신하는 이유와 힘을 얻게 되었다.[47] 또한 교회학교를 졸업한 이들이 민족지도자로 성장하면서 한국교회가 독립운동에 주력으로 참여할 수 있게 되었다.

이 같은 교육운동 노력은 대종교 지도자들에게서도 찾아볼 수 있다. 신규식(임시의정원 부의장)은 남경과 상해를 오가며 이곳에 있던 청년 유학생들을 하나로 묶어내기 위해 박달학원(博達學院)을 열어 독립의식을 고취시켰다. 또한 대종교당을 열어 민족의식을 고양했다. 이 일에 박은식과 신채호도 함께 했다. 박은식은 「홍콩잡지(香港雜誌)」를 창간했다.

(5) 섬김의 정신

1919년 8월 임정 내무부의 승인을 받아 결성된 단체인 대한적십자회가 대표적 기관이다. 대한적십자회는 국내와 만주, 시베리아 거주의 동포가 일본경찰이나 군대에 학살당하는 것을 알리고, 외국인의 의연금과 구제물자를 모아 지원하는 역할을 감당했다.[48] 인물로는 해석 손정도 목사와 도산 안창호를 들 수 있다. 앞에서도 언급했듯 손정도 목사는 국제적 노력을 통한 독립자금 조달과 독립 지지에 주력했다. 미국 한인교회들에게 임정 지원을 권유하고, 1920년 2월, 북경에서 감리교 동양선교총회를 개최하여 독립운동자금 마련에 적극 임하였다. 도산 안창호도 일본 경찰에 피체되어 국내로 압송되기 전까지 시종여일 독립운동노선 통합을 위해 낮은 자세로 섬기는 모습을 보여주었다.

(6) 젊음의 정신

상해 임시정부와 임시의정원에서 활동하던 독립운동가들은 20-30대가 75%에 달할 정도로 젊은이들이 주를 이루었다. 특히 이들은 고등교육을 이수했고, 기독교 신앙을 가진 이들이었다.[49]

이들 가운데 핵심청년들은 상해한인사회의 중추적 역할을 하던 상해한인교회에 출석하며 일했다. 이후 이들은 신한청년단을 결성했다. 그리고 상해 임정수립의 모체가 되었던 독립임시사무소를 설치 및 운영하여 독립운동의 초석을 놓았다. 신한청년단원들 가운데 종교가 밝혀진 사람들은 모두 개신교인이었다.[50]

(7) 기도의 정신

상해 임정지도자 가운데 개신교 신자인 평남대의원 김광제(金廣除)는 평양신학교 교사 박경은(朴鏡恩)에게 임정요원들이 연대서명한 기도요청문을 보냈다. 이에 '한국내 예수교회 기도회'로 명명된 기도회가 국내 42개 교회에서 개최되었다. 총체적 기도 목표는 '대한민국 독립과 세계평화'로 제시되었다. 진행방식은 1주일간 예배일제를 만들어서, 대한민국 임시정부, 부흥사업통일, 독립운동순절자의 유족, 옥중고난을 당하는 자 및 그 가족, 자유 독립의 완성 등을 위해 기도하게 했다. 또한 '독립운동의 기도'라는 제목으로 대한독립을 위해 매일 1회는 반드시 기도할 것도 강조했다.

〈한국내 예수교회 기도제목〉
월: 한국교회의 정상을 위하여 기도할 것.
화: 대한민국 임시정부, 의정원, 기타 각 단체를 위하여 기도할 것.
수: 광복사업에 대하여 전국인민의 통일을 영구체 하기 위하여 기도할 것.
목: 독립운동에 殉殺된 자의 유족과 獄者의 가족을 위하여 기도할 것.
금: 독립을 속히 완성하기 위하여 기도할 것.
토: 국제연맹이 신의에 의하여 완전히 조직되기를 기도할 것.
일: 대한민국에 기독의 진리가 기초되어 천사의 영광이 실현되기를 위하여 기도할 것.[51]

Ⅳ. 복음통일을 위한 임정 함의 : 창의·변혁·상생 통일

통일 3.0 패러다임은 어떤 것이 되어야 할까? 창의적 복음통일론이 되어야 한다. 대한민국임시정부 지도자들의 활동원칙과 주요 추진정책에 기초하여 기본방향을 다음과 같이 제시해 본다.

1. 목표 : 평화대국(Shalom Coreana) 건설

대한민국은 독수리 같은 '유일초대국' 미국, 사자 같은 '인구대국' 중국, 곰 같은 '영토대국' 러시아, 악어 같은 '경제대국' 일본, 이런 '대국'에 둘러싸여 있다. 심지어 늑대 같은 북한도 '강성대국'을 주창하는 실정이다. 그러면 통일한국은 어떤 대국이 되어야 할까? 통일한국은 맹수들의 전쟁터인 정글과도 같은 동아시아를 평화의 지대로 만드는 데 기여하는 평화대국이 되어야 한다.

그런데 역대 제국들은 다 평화대국을 표방했다. 로마제국(Pax Romana)부터 시작해서 사라센제국(Pax Sarasen), 스페인제국(Pax Espania), 대영제국(Pax Britanica), 유일초대국 미국시대(Pax Americana) 등을 지나 중국의 화평굴기와 중국몽 시대까지 모두 평화를 내세웠다. 그러나 이들의 평화는 Pax, 바로 무력에 의한 평화를 강조한 것이다.

통일 대한민국이 추구해야 할 평화는 Shalom이 돼야 한다. 무력에 의한 정복적 평화인 Pax가 아니다. 십자가 희생에 기초한 섬김적 평화인 Shalom을 지향해야 한다. 이러한 평화를 지향하는 통일대한민국을 '평화대국'으로 만들기 위해서는 다음 세 가지 나라를 이뤄가야 할 것이

통일 대한민국이 추구해야 할 평화는 Shalom이 돼야 한다. 무력에 의한 정복적 평화인 Pax가 아니다. 십자가 희생에 기초한 섬김적 평화인 Shalom을 지향해야 한다.

다.[52]

첫째, '모범한국(Model Korea)'이다. '성서한국(Bible Korea)'이다. 통일한국은 전 세계에 희망을 주는 성경적인 '모범국가'가 되어야 한다. 사회주의는 소련의 해체로 인하여 더 이상 인류의 희망이 아니라는 것을 실천적으로 입증했다. 자본주의 또한 모범국가로서 일컬어지던 스웨덴의 복지국가 모델이 공식적으로 종언을 고함으로써 더 이상 희망이 될 수 없다는 사실을 보여주고 있다. 이제 새로운 국가체제가 인류에게 제시되어야 한다. 통일한국은 새로운 경세사상이 실현되는 사회가 되어야 한다. 통일한국은 참된 공동체적 창의사회가 되어야 한다. 이 사회는 자본주의와 사회주의의 왜곡된 이데올로기적 대립을 종식시킬 사회를 의미한다. 개체주의(individualism)가 아닌 인간주의(personalism)를, 집체주의(collectivism)가 아닌 공동체주의(communalism)를 토대로 현실적 필요성에 부응하는 국가체제를 형성해야 할 것이다. 통일한국이 이런 사회를 이루어갈 때, 온 세계에 빛과 희망을 제시하여 줄 것이다[53]

둘째, 평화한국(Peace Korea)이다. 샬롬한국(Shalom Korea)이다. 통일한국은 '평화국가'가 되어야 한다. 통일한국은 지정학적·지경학적·지문화학적으로 21세기 태평양시대의 중심에 위치하게 될 가능성이 대단히 높다. 따라서 통일한국은 경제적 이익을 중심으로 첨예한 대결이 예상되는 새로운 국제질서 가운데 주변 4국과 평화의 길을 추구할 뿐만 아니라, 선·후진국 간의 갈등을 평화적으로 해결해주는 중재자(Peace-Maker)가 되어야 할 것이다. 이를 위해 균형적 인식과 관용적 자세에 기초한 통일철학과 평화전략을 수립해야 한다. 그리고 공존 논리와 화해 윤리에 기초한 다원지향성, 합리적 안보관 및 주변 4국과 협력관계 구축을 토대로 한 평화지향성, 남북 교류협력과 통일과정에서 우리 정부와 국민의 주도적 책임성, 그리고 인류가 경험하지 못한 새로운 통일을 추구하는 창의성[54] 등을 주요 골자로 하는 통일철학과 비전을 정립해서 국민에게 제시할 수 있어야 한다.[55]

셋째, 봉사한국(Service Korea)이다. 선교한국(Mission Korea)이다. 통일한국은 지난 5,000여 년간 약소국으로 각종 설움과 박대를 받았던 사실을 기억해야 한다. 그리고 이 민족에게 지난 100년 사이에 놀라운 발전이 이뤄졌던 것을 감사해야 한다. 그것은 전 세계 모든 국가들에게 희망을 주고, 새 문화로 그들을 섬기라는 역사의 뜻이 있음을 생각해야 한다. 사실 이미 해외에 나가있는 750만 디아스포라 한민족과 중국·중앙아시아, 그리고 중동의 전쟁현장, 동남아시아의 해일현장, 파키스탄의 지진현장 등에서 의료·식량·주거 환경 개선 등을 위해 묵묵히 일하는 우리 교민들의 활약상은 통일한국을 봉사한국으로 앞당기고 있는 일례이다.[56]

2. 추진원칙 : 일곱 색깔 무지개 정신으로

(1) 빨강: 복음의 정신으로

4.27 남북정상회담과 6.12 북미정상회담으로 한반도 정세가 극적으로 위기에서 벗어났다. 북핵문제 해결에 대한 기대감이 높아지고, 남북관계 및 한반도 정세의 평화를 향한 도정이 눈 앞에 다가오고 있다. 그리고 김정은 국무위원장에 대한 관심이 새롭게 조명되고 있다. 사실 김정은 위원장은 기독교집안의

증손자라 할 수 있다. 김일성의 아버지 김형직 선생은 평양 숭실학교를 다닌 독실한 기독교인이자, 독립운동가였다.[57] 어머니 강반석은 집사로서 강돈욱 장로의 딸이었다.[58] 이 둘을 중매한 사람은 빌리 그래함 목사의 장인인 평양선교사 넬슨 벨로 알려져 있다.[59]

1912년에 태어난 김일성은 소년시절에 어머니 강반석 집사를 따라 하리교회를 다녔고, 김형직이 일제 투옥되었다가 석방된 후 중국 팔도구로 이사했을 때는 양강도 포평지역에 있는 '포평예배당'에 출석했던 것으로 전해진다. 그는 여기서 아버지 김형직에게 신앙교육과 찬양을 풍금으로 연주하는 것을 배워, 부친 사후 중국길림 손정도 목사가 목회하는 '길림조선인교회'를 3년여 출석하며 성가대장과 주일학교 반사를 했던 것으로 알려진다.[60]

상해 임시의정원 의장으로서 복음의 정신으로 다양한 정파들을 아우르며 국제적 지원확보를 위해 일했던 손정도 목사는 숭실학교 2년 선배였던 김형직의 아들 김일성이 찾아오자 세례를 베풀고 친자식처럼 돌보았다. 또한 김일성이 만주군벌에 의해 감옥에 갇혔을 때도 보증을 서는 등 힘써 석방시켰다. 이런 연유로 김일성은 손정도 목사를 민족을 위해 헌신한 훌륭한 애국자이자 은인으로 칭했다.[61] 하지만 6.25전쟁 이후 북한사회에서 기독교는 탄압되고 지하화됐다. 김일성은 '애국종교인'을 인정하기도 했지만, 통일전선사업 차원에서 이용하려는 의도가 분명했다.

이제 한국교회는 복음의 정신으로 일한 손정도 목사를 비롯한 상해임정 지도자들을 통일운동에서도 본받아야 할 때다. 손정도 목사, 김형직 선생, 기독교사회주의 등에 대한 남북한 공동연구는 복음의 정신으로 통일을 이루기 위해 시도해 보암직하다.

(2) 주황: 섬김의 정신으로

1994년 김일성 주석 사망 이후 북한이 수재와 기근으로 절망적 상황에서 300만 명에 가까운 아사자가 발생하는 '고난의 행군'을 겪을 때, 한국교회는 '사랑의 쌀 보내기 운동'과 의약품보내기 운동으로 예수님의 십자가 사랑에 기초한 섬김의 정신을 마음껏 실천했다. 6.25전쟁으로 처절하게 과잉내재화 된 반북 이데올로기를 뛰어넘은 것이다. 김대중 정부와 노무현 정부를 거치면서 북한돕기 운동은 넘어서는 안 되는 선을 넘는 모습도 보여주었다. 북한도 남한의 돕는 마음을 당연시하고, 자기들의 예산으로 주장할 정도도 되었다. 이에 대한 반발로 이명박 정부와 박근혜 정부는 이전 정부의 대북정책을 유화정책을 비판하고, 단호하게 배격했다.

이제 새로운 단계로 들어서야 한다. 진보정부의 길로 돌아설 것도 아니고, 보수정부의 정책을 지속할 것도 아니다. 창의적인 섬김이 있어야 한다. 인도지원정책을 넘어 개발협력정책으로 나아가야 한다. 물론 북한 영유아 및 장애인을 섬기는 인도지원정책은 지속해야 한다. 그리고 북한의 인권문제에 대해서도 상대방을 존중해주되, 개선해야 할 부분은 함께 개선해 나가도록 노력해야 한다.

(3) 노랑: 연합의 정신으로

2015년 현재 한국사회에서 신자가 제일 많은 종교는 개신교로 발표되었다.[62] 개신교신자 967만 명(19.6%), 불교신자 762만 명(15.5%), 천주교신자 389만 명(7.9%)로 나타났다. 전통종교인 불교를 앞질러 개신교가 제1종교가 되었다. 수많은 사회적 스캔들과 비판에도 불구하고, 개신교가 우리 사회 주도적 종교로서 인정받은 것이다. 나아가 개신교신자와 천주교신자를 합한 기독교신자는 1,350만 명으로 27.5%에 달했다. 국민 4명 가운데 1명은 기독교인인 셈이다.

그런데 한국교회는 1950년대 4개 교단(장로교, 감리교, 성결교, 침례교)에서 2017년 현재 200개 교단으로 분열했다.[63] 교단 연합체조차도 진보진영의 한국기독교교회협의회와 보수진영의 한국기독교총연합회(한기총)로 나뉘었다. 2012년 한국기독교총연합회가 비리로 내분이 일어나면서 한국기독교연합(한기연)이 분리되었고, 이 두 기관을 통합하겠다는 한국교회총연합(한교총)이 등장하면서 보수진영에만 3기관이 난립하는 형상이 되었다. 게다가 전국기독교총연합회라는 지역교회 연합체도 있어 한국교회는 사분오열된 양상이다.

한국기독교는 민족적 과제인 통일문제를 외면해서는 안 된다. 아니 적어도 제일종교로 인정받게 된 개신교가 민족의 고난과 영광을 함께 해왔다는 사실을 기억해야 한다. 3·1운동과 상해임정에서 보여준 우리 신앙선배들의 모습을 배워야 한다.

한국교회 기구통일은 이해관계가 걸려있기 때문에 대단히 어려운 일이다. 그러나 통일이라는 민족적 과업과 북한영혼 2,500만의 구원이라는 선교적 사명 앞에서 우리는 하나가 되어야 한다. 한국교회가 하나되어 복음통일을 이뤄야 한다. 이것이 지금 우리에게 맡겨진 시대적 사명이다. 한국교회가 근대기독교민족지도자들처럼 '연합의 정신'으로 이 사명을 감당할 때, 하나님께서는 한국교회 부흥과 복음통일을 선물로 주실 것이다.

(4) 초록: 교육의 정신으로

우리 사회는 지금 지나치게 갈라져 있다. 이념과 지역, 계층과 세대로 갈라져 있다. 우리 교회에서도 쉽게 볼 수 있는 모습이다. 진보교회와 보수교회, 영남인 많은 교회와 호남인 많은 교회, 잘사는 교회와 못사는 교회, 노년층 교회와 젊은층 교회. 게다가 이제는 성 대결 논리로도 갈라져 있고, 양성평등과 동성애 주장으로 제3의 성까지 주장하는 시대가 되었다.

이런 우리사회를 건강하게 치유하고, 복음통일을 위한 기반조성을 영적 및 정신적 차원에서 준비할 수 있는 기관은 바로 교회다. 제2의 '무형의 자강운동'이 필요하다. 현재 다양한 선교단체에서 북한선교와 복음통일을 위한 아카데미 운동을 전개하고 있다. 대단히 시의적절한 일이다. 안타까운 것은 한기총 통일선교대학이 이 사명을 1998년부터 2013년까지 잘 감당해왔으나 한기총 사태로 해체된 점이다. 다행히 하나님께서 한국교회를 사랑하셔서 깨어있는 목회자들과 교회를 통해 다양한 방식의 통일선교아카데미를 전국 각지에서 시작할 수 있게 하셨다. 아직은 네트워크가 제대로 갖추어지지 않았지만, 2018년에 북한선교전략학교, 광주NK섬김학교, 창원북한학교, 대구통일아카데미, 평화한국, 레아인터내셔널 등에 의해 통일선교교육협의회가 발족했다.

이러한 깨어있는 단체들에 의한 복음통일교육이 잠자고 있는 한국 사회와 교회를 깨우고, 복음통일 지도자들을 양성해 제2의 독립, 제2의 건국 복음통일을 이뤄낼 것으로 기대한다.

(5) 파랑: 평화의 정신으로

적어도 1970년대 남북대화 이후 남한과 북한은 모두 평화적인 통일을 주장해왔다. 그러나 실상은 남한의 경우 자유민주주의에 기초한 흡수통일을, 북한의 경우 공산주의에 기초한 연방제통일을 추구해왔던 것을 우리 모두는 알고 있다. 그 결과 지난 70년 역사적 경험에 의하면 남북 모두 현존 국가정체성을 포기해가며 통일을 이룰 것이라 기대하는 것은 헛된 망상이라 할 수 있다. 그렇다면 우리는 어떻게 해야 할까? 상해 임정지도자들의 평화의 정신을 기억해야 한다.

남북한 모두 현존국가체제를 유지하면서, 서로의 존재가치를 인정하는 민족중심적 정체성을 확대해야 한다. 그리고 한반도 통일문제의 이중성(민족문제이자 국제문제적 성격)을 유념하여 민족적 화해와 국제적 협력을 병행하여 추구해야 한다. 나아가 남북관계의 평화적 개선은 사실상 섬나라에 살면서 국가발전을 도모해 온 남한이 이제 그 한계상황인 적폐문제를 돌파하게 될 뿐 아니라, 우리 민족의 생존과 번영을 위한 출구를 만들게 될 것이다.

패권과 정복의 십자군 정신이 아니라, 희생과 섬김의 십자가 정신으로 평화를 만들어가야 한다.

또한 한반도 문제의 또 다른 이해당사자인 미국·중국·일본·러시아 등 주변국가들과도 좋은 관계를 만들어야 한다. 최근 문제가 되고 있는 미중 무역전쟁이 미중 안보전쟁으로까지 비화되지 않도록 해야 한다. 한반도통일은 미국과 중국이 우호적 협력관계를 유지할 때 가능하다. 지정학적 조건이 그렇다. 한반도문제의 4중적 성격 때문이다.

따라서 주변 4국으로부터 통일에 대한 지지를 얻어내려면 받고 싶은 만큼 주변국을 먼저 섬겨야 한다(마7:12). 이런 맥락에서 상해임정이 전개했던 대미외교, 대소외교, 대중외교를 다시 한 번 잘 검토할 필요가 있다. 그리고 독일통일을 끝내 평화적으로 이뤄낸 서독정부가 냉전기에 추진했던 2인자 외교는 한국정부가 더 연구할 필요가 있다.

(6) 남색: 젊음의 정신으로

상해 임정 주역들처럼 통일대한민국의 주역은 20대와 30대가 되어야 한다. 물론 상해임정에도 모세와 같은 어른이 있었는가 하면, 여호수아와 갈렙 같은 기성세대도 있었다. 그러나 가나안 땅의 주역은 출애굽이후 세대였다. 우리로 말하면 1945년 이후 세대 가운데 여호수아와 갈렙 같은 사람들이 나올 것이고, 1990년 냉전체제 붕괴이후 태어난 세대들이 통일대한민국의 주역이 될 것이다.

결국 20-30대 다음세대들이 통일대한민국의 주역으로 일어나도록 격려하자. 이들이 이데올로기 편향을 넘어 복음에 굳건히 설 때, 복음통일의 시대가 열릴 것이다.

다음세대가 각 영역에서 실제적으로 복음에 기초한 통일국가를 만들어갈 수 있도록 이제는 영역선교를 시작해야 한다. 각 영역에서 탁월하게 성과를 내는 동시에 복음적인 삶을 살았던 기성세대들이 말씀에 기초한 영역별 실천방법을 다음 세대에게 전수해주도록 노력해야 한다.

(7) 보라: 기도의 정신으로

상해 임정 주역들처럼 기도의 힘을 믿어야 한다. 감사하게도 한국교회는 기도하는 교회다. 함석헌 선생이 말한 대로 5천년 고난의 역사를 경험하면서 오월의 꽃단장 신부처럼 신랑 되시는 예수님만 바라보며 기도로 민족사를 일궈왔다. 서양문명의 한계를 지적한 게오르규가 언급한 대로, 한민족은 진흙탕 속에서도 일어섰다. 그 힘은 바로 하나님의 은혜다. 이 은혜가 할 수 있었던 데는 한국교회 성도들의 구국기도가 무엇보다 큰 힘이 되었을 터이다. 일제 약탈과 6.25전쟁의 폐허 속에서도 낙심하지 않고 하나님의 은혜와 위로를 믿으며 맨땅에서 일어난 신앙의 선배들의 믿음의 기도를, 지금 우리도 온 맘을 다해 주님께 올려 드리자.

감사하게도 2000년대 들어와 정말 다양한 선교단체들이 교회와 연합하여 북한선교와 복음통일을 위해 기도하고 있다. 부흥한국이 사랑의교회 대학부와 연합하여 시작한 나라와 민족을 위한 기도회는 쥬빌리통일구국기도회로 발전하여, 2018년 여름, 700회를 하나님께 올려드렸다. 포로로 끌려갔던 다니엘이 예레미야서 29장을 읽다가 70년 포로해방을 깨달은 후 세 이레(21일) 동안 금식 기도했던 것을 본받아 평화한국에서 진행하고 있는 세이레평화기도회는 2007년부터 지금까지 매년 국내외 21개 이상의 교회와 연합사역을 하고 있다. 2015년 하반기부터 기도사역단체 및 교회가 연합해서 시작한 One Korea 기도회는 2018년 10월, 제7회 기도회로 막을 내리고, 다음세대 청년들에게 기도

사역의 주도권을 넘겨주며 한국교회에 이데올로기가 아닌 복음에 기초한 통일을 깨우는 선한 영향력을 미쳤다.

이제 한국교회가 복음통일을 위해 다시 기도에 힘써야 할 때다. 우리가 기도할 때 무엇보다 하나님 나라와 그 의를 구하도록 강조해야 한다(마6:33). 물질과 권력과 명예가 아니다. 종교개혁 500주년을 흘려보낸 한국교회는 주님께 너무나 큰 아픔을 드렸다. 우리는 회개가 필요하다. 우리가 무릎 꿇고 겸비하여 주의 얼굴 구하며 악한 길을 떠나 회개할 때, 하나님께서 우리 죄를 사하시고, 이 땅을 고쳐 주시고, 복음통일을 주실 것이다. 2,500만 북녘동포를 구원하시고 북한교회와 남한교회, 그리고 우리 민족을 재건(rebuild)하시며, 회복케(restore)하시고, 부흥케(renew) 하실 것이다(사61:4). 쥬빌리통일구국기도회가 부르짖듯 우리가 기도할 때, 하나님께서 복음통일을 선물로 주실 것이기 때문이다.

3. 기본방향

(1) 창의 : 한민족형통일 - 선 통합, 후 통일

제2차 세계대전 이후 동서 냉전체제하에서 분단·대립해 오던 나라는 모두 다섯 나라였다. 그 중 세 나라는 통일을 실현했다. 먼저 베트남은 1975년 북베트남에 의해 '무력에 의한 흡수통일'을 이뤄냈다. 그러나 전쟁에 의한 무력통일은 국토의 황폐화, 생산시설의 파괴, 막대한 인명피해 등을 수반하여 주민 간 이질감과 적대감을 증폭한 채 통일후유증을 심각하게 초래했다. 게다가 공산주의 이데올로기에 의한 통일은 일당 독재체제하에서 공포와 빈곤, 부자유의 어려움을 실감케 하였다. 필자도 1990년대 이후 수차례 방문하면서 현지실상과 학자들과의 면담에서 이를 느낄 수 있었다.

다음으로는 독일이 1990년 서독에 의해 '합의에 의한 편입통일'을 이뤘다. 독일이 통일을 외치지는 않았지만, 결과적으로는 통일을 위한 사실상의 준비를 국내외적으로 진행한 것이라 볼 수 있다. 국제사회에서 '제2인자 외교(No. 2 Diplomacy : 세계적 차원에서는 미국을, 유럽지역 차원에서는 프랑스의 우위를 먼저 존중해 줌)'를 전개함으로써 제1차 및 제2차 세계대전 주범국이라는 침략성의 잔재를 지우고 우호적 통일환경을 조성할 수 있었다. 동서독 상호 관계에서는 기왕의 종교교류를 지속하였고, 1973년 관계정상화이후 우편·통신교류 및 학술·환경·사회·문화·스포츠 등 지속적 사회문화 및 경제 교류협력을 통해 동독주민의 '친서독화'를 이뤄내어 결정적인 시기에 평화적인 통일을 달성할 수 있었다. 통일이후 통합과정은 우리에게 시사점을 준다. 정치통합은 1년 내 잘 이뤄졌고, 경제통합도 10여 년에 걸쳐 성과적으로 이뤄졌다고 평가되기 때문이다. 그러나 예상과 달리 사회문화통합은 여전히 심각한 어려움에 처해있는 것으로 분석되기도 한다. 30여 년 걸릴 것으로 전망되었으나, 현실은 30여 년이 더 걸릴 것이라고 회의적으로 전망한다.

마지막으로 예멘이 '합의통일(1989) 후 내전과 재통일(1994)' 방식으로 통일을 이뤄냈다. 남북예멘 지도부는 통일 저항세력의 반발을 우려해 통일협상을 비공개하고 빠른 통일을 단행했으나, 통일이후 통합과정에서 불만을 품은 세력들에 의해 정치사회적 혼란이 빚어졌고, 곧이어 내전이 발발했다.[64]

우리는 분단국 통일사례 검토를 통해 통일준비를 위한 '후발주자'로서의 이

점을 누릴 수 있다. 베트남과 예멘의 통일사례는 물론 독일의 통일사례도 타산지석으로만 삼아야 한다. 우리가 반드시 따라 가야 할 모범사례는 아니다.

그러면 우리 통일방식은 어떻게 되어야 할까? 잠정적으로 정리해보면, 우리민족의 통일은 무력통일이 아닌 평화통일로, 일방적 편입통일이 아닌 쌍방적 합의통일로, 지도부만에 의한 통일이 아닌 국민적 통일로 되어야 한다는 것을 배울 수 있다. 합의통일에 있어서도 그 수순은 정치→ 경제→ 사회·문화 통일이 아닌 문화·사회→ 경제→ 정치 통일 순이 되어야 한다. 그래야 온 민족구성원이 참여할 수 있고, 분단 70여 년 이상 남북이 각각 축적해온 제 분야의 역사적 유산들을 긍정적 차원에서 융합·승화·발전시킬 수 있기 때문이다. 선 국가통일, 후 국민통합 방식이 아니라 선 국민통합(Integration), 후 국가통일(Unification) 방식을 적극 모색할 필요가 있다.

(2) 변혁 : 공동체통일- 남북한 상황주도적 상호협력

통일대한민국은 창의통일 국가가 되어야 한다. 그 나라는 사랑·정의·평화로 표출된다. 따라서 남한체제 확산론이나 남북한체제 수렴론을 넘어, 남북한 모두 근본적으로 바뀌는 변혁론적 접근으로만 가능하다. 그러므로 상대방 북한을 변화시키려고 애쓰기보다는, 우리 사회에서부터 사랑·정의·평화사회를 실현하도록 노력하는 것이 우선이다. IMF 경제위기사태(1997), 북핵위기(2002)와 3차례 북핵 실험(2006, 2009, 2013), 천안함 폭침과 연평도 포격의 북한 도발(2010), 김정일 사망(2011)과 미·중 패권충돌 가능성(2010년대), 세월호 침몰과 300명 어린영혼의 희생(2014), 그리고 국토분단 70년이 아무 반성없이 지나가면서 2016년 북한의 제4차 핵실험과 장거리 로켓 발사와 끊임없는 위협,

2017년 박근혜 대통령 탄핵의 역사적 사실이 주는 의미를 깊이 생각해야 한다. 깊은 반성과 성찰이 있어야 한다.

동서독 대결에서 서독 중심의 통일을 이뤄낸 브란트식 대북정책과 미소냉전대결에서 소련의 붕괴를 이끌어낸 레이건식 대북정책의 한계를 극복한 변혁적 통일정책을 적극적으로 모색하여 추진할 필요가 있다. 서독 브란트 수상의 대동독정책은 접촉을 통한 변화를 시도하였고, 통일이라는 결과를 가져왔다. 미국 레이건 대통령의 대소련정책은 경쟁을 통한 변화를 모색하였고, 소련의 붕괴와 냉전 해체라는 결과를 이끌어냈다. 햇볕정책은 전자를, 비핵개방삼천정책을 비롯한 강경정책은 후자를 모방한 정책이라 할 수 있다. 결과는 모두 한계를 노출했다. 이제 대한민국의 새로운 통일(대북)정책방향은 협력을 통한 변화가 되어야 할 것이다.

목표는 통일대한민국이 인구대국 중국, 영토대국 러시아, 경제대국 일본, 유일초대국 미국을 넘어서는 창의대국이 되는 것으로 가져보자. 평화대국을 지향하되 군사적 힘에 의한 평화를 추구하는 팍스 코리아나가 아니라 4차 산업혁명을 기초로 섬김에 의한 평화를 추구하는 새로운 평화 코리아나를 지향해보자.

전략에는 북한 변화 방향과 관련하여 모든 상황에 대한 대비가 필요하다. 그러나 희망적 사고에 기초한 북한조기붕괴설은 자제해야 한다. 북한정세에 대한 객관적 평가를 기초로 우리의 통일역량을 제고하며 상황반응적 대책이 아닌 상황주도적 정책을 수립해서 공동체통일을 이뤄가야 한다.

수단으로는 제재만 강조할 것이 아니라 관여를 병행하자. 북한의 반응을 얻어내며 주변 4국과도 협조를 이뤄가야 피 흘림 없는 평화통일이 가능하다.

(3) 미래상생 : 상생통일- 상생적 동아시아평화 구축

우리 민족의 분단은 4중적 의미가 있다. 한반도 차원에서는 남한과 북한의 민족 분단선이다. 동아시아 차원에서는 해양세력인 미일 대 대륙세력인 중러의 지정학적 대치선이다. 세계적 차원에서는 유일초강국 미국 대 도전국가인 중국의 패권대결선이 된다. 초월적 차원에서는 하나님나라 진영 대 불신진영의 영적전투선이 된다. 이같이 4중적으로 얽혀있는 한반도문제는 단순히 민족적 또는 국제적 차원에 의해서 풀어질 수 있는 간단한 문제가 아니다. 4중적 해법이 충족될 때, 해결될 수 있다. 그리고 이로 인해 우리 민족만 사는 것이 아니라 한반도 분단문제와 직·간접적으로 연결된 모든 나라가 함께 살게 된다.

따라서 미래지향적 시각으로 접근해야 한다. 대륙의 힘이 강할 때 한반도는 대륙의 영향력하에 머물렀고, 해양의 힘이 절대적일 때에는 해양의 속국(일제의 식민지)이 되었다. 그리고 대륙과 해양의 힘이 팽팽하게 대결할 때는, 분단국(미일 대 중소 대결구도하의 남북한)으로 전락하였다. 한반도를 둘러싼 대륙과 해양 세력의 대결구도는 여전하다. 아니, 오히려 미국의 21세기 세계패권 유지전략과 중국의 21세기 소강사회건설을 위한 일대일로 전략의 충돌, 일본의 정상국가를 표방한 군사력강화전략, 그리고 러시아의 신동방정책에 기초한 패권 회복전략으로 인해 마찰이 더욱 심해질 가능성도 있다. 그러나 동아시아가 대결과 전쟁으로 퇴락하는 것이 아니라, 건강한 공동체에 의해 평화와 공동번영으로 발전하는 방향으로 나가야 한다.

이런 맥락에서 볼 때, 격동하는 동아시아 정세 속에 튼튼한 안보에 기초한 평화통일을 이룩하기 위해서는, 굳건한 한미동맹과 자주국방을 이루려는 노력을 더욱 강화해야 한다. 고고도미사일방어체계(THAAD) 배치는 주도면밀하게 이행해야 한다. 물론 중국 등 이웃나라 우려 해소와 국민적 합의가 부족한 상황에서 일방적으로 밀어붙인 점은 아쉬운 부분이다. 그러나 북한의 계속되는 핵실험과 장거리미사일발사 등 대량살상무기개발에 대한 방어용이라는 점과 한미정부합의사항이라는 점, 그리고 우리의 안보문제라는 점에서 포기해서는 안 된다고 본다.

그러나 한일군사정보협정(GSOMIA)은 좀 더 신중히 검토되어야 한다. 지나친 한미일 군사협력강화는 북중러 북방삼각관계 강화를 다시 냉전시대로 되돌릴 수 있기 때문이다. 이는 결국 우리 민족의 분단고착화로 귀결될 수 있고, 우리 국민의 70년 숙제인 평화통일의 노력에 역행할 수 있다. 따라서 향후 우리의 통일(대외)정책방향은 한미일 삼각협력체계의 퇴행적 공고화가 아니라, 세계적 차원의 한미중 삼각협력정책과 동아시아 지역적 차원의 한중일 삼각협력정책을 통해 전향적 구체화로 나가야 한다.

21세기 태평양시대에 우리민족은 대륙세력과 해양세력의 접점에서 일어나는 대결의 상태에 더 이상 머물러 있어서는 안 된다. 지중해를 중심으로 유럽과 아프리카를 이끌었던 '로마제국'처럼 우리민족도 민족의 화해와 평화 통일을 통해 '해륙국가'를 이뤄 한반도문제를 해결해야 할 뿐 아니라 동북아의 평화와 번영, 나아가 인류의 공동발전에 이바지하려는 의지를 갖고 통일문제를 진취적으로 풀어나가야 한다.

G-8과 G-5를 넘어 G-3 시대를 준비해야 한다. 미국과 중국이 패권전쟁을 벌이는 것을 방관할 것이 아니라, 통일한국을 이뤄 미국·중국과 함께 세계 평화와 복음화를 위해 노력해야 한다. 통일한국은 OECD 국가 중 인구 8천만으로 4위인 독일과 같은 나라가 된다. 통일비용만 우려하여 분단을 지속하려 할 때가 아니다. 우리 민족에게 주어진 인류사적 소명을 생각해야 한다.

4. 세부실천방안 : 평화대한민국 구축전략

이제 우리 대한민국은 평화와 통일을 위한 국가대전략을 수립해서 추진해야 한다. 일반국가목표인 생존과 안보(Survival and Security), 번영(Prosperity), 위신(Prestige)을 추구할 수 있어야 한다. 특수국가목표인 통일(Unification)도 소홀히 해서는 안 된다. 그리고 평창올림픽을 평화올림픽, 문화올림픽, 영성올림픽으로 발전시켜 향후 15년 놀라운 통일역사의 시발점으로 만들어야 한다. 사회경제적 양극화현상을 극복하고, 주변국가와의 경쟁에서도 밀리지 않는 가운데 통일을 맞이할 수 있는 새로운 헌법체제를 준비해야 한다. 이를 위해 다음과 같은 노력들이 시작되기를 소망한다.

(1) 1단계: 평화지키기 (Peace Keeping)
튼튼한 안보를 토대로 평화를 지켜야 한다. 북한의 핵공격 및 무력도발을 막기 위한 한국형 3축타격체제(선제공격Kill Chain, 한국형미사일방어체제 KAMD, 한국형대량응징보복KMPR)를 조기 구축하여 독자적 대북억지력을 확보하도록 한다. 방산비리 제거를 통한 국방개혁과 군사력 강화를 동시에 추진하여 튼튼한 자주적 안보태세를 구축한다. 한미동맹 유지 및 강화를 통해 북한의 핵무기에 대한 공포의 균형을 이루어내도록 한다. 균형십자외교와 이중궤도 정책(Two Track Policy)으로 주변 4국의 우호적 지지를 끌어내도록 한다. 공평과 정의에 기초한 통합사회 구현으로 국민들이 조국에 대한 자부심과 충성심을 갖도록 해 자발적 안보 의식을 체화할 수 있도록 돕는다.[65]

(2) 2단계: 평화만들기 (Peace Making)

한국형 통일대전략을 수립해서 평화와 통일을 만들어가야 한다. 절대폭풍을 극복하고 한반도 평화통일 및 동아시아 평화번영을 위해 대북정책과 통일정책을 넘어 국가대전략을 준비·실천한다. 북핵 개발에 대해서는 주변국 핵심국익을 고려하면서, 단호한 압박정책을 계속 추구한다. 그리고 희망적 사고에 근거한 상황대응적 대책이 아니라, 객관적인 북한정세 평가를 기초로 상황주도적 정책을 수립해서 변혁(transforming)적 통일을 이뤄간다. 한반도통일문제 구조와 관련해서는 미중관계가 무엇보다 중요하다. 미중관계가 좋으면, 북한을 압박해서 변화시킬 수 있다. 미중관계가 나쁘면 북한은 중국의 보호하에 자기 정책을 지속할 것이다. 최악의 경우, 미국이 북한을 예방 또는 선제공격할 수도 있다. 우리로서는 한미중 삼각우호협력관계가 이뤄지도록 노력해야 한다.

(3) 3단계: 평화키우기 (Peace Building)

사회정의수립과 국민화합으로 품격 있는 통일대한민국이 될 수 있도록 준비해야 한다. 끝없는 경쟁으로 실패한 인생, 승자독식으로 좌절한 빈곤계층, 물질만능주의와 부정부패로 물들어 병든 사회구조, 만성적인 정쟁과 극단적 이념갈등으로 지도력을 상실한 정치권, 세계에서 가장 심화된 세대갈등으로 단절된 기성세대와 다음세대. 이 모든 과제를 안고 있는 대한민국을 쇄신하지 못하면 모든 기회의 창은 다시 닫힐 수 있다. 정의로운 사회를 구현하고, 온전국력(Whole Power)을 구비하게 될 때, 평화대한민국은 평화통일과 평화세계를 선도해 나갈 수 있다.

(4) 4단계: 평화나누기 (Peace Sharing)

통일대한민국이 만들고, 누리는 평화를 전 세계 모든 국가들과 함께 나눌 수 있도록 하자. 2018년 체제분단 70년에는 평창올림픽 개최를 성공적으로 치러내고, 남북 화해협력의 길을 재개하자. 2020년 민족분단 70년에는 평화협정을 체결하고, 남북연합의 길을 열어보자. 2023년 휴전 70년에는 통일협정 체결을 적극 모색해보자. 동시에 동아시아 평화조성을 위해 2018년 평창동계올림픽을 평화올림픽으로 치러내고, 2020년 일본 동경하계올림픽과 2022년 중국 북경동계올림픽의 성공적 진행을 통해 동아시아 평화를 한일중이 함께 만들어 가보자. 확정된 2024년 파리하계올림픽, 2028년 LA하계올림픽을 거쳐 2032년 평양하계올림픽을 통일대한민국에서 개최할 수 있도록 노력하자. 아무튼 평창올림픽은 향후 15년 한반도 및 세계질서를 평화적으로 바꾸는 시초가 될 것이다.

(5) 5단계: 평화섬기기 (Peace Serving)

우리 민족에게 주어진 인류사적 사명을 생각하자. 섬김에 의한 평화(New Pax Koreana)를 이뤄가야 한다. 힘에 의한 평화(Pax Koreana)를 만들어가는 것이 아니다. 통일대한민국은 단순히 우리 민족의 부귀영화만을 추구하는 나라가 아니다. 열방을 창의로 섬기는 나라다. 힘에 의한 정복으로 누른 평화를 추구하는 나라가 아니다. 사랑에 의한 섬김으로 평화를 이뤄가는 나라가 돼야 한다. 세상의 모든 열방과 연약한 국민들에게 정의와 사랑을 전하는 나라가 되는 것이다. 특별히 경제적으로 연약한 나라들, 사회발전정도가 낮은 나라들, 전쟁으로 어려움을 겪는 나라들, 선진국이라 하나 방향을 잃은 나라들에게 4차 산업혁명과 사랑으로 섬기는 통일대한민국이 되는 것이다.

영국은 증기기관 발명으로 1차 산업혁명의 주역이 되어, 18-19세기 세계사의 주역이 되었다. 미국은 전기 발명으로 2차 산업혁명의 주역이 되어, 20세기 주도국이 되었다. 일본은 컴퓨터시대에 부응하여 3차 산업혁명의 주역이 되어, 제2차 세계대전 패전국의 폐허와 좌절을 딛고 일어서 20세기 후반기 세계를 다시 한 번 이끌고 있다. 우리 대한민국은 영국과 미국 같은 중후장대 산업혁명을 이룰 능력도 없고, 일본 같은 섬세한 산업혁명을 따라갈 능력도 부족하다. 그러나 우리에게는 4차 산업혁명에 적합한 '빨리빨리' 정신이 있고, 신바람능력이 있다. 우리의 시대가 오고 있다. 남북통일만 복음통일로 이뤄낸다면, 놀라운 세계사의 주역으로 발돋움할 수 있다.

이제 국내 '87정치체제 및 '97경제체제의 한계와 북한의 핵 도발, 국제 마초들의 '철권외교(Iron-fist Diplomacy)'를 비롯한 절대폭풍을 극복해야 한다. 평화통일·세계평화의 사명 감당을 위해 국가대전략을 잘 구성하도록 노력하자.

V. 맺는 말

대한민국임시정부수립 100주년을 맞이하는 해에 한반도는 해빙기에 들어섰다. 꽁꽁 얼어붙었던 한반도에 봄이 와서 얼음이 녹기 시작했다. 그러면 이 얼음은 어떻게 만들어진 것인가? 두 가지 차원에서 생각해볼 수 있다. 먼저 민족적 차원에서는 1945년 국토 분단, 1948년 체제 분단, 1950년 북한의 남침에 따른 동족상잔의 민족 분단으로 한반도의 얼음장이 만들어졌다. 국제적 차원에서는 세계적으로 미소 냉전이 심화되면서, 동아시아에 북한·소련·중국의 3각동맹체제가 만들어지고, 이에 대항하여 한국·미국·일본의 3각협력체제가 만들어져 2중 3각 대립구도의 동아시아 얼음장이 만들어졌다. 그리고 1991년 소련이 붕괴된 이후에는 그 자리에 러시아가 들어가 지정학적 2중 3각 대립구도가 지속되어 오고 있었다. 그런데 평창올림픽과 남북정상회담, 그리고 북미정상회담으로 남북관계와 북미관계가 개선되면서 한반도 얼음장과 동아시아 얼음장이 함께 녹기 시작한 것이다. 봄이 오니 반가운 일이다. 그런데 문제는 바로 이때가 위험하다는 것이다. 얼음 위에 있던 대한민국이 물에 빠질 수 있기 때문이다. 살기 위해서는 수영을 할 줄 알든지, 배를 준비해야 한다. 배를 준비한다는 것은 한미동맹을 유지, 강화함을 의미한다. 수영을 할 줄 안다는 것은 자기를 지킬 힘을 갖고 있다는 것이다. 대한민국이 어떤 상황에서도 자기를 지킬 국방력을 튼튼히 구축하고 나아가 정치력·경제력·사회통합력을 튼튼히 구비하는 것으로 볼 수 있다.

19세기 말부터 우리민족의 숙원이었던 '근대적 민족국가 건설'의 길이 이제 우리 눈 앞에 펼쳐지기 시작했다. 살펴보니 얼음 위에 또 다른 우리 형제가 있다. 함께 살아야 한다. 함께 수영해야 한다. 아니면 함께 더 큰 배를 만들어 올라탈 수 있어야 한다. 일본제국주의 침략으로 자율적 근대화과정이 좌절되고 국권을 상실했던 20세기 전반의 그 아픔을 극복해야 한다. 오늘 우리 역사와 정신을 훼손하는 식민사관을 극복하는 것도 중요한 과제다. 한국전쟁과 동족상잔의 아픔을, 국가분단과 민족분열로 점철된 20세기 후반의 아픔을 극복해야 한다. 6.25 전쟁 때, 북한 동포들은 우리보다 더 처절한 인명피해를 겪었다. 한반도 화해의 분위기 속에서 우리는 더욱 지혜를 모아 함께 나가야 한다. 국내적으로는 보수와 진보를 넘어 균형 있는 시각을 갖추고, 하나로 통합하는 과정을 거쳐야 한다. 국제적으로는 한반도 통일문제와 관련하여 국가이익이 결부되어 있는 주변 4국 미국·중국·일본·러시아와도 유기적이고 상생적인 협력관계를 만들어 가야한다. 민족적으로는 절대안보를 넘어 공동안보를 통해 북한당국의 위협감을 완화시켜주고, 북한주민들의 마음을 얻을 수 있는 십자가의 절대사랑, 그 수고를 보여주어야 한다.

바로 100년 전, 우리 선조이신 대한민국 임시정부지도자들이 보여 주었던 7대 정신이 한국교회와 우리사회에 회복되어야 한다. 빨강: 예수님 십자가 보혈에 기초한 복음의 정신으로 복음통일이 추구되어야 한다. 주황: 섬김의 정신으로 북녘동포들에게 사랑을 보여주어야 한다. 노랑: 연합의 정신으로 한국교회가 다시 하나되어 사분오열된 조국을 하나로 묶어 민족통일의 대업에 기여해야 한다. 초록: 교육의 정신으로 돌아가야 한다. 다시 기본으로 돌아가 이데올로기와 이기심을 벗어버리고, 건강한 인성을 갖춘 통일시대를 섬길 새로운 인물들을 양육해야 한다. 파랑: 평화의 정신에 기초하여 정복과 패권의 십자군정신이 아니라, 섬김과 희생의 십자가정신으로 민족과 열방을 섬기도록 하자. 남색: 젊음의 정신으로 헬조선을 외치는 다음세대의 아픔(연애·결혼·출산·주택·인간관계·꿈·희망 등을 모두 포기한 N포세대)을 품고, 나라의 소중함을 깨달아 민족과 세계의 미래를 책임질, 한민족역사상 가장 멋진 세대로 키워야 한다. 보라: 기도의 정신으로 이 모든 것을 이루어 주실 분이 하나님이심을 기대하며 전심으로 기도드리며 나아가자. 빨주노초파남보 일곱 색깔 무지개가 우리민족이 세계로 나가는 길에 활짝 뜰 수 있기를 소원한다.

"한국교회 하나 되어, 복음통일 이룩하자."

참고문헌

강덕상 편저. '(일제) 평안남도 경무부장 보고요지'. 『현대사 자료 조선편 제1권』, 1967.
강영심. 「조선국민회연구」. 이화여대 박사학위논문, 1989.
국민일보. 2017.3.18.
국사편찬위원회. 「한국독립운동사자료 5」
김구. 『백범일지』. 서울:돌베개, 1997.
김명섭. "우당 이회영의 아나키즘 인식과 항일 독립운동". 『한국동양정치사상사연구 7(1)』. 한국동양정치사상사학회, 2008.3.
김일성 회고록. 『세기와 더불어』. 평양: 조선로동당출판사, 1992.
김창수. 김승일. 「대한민국 임시의정원 의장, 해석 손정도의 생애와 사상 연구」. 서울:넥서스, 1999.
김척수. "도산 안창호의 민족독립운동에 관한 연구". 『민족사상 12』. 한국민족사상학회, 2018.4.
김희곤. "한국 독립운동사에서 상해가 가지는 역사적 의미". 『한국근현대사연구 75』. 한국근현대사학회, 2015.12.
김희곤. "대한민국 임시의정원의 성격- 1919년 정부수립기를 중심으로". 『한국민족운동사연구 5』, 1991. 「뉴스앤조이」, 2010.3.3.
문재인 대통령 육사졸업식 축사, 2018.3.6. 문재인 대통령 해사졸업식 축사, 2019.3.5.
박병철. "도산 안창호의 민족운동- 무실역행과 대공주의". 『민족사상』, 제11권 제1호. 서울:한국민족사상학회, 2017.
박보균. "문재인정권의 군부 풍광". 중앙일보. 2018.4.5.
반병률. "일제초기 독립운동노선논쟁- 급진론과 완진론: 초기 상해임시정부를 중심으로". 『한국동양정치사상사연구 5(2)』. 한국동양정치사상사학회, 2006.9.
배민수. 『배민수자서전』. 연세대학교출판부, 1999.8.
안창호. "내무총장에 취임하면서". 『안도산전서: 언론 자료 편』. 서울:범양사, 1990.
윤선자. "대한민국임시정부와 종교계의 관계". 『한국독립운동사연구 17』. 독립기념관 한국독립운동사연구소, 2001.12.
이근복. "김일성 일가와 손정도 목사, 정동제일교회". 「뉴스앤조이」, 2018.4.20.
이덕주. "이승만의 기독교 신앙과 국가건설론-기독교 개종 후 종교활동을 중심으로(1899-1913)". 『한국기독교와 역사』, 제30호. 서울:한국기독교역사연구소, 2009.
이영종. '평양의 크리스마스'. 『중앙일보』, 2016.12.21.
장규식. 「일제하 한국 기독교민족주의 연구」. 서울: 혜안, 2001.
정경환. "도산 안창호의 국가론에 관한 연구". 『민족사상』, 제5권 제3호. 서울:한국민족사상학회, 2011.
주성하. "미국 선교사의 중매로 태어난 김일성".
최재영. "북한교회를 가다 ③ 평양칠골교회 편(상)". 『통일뉴스』, 2016.1.4.
토마스 쿤. 김명자·홍성욱 역, 『과학혁명의 구조』. 서울:까치글방, 2013.
한규무. "현순의 기독교신앙과 독립운동". 『믿음, 그리고 겨레사랑』. 서울:한국기독교역사연구소, 2000.
허문영. "피스메이커(화해자)의 사명과 역할". 한국복음주의협의회 월례세미나 발표문, 2011.5.
허문영. "남북의 화해와 평화와 통일을 염원하며- 복음통일과 영성대국을 향하여".
허문영. "21세기를 준비하는 한국교회". 1995.
허문영. "통일을 향한 우리의 비전".
허문영. 「기독교정치관 소고」. 대구:기독교대학설립동역회 출판부, 1991.
허문영. 「통일소고: 민족통일에 대한 성경적 견해」. 대구:기독교대학설립동역회 출판부, 1989.
허문영. 「신통일대계 구현을 위한 구조분석」. 서울:통일연구원, 2014.
허문영. "북한의 대남 및 통일정책". 『북한외교정책』. 서울:서울프레스, 1995. 허문영. "외교정책". 『김정일시대의 북한』. 서울:삼성경제연구소, 1997.

미주

1) 허문영, 「기독교정치관 소고」, (대구:기독교대학설립동역회 출판부, 1991), pp.14~17.
2) 하나님은 2018년에 놀랍게 일하실 것임을 미리 언급해주셨다. 필자가 섬기고 있는 사단법인 평화한국은 복음통일과 세계선교를 위해 12년째 '세이레평화기도회'를 전개해오고 있다. 그런데 작년 세이레평화기도회가 진행되고 있을 때, 주님께서는 2018년 주제성구로 '일을 행하시는 여호와'(렘 33:2~3)를 주셨다. 나라안팎으로 어두운 상황에서 위기와 전쟁설이 난무하며 한반도의 미래가 내다보이지 않을 때, 이 말씀을 주셨다. 게다가 작년 5월 8일 평화한국 북한선교사이신 김모세 선교사님이 평양과기대에서 농업사역을 섬기다가 억류된 상황이었다. 평화한국은 300여 명 한끼릴레이 금식기도자들과 50여명 일일릴레이 금식기도자들과 함께 김 선교사님을 비롯, 9명 억류자를 위해 끊임없이 기도했다. 기도한 지 7일 만에 웜비어 형제가 풀려났다. 3달 뒤에는 임현수 목사님이 석방되었다. 그리고 2018년 5월 10일 1년 만에 김모세 선교사님이 먼저 구금되어있던 김동철, 김상덕 선교사님과 함께 풀려났다. 성도의 끈질긴 기도에 하나님께서 응답해주셨다. 그러나 아직도 한국국적 선교사이신 김정욱, 김국기, 최춘길 선교사님과 중국국적 장문석 집사님은 억류되어 있다. 향후 남북정상회담 추진과정에서 우리 정부가 선교사님들을 모시고 올 수 있도록 계속 기도해야 한다.
3) 허문영, 「통일소고: 민족통일에 대한 성경적 견해」, (대구:기독교대학설립동역회 출판부, 1989), pp.4~7.
4) 10대에 포로로 끌려갔던 다니엘은 80대에 예레미야서를 읽다가 하나님의 약속을 발견하고, 금식하며 기도했다. 하나님은 바벨론포로생활 70년 뒤 해방을 약속하셨고, 이행해주셨다.
5) 패러다임의 사전적 의미는 '전형적인 사고의 틀 또는 패턴'이다. 미국 과학사학자 토마스 쿤(Thomas Kuhn)은 패러다임(paradigm)을 "현상이나 사물을 이해하는 데 있어 독특한 관직이나 사고의 체계"로 정의한다. 토마스 쿤, 김명자·홍성욱 역, 「과학혁명의 구조」(서울:까치글방, 2013) 패러다임은 특정 시대에 사회에서 나타나는 수많은 현상들을 이해하는 사고의 틀이다. 허문영, 「신통일대계 구현을 위한 구조분석」, (서울:통일연구원, 2014) p.12.
6) 허문영, 「신통일대계 구현을 위한 구조분석」(서울:통일연구원, 2014)
7) 북한의 대남 및 통일정책과 대외정책은 이른바 3대 혁명역량의 편성상황과 북한지도부의 정세인식에 기초하여 결정되는 것으로 볼 수 있다. 허문영, "북한의 대남 및 통일정책", 「북한외교정책」(서울:서울프레스, 1995), pp.131~172.; 허문영, "외교정책", 「김정일시대의 북한」(서울:삼성경제연구소, 1997), pp.407~466.
8) 1919년 당시 전조선 종교분포는 다음과 같이 정리된다. 개신교신자 189.003명(장로교신자 144,062명, 감리교신자 44,941명)(조선 야소교 장감연합협의회, 제3회 총회록, 1919.10) 천주교신자 88,553명(천주교회 자료 [교세보고서]), 대종교교도 30만 명(독립신문, 1919년 12월 15일자), 1920년 상해거류동포 개신교신자 183명(독립신문 1921년 1월 21일자).
9) 윤선자, "대한민국임시정부와 종교계의 관계," 「한국독립운동사연구 17」(독립기념관 한국독립운동사연구소, 2001. 12.), pp.245~246.; 255~256.
10) 김희곤, "대한민국 임시의정원의 성격- 1919년 정부수립기를 중심으로," 「한국민족운동사연구 5」(1991), pp.96~103. 김희곤 교수는 목사를 6명으로 언급했으나, 필자의 파악으로는 김병조 목사와 배형식 목사 포함 8명이 된다.
11) 김희곤, 앞의 글, p.104.
12) 상해 임시정부 초기 독립운동방식을 둘러싼 논쟁을 잘 정리해 놓은 선행연구는 다음을 참조. 반병률 교수는 외교와 선전활동에 치중하던 상해임정 평화적 독립운동방식이 1919년 가을 통합임정이 출범하면서 무장투쟁론을 강조하던 이동휘의 참여와 미일전쟁설, 러일전쟁설이 함께 등장하는 가운데 독립전쟁론으로 바뀐 것으로 분석했다. 그리고 1920년 4, 5월로 상정됐던 대일 선전포고 독립전쟁이 늦어지면서 상해 독립운동가들 사이에서 급진-완진 논쟁이 본격화되어 노선갈등이 심화되고, 1921년 1월 국무총리 이동휘 사임 이후 유동열, 김규식, 안창호 연이은 사임으로 통합임정이 붕괴한 것으로 보았다. 반병률, "일제초기 독립운동노선논쟁- 급진론과 완진론: 초기 상해임시정부를 중심으로," 「한국동양정치사상사연구 5(2)」(한국동양정치사상사학회, 2006. 9.), pp.101~129.
13) 김규식은 1919년 2월 1일, 신한청년단 대표로 파리강화회의에 가서, 4월 5일 청년조선인회 명의로 2개 문서를 제출했다. 한민족을 일본으로부터 해방할 것과 한국의 독립을 인정해서 1910년 8월 조약을 취소할 것을 요구했다. 국사편찬위원회, 「한국독립운동사자료 5」, pp.470~543.
14) 한규무, "현순의 기독교신앙과 독립운동", 「믿음, 그리고 겨레사랑」(한국기독교역사연구소, 2000), pp.141~145.
15) 김창수·김승일, 「대한민국 임시의정원 의장, 해석 손정도의 생애와 사상 연구」, (넥서스, 1999), p.184.
16) 김척수, "도산 안창호의 민족독립운동에 관한 연구", 「민족사상 12」(한국민족사상학회, 2018.4), pp. 35 ~ 65.
17) 김명섭, "우당 이회영의 아나키즘 인식과 항일 독립운동", 「한국동양정치사상사연구 7(1)」(한국동양정치사상사학회, 2008.3), pp.119~137.
18) 김구, 「백범일지」, (서울: 돌베개, 1997), pp.426~427.
19) 김구, 「백범일지」, p.426.
20) 김구, 「백범일지」, pp.431~432.
21) 김구, 「백범일지」, p.432.

미주

22) 김구, 『백범일지』, p.432.
23) 정경환, "도산 안창호의 국가론에 관한 연구", 『민족사상』, 제5권 제3호 (서울:한국민족사상학회, 2011), pp.43~86.
24) 도산 안창호 온라인기념관.
25) 박병철, "도산 안창호의 민족운동- 무실역행과 대공주의", 『민족사상』, 제11권 제1호 (서울:한국민족사상학회, 2017), pp.33~53.
26) 도산 안창호 온라인기념관.
27) 박병철, 앞의 글, pp.33 ~ 53.
28) 안창호, "내무총장에 취임하면서", 『안도산전서: 언론 자료 편』(서울: 범양사, 1990), p.99.
29) 위의 글, p.100.
30) 이덕주, "이승만의 기독교 신앙과 국가건설론-기독교 개종 후 종교활동을 중심으로(1899-1913)", 『한국기독교와 역사』, 제30호 (서울: 한국기독교역사연구소, 2009), pp.35~90.
31) 위의 글, pp.46~47. 재인용.
32) 이승만, "대한 교우들의 힘쓸 일", 『신학월』, 1904년 8월, 이덕주, "이승만의 기독교 신앙과 국가건설론-기독교 개종 후 종교활동을 중심으로(1899-1913)", p.57. 재인용.
33) 리승만, "상동청년회의 학교를 설시함", 『신학월보』, 1904년 11월, 이덕주, 위의 글, p.64. 재인용.
34) Appeals of Native Christian, KMF (Jun, 1908) p.96. 이덕주, 위의 글, p.69 재인용.
35) 이승만, 『한국교회 핍박』(신한사, 1913), p.13. 이덕주, 위의 글, p.79 재인용.
36) 이승만, "교회경략", 『신학월보』, 1903년 11월, 이덕주, 위의 글, p.55~56 재인용.
37) 1948년 5월 31일 오후 2시 제헌국회가 시작되었다. 임시의장 이승만 박사가 개회발언을 했다. "대한민국 독립민주국회 제1차 회의를 열게 된 것을 하나님께 감사하는 바입니다." 대한민국 국회에서의 최초 공식발언이 하나님에 대한 감사고백이었다. 이어 이승만 의장은 감리교 목사 출신 의원에게 기도를 부탁했다. "먼저 이윤영 씨 나와서 하나님께 기도드리기 바랍니다." 전체의원 198명 가운데 기독의원이 50여 명 정도였음에도 불구하고, 모든 의원들이 일어나 공식순서에 없던 기도에 동참했다. 제헌의원 전원이 한 마음으로 합의했던 최초의 결정이 하나님께 대한 기도였다. 이후 우리나라 대한민국은 제2차 세계대전 이후 출범한 신생국가 중 유일하게 절대빈곤과 독재권력을 모두 극복한 자유민주주의 국가로 평가받고 있다. 하나님의 은혜와 우리 선조들의 희생적 헌신의 결과로 오늘의 대한민국이 이뤄졌다.
38) 허문영, "피스메이커(화해자)의 사명과 역할", (한국복음주의협의회 월례세미나 발표문, 2011.5).
   그런데 우리가 잊지 말아야 할 일꾼들이 또 있다. 바로 이 땅의 평화와 복음화를 위해 묵묵히 일해 오고 있는 안보 일꾼과 기도 일꾼들의 헌신이다. 산업화와 민주화도 이 토대 위에 진행되었다. 자유민주주의 대 공산주의 대결의 전 세계적 냉전구도 속에서 최일선 대치지역이었던 한반도에서 자유민주주의를 지키기 위해 목숨을 기꺼이 드렸던 안보일꾼들의 헌신을 결코 잊거나 소홀히 해서는 안 된다. 그런데 여기에 머물러서도 안 된다. 오히려 승화 발전시켜야 한다. 평화를 지키는 일(Peace Keeping)에 머무는 게 아니라 평화를 만드는 일(Peace Making)에까지 나아가야 한다. 원수로부터 평화를 지키는 것을 넘어서서, 원수를 평화 안으로 끌어들여 함께 살아야 한다.
39) 허문영, "피스메이커(화해자)의 사명과 역할".
40) 1919년 6월 일제헌병대 보고서, 윤선자, "대한민국임시정부와 종교계의 관계", 『한국독립운동사연구 17』, (독립기념관 한국독립운동사연구소, 2001. 12.), p.244. 재인용.
41) 3.1운동직후 수립 발표된 8개 정부 중, 국내 한성정부와 상해 임시정부 그리고 연해주 대한국민의회만이 제대로 모습을 갖추었던 것으로 평가된다. 그래서 한성정부 법통과 연해주 대한국민회의 활동성을 통합해야 했다. 김희곤, "대한민국임시의정원의 성격- 1919년 정부수립기를 중심으로", 『한국민족운동사연구 5』, (1991), p.91.
42) 김희곤, "한국 독립운동사에서 상해가 가지는 역사적 의미", 『한국근현대사연구 75』(한국근현대사학회, 2015.12), pp.166~170.
43) 대통령 자리를 놓고 마찰을 빚던 이승만과 이동휘를 대통령과 국무총리직으로 중재했다.
44) 윤선자, "대한민국임시정부와 종교계의 관계", 『한국독립운동사연구 17』, (독립기념관 한국독립운동사연구소, 2001. 12.), p.245.
45) "김구·김규식·이승만, 지도자 3인의 '기독교 국가론'", 「뉴스앤조이」, 2010.03.03 이만열 교수는 해방공간에서 기독교적 가치에 토대를 둔 국가재건을 주장한 데는 기독교국가 미국을 통한 해방, 기독교가 민주주의의 정신적 기반, '3영수'를 비롯한 해방 후 입국 정치지도자들의 기독교적 배경, 서구 나라가 보여준 사례 등을 거론했다.
46) 장규식, 「일제하 한국 기독교민족주의 연구」, (혜안, 2001), p.88.
47) 윤선자, "대한민국임시정부와 종교계의 관계", p.263.
48) 윤선자, 위의 글, p.264.
49) 김희곤, "대한민국 임시의정원의 성격", p.106.
50) 김구, 김규식(외무총장), 여운형(전도인-의정원의원), 서병호(집사-의정원의원, 신한청년단이사장), 송병조(목사-재무총장), 장덕수 등. 윤선자, 앞의 글, p.255.
51) 「독립신문」, 1919.12.27. 윤선자, 앞의 글, pp.261~262. 재인용.
52) 허문영, 21세기를 준비하는 한국교회 (1995).

미주

53) 허문영, "통일을 향한 우리의 비전", 평화한국 세미나 발표문.
54) 무력통일에 기초한 공산주의형 베트남 통일과 흡수통일에 기초한 자본주의형 독일통일이 아닌 합의통일에 기초한 창의적(성경적) 통합발전형 통일을 의미한다.
55) 허문영, "통일을 향한 우리의 비전".
56) 허문영, 위의 글.
57) "나는 김형직이라는 친구를 그들의 소개로 알게 되었다. 형직은 만주에서 왔는데 조국재건을 향한 일념이 누구보다도 강했다....그와 더불어 우리는 모두 기독교인이었으므로 모임이 끝날 때마다 늘 기도를 했다....그때 형직이 한 가지 제안을 했다. 혈서를 쓰자는 것이었다....천 위에는 커다랗게 '대한 독립'이라는 글과 '김형직'이라는 이름이 붉게 아로새겨졌다....우리는 기도를 하면서 우리의 인생 전부를 하나님과 조국에게 바치겠다고 약속했다.", 배민수, 『배민수자서전』(연세대학교출판부, 1999.8) pp.81-83.;
"김형직이 항일조직인 조선국민회에서 활동하다 1918년 1월 18일 평안남도 일경에 의해 검거돼 형사소추를 받았다.", 강덕상 편저, 『(일제) 평안남도 경무부장 보고요지』, 『현대사 자료 조선편 제1권(1967) * 이 자료는 현재 독립기념관 소장.
"김형직이 조선국민회 사건이후 중강진으로 이사해 3.1만세운동을 지도하고, 1925년에는 길림성 무송현으로 옮겨 정의부 계열 무장단체인 백산무사단과 연계해 활동하다 이듬해 운명했다.", 강영심, 「조선국민회연구」, (이화여대 박사학위논문, 1989).
58) 강돈욱은 1899년 평안남도 대동군 용산면 하리 191번지 (현 평양시 만경대구역 칠골)에 세워진 하리교회 장로였다. 둘째 딸 강반석은 이 교회 집사였던 것으로 전해진다. 이영종, '평양의 크리스마스', 『중앙일보』, 2016.12.21.
하리교회는 김일성 외가인 강씨 문중교회와 같았다. 오늘 칠골교회는 김일성이 어머니 강반석이 다니던 하리교회를 기념해서 건축하도록 승인했고, 김정일 비서가 직접 관여해 준공 때까지 진두지휘 한 것으로 알려진다. 최재영, "북한교회를 가다 ③ 평양칠골교회 편(상)", 『통일뉴스』, 2016.1.4.
강돈욱 장로는 후에 목사가 되어 칠골교회와 창덕교회에서 시무하였고, 강반석 오빠 강진석도 장로교 목사로 활동하여 2012년 건국훈장 애국장을 수여했으나, 김일성 외삼촌인 것이 밝혀져 명단에서 삭제된 것을 전해진다. 이근복,

"김일성 일가와 손정도 목사, 정동제일교회", 『뉴스앤조이』, 2018.4.20.
59) 주성하, "미국 선교사의 중매로 태어난 김일성".
60) 최재영, "북한교회를 가다 ③ 평양칠골교회 편(상)", 『통일뉴스』, 2016.1.4.
61) 김일성 회고록, 『세기와 더불어』, (평양, 조선로동당출판사, 1992), pp.351-355.
62) 한국통계청 종교발표, 2015.12.19.
63) 국민일보, 2017.3.18.
64) 허문영, "남북의 화해와 평화와 통일을 염원하며- 복음통일과 영성대국을 향하여".
65) 일류강대국들은 숭문과 상무의 조화를 추구한다. 박보균, "문재인정권의 군부 풍광", 중앙일보, 2018.4.5. ; 문재인 대통령은 평화와 안보의 균형을 강조해왔다. "평화는 바로 우리의 생존이며, 번영의 조건입니다. 그러나 강한 군대, 튼튼한 국방 없이는 평화를 지킬 수도, 만들 수도 없습니다. 평화는 저절로 주어지지 않습니다. 평화를 만들어가는 근간은 바로 도발을 용납 않는 군사력과 안보태세입니다. 우리는 한반도 비핵화를 위해 북한과 대화해야 합니다. 그러나 동시에 우리는 북핵과 미사일 대응능력을 조속히, 그리고 실효적으로 구축하는 데 총력을 기울여야 합니다.", 문재인 대통령 육사졸업식 축사, 2018.3.6. "우리의 주변국을 둘러보면, 지금은 남북 간의 군사적 긴장 완화가 최우선 과제이지만, 동시에 세계 4대 군사강국이 한반도를 둘러싸고 있습니다. 또한 세계 최강의 해양강국들입니다. 이들 나라 사이에 해양력의 우위를 차지하려는 경쟁이 치열합니다. 바다를 둘러싼 다양한 갈등이 표면화되기도 합니다. 해양관할권, 통행의 자유 확보 등 자국의 해양전략을 힘으로 뒷받침하기 위해 해군력을 주도면밀하게 확충하고 있습니다. 테러·재해재난 같은 비군사적 위협도 증가하고 있습니다. 우리 해군도 이에 대응해야 합니다. 모든 면에서 대전환이 필요한 시점입니다. 평화를 단지 지켜내는 것을 넘어, 평화를 만들어 가기 위해서는 더 강한 국방력이 필요합니다. 국경을 초월하는 다양한 위협에 대응할 수 있어야 하고, 4차 산업혁명 시대에 등장할 새로운 형태의 전력에도 대비해야 합니다. 최대한 전쟁을 억제하되, 싸우면 반드시 이기는 군대가 되어야 합니다.", 문재인 대통령 해사졸업식 축사, 2019.3.5.

3·1 독립선언서

현대한국어

01 이제 우리는 우리 조선이 독립국임과 조선인이 자주민임을 선언한다. 이를 세계만방에 알려 인류가 평등하다는 큰 뜻을 분명히 하고, 자손만대에 알려 민족자존의 올바른 권리를 영원히 누리도록 한다.

02 (우리는) 반만년 역사의 권위에 의지하여 독립을 선언하는 것이며, 이천만 민중의 충성스러운 마음을 모아 우리의 독립을 널리 퍼뜨려 알리는 것이고, 겨레의 한결같은 자유 발전을 위하여 독립을 주장하는 것이며, 전 인류가 순수한 마음으로 바라는 세계 개조의 큰 뜻을 따르고 함께 나아가기 위하여 독립을 주창하는 것이니, 이것은 하늘의 뜻이며 시대의 큰 흐름이며 전 인류가 더불어 함께 살아가는 권리를 얻기 위한 정당한 주장이자 활동이므로, 세상 그 무엇도 우리의 독립을 막지 못할 것이다.

03 구시대의 유물인 침략주의와 강권주의에 나라를 빼앗겨 오천년 역사 이래 처음으로 다른 민족에게 자유를 억압당하는 고통을 겪은 지 오늘로써 십 년을 넘어섰다. 우리의 생존권을 빼앗긴 지 몇 년이며, 정신 발전의 장애를 입은 것이 얼마나 크며, 민족적 권위와 명예가 훼손당한 것은 또 얼마나 막심하며, 우리의 지식과 재능, 독창적인 발상으로 인류 문화의 큰 발전에 이바지하고 도울 기회를 얼마나 많이 놓쳤는가.

04 오호라, 예로부터 쌓인 억울함을 호소하려면, 지금의 고통으로부터 벗어나려면, 다가올 미래에 대한 두려움을 없애려면, 민족의 양심과 국가의 위신과 도의가 눌리어 쪼그라들고 힘없이 사그라진 것을 다시 살리고 키우려면, 저마다 자신의 인격을 올바르게 발달시키려면, 불쌍한 아들딸들에게 부끄러운 유산을 물려주지 않으려면, 우리의 후손들이 길이 완전한 행복을 누리게 하려면, 가장 긴급한 임무가 민족의 독립을 이루는 것이다. 이천만이 모두 마음속에 날카로운 칼을 품고, 인류 공통의 가치와 시대의 양심이 정의의 군대가 되고, 인륜과 도덕이 무기가 되어 우리를 지켜주는 오늘, 우리가 나아가 얻고자 하면 어떤 강적인들 물리치지 못할 것이며, 물러서서 계획을 세우면 어떤 뜻인들 펴지 못하겠는가!

05 조일수호조규(강화도조약) 이래 수시로 양국 간의 굳은 약속을 저버렸다고 해서 일본의 신의 없음을 비난하지는 않겠다. (일본의) 학자는 강단에서, 정치가는 실생활에서 우리가 선조로부터 물려받은 터전을 식민지로 삼고, 우리 문화민족을 마치 미개한 사람들처럼 취급하여, 단지 정복자의 즐거움을 누릴 뿐이다. (그러나) 우리의 오래고 영원한 사회 기틀과 뛰어난 민족의 마음가짐을 무시한다고 해서 일본의 옳지 못함을 책망하지 않겠다. 자신을 탓하고 격려하기에 다급한 우리는 남을 원망할 수 없다. 현재를 돌보기에 바쁜 우리는 예로부터의 잘못을 따질 겨를도 없다. 오늘 우리가 할일은 오로지 우리 자신을 다시 세우는 것이지 결코 남을 헐뜯는 것이 아니다. 엄숙한 양심의 명령으로써 우리 민족의 새로운 운명을 개척하는 것이지 절대로 해묵은 원한과 일시적인 감정으로 남을 시기하고 배척하는 것이 아니다. 낡은 사상과 낡은 세력에 얽매여 공명을 세우고자 했던 일본인 위정자들에 의해 만들어진 부자연스럽고 불합리한 지금의 그릇된 현실을 고치고 바로잡아 강자가 약자를 힘으로 지배하지 않는 자연스럽고 합리적인 올바른 세상으로 되돌아가는 것이다.

처음부터 우리 겨레가 원해서 된 일이 아닌 양국 병합의 결과가, 근본적인 대책 없는 억압과 차별에서 오는 불평등과 (사회 발전에 대한) 거짓된 통계숫자 때문에 이해가 엇갈린 두 민족 사이에 화합할 수 없는 원한의 도랑이 날이 갈수록 깊어지는 지금까지의 사정을 한번 살펴보라. 용감하고 과감하게 예전의 잘못을 바로잡고, 참된 이해와 인도주의를 바탕으로 친하게 지내는 새 시대를 여는 것이 서로 화를 멀리하고 행복을 불러들이는 지름길이라는 것을 똑똑히 알아야 할 것이다.

또한 울분과 원한이 겹겹이 쌓인 이천만 조선인을 힘으로 억누르는 것은 결코 동양의 영원한 평화를 보장하는 방법이 아닐 뿐만 아니라, 동양의 안전과 위기를 좌우하는 사억 중국인들의 일본에 대한 두려움과 시기를 갈수록 깊게 하여, 동양 전체가 함께 쓰러져 망하는 비극을 초래할 것이 분명하다. 오늘 우리가 조선 독립을 선포하는 까닭은 조선 사람으로 하여금 정당한 번영을 이루게 하는 동시에, 일본으로 하여금 잘못된 길에서 벗어나 동양의 안전을 지켜나갈 무거운 책임을 통감케 하는 것이며, 중국으로 하여금 꿈속에서도 벗어나지 못하는 불안과 공포로부터 해방되게 하는 것이며, 세계 평화의 중요한 요소로서 동양 평화를 실현하여 전 인류의 복지에 반드시 있어야 할 단계를 만드는 것이다. 이것이 어찌 졸렬한 감정상의 문제이겠느냐.

06 아아, 새 하늘과 새 땅이 눈앞에 펼쳐지는구나. 힘의 시대는 가고 도덕의 시대가 온다. 지나간 세기를 통하여 깎고 다듬어 온 인도적 정신이 바야흐로 새로운 문명의 찬란한 빛을 인류 역사에 던지기 시작한다. 새봄이 온 누리에 찾아들어 만물의 소생을 재촉한다. 찬바람과 꽁꽁 언 얼음 때문에 숨도 제대로 쉬지 못한 것이 지난 시대의 불길한 기운이었다면, 온화한 바람과 따뜻한 햇볕으로 서로 통하는 것이 다가올 시대의 상서로운 기운이니, 하늘과 땅에 새 생명이 되살아나는 이때에 세계 변화의 도도한 물결에 올라 탄 우리에게는 주저하거나 거리낄 그 어떤 것도 없다. 우리는 우리가 본디 타고난 자유권을 지켜 풍성한 삶의 즐거움을 마음껏 누릴 것이며, 우리가 넉넉히 지닌 독창적 능력을 발휘하여 봄기운이 가득한 온 누리에 조선 민족의 우수함을 꽃피우리라.

07 그래서 우리는 분연히 일어나는 것이다. 양심이 우리와 함께 있고, 진리가 우리와 더불어 전진하니, 남녀노소 구별 없이 음침한 옛집에서 뛰쳐나와 세상에 존재하는 모든 것들과 더불어 즐거운 부활을 이룩할 것이다. 천만년을 이어오는 조상들의 넋이 우리를 안으로 지키고, 전 세계의 움직임이 우리를 밖에서 보호하니, 일을 시작하기만 하면 곧 성공을 이룰 것이다. 오로지 저 앞의 빛을 따라 힘차게 전진할 따름이다.

공약삼장
하나, 오늘 우리들의 거사는 정의·인도·생존·번영을 찾는 겨레의 요구이니, 오직 자유정신을 발휘할 것이고, 결코 배타적 감정으로 치닫지 말라.
하나, 최후의 일인까지, 최후의 일각까지 민족의 올바른 의사를 당당하게 발표하라.
하나, 모든 행동은 먼저 질서를 존중하여 우리들의 주장과 태도를 어디까지나 공명정대하게 하라.

조선 나라를 세운 지 사천이백오십이 년 되는 해 삼월 초하루 조선 민족 대표
손병희 길선주 이필주 백용성 김완규 김병조 김창준 권동진 권병덕 나용환 나인협 양전백 양한묵 유여대 이갑성 이명룡 이승훈 이종훈 이종일 임예환 박준승 박희도 박동완 신홍식 신석구 오세창 오화영 정춘수 최성모 최 린 한용운 홍병기 홍기조

[출처: 3.1운동 100주년 기념사업추진위원회]

대한민국임시정부와 기독교

초판1쇄 발행	2019년 4월 11일
초판2쇄 발행	2019년 4월 19일
저자	오일환 외
발행인	오정현
기획	한중국제우호협력교류재단
편집인	이기원
편집장	송은주
교정 교열	오연성, 문현재, 김미선, 신초록, 배우리
디자인	주나디자인
인쇄	(주)삼성인쇄
펴낸곳	페이스앤호프
주소	경기도 과천시 장군마을4길 9-4
연락처	전화 02-573-5717 팩스 02-573-5734